国外珍藏晋商
资料汇编

（第一辑）

高春平　主编

2013年·北京

图书在版编目(CIP)数据

国外珍藏晋商资料汇编.第1辑/高春平主编.—北京:商务印书馆,2013
ISBN 978-7-100-10155-4

Ⅰ.①国… Ⅱ.①高… Ⅲ.①晋商—史料 Ⅳ.①F729

中国版本图书馆 CIP 数据核字(2013)第 173695 号

所有权利保留。
未经许可,不得以任何方式使用。

国外珍藏晋商资料汇编
第一辑
高春平 主编

商务印书馆出版
(北京王府井大街36号 邮政编码100710)
商务印书馆发行
三河市尚艺印装有限公司印刷
ISBN 978-7-100-10155-4

2013年10月第1版　　　　开本 710×1000 1/16
2013年10月北京第1次印刷　印张 26 3/4　插页 36
定价:96.00元

高春平,1963年生,1980年考入山西大学历史系,1984年毕业考取本系古代史专业攻读研究生,师从师道刚、崔凡芝先生学习明清史。1987年获历史学硕士学位,分配到山西省社会科学院历史研究所。1993年破格晋升副研究员,1994年任古代史室主任。1995年借调到省委组织部从事整顿农村后进党支部和《中共山西组织史资料》第二卷的编写,2000年破格晋升研究员,2001年被省委组织部推荐到长治市郊区挂职锻炼,任区委分管农业的副书记。现为山西省历史学会副会长,山西省社会科学院历史研究所主持工作的副所长,山西省晋商文化中心副主任,山西省"四个一批"人才,兼任中国明史学会理事、中共山西省委组织部特邀专家、内蒙古茶叶之路研究会常务理事、山西大学客座教授,曾担任电视连续剧《一代廉吏于成龙》历史顾问,先后荣获中宣部"五个一工程奖",山西省"五一"劳动奖章等荣誉称号。主要成果:参与宁可先生主编的《中华五千年纪事本末》、《中国十大商帮》、《三晋历史人物》、《山西历史纪事本末》、《社会主义新农村建设案例研究》等书编写。著作有《晋商学》、《祖槐寻根》、《山西商帮》、《公仆刘开基》、《晋商研究新论》、《山西通史·明清卷》、《太原通史·明清卷》、《晋商案例研究》、《新晋商案例研究》、《潞商文化探究》、《廉政建设与惩防体系》等15部。发表有关明清晋商和明代监察制度论文128篇。著作论文合计1000余万字。其中四篇被中国人民大学报刊复印资料全文转载。《明代官僚政体的双重特征》、《晋商诚信赢天下》、《八路军与太行精神》、《晋商与清代中俄恰克图茶叶贸易》、《明清时期晋中的中小商人》、《杀虎口旅蒙商走西口》等文引起了较大社会反响。

山西省社会科学院建院三十周年
《科研精品文库》编委会

顾　问　李小鹏　胡苏平　张海瀛　张正明

编委会主任　李中元
副主任　武　涛　贾桂梓　潘　云　孟艾芳　杨茂林
委　员　丁　波　马志超　王　云　王云龙　王永平　王灵善
　　　　　石常明　冯云龙　冯素梅　任　冻　行　龙　刘永平
　　　　　孙永富　孙宏波　孙丽萍　李书吉　李书琴　李俊清
　　　　　宋建平　张庆捷　张建武　张建国　陈　平　武小惠
　　　　　罗惊澜　郑建国　赵建新　侯文禄　高春平　韩冬娥
　　　　　景世民　裴海雁　薛　荣

《国外珍藏晋商资料汇编》

主　编　高春平
副主编　赵俊明

编译　整理　　高春平　赵俊明　王勇红
　　　　　　　　卫永红　杨继舜　李　冰

19世纪八九十年代恰克图交易市场鼎盛时期接收的堆积如山的茶叶等货物

2007年中国晋商文化代表团和恰克图市市长座谈晋商

恰克图商业村镇（西方特色）

库伦茶叶仓库内部（蒙古国）

2010年高春平在阿根廷首都布宜诺斯艾利斯商业街考察

茶叶渡口

中国商人

正在恰克图市场过秤打包晋商茶货的俄罗斯商人

东方特色的特罗依茨克城

恰克图市博物馆藏清代晋商带去的中国瓷画

排着长队向俄工厂交茶叶

ПЕРЕВОЗКА ЧАЯ

茶叶远送

恰克图市教堂

残存的恰克图交易市场大门之一

世界上最大的淡水湖——美丽浩淼的贝加尔湖曾是晋商水运航道

俄罗斯布里亚特共和国首都乌兰乌德市商业大街

布里亚特乌兰乌德商业街中心喷泉

编者高春平在乌兰巴托采访清代晋商的后裔

蒙古国首都乌兰巴托留存的晋商会馆砖雕 1

蒙古首都乌兰巴托留存晋商会馆砖雕 2

旅俄晋商牛允宽的弟弟

康熙亲征噶尔丹记功碑

清代晋商活动地库伦——今为乌兰巴托火车站

清代为晋商加工包装砖茶的雇工

保晋矿务公司董事会合影

至今残存的恰克图交易市场内景

清代为晋商打包茶货的雇工

清代南方雇工为晋商搬运茶货场景

晋商在恰克图使用过的带雕花人物图案的樟木扣箱

蒙古国博物馆藏晋商大珍玉商号实物

留存至今的恰克图交易市场外景

清代恰克图买卖城的山西商人

恰克图买卖城街道中行走的山西商人

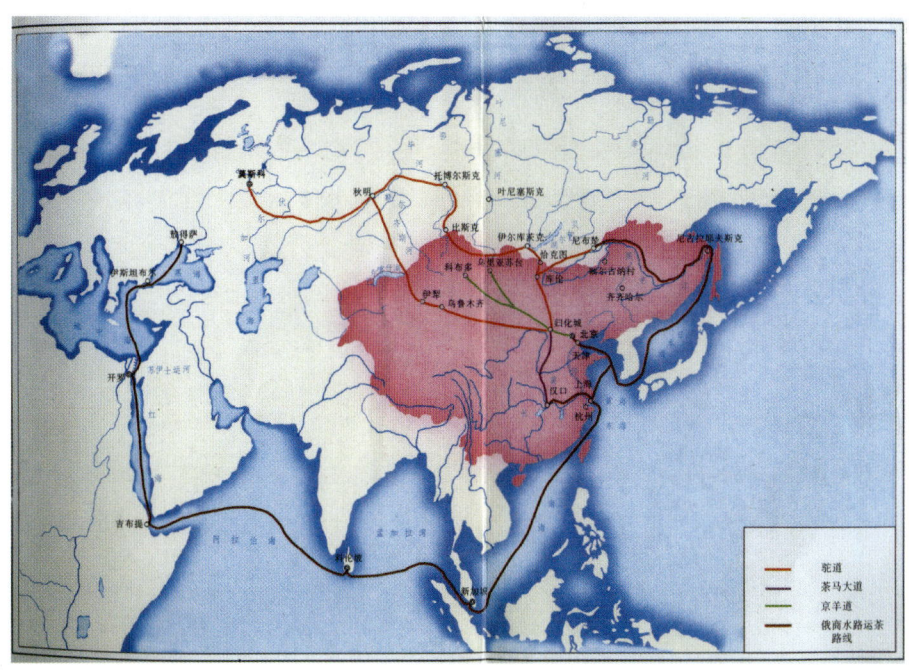

清代茶叶之路示意图

清代晋商在俄国用过的算盘

恰克图博物馆藏晋商泥塑

现任恰克图市长给作者签名赠书

2010年作者陪同美国斯坦福大学人类学教授葛希芝考察上党地区潞绸与妇女的传统纺织

大盛魁藏老白汾酒坛

留存在恰克图市曾和晋商交易的俄国商人住过的木房

清代中俄贸易重镇恰克图（1880—1890年）

清代库伦今乌兰巴托晋商会馆照壁全景

恰克图博物馆藏晋商用过带有骆驼图案的木箱

正在行进中的晋商驼队 1

正在沙漠中行进中的晋商驼队 2

清代晋商天顺泰绸缎庄作的广告画

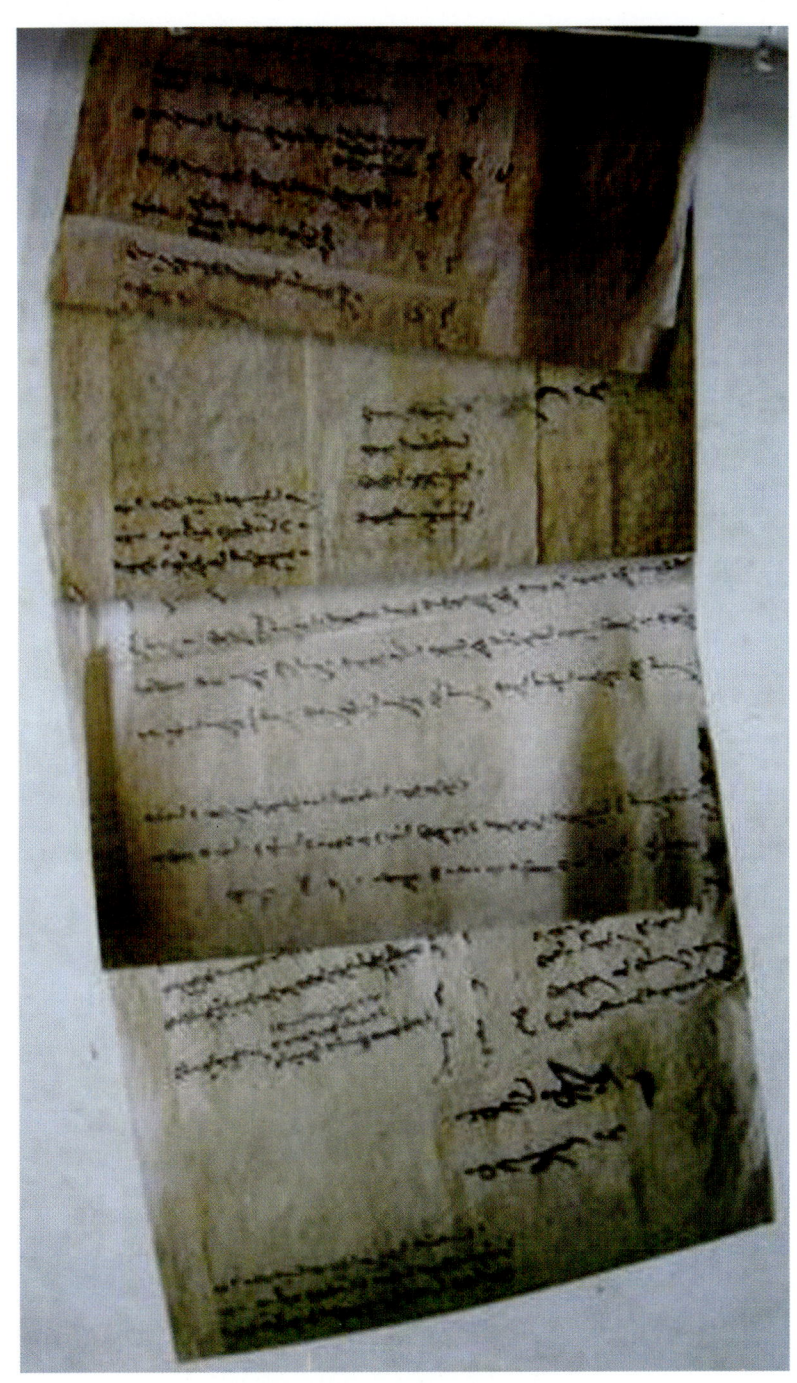

其他商号偿还大盛魁商铺债务清单

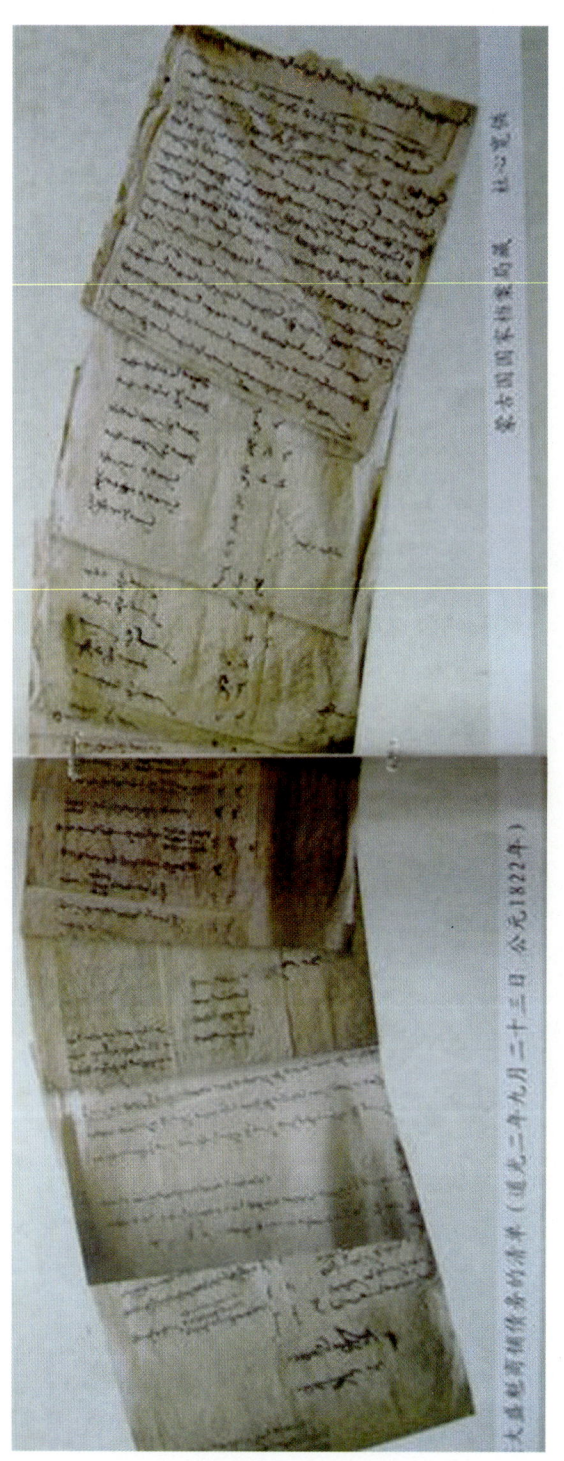

大盛魁商铺债务的清单

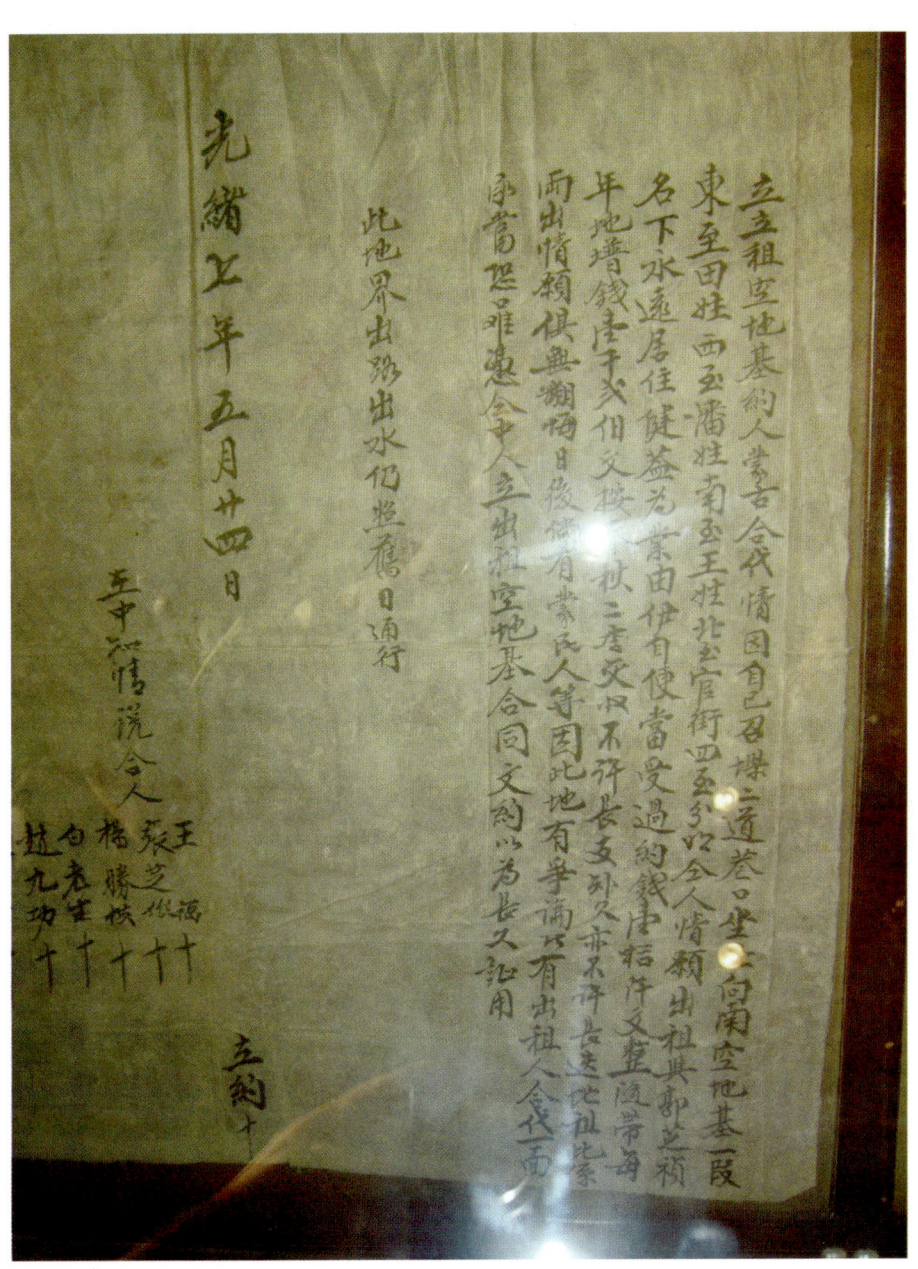

光绪年间的地契

光绪年间山西祁县票号书信真迹 1

光绪年间山西祁县票号书信真迹 2

光绪年间山西祁县书信真迹落款

编译说明

一、本书是山西省晋商学科带头人、山西省社会科学院历史研究所负责人高春平研究员多年来利用出国开会考察期间收集整理的国内罕见的晋商图片和资料，旨在为从事晋商研究的专家、学者和广大读者提供第一手资料。

二、本书收录了散落在欧美、俄罗斯、蒙古、日本诸国的晋商文献、碑刻资料和票号书简。

三、本书由图片、俄罗斯布里亚特共和国恰克图市博物馆、蒙古人民共和国乌兰巴托市博物馆藏晋商资料、日本东京大学东洋文化研究所藏山西票号资料、拉丁文中俄划界通商条约四大部分组成。

四、《蒙古及蒙古人》是俄罗斯考察家阿·马·波兹德涅耶夫所著。书中以日记的形式记录了他1892—1893年来中国蒙古地区的考察活动，也反映出清代晋商在俄罗斯、中国蒙古地区、张家口等地进行商业贸易活动的情况。我们将其辑译出来，并和内蒙古人民出版社1982年翻译出版的该书进行了比对。

五、本属中国，现由日本东京大学东洋文化研究所藏《山西票号书简资料》（一、二）是抗日战争时流失的山西票号书信资料，真实记录了当时平遥、祁县、太谷三帮各家票号经营情况，具有极高的史料价值。该资料由日本东京大学东洋文化研究所滨下武志先生和新加坡国立大学中文系李焯然先生合编，收录在《华人商业史料系列》（第2辑）。2005年在太原晋祠召开晋商国际学术研讨会上赠送编者两个光盘。原稿由毛笔小楷草书写记，没有标点分段，行业术语极多，很难辨认理解，尤其是其中的收支账目数字皆是当时的暗码，今人多已不用不识，我们经过攻关，将其点校整理出来。山西财经大学所编《山西票号史料》（增订本）收录了部分书简资料，但书简资料（二）由我们整理点校，这里首次把它公诸于国内学界。

六、和明清晋商有许多大家族一样，18、19世纪中俄茶叶贸易史上，俄罗斯也有不少著名商人家族。他山之石，可以攻玉。因此，我们特意收录了《伊尔库茨克商人西比利亚科夫家族持之以恒和与时俱进》一文，以便读者对中外商人家族不同的发家历史有所比较和了解。

目　　录

晋商与清代中俄恰克图茶叶贸易（代序） ……………………………… 1

俄罗斯藏晋商史料

俄罗斯布里亚特共和国恰克图市保存的晋商资料 ……………………… 27
伊尔库茨克商人西比利亚科夫家族持之以恒和与时俱进 ……………… 41
《蒙古及蒙古人》中的晋商资料辑译 …………………………………… 71

日本东京大学东洋文化研究所藏山西票号资料

山西票号书简资料之一 …………………………………………………… 99
　　京都往来书稿（道光二十四年） …………………………………… 99
　　汴梁往来书稿（道光三十年） ……………………………………… 164
　　往京书札（咸丰元年） ……………………………………………… 166
　　京都往来信稿（咸丰元年、二年） ………………………………… 174
　　平遥来信底稿（咸丰十一年） ……………………………………… 244
山西票号书简资料之二 …………………………………………………… 256
　　庆和先生存稿 ………………………………………………………… 256
　　官场书稿 ……………………………………………………………… 286
　　上洋分号信稿 ………………………………………………………… 330
　　沈阳致总号信稿 ……………………………………………………… 332
　　中兴和记汉口信稿 …………………………………………………… 336
　　北京往信稿 …………………………………………………………… 387
　　耕泰丝厂信稿留底（民国二十四年） ……………………………… 395

中俄议界通商条约

中俄尼布楚议界条约 ……………………………………………………… 405

中俄布连斯奇界约 …………………………………… 407
中俄恰克图界约 …………………………………… 409
中俄天津条约 ……………………………………… 412
中俄续增条约 ……………………………………… 415
《中俄陆路通商章程》的重要条款 ………………… 418

后记 ………………………………………………… 420

晋商与清代中俄恰克图茶叶贸易（代序）
——纪念伟大的茶叶之路

高春平

中俄两国是近邻。300年前,晋商历经艰险开辟了从福建武夷山、湖南安化、湖北羊楼洞,途经鄱阳湖、汉口、河南赊旗镇、洛阳,穿越太行山,过太原、雁门关,出杀虎口、张家口,北上呼和浩特、乌兰巴托,直抵恰克图,然后远销莫斯科、欧洲的万里国际茶路。自从《中俄恰克图条约》签订,恰克图便由中俄边境的一个小村一跃而成为亚洲腹地出现的第一座国际商埠。从1692年俄国第一支商队进北京,到1905年西伯利亚大铁路通车,恰克图市场繁荣了整整200多年。这里成为两国互通有无,商贸往来的重要枢纽,造就了以"晋帮"商人为主,"京津帮"为辅,总人数达50余万的旅蒙商贸集团,进而带动了边疆地区的开发和内地张家口、天津及俄国西伯利亚一批城市的发展。恰克图边贸的繁荣时期,每年都有数以百十万担计的茶叶、瓷器、大黄、丝绸、铁器、棉布、烟酒、糖碱和其他日用百货从中国内地输向莫斯科、欧洲,并引起了伟大的革命导师马克思的关注和评论。

《中俄尼布楚条约》与俄国商队来京

16、17世纪以后,沙俄经过彼得大帝改革,不断向亚洲东部扩张,并积极寻求通往中国的商道。1689年9月8日,中俄签订的《中俄尼布楚条约》,划定了中俄两国东段边界,成为确定中俄两国关系基础的平等条约。该条约第五条规定:"两国今既永修和好,嗣后两国人民和持有准许往来路票者,应准其在两国境内往来贸易。"[①]这是中俄双方第一次以国家的名义正式承认边境贸易合法化。其不足之处:一是内容较抽象而且简略,如两国通商问题,满文条

[①] 米镇波:《清代中俄恰克图边境贸易》,南开大学出版社2003年版。

约第 6 条简单规定："往来行旅,如有路票,准其交易。"①二是额尔古纳河以西外蒙古——俄国边界被搁置起来没有划分,直到 30 多年后的 1727 年签定《中俄恰克图条约》才弥补和完善了《尼布楚条约》的缺陷和边界与通商问题。

其时,俄国政府在对清关系上最关心的是领土扩张和通商获利。而清政府鉴于帝俄在外蒙古西北边境筑城等行为暴露出的扩张领土的野心,对俄采取了停止通商及要求引渡逃人对策,以便通过谈判划定阿尔泰山同准噶尔、外蒙古与俄国的边界。1692 年彼得大帝向北京派出了商人伊台斯带领的第一支商队,向康熙皇帝提出了六条要求,其中第一条、第二条是有关边境问题的,第六条是关于在华建立东正教堂,其余三条都是要求扩大与中国的通商贸易,并请中国商人到俄罗斯莫斯科做生意的。第三条、第四条、第五条内容如下:

第三条,请汗派遣商人到皇都莫斯科城去,每人可携带一千普特或更多的纹银,他们可以购买他们所需要的一切俄国和德国货物。

第四条,请指示那些商人携带宝石、花布及迄今未曾从中国输入俄国的其他货物,还有中国出产的烟草和姜菽之类的东西,输送给沙皇陛下。

第五条,请汗派遣中国人携带各种货物赴沙皇陛下的俄罗斯国进行贸易。

然而当时清朝对俄罗斯的认识非常模糊,以为自己是世界的中心,周边其他民族都是"蛮夷",把俄国视做"罗刹"(满语,意为强盗),所以,这三条要求被大清政府拒绝。同年 2 月 5 日理藩院答复伊台斯:"……举世皆知四夷向中国上表进贡请求通商,但中国向无遣使四夷通商之必要。此事应无庸议。"但此后俄国派往中国的商队数量规模不断增加。1698 年以后,俄国政府利用《尼布楚条约》第 6 条款,平均每两年派出一支官方商队赴北京,谋求开展对华贸易。商队领队由俄皇任命,持有外交部门颁发的路票。其路线起初为尼布楚—齐齐哈尔—北京。1704 年后,改道蒙古地区的色楞格斯克—张家口—北京。除官方商队外,在齐齐哈尔和外蒙古大库伦(今乌兰巴托市),还有私营贸易。康熙五十六年(1717)以前,清廷认为,俄国人的贸易是一种朝贡贸易,因此,凡来北京或齐齐哈尔的俄商,不论是否官方商队,只要进入国内,就一律按惯例提供粮食和运输工具。康熙五十六年(1717)五月十二日,清廷开始出现

---

① 吉田金一:《俄国向东方的扩张与涅尔琴斯克条约》,近代中国研究中心 1984 年,第 290 页。

禁止俄国商队来京的主张,在理藩院致俄国西伯利亚总督咨文中,就俄国第9次官方组织的米·雅·古夏特尼科夫商队在北京向华商赊销余货引发纠纷一事,指出俄国商品在中国滞销问题,建议俄商以后应隔数年方可再来,"在此期间可于边境地方贸易"①。

这年七月,俄国第9次官方商队离京不久,清廷未等俄方对上述咨文作出答复,便决定拒绝接纳瓦·伊万诺夫商队入境。九月初六(9月29日),理藩院在咨文中正式通报此决定:

> 数年来,尔大商人接连前来贸易,而且为公事派来送文之人及零星前来贸易之人,从未间断。因我属各地捕猎所获皮张等物甚多,故今年前来贸易之专员所带货物,实无人购买,延搁至今方启程返回。如今前来之商头瓦西里·伊万等30人,皆系乘送文之机,携带货物前来贸易者,理应不准贸易,令其返回。唯因携带有尔之执照,准其于我边界地方进行贸易,完毕返回。②

两年后,清政府进一步拒绝接纳俄官方派出的伊斯特布·尼科夫商队。康熙五十八年四月十一日(5月18日),理藩院又以俄国商品在华供给过剩,无人购买;俄商多次任意寻衅斗殴滋事;中方供应俄国商队往返,造成边民劳苦三点理由,向俄国发出如下咨文:

> 尔前来贸易之俄罗斯人等无视法度,曾多次任意逞强,寻衅斗殴。……今尔又派人前来贸易,虽准其入京,亦无人购买此货,若拖延日久,必至劳苦尔属之人。且往返供给廪饩,亦使边民劳苦,故暂不准入,若尔商人有情愿贸易者,可于楚库柏兴贸易。③

除了上述理由之外,当时清政府与准噶尔关系日趋紧张,准噶尔军早在1720年从西藏败退后,便存在向俄国靠拢的可能,这是促使清廷重新考虑对俄政策的重要原因。此外,俄国在库苏古尔和乌梁海一带修筑城池的行为,加上《尼布楚条约》签订后西北边境25年间不断发生的越境逃

---

① 中国第一历史档案馆编:《清代俄中关系档案史料选编》第一编,中华书局1981年版,第378—379页。
② 同上,第388页。
③ 《清代俄中关系档案史料选编》第一编,中华书局1981年版,第400页。

亡纠纷,为中断北京贸易投下阴影。①

外蒙古西北边境筑城问题

17世纪下半叶开始,俄国就沿着额尔齐斯河、鄂毕河、叶尼塞河等流域向南扩张。1715—1717年,俄国西伯利亚总督马·彼·加加林竭力推行这一扩张政策。当他获悉中亚城市额尔克台出产黄金,便向沙皇彼得一世建议:沿额尔齐斯河进入亚梅什湖,在那里建立城堡。沙皇采纳了他的建议。1716—1717年,加加林下令在色楞格河源头库苏古尔、叶尼塞河上游萨彦山脉地区建立城堡。此举遭到清政府的强烈反对。康熙五十六年八月初一(1717年8月25日),理藩院在致加加林咨文中抗议道:

> 据闻俄罗斯有八百五十人来至名谓霍罗奇库色托罗海地方建造房屋,并于阿里克、鄂里两河交汇处,名谓鄂卓里格尔地方砍伐木材、修造营寨等语。……据此,本院查得……鄂卓里格尔地方乃我喀尔喀、乌梁海等部游牧之地,怎可容尔属人员随意于我属地伐木占地、建造房屋?倘若尔属人员无故侵入我属地修建村舍,占据地方,岂不沮坏尔我两国多年彼此遣使、贸易之友好关系?②

史实表明,清政府对这一筑城事件的抗议是停止通商和拒绝伊万诺夫商队入京的直接诱因。与此同时,清廷要求俄方派出官员赶赴现场,撤除城堡,而俄国政府置之不理,清政府遂于康熙五十六年十一月十一日(1717年12月2日)再次发出措词严厉、与上述咨文内容几乎相同的抗议咨文。③ 不知是俄方有意拖延,还是由于当时西伯利亚总督加加林等人被替换和审讯,俄国政府对这两份外交咨文迟迟未复。康熙五十七年六月十二日(1718年6月28日),理藩院咨文中再次强调道:

> 兹据我和托辉托公博贝报称:于我属乌梁海等游牧居住之克木克木齐河交汇处,名乌卖地方,有俄罗斯人无故擅自前来筑房居住。……据

---

① 据《清代俄中关系档案史料选编》和《中俄关系》记载,1690—1717年间,共发生70起越境逃亡事件,其中约50起与外蒙古有关,其余逃亡事件发生在额尔古纳河以东的黑龙江地区。
② 《清代俄中关系档案史料选编》第一编,中华书局1981年版,第384—385页。
③ 同上,第392页。

此，本院查得……应将尔界小民于此等地方所筑房屋拆毁，将人撤回。否则，边界不肖之徒妄生事端，以致沮坏两国友好。①

至此，由于筑城事件的影响，中俄以往潜在的外蒙古边界划分问题、外逃问题全部公开明朗化。尽管至今尚未发现俄国政府收到理藩院这三份咨文的文献记载，但1719年2月，古夏特尼科夫商队回到莫斯科，自然带去了清政府关于限制通商的第一份咨文，②关于不准伊万诺夫商队入境的第二份咨文几乎也同时送到。因此，俄方已无任何理由回避这一外交问题。所以，1719年3月30日，俄国颁发了派遣特命公使列·沃·伊兹麦依洛夫拜会中国皇帝的国书。③

伊兹麦依洛夫使团

1719年6月4日，俄国外交部正式颁发训令，就伊兹麦依洛夫使团人员、经费作出13条决定，同时就俄商在华自由通商贸易作了16条规定。④伊兹麦依洛夫使团的使命大致如下：

1. 向中国皇帝递交俄国皇帝的国书，转达俄国皇帝的问候。
2. 同中国大臣举行会谈，提出如下建议：

   a. 应允俄商在中国境内自由贸易，通过俄商在中国的自由活动和开拓市场，解决俄国商品滞销问题（第8条）

   b. 如中国方面负担过重，商队所需粮食及运输工具今后可由俄商自理（第9条）

   c. 签订通商条约

   d. 在北京等城市派驻领事，以监督俄商，解决俄商不正当行为和暴行（第10条）

3. 在中国旅行或逗留期间，对中国的军备、物产，及对俄国商品的需求情况进行调查，并提交秘密报告（第3条、第11条）
4. 要求在北京建立俄国东正教堂（第12条）
5. 关于俄国在额尔齐斯河流域建立城堡，使中国政府相信此举并非针对

---

① 同上，第397—398页。
② 《清代俄中关系档案史料选编》第一编，中华书局1981年版，第378—379页。
③ 苏联科学院远东研究所编：《18世纪俄中关系·史料·文件集》第一卷（1700—1725年），莫斯科，1978年版，第181—182页。
④ 同上，第183—185页。

中国(第 13 条)①

1719 年 7 月 16 日,伊兹麦依洛夫使团带着上述训令,从彼得堡动身前往北京。次年 5 月 13 日行至伊尔库茨克,收到俄外交部于 1720 年 1 月 7 日发来的补充训令,康熙五十八年四月(1719 年 5 月),清朝理藩院就不准伊斯托布尼科夫商队入境事发出咨文,②俄国政府收到咨文后知道清政府加紧推行限制通商政策,便发出谈判中"要重申请求批准目前尚在边境滞留的伊斯托布尼科夫商队入境,同时强调《尼布楚条约》规定的自由通商权利,商队费用自理亦可,还可任命领事以防商贸纠纷"③的补充训令。

1720 年 11 月 18 日,伊兹麦依洛夫使团抵京,十天后拜会康熙皇帝。康熙皇帝态度友善地礼待使团。12 月 18 日后,使团同清政府高级官员进行会谈。俄方按前训令提出签订通商条约、批准伊斯托布尼科夫商队入境等要求,清廷则重申以往观点,强调俄国商品供给过剩,供应商队使边民劳苦,重点提出边境问题,要求引渡逃到俄国去的 700 名塔布努特部民,并明确提出外逃问题同通商问题密不可分,边境问题解决之前,通商问题无从谈起,后者必须以前者为前提。理藩院于 12 月 31 日致伊兹麦依洛夫咨文写道:

> 通商事小。今我属民逃亡尔皇帝陛下处,恐酿战端。尔乃特命公使,诿称非系尔任?……此等逋逃者搜出之前,通商之事难以协议。④

1721 年 1 月 11 日,伊兹麦依洛夫在咨文中表示同意向俄国西伯利亚州总督报告 700 名逃亡者的问题。两天后,清政府谈判代表重申以前的逃亡问题,这次也要一并解决。"伊兹麦依洛夫只好把清政府的要求报告给沙皇,谨慎从事"。⑤此后,双方代表反复交涉,于 2 月 7 日初步达成如下协议:

1. 伊兹麦依洛夫致函西伯利亚州总督,要求妥善处理 700 人逃亡者事件。
2. 清政府同意正在色楞格斯克待命的伊斯托布尼科夫商队入境,旅费由

---

① 《18 世纪俄中关系·史料·文件集》第一卷(1700—1725 年),莫斯科,1978 年版,第 191—194 页。
② 《18 世纪俄中关系·史料·文件集》第一卷(1700—1725 年),莫斯科,1978 年版,第 193—194 页。
③ 同上,第 195—197 页。
④ 同上,第 245—247 页。
⑤ 同上,第 250—251 页。

商队自理。

3. 使团秘书劳·郎克留驻北京,以监督商队。

2月11日,清政府交给伊兹麦依洛夫一封包括十条内容的俄文信函,算是清政府的最后通牒。其内容可归纳简述如下:

1. 关于逃亡者问题,伊兹麦依洛夫应准确无误地向沙皇报告。
2. 《尼布楚条约》规定,签约以前的逃亡者不再引渡。
3. 速派全权代表,解决蒙古边境问题。
4. 解决700人逃亡事件及以往遗留的逃亡问题。
5. 近年俄国于托呼木素纳附近之乌玛河畔,乌梁哈游牧之地,约有100名西伯利亚人前来建筑城堡。此等造房之事前所未有,应将所筑房屋拆毁,将人撤回,将此地交还原主(清朝)。
6. 为便于以后递交文件,发印章100枚。
7. 同意伊斯托布尼科夫商队入境。①

伊兹麦依洛夫使团看到这封信后,仍然要求签订通商条约,清政府不予理睬,使团被迫于1721年3月2日离京,5月18日返回伊尔库斯克,向俄国皇帝发出紧急报告,说明通商条约未能签订的缘由,报告于5月28日直达首都。根据报告,俄国政府逐渐认识到:只有首先解决边境问题,才能确保对清通商贸易。1722年1月13日,伊兹麦依洛夫回到莫斯科。4月12日,彼得一世发布如下敕令:

> 条约签定后越境逃入我国的贵国皇帝的属民,可予以引渡;今后如再有越境逃入我国者,亦不予收容而予以引渡,并由双方各自上报;不过,和约签订以前逃入者不在此例。②

此后,围绕逃亡和边境问题,清朝方面积极主动地采取措施,一方面,继续限制通商,不断地向俄方施加压力。伊斯特布尼科夫商队虽于1721年9月29日按约抵达北京,但次年5月8日,清廷便以俄商近期不会来华为由,命令劳·郎克同伊斯特布尼科夫商队一道离京。以后,郎克留在色楞格斯克,继续

---

① 《18世纪俄中关系·史料·文件集》第一卷(1700—1725年),莫斯科,1978年版,第263—265页。
② 同上,第323—324页。

承担对清交涉事务。1723年(雍正元年)12月,俄国托列基雅科夫商队以官商名义前往北京,同样被拒绝入境。商队在边境滞留4年,《恰克图条约》的前身《布拉条约》签订之后,才获准前往北京。另一方面加强边防。康熙皇帝于1721年8月24日命令外蒙古加强边境戒备,次年9月又在楚库河上游新设卡伦和边界标识。从1721年2月至1723年9月,清朝理藩院先后派员外郎占柱、刘申保、众佛保、鼐格等7人次赴伊尔库斯克和色楞格斯克,接连提出遣返逃亡、划定边界的要求。对此,俄方采取拖延政策,缓慢地做了一些工作。俄外交部收到彼得一世敕令以后,在1722年7月24日向西伯利亚总督发出关于引渡逃亡者的命令。西伯利亚总督阿·马·契尔卡斯基据此,于12月任命斯捷潘·费菲洛夫负责调查逃亡情况。第二年4月1日前后,费菲洛夫才到达色楞格斯克。直至1724年3月,"费菲洛夫的调查工作结束后,才向清廷通报了情况。"[①]同年7月,清政府派出领侍卫内大臣鄂伦岱、理藩院尚书特古忒二人赴色楞格斯克与费菲洛夫进行会谈。这次会谈是恰克图条约的前奏。7月20日,清政府的两位代表将奉旨会谈的目的向俄方介绍说:

  我圣主鉴于两国使臣自尼布楚议定边界以来,多年无事,和好之道甚属紧要,故特派本大臣等二人为首席大臣前来,欲按尼布楚之例,勘定喀尔喀边界并议决逃人、盗案诸事。[②]

  俄方代表郎克先是声称,没有沙皇陛下的敕令绝不签约。7月22日,郎克收到俄国元老院授权,让他和即将新派来的布霍尔茨中校一道,就边界和逃人问题同清政府谈判。次日,郎克通知清朝代表,说已接到上述指令,但要等到奉派参加谈判的布霍尔茨中校到来,尚需很久,建议对方暂先回京。鄂伦岱对此表示不满,同时感到俄国使臣的身份不高没必要继续谈判,于是带着引渡的98人于31日启程返回北京。[③]

  这次会谈虽没有达到预期的目的,但据鄂伦岱的报告,清政府总算确认了俄国就划定边界问题愿意进行正式谈判的意向。不久,俄国政府就派遣高级

---

① 《清代俄中关系档案史料选编》第一编,中华书局1981年版,第413页。
② 同上,第421页。
③ 《18世纪俄中关系·史料·文件集》第一卷(1700—1725年),莫斯科,1978年版,第418—419页。

使节问题进行了重新研究。1725年3月7日,俄国外交部决定派郎克向中国方面通报彼得一世去世的消息,并通知中国政府,俄方即将派出全权大臣前往中国祝贺新皇帝即位,同时开启边界谈判。6月18日,俄国正式任命萨·帕·务拉的思剌维赤为驻华全权大使。清政府于雍正四年(1726)正月派皇舅隆科多公负责划定阿尔泰山地区同准噶尔地边界,调查并划定外蒙古同俄国的边界。①

由上可见,鉴于16、17世纪以来沙俄不断地东扩领土,在中俄西北边界不断修筑城堡房屋以及当时西北地区准噶尔问题复杂化的事实,自1717年以来,清政府一直致力于解决外蒙古边界问题。为此,以限制和停止通商为筹码,拒绝俄国人在北京设立领事、在中国内地自由通商。从《尼布楚条约》到《恰克图条约》,清政府的最终目的,是通过划定边界,从根本上解决各种纠纷的根源,在此基础上,才准许通商贸易。在清廷的不懈努力下,俄国逐渐认识到了要使清政府改变停止通商政策,必须先解决外蒙古边界问题。尽管俄国政府在边界问题上行动迟缓,但最终还是同意进行正式谈判。双方最终在1727年8月签订了《中俄布连斯奇条约》,1727年10月签订了《恰克图条约》,从而为中俄边贸铺平了道路。

恰克图市场的创建与管理

恰克图市场创建之初,俄国非常积极,中方相对保守。1728年6月30日,俄国宫廷直接插手恰克图市场的规划和设计,对恰克图市场的建设作出了非常明确具体的指示:"恰克图市场,应该是一个正方形的市场,每边各长200米,市场的四个角各筑一个城楼。在这个正方形的市场内,开设32个货摊……货摊的大小,可分成两种:一种是长宽各五米的正方形货摊;一种是长6米宽3米的长方形货摊。还应修建一个商品陈列所,长32米,宽6米。底层修建24所商店。商店的上面一层是仓库。每个商店还应有一个像圣彼得堡的商店一样的屋顶走廊。市场的外面应建筑围墙,以防草原上的野火。……这些商店租给私人使用。"俄国军队也参与了新商埠的建设。在很短的时间里官方就调集了350名雅库茨克团的士兵,还从乌丁斯克调来了30名哥萨克、25辆大车和一些马匹以及数十名工人。搭起6个帐篷和一所有12个粮仓的大院;建立

---

① 《清代俄中关系档案史料选编》第一编,中华书局1981年版,第437、438—441页。

了1座配有大酒窖的酒店;盖起了32座供商人居住的房子,每座房子宽3俄丈,长4俄丈。在贸易城的中心位置盖起了长16俄丈、宽3俄丈的楼房,上层24个仓库,下层是同样数目的铺面。……所有这些都是俄官方出资修建的,1728年俄方的贸易城建成。

过了不到一年,紧挨着俄方的贸易城,中国商人集资盖起了一个同样大小的贸易城,取名买卖城。据《山西外贸志》援引汾阳路履仁先生晚清目睹买卖城贸易实况后撰文所载:"买卖城由一条东西向横街和三条南北的巷子组成,西巷有常家的大泉玉,中巷有常家的大升玉,东巷有常家的独慎玉。""在恰克图从事对俄贸易的众多山西商号中,经营历史最长,规模最大者,首推榆次车辋常家。常氏一门,从常万达于乾隆时从事此项贸易开始,子孙相承,历经乾隆、嘉庆、道光、咸丰、同治、光绪、宣统七朝,沿袭150多年。尤其到晚清,在恰克图十数个较大商号中,常氏一门竟独占其四,堪称为清代本省的外贸世家。"中方的买卖城不是官方而是中国的商人们个人集资建起来的。这种差别来源于两国政府对边境贸易在认识上的巨大差异:俄国政府认为建立双边贸易是两个国家官方之间的事情,至少主要是官方的事,而清政府则把恰克图的双边贸易看做是商人自己的事情,完全是属于民间行为。商人们自己掏钱向恰克图监管部门购买地皮,自己动手营造店铺和库房。

为了管理恰克图,俄方建立了萨那特衙门,派出一名监察监收关税;监察的手下配有一名管事和几名服役人员。同样,中方"设监视官一名,由理藩院派出,每二年一更。……"此外,北京还派出一名护军统领到买卖城监管商人。对于新建立的恰克图商埠,清朝政府实行了严格的管制,凡入市贸易的商人,都必须领取理藩院颁发的部照(亦称信票、龙票),无票者不准入市。乾隆二十四年(1759)议准:"库伦、恰克图贸易事务日繁,驻扎司官应给关防务一颗。凡各商至库伦、恰克图者,皆给以理藩院票。由直隶出口者在察哈尔都统或多伦诺尔同知衙门领票。由山西出口者,在绥远城将军衙门领票。以该商姓名、货物及所往之地起程日期,书单粘合院票,给与其已至所住之处。又欲他往者,许呈明该处将军大臣扎萨克改给执照。其各商领票后,至库伦者,由库伦办事大臣、理藩院司官稽查。至恰克图者,出卡伦时由卡伦上会哨之扎萨克稽查,至商集,由恰克图理藩院司官稽查。"①对于走私的商人惩罚极为严厉,一经查

---

① 《朔方备乘》卷三七。

出,其货一半归官,一半奖赏稽查人员。

在恰克图市场繁荣时,中俄商人合办银行,相处十分融洽。在俄国人过节的时候,中国买卖城的官员扎尔固齐带领着他的随员和中国商界头面人物到俄国人这边来共同庆祝。为了礼貌,中国人都穿着贵重的衣服,满面春风地前来做客。在邓九刚先生所著《茶叶之路》一书中,瓦西里·尔申这样写道:"有一次过节,我在税务总监的家里见到了买卖城里的扎尔固齐及随员(催领或文书)和一些商界巨子。中国人衣着非常讲究,扎尔固齐穿着一件贵重的海獭皮马褂。……当提议举杯庆祝皇帝陛下健康时,扎尔固齐以及全体中国人都肃然起立,与俄国官员及公民们一起欢呼——'乌拉',兴高采烈地举起酒杯。这个场面我觉得非常美好。中国人满面春风,尤其使我高兴。炽热的感情总是使人陶醉的。平时,扎尔固齐也来会见税务总监,有时是正式拜会,接洽公务,有时则是不拘礼节的拜访。但向来他都带着许多人,并由蒙古骑兵及俄罗斯哥萨克卫队簇拥着。扎尔固齐彬彬有礼,对俄国人一般很客气。交谈通过翻译用蒙古语或满语进行。由于不断交往和经常在许多事务上打交道,所以中国人对俄国商人的态度都很友好,很随便。……他们甚至在不做买卖的时候也从早到晚呆在恰克图,串门、吸烟、聊天。如果当时主人正忙于做某件事,可以完全不必照应他们,而他们自己也同样不去麻烦主人。因此正如俄国人所说的,他们是每日都来的常客……"

"商人们都可以自由出入买卖城,而其他人则要得到边防长官的许可才能进入。只有在春节那三天,才能享有充分的自由进入买卖城。那时,人们成群结队地赶到买卖城,观看中国人的彩灯和焰火。看他们放的各种各样的花炮和五彩缤纷的礼花腾空而起,继而又像万道银色的瀑布从天飞落。买卖城狭窄的街道上,彩灯成行,辉映如昼。人们拥挤在这里观赏中国艺人和变戏法的精彩表演。游人虽冻得发抖却乐不可支。阴历年的庆祝活动在无炮架的小炮的轰鸣中开始,然后在扎尔固齐通过翻译接受我方边防长官和税务总督的正式新年祝贺。俄国商人也赠给自己的中国朋友小小的礼品表示祝贺。买卖城很快就热闹起来了,到处是穿红着绿的人群。"

发展中的闭市波折

当然,恰克图市场的发展也不是一帆风顺的。由于走私和俄国商人的捣乱,恰克图市场在两个半世纪中,共经历过四次闭市的波折。

为保证贸易的顺利进行和给两国商民创造安全和平的交易环境。《恰克图条约》第十条规定:"两国嗣后于所属之人,如有逃走者,于拿获地方,即行正法。如有持械越境杀人、行窃者,亦照此正法。如无文据而持械越境,虽未杀人,行窃,亦酌量治罪。军人逃走或携之物逃走者,于拿获地方,中国之人,斩,俄国之人,绞,其物仍给原主。如越境偷窃骆驼、牲畜者,一经拿获,交该头人治罪。其罪初犯者,估其所盗之物价值,罚取十倍。再犯者,罚二十倍。三次犯者,斩。"[1]但俄方并不认真执行条约规定。第一次闭市发生在乾隆二十三年(1758)。由于市场初建,双方商人和边民(主要是俄国的商人)在经商过程中不适应,不遵守市规,同时发生俄境布里亚特人越境抢劫事件,导致恰克图地方治安状况不良。清政府对恰克图市场实行了限制贸易,对手续不够健全的商户严加盘查。"自奉文查禁以来,赴恰克图、库伦贸易者只数十家,小商依附行走者二十余家,其余百余家多已歇业"。一名管理恰克图市场的官员方观承请求皇上体恤商民,放宽禁令,使恰克图市场恢复往日的繁盛。乾隆皇帝批复奏折:"所奏甚是,即有旨谕。"之后规定:华商赴恰贸易一律要领取票证,归理藩院管理;票证的发放交由归绥将军衙门和察哈尔都统、多伦诺尔同知衙门。商人至库伦办事大臣理藩院司官负责稽查。至恰克图再由恰克图理藩院司官稽查,层层盘查。于是恰克图贸易复盛如前。

乾隆二十八年(1763),恰克图市场再起风波。俄国布里亚特匪徒窜入我境窃掠,杀害我喀尔喀边防卡伦一位驻卡官员,抢掠财物,致使喀尔喀与俄罗斯互有数千马匹丢失,正当此事尚在奉旨切责之时,又发生"俄罗斯渐渝禁约,私收货税"单方征收中国商品的入口税,经与俄方交涉无效,乾隆帝龙颜大怒,于乾隆三十年农历十一月十九日(1765年12月20日)降旨停止恰克图贸易。"恰克图贸易一事,近因俄罗斯不遵旧例,违背禁约,甚至多收货税,苦累商人,是以降旨停止。"[2]造成恰克图的第二次闭市。停市后,中国一个名叫丑达的官吏,违禁伙同喀尔喀亲王桑斋多尔济与俄罗斯走私贸易,被就地"正法"[3]。这次停市两年零八个月,对俄国影响挺大,因为"俄罗斯地虽富庶,而茶布等物,必须仰给内地(中国),且其每年贸易,获利甚厚,不能不求我通市"[4]。清

---

[1] 王钦崖编:《中外旧约章汇编》第1册,生活·读书·新知三联书店1957年版,第9页。
[2] 《清高宗实录》卷七四九。
[3] 《清史稿》卷一二。
[4] 《清高宗实录》卷八七一,乾隆三十五年十月甲午。

廷也不想彻底关闭市场,而是等其自知悔过,虔诚乞请。后经俄方请求,到乾隆三十三年八月十二日(1768年9月22日),清廷派驻库伦办事大臣庆桂协同喀喇沁贝子奉皇帝的指令与俄方官员会商后,以"俄罗斯知悔过……乞求交易"上奏朝廷。乾隆降旨"著准其通商"①。当年九月十九日,中俄签订《修改恰克图界约第十条》,明确规定,为了防止类似事件发生,废弃原契约第二条关于边境各自禁止臣民之掠夺及逃走之法:"今后不可不警戒其臣民。若于国境上发现其痕迹,又有通知如此意外之事时,边界之头人等要迅速且确实搜查之。若反之,而彼等图自己之利害怠其义务时,两国国家当各从其本国之法律处罚彼等。"②

尽管修约明确规定,对劫掠、打猎、持枪越界等跨国犯罪问题都作了相应的处治规定,但俄方还是一犯再犯。乾隆四十三年(1778),发生恰克图的第三次闭市。起因与前两次大同小异。闭市复开时间是三年。恰克图最后一次闭市是乾隆五十年(1785)春,发生俄国布里亚特数人抢劫我商民事件。虽然俄方查捕了罪犯,又经中俄双方会审,证据确凿,俄方却不予处理,私放了罪犯。于是清政府第四次闭市。闭市时间两年。经过几年交涉,中方坚持在俄国处死罪犯之后,才于乾隆五十六年(1791)冬,"准其所请,开关市易"。第二年正月(1792年2月20日),中俄续订五条《恰克图市约》,明确警告俄方"若复失和,妄再希冀开市"。③

清政府这几次关市缔约,维护了国家主权和中国商民利益,打击了沙俄不法分子的盗劫违约行为,从而为恰克图贸易争得了和平环境。此后,从18世纪末到19世纪60年代,再没有发生过俄匪抢劫我商民事件,恰克图贸易进入鼎盛时期。

恰克图市场的兴盛

雍正五年(1727)《中俄恰克图条约》签订,恰克图开为互市场所。起初,中俄贸易仍准俄国商队"每间三年来京一次",贸易规模很小,品种较少。雍正六年(1728)8月1日—9月2日,"中俄只有十个商人在恰克图换货"④,每年交

---

① 《清高宗实录》卷三四九,乾隆三十三年八月丁卯。
② 《中外旧约章汇编》第1册,第27页。
③ 同上,第29页。
④ 《外贝加尔的哥萨克》,载渠绍淼、庞义才:《山西外贸志》上册,山西人民出版社1984年版,第46页。

易额不满一万卢布。这是因为仍有不少俄罗斯商队借朝贡名义来北京贸易,截至1755年的六十多年间共有20余支俄国商队到达北京。俄国政府为了保护官方商队来北京贸易的利益,限制恰克图贸易,禁止粮食、牲畜和毛皮出口,这其中也有不给清朝驻防军士补充军需的考虑。

1733年监督俄罗斯馆御史庆奏:"俄尼斯互市,止宜在于边境,其住居京师者,请禁贸易。"这一建议引起了清政府重视,因为俄商来京对俄国有利,他们既可获观利润,对中国安全不利,乾隆二十年(1755),清政府正式决定停止俄国来京贸易,将中俄贸易集中在恰克图。此后,边境贸易成为中俄贸易的唯一形式。恰克图市场日渐繁荣,大批晋商涌向恰克图。"查赴恰克图、库伦贸易商民,多在张家口设有铺房,其基本较厚者六十余家,依附之散商约八十余家。"[①] 18世纪下半叶,恰克图贸易年平均额由71余万卢布增加到464万多卢布,增长了5.1倍。俄国的出口货物主要是皮毛,占85%左右,其次是毛呢、皮革和其他制成品。中国的出口货开始主要是棉织品和丝绸,其中以土布为主,占85%—90%。[②]此后,双方贸易额直线上升。以茶叶为例,开始所占比重不大,1755—1762年双边贸易额为713 667卢布,茶叶贸易额48 048卢布,[③]仅占进出口货值的6.7%。1762—1785年间,每年从恰克图输出的茶叶近3万普特(一普特为16.38公斤),仅1781—1785年的五年间就增长了5倍。[④] 18世纪的最后三年增长的速度更猛,1798年为46 997普特,1799年为52 343普特,1800年达到69 580普特。[⑤]到了19世纪上半叶,一方面俄国棉纺织业有了较大发展,不仅不从中国进口土布,还向中国输出棉布;另一方面,中国绿茶帮助消化,红茶有益暖胃的特点,使得以肉食为主的俄国各阶层对茶叶需求越来越大,茶叶成为不可替代饮品,谚云:"宁可三日不食,不可一日无茶"。

19世纪,中俄双方的出口商品随市场和消费需求发生变化。俄国输入中国的商品,棉布和其他工业品占65.4%,毛皮下降为23.7%[⑥],中国输出俄国的产品,茶叶逐年增多。茶叶出口金额,嘉庆年间(1796—1820)为228 499卢布,同治年间(1862—1874)增至5 976 204卢布,增长25.15倍;以数量计算,

---

① 《清理藩院档案》乾隆二十四年二月初三日方观承奏折。
② 李康华等:《中国对外贸易史简论》,第420页。
③ 《蒙古志》卷三《贸易》。
④ 西林:《十八世纪的恰克图》,伊尔库茨克俄文版,第109页。
⑤ 同上,第68页。
⑥ 李康华等:《中国对外贸易史简论》,第421页。

1798—1800年平均5—7万普特,1801—1830年平均14.3万普特,1850年则增为30万普特,50年间增长了5倍。① 详见下页图。

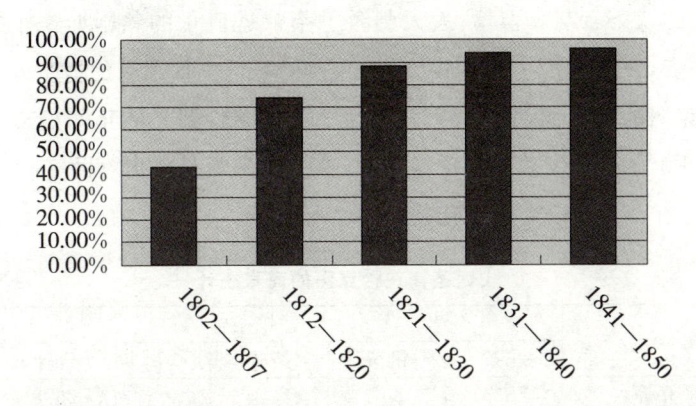

这些货物主要是山西商人经张家口贩运过去的。清人何秋涛在《俄罗斯互市本末》中写道:"其内地商民至恰克图贸易者强半皆山西人,由张家口贩运烟茶缎布杂货前往易换各色皮张毡片等物。"②

恰克图中俄贸易,在乾隆二十年(1755)以后,走向兴盛,交易额直线上升,到乾隆四十二年(1777),俄国输入为1 484 712卢布,输出则为1 383 621卢布,合计2 868 333卢布。同年,恰克图的进出口贸易平均每年达800万卢布,恰克图对外贸易关税收入竟占俄国全部关税收入的38.5%。到19世纪上半叶,"恰克图的关税收入,以进口茶税为大宗,1841—1850年收茶税4 808 084卢布,1851—1860年又收茶税4 827 990卢布。20年间税旺不衰。"③在俄国对外贸易中占很重要的地位。广州与恰克图,一南一北遥遥相望,并列为我国对外贸易水陆两大码头。

在恰克图从事对外贸易的旅蒙商户上百家,其中较大的商号有"福源德""天和兴""大升玉""岠隆光""锦泰恒""久成兴""独慎玉""永玉亨""天庆隆""祥发永""大泉玉"等十五家。在众商号中经营时间最长,规模最大者,属山西榆次常家,在清末恰克图数十个较大山西商号中,常氏独占其四,称得上对外贸易世家。次者为太谷曹氏,曹氏在恰克图设有"锦泰恒""锦泉涌"二庄。"锦泰恒"在莫斯科、张家口设有分号,主要经营茶叶、绸缎的出口,其经营资本及

---

① 李康华等:《中国对外贸易史简论》,第421—422页。
② 《朔方备乘》卷三七《俄罗斯互市本末》。
③ 《蒙古志》卷三《贸易》。

经营规模为恰克图众商号之冠。

恰克图市场的中俄贸易在道光时期(1821—1850)进入空前繁荣阶段。俄国各阶层的饮茶者与日俱增,大大刺激了茶叶进口量的急剧增长。尤其是西伯利亚一带,以肉食为主的游牧民族,达到了不可一日无茶的地步。只茶叶一项,在恰克图的输出额,公元1727年为25 000箱,到光绪年间(1821—1850)增加到66 000箱。仅茶叶一项在1850年占全部贸易输出额的75%。这里有1838年山西商人在恰克图经营茶叶的情况统计:

山西茶商在恰克图的商号统计

商号	经销茶叶(箱)			
	花茶	粗茶	茶砖	合计
王宗乔等	1836	862		2698
达兴友	1250	564	314	2128
尤庆源	1220	400	466	2086
宋义成	1242	400	200	1842
达泉友	716	350	250	1316
郭发成	1420	520	200	2140
德兴义	1510	524		2034
奚德察	1510	524		2034
于护国	900	322		1222
于兴龙	914	326	198	1438
席绍胡 席绍春	2400	820	500	3720
梅友康	1648	620		2268
梅友德	1000	360	200	1560
修发成	1060	460	110	1630
董宗永	594	250	240	1084
尤颂乔	1380	489		1869
乔发成	1438	438	200	2076
郭隆国	900	378	160	1438
郭宋隆	440	110	293	843
郭胡兴	1060	400		1460
哈秋友阿	826	324		1150
哈盛察	1080	360	298	1738
恒兴德	1360	524		1884
桑友康	826	280		1106
恒宋成	1200	436	200	1836
桑友成	876	250	340	1466
王胡成	510	158		668

续表

达盛永	134	70	210	414
郝隆乔	344	136		480
义合美	470	242		712
纳盛胡	140	60		200
兴友号	1540	720	340	2600
合计	33744	12679	4724	83147

市场的巨大作用

恰克图市场茶叶贸易历时200余年的繁荣。

首先,极大地促进了中国内地茶业种植业的发展。传统的产茶大省福建、浙江、安徽、湖南、湖北、河南、四川、云南、贵州等在清代中叶后,种植面积均有不同程度扩增,晋商在福建武夷山、湖南安化、羊楼洞诸地包买茶山,雇当地茶工加工乌龙茶、千两茶、红茶,形成了"川"字牌砖茶、帽盒茶、机制砖茶一系列品牌,实行生产、加工、运输、销售一条龙服务,深受茶农和俄国人的欢迎。

其次,恰克图茶业贸易带动了交通运输业的发展。茶叶运往恰克图,一路水陆兼程,人担、畜驮、船转、驼运,可谓万里迢迢,"铎声琅琅,远闻数十里"[①]。五口通商后,各国争购中国茶叶,1905年,俄国修通了西伯利亚大铁路。据各种资料估算,西方各国派到中国的各种运茶船约5 000条左右,因而对交通运输和造船及航海业均起了促进作用。

第三,恰克图茶叶贸易的发展推动了国内外许多城市、集镇的兴盛、繁荣和人口的流动。马克思讲:"商业的发展依赖于城市的发展,而城市的发展也要以商业为条件。"[②]晋帮茶商在从事长途贩运过程中,在主要产茶区及运销沿线兴起一大批市镇,比如江西的河口镇、湖北汉口、河北张家口、山西杀虎口、内外蒙古地区的归化、包头、库伦、乌里雅苏台、科布多、海拉尔、齐齐哈尔、集宁等中小城市,许多是在茶路贸易的催发下成长和发展起来的。河口镇在明中期只有两三户人家,到清代中后期,随着茶叶贸易兴盛,成为全国闻名的茶叶集散中心。随着商道的繁荣,大批从事运输、建筑、食品、缝纫、旅店等方面工作的人,从内地涌向边疆。这种流动是双向的,欧洲的文明和中国中原的文明,向这里传递了新的科技成果,新的思维方式和大量的信息。

恰克图茶叶贸易同样使俄国西伯利亚地区发生了巨大的变化。大批的移

---

① 《清稗类钞·农商类·赴蒙商队》。
② 马克思:《资本论》第三卷,人民出版社1975年版。

民从人口稠密的俄国欧洲腹地涌向这里,比斯克、托博尔斯克、新西伯利亚、上乌金斯克、下乌金斯克、伊尔库次克、乌兰乌德、赤塔……从西到东沿着与中国接壤的边境涌现出了一大批繁荣热闹的城市和村镇。恰克图在康熙初年还很荒凉,自辟为中俄互市场所后,乾隆朝已是"百货云集"市肆喧闹的"漠北繁富之区"①。

恰克图贸易使昔日寒冷荒凉的西伯利亚逐渐成了富足和自由的象征。革命导师马克思十分关注中俄恰克图贸易。他在《俄国对华贸易》一文中指出:"这种由1768年叶卡特琳娜二世统治时期订立的条约规定下来的贸易,是以恰克图为主要的(如果不是唯一的)活动中心,恰克图位于西伯利亚的南部和中国的鞑靼(即蒙古)交界处,在流入贝加尔湖的一条河上,在伊尔库茨克城一百英里,这种在一年一度的集市上进行的贸易,由十二个中间人经营。其中六个俄国人,六个中国人,他们在恰克图会商,由于贸易完全是以货易货,还要决定双方所应提供交换的商品比例,中国方面提供的主要商品是茶叶,俄国方面提供的是棉织品和毛织品。"又说:"由于这种贸易的增长,位于俄国境内的恰克图就由一个普通的要塞和集市地点发展成一个相当大的城市了。"

18世纪50年代,俄商对茶叶的需求与日俱增,从乾隆三十三年(1768)直到道光时期,可谓茶叶贸易的鼎盛阶段。据统计,从张家口到库伦的商道上,中国输往俄国的茶叶1727年为25 000箱,1750年13 000普特,1810年,增加到57 000普特。

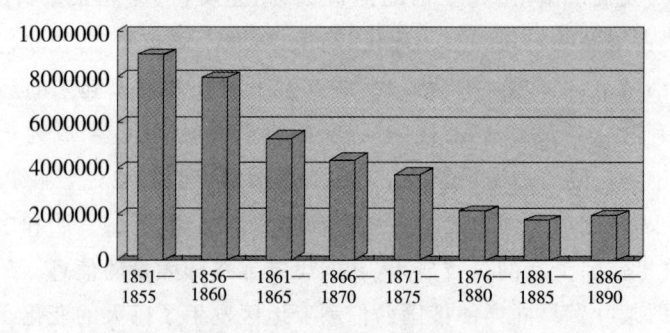

1851年—1890年对俄的茶叶贸易额　单位:卢布

---

① 陶德臣:《论清代茶叶贸易的社会影响》,《史学月刊》2002年第5期。

1851—1890 年对俄的茶叶贸易额　　单位:卢布

年　　代	年平均贸易额
1851—1855	9 272 000
1856—1860	8 306 000
1861—1865	5 585 000
1866—1870	4 635 000
1871—1875	3 984 000
1876—1880	2 487 000
1881—1885	2 126 000
1886—1890	2 186 000

道光十七年至十九年(1837—1839)中国从恰克图每年输往俄国茶叶高达 8 071 880 俄磅,价值 800 万卢布。当时,俄商在恰克图向中国商人购得茶叶后,转贩到欧洲可获 5 倍的利润。山西商人也从茶叶贸易中获得高额利润。

不见硝烟的茶叶大战

到 19 世纪 60 年代,上述局面有了逆转,中俄茶叶大战拉开了序幕。早在 17 世纪末,归化商人就曾提出到俄国经商的请求,但清政府认为华商远赴他国经商有辱国体,未曾批准。第二次鸦片战争后,沙俄先后胁迫清政府签订《中俄天津条约》《中俄北京条约》打开了侵略中国蒙古地区的通道,未费一兵一卒取得了东南沿海七口(上海、宁波、福州、厦门、广州、台湾、琼州)的通商权。同治元年(1862)2 月,《中俄陆路通商章程》签订,俄国商人取得在中国天津、张家口等内地经商和享受比各国低 1/3 税率的特权,打通了中国最大的茶叶集散地汉口—天津、天津—海参崴的水路,得到了在中国的产茶区,直接采购和加工茶叶的特权。同治五年(1866)俄国政府又强迫清政府取消天津海关的复进口税,即免征茶叶的半税,使俄商的贩运成本大幅度下降。从此,俄商从中国运茶到俄国只要上一次关税就畅通无阻了,并取得了水陆两路联运的便利。俄商将茶叶用船从汉口沿江而下运到上海,再沿海路运至天津,然后走陆路经恰克图贩运到欧洲,大大节省了费用,俄商贩茶业突飞猛进,从同治四年(1865)的 1 647 888 磅,到同治六年(1867)猛增至 8 659 501 磅。短短两年运茶量增长了 5 倍还多。而晋商贩茶却由于清政府的限制,既不能享受水路运输和减免税的便利,又要从汉口至张家口过 63 道厘金分卡,交付比俄商多 10 倍的税金。更为关键的是,晋商凭借的后方茶叶基地与市场堡垒汉口被俄商抢占,俄商已经直接插到中国商人的背后,于是双方在茶叶产地面对面的展开竞争,茶叶大战愈演愈烈。

1."打到俄国去"。晋商毕竟是一支久经商场、经验丰富、意志顽强、百折不挠的商界劲旅,是中国商人中的精英。面对俄商咄咄逼人的态势,有着东方智慧的中国晋商决定"以其人之道,还治其人之身",喊出了"打到俄国去"的口号,提出了由恰克图假道俄国经商的策略。他们认为既然俄国人来我中原内地,与我争夺利源,为什么我们中国商人就不能去俄国做生意呢?同治六年,晋商程化鹏、余鹏云、孔广仇代表商界提出削减茶税和直接赴俄售货的要求。他们通过绥远城将军将自己的意见转给总理各国事务衙门大臣恭亲王。清政府考虑到恰克图商业已衰败,俄商又要求在张家口设领事馆,危及京师安全和对蒙古地区的统治,加之鉴于中国商人利权损失的现状,批准华商返恰克图并转赴俄境贸易的呈请,允许他们踏出国门去俄国开辟商路。很快,退守在归化的华商纷纷重返恰克图,在归化商会的统一调动下从张家口、从龙盛庄、从包头、从乌里雅苏台、从科布多等不同的方向朝着俄罗斯进发,其势极为壮观!数以万计的驼队满载着各种货物行动起来。

在很短时间内,中国商人开设的商号就出现在俄国的伊尔库茨克、赤塔、托博尔斯克、新西伯利亚、比斯克、上乌金斯克、下乌金斯克、秋明、爱伦堡、莫斯科、彼得堡等城市,一夜之间中国人的店铺就开遍了俄罗斯的东部和西伯利亚各地,其速度之快和范围之广都超出了人们的想象。晋商在向俄国进军的第一年(1869年)即向俄输出茶叶11万担,交手第一回合与俄商扳成平局。到第三年,晋商每年向俄输茶叶已达20万担,较俄商直接贩茶多一倍。

2.降低成本与技术较量。1863年,俄商在湖北蒲圻羊楼洞建立顺丰茶厂(同年迁至汉口),次年又建新泰茶厂。到1878年,俄商在汉口的机制砖茶厂就有六个,其中三个使用当时先进的蒸汽机生产,并在九江和福州都开设了分厂。汉口最大的砖茶厂阜昌茶厂,资金200万两白银,雇用中国工人2 000多人,昼夜开工。机制砖茶质量好、成本低。旧式手工制砖茶日产60筐,25%为废品,蒸汽机制砖茶日产80筐,废品仅为5%,成本节约了一两银子。到清末时,俄商已经控制了一半以上的出口茶。

晋商随之改变办茶地点,以缩短运输路线,减少费用开支。咸丰以前,晋商主要在武夷山办茶。从武夷山到汉口陆路200多里,水路1 100多里,共计1 300多里。咸丰初年,大部分晋商把办茶地点转移到了湖南安化。安化到武汉约700里。以后又开辟了湖北鄂南茶区,到武汉只有400里左右,这就大大节约了成本。同时,晋商还改进加工方法,提高产品质量。他们开始从英国进口烘干机,并使用汽压机和水压机制茶。尤其是把杠杆式压榨器改为螺旋式压榨机,制成的砖茶外观好,受到欢迎。在营销上,能根据当地的情况争取客户的好评,比如给人治病、广交朋友等。

相反,俄商在汉口、羊楼洞等茶区横行霸市,任意压价,使茶农和中间商损失甚大,引起强烈不满。汉口茶界的工厂、贩卖所、经理人、装卸工等联合起来与俄商斗争,俄商损失巨大,致使这些茶农、茶商与晋商合作。

3. 水路与旱路之争。商战如同军事战场,输赢靠的是战略战术的应用,靠的是实力智慧,靠的是硬碰硬的较量。此时,俄国商人与中国商人运茶线路不同,俄国人走水路,从汉口→上海→天津→海参崴→黑龙江→乌苏里江→尼布楚→伊尔库茨克转往俄国各地。水路的优越性:速度快、运费低廉。

中国商人走的仍然是传统的旱路,从汉口用骡马车经河南穿太行进入晋中,然后北上太原出雁门关分两路,一路经杀虎口前往归化(经呼和浩特)、库伦,另一路经大同、河北到张家口、恰克图,出归化、张家口后的商路仍走传统的驼道。同治八年(1869),据汉口关册记载:山西商人由陆路运往恰克图的茶,估计有功夫茶48 000箱,还有红茶、绿茶计98 500箱,即62 760担。两项合计约110 000担。中俄商人之间在第一个回合打成了平手,给中国商人极大的信心,也使与茶叶有关的运输业、加工业、制茶业、养驼业带来了转机。

到1871年,中国商人通过恰克图输往俄国的茶叶就猛增到20万担,同年,俄国商人从中国输出茶叶11万担。1875—1876年,中国商人输往俄国的茶叶上升到了23万担。俄商占据着先进而廉价的航运线路与华商竞争,中国商人居然能据有优势,完全是靠集百年驼运之经验和一整套完备的管理手段所形成的超强的运输能力,对于茶叶产地的有力控制,国内市场的牢固占领,再加上运输配套、强大的驼队,这是掌握在专事对俄贸易的中国商人手中的三大法宝,充分表现出中国人的智慧、意志、激情、韧性与牺牲精神,让俄国的同行感到震惊和钦佩。事实证明:俄商不是不可战胜的。如果不是清政府腐败,晋商在对俄贸易中未必会失利。

4. 牛马、骆驼、信狗与近代运输通讯工具火车、轮船、电报赛跑。在运输上,晋商用血肉之躯及马、牛、骆驼与俄国西伯利亚大铁路通车后的钢轨火车、轮船展开了竞争;在通讯方面,中国商人使用马与信狗传递消息,与俄国商人手里的电报展开了赛跑。有一位聪明的晋商人发明了一个办法:他训练出来一批既善奔跑又机灵的狗,用它们在归化总号与各个分庄之间传递信息。恰克图—归化之间只需三天就能把信息传到,为防路途上狼群伤害信狗,在狗的脖子上套着装了钢钉的护颈圈。这件事在同治年间以前一直作为一项高级机密保守着。只是因为与俄国人展开茶叶大战,大盛魁才将此机密贡献出来与其他商号共享,属于舍己为公的义举。在加工包装上,俄商先后在汉口、九江、福州等地建立制砖茶厂,使用蒸汽机代替手压机,所制砖茶成本低、质量高、产量大、包装美观大方,而晋商制造砖茶大多仍是依靠手工作坊,其产品显然比机器产品成本高、产量低,在竞争中处于劣势,局势越来越不利于晋商。

5. 政府腐败,科技落后。然而,暂时的胜利和局部的优势改变不了中国商人所处大环境的劣势。中国半封建半殖民地的灾祸越来越深重,清政府越来越腐败无能,伴随着不平等条约和一系列割地赔款,外商在华特权一增再增。1871年,俄国人在黑龙江的船舶公司开业,在茶叶之路上启用了航运;在海底铺设电缆,莫斯科—上海电线接通,于是在中俄双边贸易的大背景下就演出了一幕幕悲壮的场面。

19世纪90年代,俄国人又开辟了欧洲港口敖德萨,从中国南海穿马六甲海峡,过印度洋经地中海由海路运茶到俄国本土。货物总值达1 300—1 400万卢布,差不多接近俄国经恰克图进口额的水平。两条海路很快使俄国的商人每年的运茶量增加到六七十万担,中国商人的茶叶市场空间越来越小,到清末,中国商人每年输往俄国的茶货降为数万担,逐渐陷入被动局面。

6. 奋起抗争,力挽狂澜。这期间中国商人也曾试图采用水陆联运的办法来与俄商竞争,但因为受到各级封建官吏甚至差役门丁的敲诈勒索,种种努力终归失败。首先是因为同样由水上运茶,中国商人所需交纳的税金要远远超过俄国商人,再加上官办的船主完全没有民族良心,他们不敢在俄商身上揩油就转而到中国商人的身上借机勒索,致使中国商人的负担愈加沉重,故而仍依赖陆路旧道运茶。

在汉口,占据优势的俄商在中国的土地上欺行霸市,气焰十分嚣张。他们在汉口、羊搂洞等各产茶区欺行霸市任意压价,不惜采取卑劣手法使茶农和中间商受损,这些行径引起当地商人和茶农的不满,遂激起民愤,汉口茶界联合组织起来与俄商开展斗争,爆发了著名的同盟绝交运动。俄商的不义引起了汉口茶界中国工人、商人的愤怒,于是一场抵制俄商的同盟绝交运动爆发了。茶农拒绝向俄商出卖生茶,码头工人和船老板拒绝为俄国人运货。一场纯粹的商业之争转变为一场民族之间的仇视和争斗。

7. 旷日持久的跨国官司。通过艰苦的努力,1885年中国商人输往俄国的茶叶回升到16万担以上。1905年,俄国修通了西伯利亚大铁路,中东铁路全线通车,中俄贸易的重点由恰克图转向东北地区。中国商人对俄国中小商人实行了赊销的冒险办法,以扩大市场占有率;双方商定,待茶叶售出之后再行结账,届时俄商返还货款,但俄商赖账导致了一场旷日持久的跨国官司,中国商人最终得到的是索债无望,钱货两空。山西茶商在遭受了沙俄侵略势力种种打击之后,在恰克图的贸易一落千丈,大多数店铺歇业倒闭。恰克图贸易兴盛时,山西商人设有大小商号140余家,至清末只留下20余家,减少了6/7。本来营业不太多的境遇中,又被恰克图俄商倒账坑骗去不少。清外务部档案中有一份资料,记录了俄商倒骗华商货款的事实。恰克图17家华商,于光绪二十四年(1898)、二十五年(1899),先后售与5家俄商红茶、砖茶、曲丝绸等货共计791 440卢布,晋商因此赔累巨大,损失白银达62万余两,仅欠常家三店铺就达32万两。如下表所示:

恰克图俄商倒骗华商货款的统计表

华商字号	五家俄商共欠卢布	其中				
		俄哨克	葛尔绐克	吓尔内个夫	哨达个夫	来保尔样夫
祥发永	42351	17182		17169	8000	
大升玉	145398	36564	80986	13126		14722
大泉玉	120817	32695	73373	4588		10197
独慎玉	149813	49061	54267	32828	9720	3937
兴泰隆	44506	44030		476		
璧光发	27165	27165				
公合盛	46412	10680	20175	8939		6618
万庆泰	54611	10334	7315	27933		9029
公合浚	28729	6299	22430			
广全泰	1867	127	1740			
复源德	34198		14286	9414	2406	8092
大珍玉	45766		6494	35406		3866
永和玉	27682		10722	16960		
兴茂盛	4185			4185		
天和兴	2346		2346			

续表

锦泰亨	12954			9012		
永玉恒	2640			147		
合计	791440	234101	291788	182619	20126	62806

1900年由恰克图华商字号"大泉玉"、"兴隆泰"、"璧光发"等16家专事对俄从事茶叶贸易的商号,联名上呈帖请求清政府出面与俄国政府交涉,要求俄国商人按数还债。后来看到清政府采取推脱拖延的态度指望不上,这些商号举出代表若干亲赴俄都莫斯科,直接向莫斯科法院提出申述,向债务人索要62万两白银。

输在国弱不在商

弱国无外交,国弱商难保。光绪三十一年(1905),西伯利亚铁路通车后,晋商已无力与俄商竞争。两年后,俄商通过西伯利亚铁路运输的茶叶从20.53万担增加到79.82万担,而晋商从恰克图运入俄国的茶叶则由39.53万担减少到19.05万担。从公元1850年到1890年四十年间,恰克图贸易额下降了75%。宣统元年(1909),俄方又违背两国约定,突然单方面宣布,对在俄贸易的华商所经营的商品课以重税。对多数商品如丝绸等所征税率,竟然高出货价的数倍!以排挤在俄经商的中国商人。俄国政府还单方面破坏中俄两国条约规定的在国界百里之内不征税的约定,对部分中国货即便是免税区内出售也要课以重税。而同是俄国商人在中国土地上经商却享受着值百抽五的优惠。

最后导致晋商惨败的是俄国策划下的外蒙独立。20世纪初,俄国取得了在外蒙无税自由贸易的特权,晋商的茶叶之路被堵塞,损失惨重。1911年,沙俄策动外蒙独立,第二年又强迫袁世凯签订《中俄声明文件》,此后,俄蒙举行恰克图会议,签订《中俄蒙协议》。北洋政府承认外蒙自治,张家口—库伦—恰克图商道一度中断,旅蒙商号数亿元的货物资产被外蒙没收。1914年外蒙叛乱,蒙古东部的晋商掌柜全被杀,财物被抢光。1917年后,晋商手中的大量卢布变成一堆废纸,仅太谷曹家商号损失白银24万两。1919年,外蒙第二次事变,在库伦(今乌兰巴托市)的晋商大多被杀。紧接着苏维埃俄国实行单一的公有制,没收了所有在俄晋商的财产。兴盛二百多年的晋商驼帮茶叶贸易由此结束。此后,晋商的财产全部被没收,仅大盛魁损失白银一亿两。恰克图市场走向衰落。

俄罗斯藏晋商史料

俄罗斯布里亚特共和国恰克图市保存的晋商资料

恰克图：历史和文化的遗迹

有一些城市，其命运就像一滴水，能反映出时代。恰克图就是这样的城市，它的历史与我们整个祖国的历史是分不开的。

恰克图创建于1728年，当时是作为俄中贸易的据点而建，随着年代的流逝，恰克图这个前哨阵地变成了整个商界知名的贸易城镇。与它同时还建了一座城市特罗伊茨科萨夫斯克，它在19世纪下半叶成为外贝加尔最大的文化中心之一，后来还以其革命传统而著名。直到1869年流经恰克图和特罗伊茨科萨夫斯克的苏埃茨运河开通，才实现了从中国到俄罗斯再到西欧的茶叶过境运输。

如今的恰克图还保留着古老的风貌和买卖城特有的建筑。今天它是布里亚特苏维埃社会主义共和国一个地区的行政、经济和文化中心。一条连接苏联和蒙古人民共和国的干线公路穿城而过。1920年8月蒙古人民共和国的领袖苏赫巴托尔从恰克图出发前往莫斯科会见 В. И. 列宁。他住过的那所房屋开办了纪念馆。这座城市为发展苏蒙友谊建立了功勋，因而荣获苏赫巴托尔勋章。现在，苏赫巴托尔和恰克图两座城市是友好城市。

欢迎到恰克图来。

恰克图兴建的历史片断

历史学家把恰克图的兴建与彼得一世联系在一起。1689年彼得将以其近臣之一 Ф. А. 戈洛温为首的使团派往中国边境。但是，他签订的《尼布楚条约》却没有为与中国签订贸易合同打下牢固的基础。在叶卡捷琳娜一世执政时期组建了新的使团,使团首领是伯爵萨瓦·卢基奇·弗拉基斯拉维奇—拉古津斯基。使团首领是来自拉古萨城的弗拉基斯拉维奇的后裔,来俄罗斯之前他在君士坦丁堡做贸易。俄罗斯成了拉古津斯基的第二故乡,他在这里度过了大半生,始终服务于外交部门。彼得一世为其"忠诚与勤勉"特将他提升为七品文官,赏赐他莫斯科的一所房屋和乌克兰的三座村庄。在 А.Д. 缅希科夫从旁促使下,叶卡捷琳娜一世授予拉古津斯基五等文官的实衔,并委托他与中国签订新协定。

1725 年 12 月 27 日拉古津斯基和 15 名随从离开莫斯科前往遥远的东方。1726 年 8 月使团抵达色楞格斯克,那里有一支前往中国边境的商队正等候它的到来。由于拉古津斯基的强烈要求,俄罗斯政府决定修建新的色楞格斯克堡垒,并增强边防军的实力。

拉古津斯基把一支边防军安置在从前巴尔苏科夫修建的过冬地,俄中两国商人很早以前就在这里交换商品。商人越来越多,这就要求修建新的住宅和房舍以便居住和办公,况且过冬地也容纳不下来此处贸易的商人。

沙漠谷的北面有一条小河恰克图①,两面的小山上长满了松林,人们就在这个地方开始修建房屋。

1727 年末,在格里亚兹努赫小溪流入恰克图的汇流处,岸上建起了新特罗伊茨克要塞,它是拉古津斯基亲手设计的。它呈不规则的四边形(60×80 俄丈)(1 俄丈=2.134 米——译注),四周设有尖柱防御工事。四角的墙向外突出,呈五角星堡垒。要塞的中央是个大水塘,这是在小溪上筑坝形成的。要塞内建有木头官兵营房、马厩、粮仓和库房,北面的拐角处是三圣教堂和圣萨瓦·塞尔维亚副祭坛。旁边还有 60 个板铺的旅社和要塞司令的房子。

与中国朝廷的谈判进展缓慢,但拉古津斯基还是于 1727 年 8 月签订了《布连斯奇条约》,1728 年 8 月签订了《恰克图条约》,从而开辟了两国相互关系的新纪元。隆重的换文仪式于 1728 年 7 月 14 日在恰克图河岸举行。第二天,在中国外交官和俄罗斯使团全体成员出席的情况下,拉古津斯基为前哨阵地的地基埋下了第一块石头,该阵地就以恰克图河的名字命名。前哨阵地的

---

① 语言学家们有一种观点,认为恰克图的名称来自布里亚特语,意思是"冰草"、"长冰草的地方"。去过这个地方的旅行家们首次看到过这种杂草茂盛生长。

建设由 Ф. 克尼亚金大尉主持。归他指挥的人马有雅库茨克团的 350 名士兵和乌金斯克的 30 名哥萨克。1728 年底他们便建成了有 24 个板铺的旅社（它是长方形的建筑，外面的墙没有窗户，北面和南面各有一个大门）。沿旅社的护墙又盖了 32 个商人住的木屋。

1728 年 9 月底俄罗斯商队从北京返回恰克图。他们把在北京市场卖剩下的毛皮运了回来，其中包括堪察加海狸皮、猞猁皮、紫貂皮。这么珍贵的商品商队队长都交给了恰克图前哨阵地的地方官利亚古诺夫处理。而他却把它们都交换给了中国商人。这就是恰克图贸易的开始。И. Д. 布赫戈尔茨上校与拉古津斯基一起共同领导边境事务，他于 1729 年向外交院报告，"恰克图与中国人的贸易已经开放"。根据参议院的指令，恰克图于 1743 年建成了贸易村镇级别的前哨阵地。

俄罗斯政府认为《恰克图条约》对国家有利，因此拉古津斯基获得了三等文官的官衔，还荣获圣亚历山大·涅夫斯基勋章。С. Л. 拉古津斯基于 1738 年 7 月 17 日逝于彼得堡。

1730 年，几乎与恰克图同时，离它 120 俄丈，紧靠边境的蒙古一侧，来自华北省份的山西人修建了贸易城市"买卖城"。城市的建筑类型、街道走向和生活方式都非常与众不同。"城市的贸易区，——Г. М. 奥索金在自己的书《在蒙古边境》中写道，——是等边四边形，有三条主要的狭窄街道贯穿其中，还有一条横向街道与之相交。整个城区有不高的砖墙环绕，朝向恰克图的城门整夜上锁。街道很窄，两辆马车勉强能错开。房屋朝街的一面没有前脸，或者说与墙壁没有什么区别，整条街道一溜墙壁。只有大门通常有雕刻花饰、图案装饰并漆成明亮的颜色。由院子进入住房，院子也很小，一般都铺有木头，有钱的人全铺木头。院内设有铺面和库房，还有粮仓"。

买卖城的生活千篇一律，完全服从于贸易。城内居民主要是商人、商店的服务员。中国商人从 9 月下半月开始将商品运往库伦（乌兰巴托的旧称——译注），根据需要再往买卖城转运。

18 世纪 70 年代新特洛伊茨克要塞已容纳不下想在此定居的人：要塞外面，色楞格大路的西面很快出现了官兵的房屋。特罗伊茨科萨夫斯克就这样逐渐形成了，要塞的名字与萨瓦·卢基奇·拉古津斯基伯爵的名字相结合的结果就形成了它的称呼。现在的恰克图还保存着几座建筑物，就是特罗伊茨科萨夫斯克当初形成时的房屋。其中之一——就是别斯图热夫街（过去的邮政街）20号。根据最年长的乡土研究专家 A. H. 奥尔洛娃回忆，这所房子的屋顶形状像墓顶（随着时间的流逝已经消失了）。

18世纪末特罗伊茨科萨夫斯克仍然是一个不大的小村庄，而恰克图在1770年代中期却扩大了自己的疆界：它已有120多所房屋，但却没有任何计划。所有的建筑都在栅栏做的木桩围墙之内。唯一的大门由士兵执勤队守卫。村镇里居住的主要是当地商人和为买卖人服务的手艺人，因为外来的商人总在这里落脚。1770年代末，贸易已控制在最富有的商人之手，那些来贸易村镇定居，但不参与批发的"各色人等"便外迁到特罗伊茨科萨夫斯克。从这时起恰克图成为富人村，而特罗伊茨科萨夫斯克便成为穷人居住的村镇，他们从事最艰苦的工作。

城市和商业镇的建设

恰克图的村镇存在之初，俄中贸易进展迟滞，这是由于国家垄断了毛皮、金银制品的贸易。走私的扩展迫使叶卡捷琳娜二世政府于1762年取消了公家的商队贸易。这一措施促进了商人和精明强干的人向国家的南部边境流动，他们都想调整自己的事业。恰克图和特罗伊茨科萨夫斯克的居民人数在逐渐增加，贸易城镇的建设也在扩展。通过恰克图的贸易量逐年增长。1775年恰克图的商人划分了等级。批发贸易逐渐集中到最富有的商人之手，后来以其巨额财富和业务关系而著名的有：涅尔平、列缅尼科夫、卢什尼科夫、萨巴什尼科夫、莫尔恰诺夫、什韦佐夫、科科温、涅姆钦诺夫、巴索夫、西尼岑、托克马托夫、坎金斯基、斯塔尔采夫父子。

恰克图在18世纪末到19世纪初名声大振，因为当时俄罗斯和欧洲许多国家对茶叶的兴趣倍增。这里增加了不少办事处、贸易公司，甚至还有商业周转额很大的大公司。比如，1850年至1860年代恰克图—特罗伊茨科萨夫斯克的贸易额达到了每年3千多万卢布。在这之前，在这里正式注册的贸易公司已有58家。恰克图逐渐为整个工商界所知，包括美国在内。1862年城镇内已有276个商人和165个商铺。由于恰克图—特罗伊茨科萨夫斯克贸易的发展，出现了一些伴随性的副业和行当。封行（将茶叶装入皮袋并缝好）和马车运输业是大多数小市民从事的行业。还有一种所谓的"簸箕帮",他们的工作是在边境检验茶叶商队,在商城(中心商场)仔细过秤并进行初加工,还按质分类。按1862年的资料,城中有16个生产部门,其中有4个肥皂作坊、3个蜡烛作坊、4个烟草作坊和一个制革鞣皮作坊。这又带动了城镇居民的增长:1862年恰克图—特罗伊茨科萨夫斯克有居民5430人。市容也发生了变化——城内已有960所房屋。1850年前特罗伊茨科萨夫斯克建成了砖石结构的商场、海关楼房和恰克图商城。城镇的建设井井有条。1862年,在色楞格斯克流放的十二月党人M.A.别斯图热夫在《恰克图专页》第六期上发表了一篇随笔通讯,写了阔别10年之后他对恰克图的印象:"……我真不敢相信自己的眼睛了,恰克图固有的沙漠哪里去了?从前步行的人和马那可是要深陷其中的啊。从前一堆堆垃圾和粪便仍在浅浅的溪流里,散发出恶臭,怎么这些都不见了?那座腐朽的桥呢?想当初我走在上面真是提心吊胆啊。那座破旧不堪的商场呢?一切都已旧貌换新颜。松软的沙土已平静地躺在公路的路基下面了……公路沿着小河一直通到贸易村镇,在那里它又朝不同方向分叉前行。我的马在高原沙漠这一站地本来已疲惫不堪,可现在它们似乎精神焕发,驮着我和三个小孩疾驰起来。他们三个原来坐在四轮马车上,后来才坐到我的带蓬马车上的。他们看到这焕然一新的面貌一个个感到奇怪、惊讶,一路上不停地感叹和发问。我们驶过的街道两侧铺有木头人行道,道边竖着隔离短铁柱和路灯杆……"

但是在1880年代,特别是1890年代末,恰克图的贸易状况开始令"市内的父老"担心。问题在于随着苏伊士运河的开通,出现了一条更短、更方便的道路将茶叶从中国运到俄罗斯,再经过敖德萨运往东欧。这迫使俄罗斯政府降低了关税,规定了一系列的贸易优惠措施。然而这些措施并没有保证俄中贸易的增长,连稳定性也未能保住——贸易规模逐年减少,恰克图作为俄罗斯进入亚洲的主要门户的意义也下降了。1890年代末又建成了西伯利亚铁路干线,恰克图的商城彻底空了,骆驼的吼声、马匹的嘶鸣声、商队保镖人的喊叫声和吵架声永远停息了。许多恰克图商人将其资本转移到莫斯科或彼得堡,迁居到了俄罗斯的新旧首都。

现在,只有过去保存下来的少量文物才能让人想起贸易城的伟大,它们是过去辉煌的无言的见证人。

恰克图最古老的建筑之一，就是所谓的"大使馆"，它大概建于18世纪。该名称的获得，据传说是因为经由恰克图赴蒙古和中国的俄罗斯公使团（大使团）成员曾在这里下榻。1830—1832年在这所房子里工作过的有 П. Л. 西林格和 Н. Я. 比丘林，他们是俄罗斯著名的东方学家。他们带领着调查队来到恰克图，其任务是研究俄中贸易的状况，收集布里亚特人和蒙古人生活的历史民族学资料。

恰克图贸易繁荣的鲜明例证是商城的宏伟建筑，它始建于1835年，建成于1843年。它的建筑根据伊尔库茨克将军省长的申请动用了国库和外贸司的资金。商城是两个巨大的建筑，呈两个封闭的四方形（一个在另一个里面）。外围的主建筑有72间房，里面的建筑用两条过道分割为四个部分，用砖柱支撑并用轻型木结构搭建。建筑物高度为35.4米。1865年政府将商城交由恰克图商界管理，由其出资负责建筑物的维修。恰克图的商人为此每年从特别税（消费税）中拨出8千到1万卢布，这笔钱由恰克图往外运输茶叶时偿还。1900年海关占了商城的一部分。1953年该建筑转给了布里亚特共和国地方工业部，1955年这里被纺织针织厂占用。后来它进行了大规模的改建：拆了横墙，新开了照明口。外墙正面上一些装饰用的浅壁槽改成了窗户。这些改变使商城的外貌难看了许多。原来的样子与普通的俄罗斯商城在建筑风格上有所区别，它体现了类似建筑的比较古老的样式。

受到国家保护的历史文化古迹中，有几处保存完好的商人府第，其中有著名的边区社会活动家、十二月党人的学生和亲密朋友、恰克图商人 A. M. 卢什尼科夫(1831—1901)的房屋。正如 Л. К. 米涅尔特在他的《布里亚特的建筑文物》一书中所说，"房屋的建筑艺术取决于房屋上层和四周镶接的部分。最初的文物是19世纪初兴建的带阁楼的砖石结构一层建筑。房屋的正面用粗面石装饰，窗洞上方砌有楔形拱。也许在1870年加盖了比较高的第二层，它是木头的，但外面抹了灰泥。它的大窗户上镶有雕刻的涡卷花纹饰框。石灰围墙使得侧面有所延长，大门是豪华的三门结构。房屋的建筑艺术表现了多种创造原则巧妙地交织在一起——从冷峻严格的古典主义到奔放的民间幻想"。这所房屋已列入修复计划，修复后在其房间中将开设恰克图著名人物展。1840—1860年代来卢什尼科夫家拜访的人物有：М. А. 别斯图热夫兄弟、К. П. 托尔松、И. И. 戈尔巴乔夫斯基、И. И. 普辛、С. П. 特鲁别茨科伊、С. Г. 沃尔孔斯基及其家眷、М. К.

尤什涅夫斯卡娅。20世纪70—90年代卢什尼科夫的客人有中亚旅行家和考察家 Н. М. 普尔热瓦利斯基、Г. Н. 和 А. В. 波塔宁夫妇、Д. А. 克列缅茨、П. К. 科兹洛夫、В. А. 奥布鲁切夫、美国旅行家约翰·凯南等等。1865年在这所房子里诞生了 Д. Н. 普里亚尼什科夫,后来的院士、社会主义劳动英雄、本国农业化学的奠基人。

少数几个保存至今的商人的房屋中,著名的还有商人 А. Д. 斯塔尔采夫的家。1894年商绅①斯塔尔采夫将其二层砖石结构的房屋捐出来办博物馆的展览,这个博物馆是俄罗斯地理学会特罗伊茨科萨夫斯克—恰克图分会。博物馆和分会正式开办后,他被一致推选为分会的荣誉会员。斯塔尔采夫还是俄罗斯地理学会东西伯利亚分会的会员。他收集有关外贝加尔的历史文件和材料,对地方的,其中包括恰克图的期刊很感兴趣,他与《贝加尔湖报》(1897—1906 在恰克图出版)的编辑兼出版人 И. В. 巴加舍夫的通讯就是很好的证明。

在列宁街和纳济莫夫街的拐角处是恰克图商人 М. М. 科科温的旧宅。这是木质二层独家住宅,四周有砖石围墙,车马出入的大门有高高的拱顶,围墙内是分散的院内建筑。1921年这里驻扎着第五集团军的远征军司令部。直到1970年代初这里一直是区医院,从1970年开始——群众文化学校(现在是音乐学校)。

特罗伊茨科萨夫斯克有俄中贸易最繁荣时期的宏大的商场建筑,它建于1847—1853年,原址是1843年4月大火烧毁的木质商城。这是一座长方形的建筑,一条回廊沿着建筑物的纵向穿过,商场由11个几乎一模一样的单元构成。中间的一个单元起初起着贯通通道的作用。每个单元都有两个出口通向回廊,光线透过镶玻璃的门照了进来。门上还附有沉重的柱形护板。每个单元都用木楼板隔成两层,上面一层用来储存货物,有半圆形的窗户照明。正面的造型是有11个拱门的连拱,两面的木头夹墙没有门窗,而是镌刻着三门连拱浅浮雕。正面的大拱门由两根方柱支撑,两柱之间铺有4个台阶,直通回廊。1977年该建筑维修了一次,现在这里是各种商店,统一的名称叫"商场"。

保存下来的还有老特罗伊茨科萨夫斯克过去的商场和商人乌尔曼切耶夫、舍尔金、斯米尔诺夫、特鲁别茨科伊的商店,现在这些建筑里设有市电影

---

① 旧俄时授予商人的荣誉称号。——译注

院、纺织品商店、市立第一公共食堂。

　　1812—1817年代用恰克图商人的资金在特罗伊茨科萨夫斯克一处不高的小丘上修了一座俄罗斯古典风格砖石结构的特洛伊茨基教堂。很长时间它一直是外贝加尔最大的宗教建筑。光线穿过三截窗照进主教堂和副祭坛。教堂的南北两面另设有出入口,那是由6根小柱子连成的门廊,上面装有三角楣饰,下面用灰色石头砌成不高的台阶。教堂的总高度(至十字架架顶)30米。高37.7米宏伟的多层钟楼有8个大钟,总重量达509普特(8337.42公斤)。钟楼上安装着塔楼大钟,东西两面有双面表盘,按时敲响45普特重的一口大钟。教堂和钟楼顶部装有带链子和皇冠的镀金十字架。1870年在教堂装有取暖设备的副祭坛上面加盖了第二层,里面又开设了两个有取暖设备的副祭坛,另修了通往二层的楼梯。1890年代修了两个陈列馆,教堂前面修了一个半圆形的封闭平台。教堂供着圣像、神龛和教堂应有的其他物品,其中大量的物件都是靠商人捐赠的。教堂四周设有石柱栅栏,柱脚上安着金属格栅。栅栏两面有两个办公用的平房。

　　1963年教堂的木头圆顶、地板屋顶和二层的部分拱形盖板都在大火中烧毁。大部分栅栏和一个平房也年久失修毁坏了。教堂建筑逐渐倒塌,急需做防腐处理,以便随后进行修复。

　　1830年6月基督复活教堂在恰克图商业镇奠基,同时还要建两个有取暖设备的副祭坛。它的设计图纸出自莫斯科的建筑师格里戈里·格拉西莫夫之手。教堂的建设资金来自"消费税",还依靠富人的捐赠。按照同时代人的评价,"其内部的富丽堂皇,整个西伯利亚几乎找不到与其比肩者"。所谓的"冷祭坛"(没有取暖设备——译注)更是美不胜收——青铜圣像壁(东正教教堂中挂满圣像的墙壁——译注)锃光瓦亮,圣障(教堂中通向祭坛的正门——译注)银光闪闪,圣像栩栩如生,祭台和供桌光亮如银,福音书珍贵无比,圣像前的枝形银制烛台气概不凡,烛台上到处镶嵌着彩色石子。教堂中精美的圣像壁是伊尔库茨克建筑师拉兹吉尔杰耶夫的作品,部分圣像是画家Э.赖谢尔在1847—1848年完成的。1854年十二月党人画家Н.А.别斯图热夫参与了修缮复原工作。

　　复活节教堂是俄罗斯古典主义建筑艺术的杰出榜样。从平面图上看,主教堂是四方形的,冠之以圆顶,屋顶的直径有5俄丈。教堂周围的建筑用宽大的拱门与教堂相连。教堂中央部分的南、北、东三面环绕着 6 根陶立克柱型门廊(陶立克式立柱体现的是古希腊建筑的艺术风格——译注),而西面与冬祭坛和四层钟楼相连。钟楼的高度与十字架顶端持平,有 42.6 米,主钟的重量 562 普特。所有的内景画都经过深思熟虑,精心绘制上去的。主教堂特别庄严肃穆,各种饰物由高到低错落有致:最上面是飞檐,它的下面是彩绘托臂和椭圆形的浮雕,接着是塑造的各种装饰图案、天使的头、玫瑰花形圆窗(塑造工作是小市民普拉索洛夫完成的),复活节教堂的地界周围用带勒脚的石柱和铁栅栏围起(修建栅栏围墙也是在普拉索洛夫的领导下于 1840 年代后半期完成的)。修完围墙之后又修了两个不大的厢房。19 世纪末围墙里面修了一座小教堂式样的墓室。教堂的窗户钉上了铸铁栅栏,教堂的圆顶则用白铁皮覆盖。但随着时间的流逝,圆顶的顶尖、钟楼上的木尖顶、栅栏围墙、主教堂的塑造装饰和一个厢房都已经不见了。1971 年开始维修教堂建筑,维修完工后俄罗斯中亚地理发现的历史博物馆将在这里敞开自己的大门。

1884—1888 年在特罗伊茨科萨夫斯克的南郊,城市墓地的旁边,利用恰克图一带商人、著名的百万富翁 Я. А. 涅姆钦诺夫的资金修建了圣母安息教堂。它位于木结构老圣母安息教堂的旁边。老教堂在 1836 年改建后一直维持到 1942 年。这座木教堂,正如 Л. К. 米涅尔特在自己的书中所写,是按莫斯克古典主义风格建造的。建筑物精雕细刻的表现力促进了对颜色的大胆应用:深红色的墙与白色的建筑细节形成了鲜明的对照。

砖石结构的圣母安息教堂是 19 世纪下半叶俄罗斯祭祀建筑的古迹,其中结合了俄罗斯—拜占庭风格与俄罗斯古典主义的要素。教堂在平面图上看是单顶十字形的。它正面的主要建筑要素是托斯卡纳式大型壁柱(罗马风格——译注)和柱顶线盘有清晰的水平线,该线盘的长度正好绕建筑物一周。中央圆鼓状屋顶的顶端是角锥形顶盖并连接葱头小圆顶和八端十字架。圆鼓状屋顶的边缘处是拱洞。穹形顶盖上开有很大的屋顶窗。钟楼的形状大同小异。教堂的高度从地板起到圆鼓状屋顶的起始处有 10.24 米,圆屋顶的内径为 8.30 米,教堂地板面积 336 平方米。1974 年圣母安息教堂作为 Ц. 桑皮洛夫美术馆的分馆,开办了彩色写生艺术和实用艺术分部,1982 年秋此处成了外贝加尔人民艺术创作博物馆。

列宁街上挂一块雕刻木牌的建筑物能使人回忆起恰克图的商贸盛世。革命前这里是特罗伊茨科萨夫斯克的四所银行之一——欧亚银行分行。现在这里是恰克图医科学校。

"沙漠威尼斯"

恰克图作为公认的俄中贸易中心,其特点是这里的居民文化水平高。同时代人注意到这里精神生活的独特之处,因而称它为"沙漠威尼斯"。著名的民粹主义者、曾流放恰克图的 И. И. 波波夫认为,恰克图处在四种文明的交界处:西方、俄罗斯、中国和蒙古,又由于取消了易货贸易,贸易业务就变得复杂起来,这就要求吸引文化高的人来从事贸易。像 А. М. 卢什尼科夫、В. Н. 萨巴什尼科夫 И. А. 涅尔平、И. Ф. 托克马科夫、И. Д. 西尼岑这样一些恰克图商人,按他的观点,就属于商业镇的先进知识分子。对他们产生大影响的是十二月党人。恰克图的一些商人代表与他们相识早在彼得罗夫工厂时代以及受苦役的人来此定居之后,他们一直保持友好的关系。从 19 世纪初起,恰克图—特罗伊茨科萨夫斯克的地位逐渐变化,不仅成为商业中心,而且是外贝加尔的社会和文化中心。20 世纪中叶来过此地的有许多著名学者、教育家和作家。

1830—1832 年外交司的一个考察队在此工作,为首的人是东方学家、彼得堡科学院通讯院士帕维尔·利沃维奇·西林格。考察队的任务是考察俄罗斯与中国、蒙古的贸易状况和当地居民的情况。在这里,在恰克图,П. П. 西林格与俄罗斯第一位汉学家 Н. Я. 比丘林共同完成了广泛的科学研究工作:收集了许多中文、蒙文、藏文和满文书籍、反映布里亚特文化的用品,考察了古代东方文化古迹,完成了电磁用品的创造工作[①],它的模型现在还在恰克图乡土博物馆展出。Н. Я. 比丘林做了大量的翻译工作,从中文翻译了西藏及呼和淖尔的历史,编写了蒙古语词典,为在恰克图开办中文学校做了不少努力。1835—1837 年比丘林第二次来恰克图,目的是在这里办中文翻译学校。在这段时间里他结识了十二月党人别斯图热夫兄弟。比丘林的水彩肖像画就是 Н. Я. 别斯图热夫的作品,这幅画一直在恰克图乡土博物馆展出。П. Л. 西林格和 Н. Я. 比丘林在恰克图—特罗伊茨科萨夫斯克逗留的情况,在罗科索夫

---

① 他于 1832 年研制成功第一部实际可用的电磁电报机。——译注

斯基街 31 号墙上的纪念牌上有所说明,因为这两位研究人员曾在此居住。

1830—1840 年在恰克图居住和工作过的有著名的蒙古学家 А. В. 伊古姆诺夫和 О. М. 科瓦列夫斯基,作家和教育家 Д. П. 达维多夫和 В. П. 帕尔申、医生和文学家 А. И. 奥尔洛夫、昆虫学家 Н. Н. 波波夫等。诗人和教育家达维多夫,他创作的诗歌为非常著名的民歌《光荣的海,圣神的贝加尔湖》奠定了基础,他积极参与恰克图文学青年小组的活动,为研究布里亚特人、埃文克人、雅库特人的口头民间创作做了不少贡献。Д. П. 达维多夫 1830—1833 年在特罗伊茨科萨夫斯克居住过的房屋一直保存至今(列宁街 55 号)。

恰克图社会文明界的代表联合在 С. С. 萨巴什尼科娃的文学沙龙周围,她是商人、社会活动家 В. Н. 萨巴什尼科夫的妻子,她与 А. М. 卢什尼科夫一起从 1855 年开始收到赫尔岑的出版物《北极星》和《钟声》,据 И. И. 波波夫的回忆,这些小册子在恰克图的进步青年小组中受到热捧,人们经常阅读并热情讨论。在 С. С. 萨巴什尼科娃的一次沙龙晚会上产生了出版《恰克图专页》的想法,于是它就成了外贝加尔的第一份报纸。《恰克图专页》于 1862 年 5 月 3 日问世。

早在 19 世纪初恰克图—特罗伊茨科萨夫斯克就逐渐成为教育中心。1811 年在城内开办了教区学校,还成立了私立学校。1833 年开办了俄蒙学校,布里亚特的第一位学者道尔吉·班扎罗夫后来就是在这里上的学。1862 年特罗伊茨科萨夫斯克成立了女子学校,据十二月党人 М. А. 别斯图热夫说,这里的教学水平很高(他的女儿廖丽娅曾在这所学校就读)。后来它改为不完全中学,再后来又改为完全中学,按开办时间算,它是俄罗斯第三个完全中学。该校的监护人是 С. С. 萨巴什尼科娃,恰克图文学沙龙的女主人,著名图书出版家 М. 萨巴什尼科夫和 С. 萨巴什尼科夫兄弟的母亲。他们俩多年来一直为特罗伊茨科萨夫斯克女子中学的图书馆供应书籍,不仅提供自己出版的书籍,还提供其他俄罗斯和国外出版的书籍。女子中学的建筑物一直保存至今,现在还装点着城中的主要街道——列宁街。多少年来这里一直是 А. С. 普希金第一中学。苏联宇航员、两次获得苏联英雄称号的 Н. Н. 卢卡维什尼科夫 1948—1949 年曾在这里学习。现在这里是少年体育学校。

1876 年在 М. А. 卢什尼科夫的倡议和物质支持下,开办了阿列克谢耶夫六年制实科中学,并附设商业分校——这是外贝加尔的第一所男子学校。分校设在一所当时富丽堂皇的大楼里。1897年8月以商人 М. В. 希什马科夫的资金为基础开办了一所女子教区学校，1899年又办了一所四年制城区学校。

但是，尽管城里有许多学校，可是能受到学校教育的只有家长富裕的孩子。大多数小市民阶层的人只能让自己的孩子上"官费学校"，或者享受慈善机构的资金。

恰克图知识分子的先进代表人物尽心尽力发展城市教育、文化和科学。1887年开设了特罗伊茨科萨夫斯克公共图书馆，其藏书量有2540册。在图书馆的开幕式上著名的蒙古、西藏考察者 Г. Н. 波塔宁发表了演讲。Г. Н. 波塔宁的妻子 В. В. 波塔宁对研究中亚的工作也作出了巨大贡献，她也是学者，也是俄罗斯第一位女旅行家。亚历山德拉·维克多罗夫娜（这位女旅行家）安葬于恰克图。她的墓地在市内到商业镇的入口处，1956年在她的墓地建了一座纪念碑，建碑的雕刻家是 А. И. 季明，资金是本市居民捐的。在恰克图建市250周年之际（1978年）她的石膏纪念碑改为青铜制的。

1890年在本市的文化生活中发生了一件大事。实科中学和女子中学的教师及本地知识分子的其他代表倡议在市内建一座乡土博物馆，到现在这也是外贝加尔独一无二的巨大宝藏之一。参与博物馆组建的有：Ю. Д. 塔塔尔科-格伦采维奇、В. С. 莫列松、И. И. 波波夫、Н. А. 恰鲁申、Н. Н. 萨雷切夫、П. С. 米赫诺、А. П. 莫斯季茨、М. В. 利索夫斯基、Я. С. 斯莫廖夫等。博物馆的第一任馆长兼保管员是 П. С. 米赫诺。1891年他着手编写目录册，详细描述了首批310件展品。起初展品摆在保管员家中，后来迁至特罗伊茨科萨夫斯克大街济里亚诺夫的房子里（现在的列宁街21号）。在此之后商人 С. Д. 斯塔尔采夫将自己在恰克图的一所砖石结构房屋赠给了博物馆，博物馆便迁到了商业镇。在此之前博物馆的展品已有2700件。

1894年在著名旅行家和中亚考察家 Г. Н. 波塔宁及 Д. А. 克列缅茨的协助下，成立了俄罗斯地理学会特罗伊茨科萨夫斯克—恰克图分会，后者是一位乡土研究专家、有天赋的考古学家，后来成了克拉科夫斯克大学的著名学者和教授。地理分会和博物馆的主要任务就是研究边区。从成立第一天起，两家便共同努力与国内外的科研中心建立联系，组织考察，从而用动植物样品和古代物品充实了馆藏。1851年1月为媒体开放评论。参与博物馆展品考证鉴定的有以下著名学者：И. В. 帕利宾、昆虫学家 Г. Е. 格鲁姆-格目迈洛、鸟类学

家 В. А. 比安基、古生物学家 М. В. 帕夫洛夫等许多人。与博物馆和地理学分会有联系的著名科学家有——中亚考察家 Н. М. 普尔热瓦利斯基、Г. Н. 波塔宁、Д. А. 可列缅涅茨、П. К. 科兹洛夫、В. А. 奥布鲁切夫……

第一次世界大战和国内战争对恰克图博物馆的活动产生了非常不利的影响。1923 年 10 月它转由布里亚特共和国人民委员会教育厅管辖,承认它具有全国和共和国的含义,列入国家预算,将特罗伊茨科萨夫斯克最好的一座砖石结构建筑交给它使用。过去这里是市立四年制学校。1925 年图书馆和大部分藏品由博物馆的旧楼搬到这里。

19 世纪 90 年代和 20 世纪前 25 年是意义重大的年代,因为该市文化和社会生活中发生了许多重大的事件。1897 年的恰克图—特罗伊茨科萨夫斯克,在《恰克图专页》停办 35 年后新的报纸《贝加尔》开始出版。它的出版人和编辑是外贝加尔的历史学家和乡土研究专家 И. В. 巴加舍夫。《贝加尔》成了生动活泼、有趣味的报纸,它详细阐述该市和边区文化生活的大事,评论俄罗斯新闻和国外的消息。但由于资金困难,巴加舍夫于 1900 年将它转移到伊尔库茨克,在那里 1901 年也只出版了一期。第二年干脆停刊了。1903 年巴加舍夫将报纸的出版权转给了 И. А. 卢什尼科夫,А. М. 卢什尼科夫的儿子,《贝加尔》又在恰克图—特罗伊茨科萨夫斯克刊印,一直坚持到 1905 年底。这一时期报纸刊登的材料证明了恰克图人非常关心俄罗斯中心发生的政治事件。《贝加尔》报编辑部所在的建筑物一直保存至今(现在的克鲁普斯卡娅街 13 号);该建筑有意义的事情还有这里住过著名的旅行家和中亚考察家 П. К. 科兹洛夫,他于 1923 年率领赴蒙古的考察团来到恰克图。报纸的订户和通讯记者不仅仅在特罗伊茨科萨夫斯克、西外贝加尔,而且还在中国(А. Д. 斯塔尔采夫)满洲里、蒙古和西藏。

边疆地区的特罗伊茨科萨夫斯克于 19 世纪和 20 世纪初在俄罗斯和中亚国家,特别是和蒙古的文化联系上起着卓越的作用。这是俄罗斯唯一有蒙古牧民常来的城市,他们出售牲畜、皮毛、干草,购买工业产品。一些蒙古青少年在这里的学校学习。不少本市及附近村庄和兀鲁斯①的居民常常去蒙古边境地区办理贸易公司的业务,还陪同旅行家、地理学家和医生到邻国去。指挥部

---

① 布里亚特人、卡尔梅克人和雅库特人的行政区划单位,相当于俄罗斯的乡。——译注

设在特罗伊茨科萨夫斯克的外贝加尔哥萨克军第一军分区的哥萨克军人和蒙古人共同维护着恰克图—库伦的驿路。

19世纪末至20世纪初特罗伊茨科萨夫斯克在东西伯利亚的城市中,就学校和专业教师的数量而言,它是首屈一指的。市内聚集了大量的先进知识分子。他们的代表人物关注着俄罗斯国内外科学和革命思想的发展,为把恰克图—特罗伊茨科萨夫斯克变成外贝加尔最重要的文化中心做了大量工作。

伊尔库茨克商人西比利亚科夫家族持之以恒和与时俱进

马尔科夫斯卡娅·叶夫根尼娅·尼古拉耶夫娜

引言

最近出版了大量有关商界的历史政论作品,它们在选择材料和分析深度方面存在片面性,掩饰商人的负面行为,几乎在为商人涂脂抹粉。主要的失误是研究者往往不顾历史环境和某个研究对象发挥作用的条件。

我们把自己的注意力集中在一个问题上,这就是研究俄罗斯商人世家的极有前途的方向——查明他们经久不衰的规律,这也是其商业期限或长或短的决定因素。其次是商人世家的社会根源,即他们的出身和命运。

我们研究的目的是探讨西比利亚科夫商人世家的经营活动如何经久不衰并与时俱进的。

为了达到既定目的,我们采取如下步骤:

1. 挖掘整理符合课题的新出版物和档案史料,并将其用于我们的科研,在此基础上写出关于西比利亚科夫商业家族发展的概括报告。

2. 确定该家族开始经营活动的年代。

研究表明,绝大多数商人家族是不能持之以恒的。作为分等级的职业,他们兴旺不过一二代,很少超过三代,以伊尔库茨克为例,这是显而易见的。能形成家族内部继承谱系的大而持久的家族比重相当少,不论在18—19世纪的伊尔库茨克,还是其他城市。如果按姓氏细数一下城市商界的结构,我们会看到,它们离不开在城市生活中起巨大作用的几个家族。在伊尔库茨克他们是屈指可数的:西比利亚科夫、特拉佩兹尼科夫、梅利尼科夫、巴斯宁、巴扎诺夫、格拉祖诺夫等。所有这些家族的代表在城市社会中都举足轻重,占据着关键岗位,大部分进入了市杜马。自然,这些家族是经久不衰的。然而,还有相当多的商人,其中多数只有一代人成就了家族事业,到第二代便沦落为小市民了。上面列举的世家代表甚至也会转入各行各业。

大家族的世代相传好像能证明资本主义能够世代承袭——这是一个资本主义关系形成的根本性而又最有争议的问题。但是,А. И. 阿克肖诺夫断言,这一类型的商人世家在经济结构中是不可能长盛不衰的。

西伯利亚商人世家的历史是研究的对象。

西比利亚科夫家族的经商史是研究的题目。

在综合原则的基础上,在历史性、科学性和客观性的基础上,用意识形态的和文明的方法去研究历史过程,这是方法论的基础。

研究方法。我们应用的是涉及多学科的研究方法:分析法——挖掘并分析资料;综合法——概括事实并对资料做基本叙述。系统法能涵盖所研究的题目及其完整的内容。研究者遵循三项基本的方法论原则:

1. 客观性原则
2. 分析原则
3. 历史性原则

我们试图用自己的科研为研究故乡的过去尽点绵薄之力。

关于对西比利亚科夫的初步认知。

阿尔汉格尔斯科州奥什拉佩茨克乡波索尔修道院——伊尔库茨克,涅尔琴斯克……许多具有治理国家才干的农民,从波莫里耶海边来到西伯利亚这片自由的土地,他们走的大致就是这条路线。一多半西伯利亚商人都来自俄罗斯的北方。在这一点上西比利亚科夫家族与其他人并没有什么区别:世家奠基人阿法纳西·西比利亚科夫穿过乌拉尔"石头山",走的正是这条漫长的路。我们在伊尔库茨克宗教事务所1739年的文件中看到第一次有关他的记载。在1744年第二次男性人口普查登记册中发现,阿法纳西携同家眷于1725年离开波索尔修道院。这样一来我们断定,关于西比利亚科夫家族的第一条消息(家族史中的实际情况)就确定在1725年。

阿法纳西·西比利亚科夫在伊尔库茨克省波索尔修道院登记入籍。他家人在人口登记册中的登记号是1725年的973—982号,属于脱离原籍的人员:"原籍亚连斯科市,奥什拉佩茨克乡农村,登记在伊尔库茨克省波索尔修道院,阿法纳西·西比利亚科夫,68岁,他的孩子有:974号阿列克谢,31岁;975号瓦西里,29岁;976号叶夫西格涅伊,22岁;977号奥西普,22岁;978号米哈伊洛,18岁;979号阿比克谢,11岁;大阿列克谢的孩子有:980号伊万,7岁;981号也叫伊万,3岁;982号瓦西里的儿子米哈伊洛,6个月"。

可见,我们看到的是个大家庭(如果考虑到这里并未一一登记妇女的名字,那么可以想象,这个家庭有多么大啊)。不过,令我们满意的只有在档案馆偶尔遇到的一些零散的事实。西比利亚科夫家族的漫漫路只是个开始,因为伊尔库茨克的文件中所披露的情况实在少得可怜。

我们知道,1739年城关工商区居民阿法纳西·西比利亚科夫住在阿尔汉格尔斯克教会的教区;我们还知道,那是过了好多年后在1752年提到的一件事,伊尔库茨克阿尔汉格尔斯克教堂的教民们与工商区居民维尔德尼科夫做过斗争,因为他的宅院离教堂很近,存在火灾隐患。教民们写了一封联名信,在信上首先签名者之一就是不再年轻的阿法纳西·西比利亚科夫。

除了零星提到的私生活以外,西比利亚科夫这个姓在伊尔库茨克的阿尔汉格尔斯克教堂的出生与婚丧登记簿中经常出现,这个世家的第一代代表人物的出生均有记录在案。

阿法纳西·西比利亚科夫及其经营活动

除了直接研究事实,每个研究人员都力争概括自己的认知并将发生在过去的情景概括出来。

我们试图研究明白,是什么促使西比利亚科夫家族办企业搞经营。开展这一业务的个人因素和共同因素总是如影随形,缺一不可。

阿法纳西·西比利亚科夫是国家农民,登记在修道院。这里对当时西伯利亚各修道院的活动非常重视。在许多修道院的世袭领地上商品货币关系相当发达。一些修道院与市场联系密切,出售多余的粮食、家畜、食盐和毛皮等。当然,波索尔修道院并不例外,尤其是它所处的地方有多条贸易通道经过,正是波索尔修道院在贝加尔湖地区的运输业中起着很大的作用。登记在修道院的农民在贝加尔湖从事水上运输的工作,因为他们具有相当自由的地位。关于修道院的重要运输地位,丘尔科夫这样说的:"……在这条通往中国边境的水上通道上……斜穿过贝加尔湖到波索尔修道院有 96 俄里(1 俄里等于 1.06 公里),修道院附近就是船舶停靠与卸货的地方,然后再沿色楞河逆流而上,冬天走的道路通常也从修道院附近通过……"无疑,修道院的地理位置因素起着相当重要的作用,但必须指出,西比利亚科夫不仅在需要的地方,而且在需要的时间开始了资本的积累。

不能不注意,当时(18 世纪上半叶)与中国的贸易和穿越贝加尔湖的商品运输量飞速增长。商人应当追加资本来运输商品。最初他都是亲自交易并运输商品的。但这时贸易和运输在两个不同的方面都需要使用商人的资本。后来,这两种任务分开了:出现了专业人士只管运输商品,而商人则把商品运输承包给他们。可以说,在 18 世纪初承包人的工作就详细分工了。这种业务的典型例子,就是西比利亚科夫家族在贝加尔湖上的运输工作,这就是他们最初发财致富的基础。

除了其他因素,对于西比利亚科夫家族从事这种工作有利害关系的,不仅有往返中国运输商品的商人,而且还有国家,因为在 18 世纪上半叶国家实行明确的关税保护政策,政府千方百计管制经济活动的方方面面。穿越贝加尔湖的商品运输自然不能置身于外,因为这个方向具有战略意义。1722 年 10 月 24 日《国家商务院对西伯利亚省视察员赫鲁晓夫的指令》中说的就是这个意思:"阁下应当明白……至少要造两条独桅平地帆船派往贝加尔海,或几艘海运货船以适应贝加尔的深度,目的是为了将人、信件和货物从此岸运往彼岸,其中一条泊在伊尔库茨克,另一条停靠在色楞格斯克……如果有幸将此办齐,则应努力为此挑选熟练的船工……"

的确存在保护关税的刺激因素。从西比利亚科夫家族史及其活动中的下列事实足可以加强这种说法的分量:后来阿法纳西的儿子们从事商业,供应军需食品和酒以满足官家需要;还开采涅尔琴斯克(尼布楚)银矿。大体上说,他们首先面向符合国家利益的领域,同时就会得到国家的优待。

因此,完全可以赞同 Ю. С. 杜什金的研究,他肯定地说,阿法纳西·西比利亚科夫及其儿子们从事贝加尔湖上的货运,因此获利。这是西比利亚科夫商业活动发展的开端,他们发了家,"成为商人,后移居伊尔库茨克"。

他们本身的商业活动在这里得以开展。他们有的"成长为文明人",收藏图书编写史册,有的作为劣绅和贪婪的傻瓜载于城市和边区的历史。

商人世家的成长

商业和小手工业是西比利亚科夫在伊尔库茨克的主要经营项目。当时这两种行业的界限显然是模糊不清的。城里的大商户同时也是企业主。

阿法纳西·西比利亚科夫的儿孙们都踩着他的脚印走：他们都办商业、搞运输、开金矿。在不同时期他们分别注册在第一基特尔或第二基特尔（注：18—19世纪俄国商人的同业公会）。当然，他们基本上是第一基特尔的成员，但如果出于某种原因注册在那里的必要性消失，他们就会少报资本转到第二基特尔，相应的也会少向官家交钱。然后又会重新注册到第一基特尔。这种做法对于当时形成的第三阶层（译者注：俄国从18世纪后半期起，阶层区分为贵族、僧侣、农民、商人、市民。手工业者、商人和农民属于第三阶层。）来说是很普通的事情。

在佩任斯基和罗托夫写的《伊尔库茨克编年史》上常常会看到西比利亚科夫家族的名字。

1744年7月商人米哈伊尔·格拉祖诺夫、米哈伊尔·马尼科夫、伊万·别乔温和瓦西里·西比利亚科夫从伊尔库茨克前往彼得堡，他们往那里运去4万罗布卖酒收入的纯利润。

1758年阿列克谢·西比利亚科夫（最小的儿子）苦于克雷洛夫的打击，不得不把妻子和孩子们抛在伊尔库茨克，只身在西伯利亚到处躲藏。

18世纪60—70年代之前，西比利亚科夫家族已成为相当富裕的商贾之家，在伊尔库茨克的上流社会有了一席之地。最好的实证就是，阿法纳西的儿子阿里克谢·西比利亚科夫（最小的儿子）被选举为伊尔库茨克商界法典委员会的代表。围绕他候选人的资格展开了郑重其事的辩论。对他进行了以下投票选举：1.选国家制度委员会，但他未入选（104票赞成，109票反对）；2.选人口繁殖委员会，他仍然未被选中。他终于被选入邮局和旅馆委员会，以多出6票的优势入选。

这样的辩论可以理解为，该市上层社会对西比利亚科夫的态度是各不相同的。承包国家需求的各种服务——也是西比利亚科夫家族的一项重要收入。比如，阿法纳西的儿子奥西普·西比利亚科夫及其儿子德米特里收到一份专门针对他们的文件,该文件是 1787 年 3 月 3 日签发的:"……承包商西比利亚科夫未完成向上科雷马斯克供应秘密考察队需要的各种储备品。"奥西普和德米特里受到的惩罚是禁止用他们的名字签署买卖契约和典当契约。原因可能是他们让克列尼岑和列瓦绍夫领导的著名考察队挨饿了。

任何别的文件都不能像这一份表明家庭内部互相扶持的关系,这对于理解商人家庭的《机器》是如何运转的非常珍贵。奥西普的儿子德米特里答应供给考察队食品,但却未按时做到。伊尔库茨克商人米哈伊洛·西比利亚科夫和尼古拉·梅利尼科夫马上站出来宣称自己是承包商的合伙人,愿意参与承包商的一切事务。奥西普·西比利亚科夫请求该市上流社会在管事人尼古拉·西比利亚科夫见证之下被允许抵押自己的地产和票据作担保;另一个儿子亚历山大也出来当信托人,他负责监督第二次供应考察队的承包工作未完成之前其地产没有出售。如果食品供应还未能按时完成,则其地产将被充公。

关系是这样的——父亲为儿子担保,侄儿(尼古拉)在企业主事,另一个儿子(亚历山大)当信托人。还有一个侄儿已经是著名人物并在伊尔库茨克举足轻重,这时他宣布自己是合伙人,如果出现困难愿意支持并庇护。毫无疑问,事业和资本的继承性与牢固性就存在于这样的情况下。

М. В. 西比利亚科夫世家
在《外贝加尔的支脉》

资本发展的迅猛劲头促使西比利亚科夫走出了伊尔库茨克的范围。17 世纪中叶这个家族出现了外贝加尔支脉,其创始人是米哈伊尔·阿法纳西耶维奇·西比利亚科夫。阿法纳西的另一个儿子米哈伊洛则去了涅尔琴斯克边疆区,在那里开办矿业工厂,成了涅尔琴斯克山区第一家私营工厂主。И. 博戈柳布斯基曾报道:"1774 年之前有六家公家的工厂和一家商人西比利亚科夫的私营工厂。"除了开工厂,西比利亚科夫家族还开办银、汞和硫磺采矿企业。需要指出,涅尔琴斯克山区的汞和硫磺矿只属于西比利亚科夫一家,他们完全垄断了开采权。由于在涅尔琴斯克开办矿业,米哈伊洛·阿法纳西耶维奇被赐予贵族称号。俄罗斯历史协会的汇编册 1766 年分册中提到,米哈伊洛·西比利亚科夫是涅尔琴斯克山区和矿务分局领导层中的首脑。

外贝加尔支脉的进一步情况我们不得而知。关于家族的个别人和以后传人的情况也说不出来。总地来说，西比利亚科夫家族掌管着涅尔琴斯克地区的采矿业，大半是在伊尔库茨克和上乌金斯克（乌兰—乌德的旧称）遥控管理。西比利亚科夫家族在那里还拥有自己的造船厂。

西比利亚科夫家族的外贝加尔支脉很有意思。布里亚特共和国赤塔州的档案馆还保存着许多关于他们的未知材料，主要是他们为开发西伯利亚和外贝加尔所做的贡献。

我们的下一位主角是一位"响当当的"复杂人物，他在事业上的成就不可思议，在城市上流社会有很高威望，工作很有成效；可又诡计多端，口蜜腹剑，又热爱美好事物。

阿法纳西·西比利亚科夫的孙子米哈伊尔·瓦西里耶维奇，17岁便成为商人，1787年成为第一位伊尔库茨克的市长。1793年和1799年，在这个岗位上又当选了两次。1790年他申请到了荣誉公民的称号，并为自己写了赞美词，词中罗列了所有担任过的职务："1766年当村长，同年当书记员，1773年任综合人头税摊派员，1777年12月至1780年7月为商会会长，最后于1787—1788年和1789年当选为市长"。米哈伊尔·瓦西里耶维奇担任过的职务之多，是其家族中其他任何人都未能企及的。正因为如此，他才在商业上取得了不小的成就。

他的经营活动覆盖了整个东西伯利亚。他曾在恰克图经商。他供应到那里的皮毛有时占到当地皮毛贸易总量的四分之一。他拥有世袭矿产，从涅尔琴斯克公家工厂往巴尔瑙尔和叶卡捷琳堡供应铅和铜。1802年到1803年铅的运输几乎全掌握在米哈伊尔·瓦西里耶维奇及其儿子们的手中，他们在拍卖会上绝对有定价权。垄断促使承包人的利润增长，利润率达到了44％至60％，有时甚至达133％(1817)。А.В.西比利亚科夫实现了沿着鄂霍次海通道的货物运输，成了酒税的大保税人。他在贝加尔湖有完整的船队——6艘大船以及货运帆船和小船，此外，属于米哈伊尔·瓦西里耶维奇的捕鱼范围从波索尔修道院扩展到了库尔土克渔人过冬的地方。

在俄美公司成立之前，对于当时全俄罗斯的企业家来说，在太平洋沿岸这个大概是最有前途地区的业绩，仅仅是在别列杰夫·拉斯托奇金公司持有一份股金,这一公司是在太平洋沿岸和阿留申群岛从事毛皮狩猎的。在俄美公司成立之前西比利亚科夫家族并未涉足这一地区,至少在涉及太平洋沿岸渔猎业的文件和文献中未见到他们的名字。在这一方面积极开展业务的是西伯利亚人行业公会委员会的特拉佩兹尼科夫家族,他们早在1745年就开始独立开发东北地区了。

西比利亚科夫家族与特拉佩兹尼科夫家族的联系是多方面的。伊尔库茨克学者的著作不止一次提到过他们的关系。他们的联系是持久的,基础不仅在于他们的亲戚关系,还在于两家追求的企业利益。

由 Г. И. 舍利霍夫在北美组建的渔猎贸易公司的年鉴上记载有米哈伊尔·瓦西里耶维奇·西比利亚科夫的名字。这家公司后来在阿拉斯加加入了俄美公司。西比利亚科夫还是一家海上渔猎公司的股东,老板是雅库茨克的商人帕维尔·谢尔盖耶维奇。

米哈伊尔·瓦西里耶维奇非常善于管理股份公司,因为这公司就是他自己的家庭。他明白,持之以恒并传承下去——这是家族在物质上进一步富足的保证。在上流社会取得声望并将祖辈的资本扩大到难以置信的地步之后,他在儿辈们创业的任何时候都起着担保人的作用。比如,当米哈伊尔·瓦西里耶维奇的儿子伊万·西比利亚科夫成为上流社会的一员,并于1799年领到商人注册证以后,父亲便出面替儿子担保。他的其他孩子亚历山大和德米特里、列夫·西比利亚科夫的儿子——他的孙子费奥多尔也在这一年可以与米哈伊尔·瓦西里耶维奇享有共同的资本了,"根据社会的选择出来工作了"。

М. В. 西比利亚科夫是东西伯利亚宗教文化用品的早期收藏家之一,他收藏油画、珍本书籍和手稿、古画、古钱币。意大利大师 С. 通奇的一幅 Г. Р. 杰尔查文(俄国诗人—译注)的巨幅肖像画开创了他的绘画收藏。诗人非常感谢自己的崇拜者赠送给他的貂皮大衣和帽子(杰尔查文正是穿戴着它们被画在了布上)。

诡计多端、口蜜腹剑和随机应变——这就是米哈伊尔·瓦西里耶维奇与众不同的品质。这一点我们是从编年史中得知的。比如,他觉得必要时,他可以擅自从公司出纳处取款,还款则会拖延好多年,一般来说他事后会把欠账化为乌有。西比利亚科夫还会利用自己被选举出来的地位达到自私自利的目的,因此,1799年他的市长被撤职了。Ю. С. 杜什金讲过米哈伊尔·西比利亚科夫生平中的一件趣事：他从著名的丑陋商人舍利霍夫那里发了一笔财，西比利亚科夫按每件 25—30 卢布的价格占有了舍利霍夫的一批海獭皮，而市场价却是 100 卢布。

19 世纪初 M. B. 西比利亚科夫与 H. П. 梅利尼科夫一起领导了商人党，以捍卫企业家的权利和城市自治范围。商人与边区政府的对抗在 H. И. 特列斯金执政时期(1806—1819)达到了高潮，导致了著名的"西比利亚科夫与梅利尼科夫案件"。伊尔库茨克两个最富有的商人捏造损害名声的黑材料，攻击伊尔库茨克的重要官员，因为这些官员挡了他们的道。结果是商人写了没有根据的诉状告了省长。谁能在这件事情上看出当时的商人竟然有寡头统治的追求呢？将军省长 И. Б. 佩斯捷利是这样评价西比利亚科夫的："米哈伊尔·西比利亚科夫在所有的企业中最与众不同，竟然以一位社会名人的身份反对政府作出的指令。很久以来伊尔库茨克省的所有官员就已经看出有一种强烈的倾向，企图引起动荡与混乱，随时都想诽谤……商人西比利亚科夫对社会有不小的影响，许多人把他看成自己的领导人和保护人，所以他在一切社会事务中利用其优势忽悠弱智者，用来为自己谋利……"1809 年米哈伊尔·瓦西里耶维奇·西比利亚科夫被剥夺了商人身份，流放到涅尔琴斯克当工人(此工人是俄国 16—19 世纪前半叶的一种专称，译注)，并在那里去世。

米哈伊尔·瓦西里耶维奇·西比利亚科夫的行为特点给我们提供了丰富的材料，来推断那个年代(18 世纪末至 19 世纪初)商人的心理。

说到这里，我们的注意力投向了布里亚特共和国档案馆的一份文件，其内容是商人的儿子工业家彼得·西比利亚科夫毒打一位小市民及其怀孕的妻子。这件事非常有意思。事情发生在 1812 年的上乌金斯克(现今的乌兰乌德)。文件上的信息很多："伊尔库茨克商人米哈伊尔·西比利亚科夫(铅的供应者)，他的儿子彼得·西比利亚科夫，受其父委托在此处接待并送走公家的……"西比利亚科夫家族为国家工作，他们沿色楞格河把铅供应到伊尔库茨克，再到达欧洲的俄罗斯。除此之外，我们还了解到西比利亚科夫家族还建造河船："……西比利亚科夫在色楞格河河岸上造船……"大致的意思很清楚——帮助国家并发财致富，为国家的需求承包运输铅的工作。但文件的主要意思另在别处。它未讲西比利亚科夫家族是如何好、如何幸运。它所说的情景具有时代特色，而且不仅如此。毒打的是下属，承包人。文件依次记录了各方面的审问过程。按照西比利亚科夫的说法,发生的情况大致如下:就像我们现在所说的,彼得看见自己的工人在工作场所喝酒,出于对完工期限的担忧,便抓起一根"芦苇棍"扑向一名工人,这个人曾保证要建六只船来运送公家的铅,但他的工作没有完成。他是木斯克省叶尼赛的小市民沙德林。按照沙德林的说法,情况略有不同:西比利亚科夫本性残忍,"喝得有点醉",挥着拳头扑向小市民,看来,这是"由于其本性的残暴"。西比利亚科夫打一个小市民还嫌不够,他又扑向前来帮助丈夫的有孕在身的妻子。可是……在审讯现场(事发以后两周)小市民的妻子还严重不适。

这是引人入胜的、几乎像侦探小说一样的故事(文件约16页),可是却看不明白谁是谁非。但可以断定,一个人要求下属和承包人完成工作,如果他性格残暴,就可能作出多么出格的事。暴打怀孕的妇女——这是超越任何道德准则的事情,更不用说是超越东正教的教义了。

不,我们不是想表明,彼得·米哈伊尔·西比利亚科夫是个多么恶劣的人物,而是想揭示一些必要的条件,否则任何事情都不可能推向前进。用普通的语言表达,这些条件就是走向既定的目标需要动脑筋思考。只有这样才能积累资本并保证继承下去。

商人的心理

俄罗斯人和西方人有不同的心理。马克思·韦贝尔和维尔纳·松巴特令人信服地证明,企业家首先是有创新能力和追逐利益的人,企业家人数的增加又引起资本主义的发展,这一切都依赖改革了的宗教体系。在西方,基督教,特别是加尔文主义(基督教新教的学说——译注)首先倾向于世俗价值,依赖的信条是具有免受地狱之苦的优越性,否则必然受到裁决。企业家的经营活动取得成绩,就成为自己免受地狱之苦的最好证据。

俄罗斯的商人(无论世袭的,还是从农民脱身而来的),其所有的受教育和传统都是东正教的。他们许多人都明白其资本的"罪恶"属性,所以他们企图办慈善事业来减轻其经营的罪过。还应当指出,俄罗斯民族心理的一个优点是没有财富崇拜。

对于许多俄罗斯企业家的心理来说,资本的"罪恶"话题是很典型的。俄语中保存着许多俗语,如"花钱赎不了灵魂"、"富人的钱是鬼铸的"、"罪恶深重还不缺钱"等等,这反映了俄罗斯人对这种现象持有十分明确的态度。俄罗斯商界的一位杰出代表,普罗霍洛夫手工工场的创始人季莫费·瓦西里耶维奇·普罗霍洛夫写了一本奇特的著作《财富论》。他在书中说:一个人要力求达到生活中只保有必需东西;如果办到了,它也许会增值,但不要抱发横财——发了财还要发财的目的,而是为了让积蓄能牢固保存,还要为他人着想。

综上所述,可得出一个本质性的结论:资本的"罪恶"论与其说出自宗教的假设,不如说出自原始积累的手段。显然,人们曾认为,直到现在人们也认为,在俄罗斯诚实不可能致富,事业不可能发展。这会引起一种想法,俄罗斯不同时代的企业家,积累其资本的手段不完全是干净的。这种人,即使还在当农民的时候也不特别敬神,在自己村子里总显出没有勤奋苦干的精神,没有首创精神。这种人如果不说永远会,那也是常常会利用龌龊的、肮脏的手段去达到一定的目的。

阿法纳西·西比利亚科夫的孙子们

现在,确定阿法纳西·西比利亚科夫有几个孙子是件复杂的事。显然,家族到了第三代非常分散,但一条牢固的主轴,与众不同的轴心(阿法纳西——瓦西里——米哈伊尔……)还是很突出的。阿法纳西的其他孩子和孙子们可能也办企业。比如,在一些文件中多处提到尼古拉·瓦西里耶维奇·西比利亚科夫(我们说过他的情况)。他在第一基特尔注册,积极参与兄弟米哈伊尔及其孩子们的事业;在勒拿河上从事河上运输,有精挑细选的藏书,编年史记到 1803 年,详细记载了涅姆佐夫的所有恶行。与他的名字联系在一起的还有一个伊尔库茨克的地方传说,说的是圣徒英诺森的威力,好像尼古拉·瓦西里耶维奇在他身边治好了某种疾病。但是 1808 年他被开除出商界,沦为伊尔库茨克的小市民,后来根据 Н. И. 特列斯金的命令被流放到日甘斯克居住。尼古拉的儿子伊万·西比利亚科夫 1803 年注册为恰克图商人,他的其他情况我们就不得而知了。阿法纳西·西比利亚科夫的孙子彼得·阿列克谢耶维奇·西比利亚科夫于 1799 年被开除出商界,沦为小市民。还知道阿法纳西另一个孙子的名字——马克西姆·阿列克谢耶维奇。西比利亚科夫旁系亲属的信息主要包含在伊尔库茨克宗教事务所的文件中,特别是纳税人口花名册中。西比利亚科夫家族的许多代表人物散见于各种不同级别的文件中。

沿着西比利亚科夫家族谱系继续前行,我们会接触到许多优秀人物,他们继承了自己前辈的事业。克谢诺丰特·米哈伊洛维奇·西比利亚科夫(1772—1825)是伊尔库茨克第一基特尔的商人,拥有海船、河船,在西伯利亚和俄国欧洲部分的一些城市开办商贸企业,从涅尔琴斯克往阿尔泰供应铅,在外贝加尔地区做酒、盐和军需食品的买卖。他的孩子们得到了荣誉公民的称号。克谢诺丰特·米哈伊洛维奇是该世家的第一个慈善家:按他的遗嘱在贝加尔尼克尔村修建的农村教堂至今保存完好(已迁至利斯特维扬克村)。

1868年的《伊尔库茨克教会报》上讲了一件难以置信的故事,其主人公是克谢诺丰特·米哈伊洛维奇。他在伊尔比特的集市上给一个卡尔梅克人(少数民族)的小孩里斯坎特洗澡,这个孩子是被人从他父母身边偷出来带到卡里斯凯赛草原的。后来里斯坎特就成了著名的商人亚历山大·克谢诺丰托维奇·西比利亚科夫(克谢诺丰特的儿子——译注)。他是在大教堂洗的礼,克谢诺丰特的妹妹(后来兹纳缅斯科的奥古斯特女修道院院长)成了他的教母。这个故事在克谢诺丰特·米哈伊洛维奇形象的周围创造了纯洁道德、善良和基督教会同情的光环。

1825年克谢诺丰特·米哈伊洛维奇去世,在遗嘱中他说"要像亲生儿子一样奖励亚历山大·克谢诺丰托维奇"。在此之前他已成为西比利亚科夫家族中享有充分权利的一员,拥有非同小可的资本。《教会报》还说,亚历山大·克谢诺丰托维奇在贝加尔湖从事航运,在恰克图从事贸易。他于1868年11月12日去世。亚历山大·克谢诺丰托维奇是西比利亚科夫家族第五代最杰出的代表之一,这一代人著名的业绩是开发了家族的黄金工业,与别人合作创立了大型黄金开采公司。

亚历山大·克谢诺丰托维奇没留下继承人,因此西比利亚科夫家族中断了,克谢诺丰特·米哈伊洛维奇的后裔在历史的长河中消失了,形成了断头脉。事情的原委是,除了亚历山大·克谢诺丰托维奇,克谢诺丰特的后裔只有他的女儿亚历山德拉·克谢诺丰托夫娜·梅德韦德尼科娃和安娜·克谢诺丰托夫娜·库兹涅佐娃。她们从父亲那里继承了祖传的家园——岸边街的一栋房屋。房屋卖给公家做了东西伯利亚将军省省长的官邸,C.C.布罗涅夫斯基于1837年入住。克谢诺丰特有过一个亲生儿子安德里安,但在 28 岁上死亡。他的情况我们不得而知。

克谢诺丰特的女儿亚历山德拉是第一基特尔著名的女商人,出嫁后改了姓。她嫁给了伊尔库茨克第一基特尔的商人 И. Л. 梅德韦德尼科夫。19 世纪下半叶她随同丈夫迁居莫斯科。丈夫 1889 年去世后,她在莫斯科省兹韦尼哥罗德县自己的庄园里过着十分孤独的生活。梅德韦德尼科娃从丈夫手中得到的遗产近 9 百万卢布,她将 4 百多万卢布捐赠给了各种慈善事业,主要在莫斯科省和伊尔库茨克修建医院和孤儿院。她在伊尔库茨克捐了 60 万卢布。伊尔库茨克杜马将钱投入新医院的建设和维持。1901 年慢性病医院开业,该医院被冠名:商绅和伊尔库茨克荣誉公民伊万·洛吉诺维奇·梅德韦德尼科夫及其妻子亚历山德拉·克谢诺丰托夫娜·梅德韦德尼科娃。医院的主要患者是高龄老人和穷人,他们住在那里养老送终。医院是城里不多的几家医院之一,它有自己的资金,每年约 1 万 4 千卢布,这足以使它长期独立维持下去。市里并没有给医院拨款。

原来任何一家医院都不收治慢性病病人,伊尔库茨克杜马充分肯定了亚历山德拉·克谢诺丰托夫娜给慢性病病人的慈善捐款,于 1898 年 10 月决定授予梅德韦德尼科娃伊尔库茨克荣誉公民的称号。亚历山德拉·克谢诺丰托夫娜是伊尔库茨克获此称号的第一位妇女。这位慷慨的慈善家在遗嘱里请求遗嘱证人将其剩余的资本投入社会的各种需求。

这个家族依靠其他支脉的发展而延续。西比利亚科夫家族在 19 世纪大大扩展了自己的工商业疆界。克谢诺丰特的兄弟亚历山大·米哈伊洛维奇商业活动的范围很广,他的周转资金不止 1 万卢布,有关这个人的信息保留下来的很少。连他活了多大岁数都不清楚。我们唯一知道的——是他娶了玛利亚·叶菲莫夫娜(不知道其娘家的姓)。克谢诺丰特支脉消失之后他是这一商人世家的主要继承人。

他的儿子米哈伊洛夫·亚历山德罗维奇·西比利亚科夫是最著名的人物。在 1860 年代初,他与合伙人 И. И. 巴扎诺夫、И. Н. 特拉佩兹尼科夫、Я. А. 涅姆钦诺夫共同创办了热尔图欣黄金工业公司,到 1863 年之前已经有了 25 个矿坑。1864 年他们创立韦季姆河沿岸公司,1864 年以前已经有了 30 个新开矿坑。И. Н. 特拉佩兹尼科夫去世后,1865 年成立了东西伯利亚工业公司,在 30 多年间每年收获黄金大约 273 普特。正是 M. A. 西比利亚科夫及其合伙人奠定了勒拿河与韦季姆河流域的航运基础(公司名称为巴扎诺夫和西比利亚科夫勒拿河—韦季姆河航运公司)。

荣获著名公民称号的 M. A. 西比利亚科夫是 1860—1870 年代伊尔库茨克重要的自治活动家:市政公署及法院的陪审员、省监狱监护长、沃兹涅先斯科教会的教民组长。米哈伊尔·亚历山德罗维奇将大批资金划拨出去照顾伤员和生病的战士(1869 年),去帮助遭水灾的难民(1870 年),解救沃兹涅先斯科修道院的急需,修建教堂以纪念神圣的英诺森,在伊尔库茨克修建养老院。

米哈伊尔·亚历山德罗维奇的孩子们这一代在 19 世纪末成就了西比利亚科夫的商人世家。在俄国的历史上这正是废除农奴制、资本主义开始繁荣的阶段。在这种历史背景下出现了一定的企业家文化,其主要标志就是将资本用在各种不同的社会需求上。一部分用来做广告,一部分出于个人的观点,而主要用于祈祷宽恕资本的罪恶,因为前辈积累资本时不总是用诚实的手段。西比利亚科夫最后一代人就是以敬仰上帝而著名。

米哈伊尔·亚历山德罗维奇有六个孩子——三儿三女。康斯坦丁·米哈伊洛维奇是伊尔库茨克省国库的出纳员,曾获得三级圣安娜勋章。

因诺肯季·米哈伊洛维奇西比利亚科夫

最近这个人的名字对于西伯利亚商界来说是独一无二的,他在杂志、报纸和电视上频频出现。这是为何?首先,因诺肯季·米哈伊洛维奇几乎把自己所有的财产都捐给了慈善事业,这个传统又在俄罗斯复兴了。研究者、社会活动家总是在求助过去,挖掘出这些优秀人物的榜样,其中就有因诺肯季·米哈伊洛维奇。

说到这里不得不说 2005 年秋天在圣彼得堡召开的代表大会,它适逢因诺肯季·米哈伊洛维奇诞辰 145 周年。代表大会的课题是:"基督教与慈善事业",代表们是来自 19 个城市的研究者。大会召开之前已出版了 Т.С.绍罗霍夫关于 И.М.西比利亚科夫的专著,它是第一部比较全面的研究,有丰富的史料做基础,详细描述了因诺肯季的人生道路,从他在米哈伊尔·亚历山德罗维奇和瓦尔瓦拉·康斯坦丁诺维奇·特拉佩兹尼科娃·西比利亚科夫家里出生起，一直写到在阿丰斯基修道院度过的最后时光。

因诺肯季·米哈伊洛维奇毕业于伊尔库茨克工业学校和彼得堡大学。有关他企业家的活动了解得并不太多。提到他姓名的著作中仅仅说他是金矿主，但任何地方也没有引用其工作的具体事实。多半是说他依赖先辈积累的资本过活。

提到他的慈善、宗教和出版活动倒是多得很。我们看到的是一位高度文明的商人代表。他接近1860年代出现在作家圈子中，资助出版关于西伯利亚的书籍——受资助者有 Д. М. 戈洛瓦乔夫、В. И. 梅若夫（三卷本《西伯利亚图书索引》、Н. М. 亚德连采夫（《西伯利亚是地理、民族和历史意义上的移民区》）、П. А. 斯洛夫佐夫（《西伯利亚的历史述评》）、В. И. 谢梅夫斯基（《西伯利亚金矿上的工人》）、И. А. 胡佳科夫（《上扬斯克文集》），还有《西伯利亚的主题》文集。他收集了丰富的书籍。1894—1896年他拨出资金资助皇家俄罗斯地理学会东西伯利亚分会进行科学考察。受资助者有：Г. Н. 波塔宁去四川考察，В. Г. 博格拉兹去雅库特考察；设立以其父亲米哈伊尔·亚历山德罗维奇·西比利亚科夫名字命名的基金42万卢布，用来支付韦季姆河系金矿工人的津贴（1894）；划拨一大笔资金援助解剖学博物馆、圣彼得堡教授 П. Ф. 列斯加夫特的生物实验室、托木斯克大学、伊尔库茨克省的一些中学和博物馆、伊尔库茨克剧院，还有各个慈善组织的基金会。当托博尔斯克省受灾时他设立免费食堂和医疗站，派医学院的大学生去那里工作。为伊尔库茨克市图书馆购买了已故地方主义者 С. С. 沙什科夫的成套书籍（1886）。为皇家俄罗斯地理学会东西伯利亚分会修建博物馆大厅，该博物馆后来以他的名字命名。《遗产百万富翁——精神上毫不自私自利之人》——塔季扬娜·绍罗霍娃给他下了准确的定义。因诺肯季·米哈伊洛维奇·西比利亚科夫按照福音所教管理着自己世上的财产，分出4百多万卢布做慈善（将现在的物价与当时的物价比较一下，就可以想象他的捐赠规模有多大，当时1普特小麦的采购价是9卢布，1匹马是40卢布）。不能不说，当代人也会高度评价 И. М. 西比利亚科夫的慷慨捐赠，称他为"高度文明的捐赠者"。

因诺肯季·米哈伊洛维奇本人的典型说法是："我拥有财富。我想，这是怎么回事？我手里这么多钱舍不得花，它能养活成千上万人啊。偶然落到我手中的财产还是财产吗？是别人的财产人为地转移到我手中的吧？我的确认为这是真的,我的千百万财产是别人劳动的结果,我觉的我占有别人的劳动是不公正的。"1894年因诺肯季·米哈伊洛维奇·西比利亚科夫移居到圣—安德烈耶夫隐修士单人居室(圣彼得堡),打算出家。在圣彼得堡听取他忏悔的神甫——修士司祭达维德(穆赫拉诺夫)——告诉他出家人生活的种种艰难,不仅是俄国修道院困难重重,连希腊的阿托斯山也一样。向他详细介绍修士的生活方式反倒坚定了因诺肯季·米哈伊洛维奇完全献身于神的愿望。毫不奇怪,因诺肯季·西比利亚科夫之所以成为这样一个人,"肯定是阿托斯神在他身上起了作用。"因诺肯季·西比利亚科夫开始了自己的阿托斯生活。因诺肯季的妹妹安娜·米哈伊洛夫娜·西伯利亚科娃捐出了1百多万卢布与托木斯克省的饥荒和伤寒流行病作斗争(1880—1891)。在当时这可是很大一笔款项。她用这钱开办了45个面包房、3个大众食堂、10个茶棚,还组建了医疗卫生队。她划拨给社会大笔款项是为了赈济有需要的流民和西伯利亚学生。这个例子给每一位研究俄国历史上商人问题的人提供了思考材料。因诺肯季·米哈伊洛维奇是西比利亚科夫家族中唯一成为重新认识企业家价值与文化的标志性人物,他直截了当地承认他所继承的资本"有罪",因而将它用于美好的目的。做慈善事业并资助科学文化活动是因为继承人受过良好的教育,为先人的不良行为而悔过。但却不能证明,商人家庭有了良好的教育就会垮掉。(19世纪下半叶商人的亲属关系结构退化,这是显而易见的。商业不再是家族式的,而是变成股份制的。如果将当时的情况与更早一时期相比较,我们会看到家庭结构发生了巨大变化,家庭成员之间在经济上的互相依赖性已不复存在。教育在这一过程中起的作用是不能低估的)资本主义有了新的存在形式——股份公司。当亲属关系与股东扯到一起时,家族的事业便成为过去,不再大量存在了。商人变成个人主义者,而商人的活动也多了计划性——他们又是商人,还是慈善家、研究人员,又是文艺家,还是出版家等等。19世纪下半叶,企业家的文化水平和博学程度越来越具有重要意义。在19世纪上半叶,商界的孩子们大部分情况下只满足于初等文化水平。一位伊尔库茨克商人的话表达了商界对教育的明显态度,他在教育方面引用了M.亚历山德罗夫的话:"我们买卖人的风俗不重视大学问。最主要的是会计算就行。"教育程度与商人家族的创始人开过糟糕的玩笑,他们本身就是文盲,或者只有初等教育,或者只受过家庭教育。他们努力想让自己的孩子们,特别是孙子们获得良好教育。这就摧毁了第三等级的思维模式,因为他们意识到自己事业的局限性,在许多情况下对商业是有害的。这方面还有许多别的事例。

亚历山大·米哈伊洛维奇·西比利亚科夫

我们下面所说的这个人,不同于他的兄弟因诺肯季。经济在资本主义轨道上蓬勃发展的时期,他对于企业家先做什么后做什么有自己的理解。此人是19世纪下半叶西比利亚科夫家族中最著名最活跃的代表人物。亚历山大·米哈伊洛维奇·西比利亚科夫受过良好的教育,先在伊尔库茨克中学,后在欧洲(苏黎世综合技术学校——高等技术学校。后来在这所学校毕业的还有 A. 爱因斯坦和 B. K. 伦琴)。他在开始自己的商人活动之前就拥有了巨大的资本,父亲给他留下约5百万卢布,他并没有拒绝企业经营,而是同时给极地考察拨款,并亲自参加考察,划拨巨额资金给大学生发奖学金,建学校和寺院。在公开发表的各种资料中有许多关于他的消息。亚历山大·米哈伊洛维奇·西比利亚科夫顺利地继续经营着父亲的企业。他获得权利参与几家黄金工业公司,其中有《韦季姆河沿岸公司》,还成为《勒拿河—韦季姆河船运公司》的成员,这是勒拿河河系最大的航运公司。1870年初他获得的亚历山大—涅夫斯基玻璃厂和书写纸厂的产品带来了明显的收入。从19世纪70年代末和整个80年代西比利亚科夫向西伯利亚水上运输网投入了大量资本。轮船航运和黄金工业成为他主要的企业经营范围。1885年这个伊尔库茨克商人开办了《安加拉河轮船公司》。摆在他面前的任务是筹办安加拉河从河口到兄弟岛的拖船航运。完成任务有很大的困难,但下游和中游的航运总算开通了。靠近兄弟岛的河滩是不能通航的,因而1890年代中期亚历山大·西比利亚科夫只好关闭企业。从这时起他的注意力锁定在远东的水上交通。1894年8月他与 А. И. 彼得罗夫共同签订了成立《阿穆尔河航运贸易公司》的合同。其股东有一些俄罗斯和西伯利亚的大公司,还有一些生意人。

20世纪初亚历山大·米哈伊洛维奇不再投入企业经营:他的资本投向有息证券、有担保的证券和债券。他离开伊尔库茨克,长期居住在俄罗斯南方(巴统有他的安加拉河庄园)、瑞士和法国。

亚历山大·米哈伊洛维奇·西比利亚科夫于1933年11月2日卒于尼斯

的帕斯特医院(法国)。А.М.西比利亚科夫不单单是以他的企业经营引起西伯利亚人的注意与怀念。1893 年伊尔库茨克市长 В.П.苏卡乔夫在献给他荣誉公民称号时于杜马大会上说:"亚历山大·米哈伊洛维奇·西比利亚科夫表现出特别的、真心诚意的乐于助人的精神,他常常亲自倡议亲自操劳,作出巨大的物质牺牲来提高国民的教育水平,提升民众的宗教道德感情,他的企业目标是提高和发展经济力量;从而不仅造福于伊尔库茨克,还造福于整个故乡——西伯利亚"。西比利亚科夫最大的捐赠有:1880 年 10 万卢布建设托木斯克大学;5 万卢布在伊尔库茨克开设高等技术学校(1882 年);95 万卢布《用于教育事业》(开设几个国民学校,托木斯克大学的配套建设工程,支付奖金奖励内容为西伯利亚的优秀作品)。靠他的资金建设并维持的有以亚历山大·米哈伊洛维奇的胞妹 А.М.克拉季谢娃(西比利亚科娃命名的初等学校及其特罗伊茨克分校、圣玛利亚的喀山圣像教堂——在伊尔库茨克)。他还捐赠不小的款项给男子中学、市图书馆、赈济东西伯利亚学生和在彼得堡的西伯利亚学生的社会基金。

А.М.西比利亚科夫还从事科学实践活动——研究西伯利亚,主要研究其水上通道,因此他获得很高的知名度。"我们俄国的欧洲部分和亚洲部分都有很长的河流,它们都应该在国家的整体范围内起恰如其分的作用——他写道——西伯利亚水上通道广阔……所以人们自然会设想,我们的任务是尽量利用好它们;如有必要,应该创建具有出海口的交通体系……是应该如此考虑的时候了"。

对西伯利亚水上通道的兴趣不是偶然发生的,而是由西伯利亚资产阶级在多方面的实际需求决定的。不发达的交通网(无论是水上还是陆地),销售市场与商品采购之间的距离漫长,造成了开展贸易业务的不利条件,从根本上制约了西伯利亚与俄国的欧洲部分、东方与西方的商品交换的发展;这对西伯利亚经济的全面发展造成负面影响。在这种情况下,某一阶级的狭隘利益客观上与全国利益以及开发俄罗斯帝国东部边疆区的必要性吻合在一起了。

1880 年代政府对西伯利亚水上通道的关注增加了,但实际效果却不大,甚至河政当局对政府的方针也持批评态度。在开发新的、更为有益的交通路线的问题上,大部分主动权都集中在私人手上。有鉴于此,А.М.西比利亚科夫对开发西伯利亚河流,毫无疑问,具有积极的作用。在 1870—1890 年代西比利亚科夫着手进行了一系列认真的考察,在这一过程中调研了伯朝拉河、叶尼塞河、鄂毕河、勒拿河、阿穆尔河的河口;喀拉海、鄂霍次克海阿扬地区的沿岸地带;东、西西伯利亚河流之间的陆上行进路线。

亚历山大·米哈伊洛维奇在许多文章和书籍中叙述了自己为数众多的旅行过程和收获。从这些旅行过程看,考察者的理想是将俄罗斯东部的所有地区(西西伯利亚、东西伯利亚、雅库特边区、远东地区、堪察加)都连接起来,通过水路干线(鄂毕河、额尔齐斯河、伯朝拉河、叶尼塞河、安加拉河、勒拿河、阿穆尔河)将其连成统一的经济体;开辟新港口激活西伯利亚的对外贸易。伊尔库茨克企业家的考察活动影响广泛并得到俄罗斯国内外的承认。这位非常著名的西伯利亚人获得了法国和瑞典政府的奖章、俄国地理学会的银质奖章。

亚历山大·米哈伊洛维奇与欧洲科学家的联系都集中到开发俄国东方的交通问题上。

众所周知,西比利亚科夫曾资助德国动物学家阿尔费雷德·布列姆和奥托·芬什于 1876—1877 年对西伯利亚进行考察。现在还保存有芬什教授写的考察报告。西比利亚科夫和科学家进行了与众不同的交流,拨款(20300 德国马克)组织动物民族学考察,他说,他们会顺便考察北鄂毕河的交通体系。但考察结果未能令亚历山大·米哈伊洛维奇满意,原因有二:其一,考察者为非专业人士,其二,下鄂毕河两岸沼泽遍地,对其进行进一步的考察并进行交通开发没有任何前景。

亚历山大·米哈伊洛维奇与奥斯卡尔·迪克森一起资助世界闻名的瑞典科学院院士阿道夫·诺登舍尔德进行东北通道的考察,他于 1878—1880 年开辟了北方海上通道,并在两个通航期内穿越该通道。这件事对于世界航海和开发欧亚交通都是重要的里程碑。诺登舍尔德与西比利亚科夫的合作显然有其史实,但这是应该挖掘的,前提是对这两位杰出人物的通信将予以研究。

瑞典政府高度评价西比利亚科夫对世界和瑞典科学的贡献,决定发给他养老金,因为他在晚年居住在尼斯,过着赤贫的生活。

对 A. M. 西比利亚科夫一生活动作独到总结的是他的一本书《论西伯利亚的交通线和它与其他国家的交往》(圣彼得堡 1907),这本书的基础是早年的科学政论作品,表明了他的地方主义观点。书由前言及七个章节组成,介绍并详细描述了西伯利亚将来可行的交通路线(《经由喀拉海与伯朝拉河口的海上交往》、《论托博尔斯克与伯朝拉河的交通》、《塔兹河口及塔兹河与图鲁汉河之间的运河》、《论雅库特州的交通》、《论西伯利亚的对外市场》、《论滨海州与中国的交往》)。书写的轻松而有趣,就作者的思想而言,它不仅是科研作品,可能还是他思考问题的集中表现形式,他思考的问题就是《西伯利亚的现代状况及其需求》,他不仅写了,而且试图以一己之力在其慈善、科考与企业经营过程中变成现实。

西比利亚科夫的书在俄日战争结束后出版,这场战争说明了俄国的落后,表现了国家社会经济与政治状况的艰难,特别是东部边疆区。在某种程度上书是西伯利亚企业家对战争结果的反应,他希望由此而引起政府对西伯利亚的重视,要求必须最快地开发这一地区,不仅出于发展经济,而且要从战略目的考虑来巩固它的经济潜能,同时要注意到日本与中国的实力正在变得强大。西比利亚科夫的思路宽广:需要改进与改造的不仅仅是西伯利亚的经济基础,还有它的行政管理。应该赋予西伯利亚人自治权利来解决生活方面的重大问题。他站在地方主义的立场,拥护实行区域性政策,主张行政管理要实行地方分权。这位伊尔库茨克科学与文化事业的资助人认为,西伯利亚的文化起着不小的作用,它是该地区共同向前发展的不可分割的部分。

西比利亚科夫家族与伊尔库茨克值得纪念的地方

西比利亚科夫商人大家族于 150 年中在伊尔库茨克的社会生活中占有显著的地位。市内最美丽的建筑文物都与西比利亚科夫的名字有联系。我们想沿着伊尔库茨克西比利亚科夫的遗址做一次游览。

白宫　到西比利亚科夫的故地旅游最好从白宫开始。这是在伊尔库茨克市中心安加拉河的滨河路上,一颗珍珠在闪烁。白宫以其富丽堂皇、耀眼夺目的姿态一看就胜过市内所有的深宅大院。三层楼的正面朝向安加拉河,正门是耸立着六根希腊科林斯圆柱的门廊,门廊高两层,一副高傲的气派。它按最好的传统修建,是正门的主要装饰。在伊尔库茨克,这座宫殿式建筑秉承俄罗斯古典主义的风格,庄重威严……这是 19 世纪初它刚完工时伊尔库茨克报纸对它的描述。从旁经过时你不可能不注目观望,不可能不为其美轮美奂和古风古韵而惊叹。当你想到面前的这座建筑已有两个世纪的高龄,便会惊讶得喘不过气来了。它具有丰富的历史内涵。

米哈依洛·西比利亚科夫从小市民尼基福尔·洛帕京手中购买了一块连建筑在内的地皮。不动产买卖契约是哪一年签订的,买到的是什么样的建筑物,遗憾的是我们一无所知。我们想这只是时间迟早的问题。总之,1802年M. B.西比利亚科夫建成了第一座三层砖石结构的住房。除此之外,庄园里还有办公地点和亚麻布制造厂。房屋的外貌我们一概不知,只听过卡拉什尼克的传言:房屋的建筑风格是希腊式的。第一座房屋刚建成不久便被焚毁了。为了建新房拆除了一部分被烧毁的遗址,加固了另一部分。由于有倒塌的前车之鉴,盖新房时特别注意加固建筑结构。很可能第二座房屋是第一座的翻版。这个结论是根据1814年的建筑合同做出的,合同上说:"完全按照原来的图纸比例……"1814年翻盖工程开始了。1818年,工程在短暂停工后重新开始,因为房主人变成了克谢诺丰特·西比利亚科夫。1821年建筑完工。K. M.西比利亚科夫没有来得及将砖石结构的新房和庄园装修好。后来房屋由他的遗孀纳塔利亚·德米特里耶夫娜照料到其去世。

白宫历史上的西比利亚科夫阶段延续到1834年。1834年 H. Д.西比利亚科娃去世,继承人是她的两个女儿:亚历山德拉·克谢诺丰托夫娜·梅德韦德尼科娃和安娜·克谢诺丰托夫娜·库兹涅佐娃。1836年底或者是1837年初解决了将房屋连同庄园卖给公家的问题。东西伯利亚的将军省长 C. Б.布罗涅夫斯基于1837年春天迁入新居。白宫历史上的省长阶段延续到1918年——这是伊尔库茨克大学成立的日期。1918年刚成立的大学搬入宫内。1920年大学迁入附近的另一建筑,而"西比利亚科夫宫成为这所大学的科学图书馆。

这座建筑物是按照严格的古典主义标准修建的。在严格的古典主义框架内采取精准的手段,遵循意大利文艺复兴时代的古色古香的建筑传统:中轴线结构、部分从属于整体(要素等级制)、严格的比例制、合理的建筑艺术逻辑、还必须应用柱式体系。可能设计图纸是西比利亚科夫从彼得堡拿来的,出自 G.夸伦吉大师之手(著名俄国古典主义建筑师,原籍意大利人)。这种说法很令人信服,因为当时伊尔库茨克的古典主义还不怎么流行,此外,此地根本没有如此水平的建筑师。

俄罗斯地理学会东西伯利亚分会博物馆

白宫对面有一座红楼——这就是伊尔库茨克乡土博物馆的建筑。

俄罗斯地理学会西伯利亚分会于1851年11月17日在伊尔库茨克成立。博物馆建筑的主要捐赠人是皇宫高级侍从、科学和文艺事业的捐助人 П. А. 西维尔斯和黄金工业家因诺肯季·西比利亚科夫。除了地理研究，分会还研究并收集历史、民族学和边区考古学方面的资料，进行农业调研。为了研究西伯利亚，1850—60年代组织了科学考察：维柳伊河考察（1853—54）、韦季姆河考察（1865）等。1877年，由于俄罗斯地理学会西西伯利亚分会成立，西伯利亚分会更名为东西伯利亚分会。1870—80年代由于吸收了被政治流放的科学家参加工作，东西伯利亚分会的活动活跃起来。参加东西伯利亚分会工作的有 Н. А. 维塔舍夫斯基、З. Г. 博格拉兹-坦、Д. А. 克列缅涅茨、Г. Н. 波塔宁、Я. П. 普莱恩、Н. М. 亚德连采夫等。布里亚特科学家 М. Н. 汉加洛夫、Г. 贡博耶夫等对边疆区的研究也作出了贡献。在伊尔库茨克工作过的还有杰出的地理学家、西伯利亚和中亚的研究者 В. А. 奥布鲁切夫。在东西伯利亚工作的那些年代创立了伊尔库茨克博物馆，它成了社会的科学教育基地。在1879年的火灾中，有23330件陈列品的博物馆付之一炬，因此着手建设新址。新楼位于卡尔·马克思街与加加林街心花园的拐弯处，楼的纵向（南面）面对着河，朝向加加林花园。楼的主正面及入口面向独一无二的古典主义时代的建筑文物——位于卡尔·马克思街另一拐角处的所谓的白宫。

楼房为《摩尔塔尼亚风格》。楼房的设计并不复杂——两个大厅为纵轴向布置，形成占地面积为12米×20米的前伸式长方体。一进门是前厅和楼梯（入口处的右边），左边是办公区。位于后视图拐角处和侧视图中间的塔楼以及两侧的主视图都给建筑物的平面图和立体结构增加了难度。这些塔楼大部分是圆顶，上面有盔形冒尖，这就使建筑物具有了摩尔塔尼亚风格，位于南部侧面中间塔楼第二层的露天小亭很有意思。各个面上用砖砌的装饰物也是为这种风格服务的。用三角顶和阶式突堞做成的正面装饰物尤为复杂。飞檐顶上的中楣装饰着砖砌雉堞和格子形镶板，它们之间的壁槽里刻有著名的地理学家和自然科学家的名字。一层的箭形窗框和二层的圆形窗框以及东方风格的玫瑰花形图案装饰物使建筑物的面貌与众不同。门前的台阶上有一带顶的阳台,四周围有花纹状铁栅栏。墙上的雕塑由于采用了大粗面石而博得好评。内部的装饰物在维修过程中有所改变。第一层保留了石砌地面。南部塔楼里的楼梯很有意思,它通向一座天文台。

A.M. 克拉季耶娃学校

在米亚诺里亚茨基(弗兰克—卡梅涅茨基)街有一座掩映在树荫中的建筑——现在是一所中学。但这座建筑的历史差不多有一个半世纪了。

这栋楼房是按照建筑师 B.A. 卡拉津的图纸为 A.M. 西比利亚科夫建造的。1882 年 9 月 25 日在这里开办了安东宁娜·米哈伊洛夫娜·克拉季谢娃(西比利亚科娃)国民学校,而她已于 1879 年去世。西比利亚科娃的父母死后留下来的部分遗产时该分给安东宁娜的妹妹的,可兄弟姐妹将其捐给了教育事业。除了这所学校还开办了另外 5 所。后来这所学校改为克拉季谢耶娃中等学校。在这里学习的有 40 个男孩、40 个女孩。学校的成立和运转靠的都是荣誉监护人的拨款,他们是西比利亚科夫·亚历山大·米哈伊洛维奇和西比利亚科娃·安娜·米哈伊洛夫娜。

尼古拉一世女子学校

让我们从乡土博物馆沿着滨河路往前走几步。我们在左面会看到灰蓝色的建筑——这是伊尔库茨克大学的一座楼房。这里设有物理系和数学与经济学院。这到底是什么建筑,又有多长的历史呢? 1855 年 8 月 28 日这座建筑物奠基。它于 1855—1861 年建成,设计者是伊尔库茨克的著名建筑师 A.E. 拉兹吉尔杰耶夫,他是一位布里亚特人。这一建筑准备安置贵族女子学院。女子学院成立于 1845 年,原来设在沙拉什尼科夫街的一栋木头楼房里。这是西伯利亚的第一所女子中等学校,属于寄宿学校;这里上的课程有神学、外语、算术、文学、历史、绘画等。这里招收的学生有等级限制——都是官吏、大军官和富商的女儿。不同年代在这里学习的都有西比利亚科夫家族的女儿,其中就有亚历山德拉·克谢诺丰托夫娜·梅德韦德尼科娃。还有一些十二月党人的孩子,如沃尔孔斯基、特鲁别茨基的女儿也被学院录取。1877年建筑物进行维修,正门处修建了圆柱顶,楼房中部的上方加了三角楣饰,修了18个抽水马桶代替了原来的厕所。在维修过程中发现必须追加金额为16209卢布75戈比的工程,这可能说明1855—1861年的工程质量不高。维修工程委托给了建筑师库杰利斯基;承包商是斯克列布科夫、扎哈洛夫、帕宁、戈卢别夫和萨摩伊洛夫。维修工程于1880年结束。1895年为纪念尼古拉一世皇帝诞辰100周年,过去的东西伯利亚女子学院改名为尼古拉一世伊尔库茨克学院。女子学院办到1920年。接着在当年该建筑物转交给刚刚开办的伊尔库茨克大学,直到目前为止。

此建筑物位于安加拉河河岸,正门面向河水,即面朝西。现在有一大片绿树成荫的地方,多半从正门才能看得到,由于将楼房从施工线往居民区移动了一截,才在正门前形成了绿树成荫的院落。这是19世纪中叶社会流行建筑的样板,有主楼和高度不同的侧楼,还有一大片院落。走廊沿着主楼的中轴线穿过,各个房间的门都开在走廊的两侧。走廊呈直角状拐弯,通向侧楼的院门。楼房的大门朝西,三个门分别从略高的一个平台、外面的楼梯和两侧平缓的坡道通向入口处的大厅。大厅的拱顶由一圈圆柱支撑。侧面的楼梯从大厅通向地下室,那里设有存衣室(大部分地下室由于距离安加拉河太近而非常潮湿,所以没有使用,地下室各房间的窗孔也被封堵了)。大厅对面,穿过走廊,看见的是正面的三段式楼梯,每段都设有拱门。说真的,每一层都该突出一下别无二致的"硬头货"——走廊,有的顶上是复曲线拱,有的是交叉拱,有的是暗窗。两侧楼里的楼梯为两段式,下了楼梯就是院子,那里有新修的卫生间。

伊尔库茨克省立中学

阿穆尔河街上有一座艺术博物馆。州里所有的珍贵造型艺术作品都保存在那里。是啊,这是真正的宝库。这里一直是博物馆吗?

不,从前这里是伊尔库茨克省立中学。该中学还包括旁边的另一处建筑——现代航空技术学校。中学的所有建筑几乎包括这里的整个街区——从巴斯宁斯克街到哈尔拉姆皮耶夫斯季街。我们这就给您讲一讲其中的两座建筑物。

中学的两层砖石结构老楼是1801年按建筑师 А. И. 洛谢夫的图纸为国民技术学校建成的。1805年技校改为省立中学。1843—1846年在旧楼的两旁又加建了四座中轴相对称的 П 字型侧楼,建筑设计师是 П. 苏托尔明和费奥多罗夫。1879年伊尔库茨克大火之后于1883年维修了一次。1930年加盖了第三层。这是西伯利亚同一类型的第一座学校,有藏书丰富的图书馆。西伯利亚著名的科学与文化活动家曾在这里学习和工作,他们是 П. А. 斯洛夫佐夫(1767—1843),他是著名的西伯利亚历史学家和教育家,也是中学的校长(1815—1821); И. В. 谢格洛夫(1853—1884),历史学家,《西伯利亚历史大事记》的编著者,在中学当过老师; Р. К. 马克(1825—1886),著名的西伯利亚研究者,在中学当过老师和校长。中学的学生中有:作家 И. Т. 卡拉什科夫(1797—1863)、Н. С. 休金(1792—1883)、И. В. 费奥多罗夫-奥穆列夫斯基(1836—1883)、В. М. 米赫耶夫(1859—1908);著名的旅行家和自然科学家 А. П. 费琴科;杰出的农业化学家、社会主义劳动英雄 Д. Н. 普里亚尼什尼科夫;十二月党人运动的著名史学家 В. Г. 库巴洛夫(1879—1966)。在这里学习并中学毕业的当然还有表兄弟黄金工业家兼科学与文艺事业的资助人 А. М. 西比利亚科夫和市长及后来的艺术博物馆创始人 В. П. 苏卡乔夫。1921年革命之后这里是党政干校,1926年起是高等农业学校,在卫国战争年代这里是子弹工厂的车间,战后是航空学校。1905年6月伊尔库茨克中学成立100周年之际,新楼在老楼旁边奠基了。图纸作者是建筑师 Д. Р. 马吉杰伊。1907年9月2日在隆重的圣化仪式之后开课了。在第一次世界大战时期中学的新楼开办了伊尔库茨克第二准尉学校。1941—1945年这里是伊尔库茨克州立艺术博物馆,其冠名者是伊尔库茨克第一画廊的创始人 В. П. 苏卡乔夫。这里有西比利亚科夫赠给西伯利亚中学的艺术作品:艾瓦佐夫斯基的两幅油画、安托科利斯基的雕塑作品《伊凡雷帝》和画家通奇画的杰尔扎温的肖像。

亚历山大三世纪念碑

1900年在巴黎的万国博览会上,西伯利亚铁路委员会和领导西伯利亚铁路干线建设的俄罗斯联邦交通部因"顺利完成赋予它的任务"受到褒奖。因而决定修建一座纪念碑,好让祖祖辈辈的人牢记人民的功勋。

资金的募集采取认捐的方式——即纪念碑修建委员会向最著名的公民发去文件,但上面未注明能捐多少建设资金。收到动议函的人中有安娜·米哈伊洛夫娜·西比利亚科娃和弗拉基米尔·普拉托诺维奇·苏卡乔夫,他们当时都住在彼得堡。

1908年8月30日纪念碑揭幕仪式举行。它的作者是罗曼·诺维奇·巴赫院士。将军省长告诉内务部部长说:"今天,8月3日(原文如此),举行了西伯利亚大铁路的奠基人亚历山大三世皇帝陛下纪念碑的揭幕仪式,会场人山人海,有侍从将军潘杰列耶夫和其他首长出席。好天气为仪式增辉添彩"。

纪念碑的作者 P. P. 巴赫创造了非常有意思的、复杂的历史建筑构图。在红褐色芬兰抛光花岗岩台座的四个拐角处是巨大的石头盾牌,上面的浅浮雕图案是伊尔库茨克、叶尼赛省、雅库茨克州和伊西伯利亚王国的徽章。伊尔库茨克省的徽章形状是口叼紫貂的老虎——象征边疆区盛产貂皮。雕像底座的东面是向前展翅的双头鹰,鹰爪抓着一幅铁路开工的圣旨,亚历山大三世皇帝向帝位继承人、未来的俄国沙皇尼古拉二世晓谕:"亲王殿下,阁下从海外远游归来即该奉朕诏令于1891年5月19日赴符拉迪沃斯托克为朕既定的西伯利亚大铁路奠基。如今委任阁下为西伯利亚铁路委员会主席,委托阁下将俄罗斯东方的和平与教育事业圆满完成。至高无上的神会助阁下实现朕所眷注的事业,并促进西伯利亚的民众定居和工业发展。朕深信阁下不会辜负众望。诚心至嘱,爱你的亚历山大。"底座南、西、北三面的壁槽中设置了人物雕像——象征西伯利亚历史的三个阶段,即叶尔马克阶段、M. M. 斯佩兰斯基阶段和穆拉维约夫-阿穆尔斯基阶段。叶尔马克的形象体现西伯利亚归附俄罗斯的时代,M. M. 斯佩兰斯基——象征建立法治基础,H. H. 穆拉维约夫-阿穆尔斯基——意味着国家向东方推进。纪念碑顶部高耸着雕像——西伯利亚铁路建设的倡导者亚历山大三世的塑像。红褐色的花岗岩上刻着闪闪发亮的题词:"亚历山大三世纪念碑"和"感恩的西伯利亚"。亚历山大纪念碑的台座上还有三个浮雕。这是在西伯利亚历史上有卓越成就的三个人。亚历山大三世纪念碑在伊尔库茨克存在了不长的时间。由于时代的大变革它蒙受了巨大的灾难。1920年亚历山大三世的青铜像根据伊尔库茨克省革命军事委员会的决定,像废渣一样去掉了。台座上的青铜题词"亚历山大三世皇帝纪念碑"和"感恩的西伯利亚"也被砸掉了。沙皇的塑像被拆下来长期弃置在乡土博物馆的院子里。它后来的命运不得而知。塑像可能是为了新政权的需要回炉熔化了。据说，俄罗斯博物馆里亚历山大三世的塑像与伊尔库茨克的相似。也许这是 P. P. 巴赫制作的复制品。1964 年根据建筑师 B. П. 什马特科夫的设计，台座顶上装了一个角锥形旗杆。纪念碑的新称呼是：《西伯利亚先驱开拓者方尖碑》。

伊尔库茨克市杜马

语言大学后面可看到一座不起眼的灰色建筑，这里是市政府的办公地点。这可是座很有历史意义的建筑。

伊尔库茨克市杜马的楼房是 1880 年代建成的，设计师是 B. A. 拉苏申。原址上从前是座砖石建筑，后在 1879 年的火灾中焚毁（看来是利用了其保存下来的部分和基础）。1934 年楼房接高了两层，改变了正面的装饰，其外貌具有了构成主义的风格。现址上的砖石结构楼房在 18 世纪末就已存在。在 1829 年伊尔库茨克的平面图上，这里是 23 号和 24 号，"将军省长府"和"东西伯利亚军事供应总局"。楼房平面图上很有特点的 Γ 字形轮廓在 1843 年的城市平面图上还显而易见。1860 年代将军省长的官邸和军事供应总局搬迁到安加拉河滨河路上的楼房。1868 年伊尔库茨克平面图上，市杜马的地址上表明的是 22 号《东西伯利亚省军区司令部和地形测量处》。从 1885 年开始，伊尔库茨克的平面图上此处是市杜马和市参议院。

伊尔库茨克市杜马成立于 1787 年。其成员是 10 个商人议员和市长——第一基特尔的商人米哈伊尔·西比利亚科夫。1872 年伊尔库茨克市杜马在 1870 年的基础上改组，等级制的杜马被无等级差别的杜马代替，其成员是根据财产条件从富裕阶层中选出的，任期 4 年。那个时期亚历山大·米哈伊洛维奇·西比利亚科夫积极从事社会活动，担任杜马议员。杜马于 1918 年 5 月 2 日被封，1918 年 8 月恢复，而苏维埃政权在西伯利亚恢复后它于 1920 年被解散。

1934 年楼房加盖了两层，但一二层保留了原来的装饰。1936 年改建完工，但柱形装饰被废弃，正面形成构成主义风格。楼房位于市中心基洛夫广场,正面朝东,面向过去齐赫文斯基广场的街心公园。它的南面是俄联邦中央银行伊尔库茨克分行的建筑物(1930年代,建筑师为 B. 沃尔科夫),北面是著名的俄罗斯不善经营纪念碑"长腿的房屋"(1978 年启用,建筑师是 Л. 帕夫洛夫)。它后面是 1950 年代盖的住宅区。改建之前建筑物是四坡面屋顶的二层砖石结构的楼房,中间部分为圆屋顶,正面有三处凸轩,两个在拐角处一个在中间,中间下面是有四根圆柱支撑的门廊,二层上面有个阳台。正面一层用粗面石装饰,二层饰有凸轩构成的假门廊;二层的窗户上面是半圆形的拱顶石。现在楼房为四层,正面的装饰风格为 1930 年代的构成主义,仍然突出三根凸轩。由于多次改建,内部设计已失去了条理性。第一层用一些横梁和一条纵向墙分割成许多房间,其他层没有纵向基墙。每一层的走廊都是用间壁隔出来的。背面接出来的建筑物中是三段式楼梯。

养老院

1791 年的伊尔库茨克年表上记录着:"本年夏天伊尔库茨克商人梅利尼科夫的砖石结构房子竣工了。"从此这所房子有了自己的历史。

梅利尼科夫是伊尔库茨克第三个建了砖石结构房子的人。约 1840 年,该房被特拉佩兹尼科夫和瓦西里·梅德韦德尼科夫兄弟俩买走,"并交给伊尔库茨克市协会管理,为的是将他们的房子租给 19 个尉官和校官以代替实物贡赋;但这一目的根本没有达到。"但房子结实,看起来相当好,因此先是财政厅,后是省政府占据于此。

1872 年这所房子卖给了米哈伊尔·西比利亚科夫,他是伊尔库茨克最老的商人家庭古老传统的继承人。房子买来专门为了开办养老院——作为老人和残疾人(达 150 人)的栖身之地。1873 年,里面又设了以米哈伊尔·克洛普斯基名义的家庭教堂。

1879 年西比利亚科夫养老院在一场空前而可怕的大火中焚毁,大火还吞噬了 105 所砖石结构的房子和 3418 所木头房子。梅利尼科夫街和斯帕斯—柳杰兰斯科街(现在的苏里克夫街)是继广场之后第一批被烧毁的。

养老院的修复是西比利亚科夫的儿子们办的,他们是亚历山大、因诺肯季和康斯坦丁。年表上写的是"1881 年在原址上又建了一座二层砖石结构的养老院"。该房顶用的巨大的方木取自贝加尔湖的原始森林:没有再比这近的地方了。巨大的花费没有难住西比利亚科夫兄弟，要知道当时亚历山大还在资助 Н. А. 诺登舍尔德、А. В. 格里戈里耶夫和 А. Э. 布列姆的科学考察，西伯利亚历史著作的出版；1880 年他还亲自试图乘纵帆船渡喀拉海。

伊尔库茨克毕竟是非常幸运的，它的百万富翁们认为自己有责任造福西伯利亚并认为这样做是自己的无上光荣。1883 年 9 月 18 日在二层右面最拐角上的房间里又设立了以米哈伊尔·克洛普斯基为名义的教堂。过去这里设的圣堂里还保存着残缺的砌墙清单。

1900 年养老院的院子里盖了一个小教堂。不知道它维持了多少年。1904 年在俄日战争时期顶层楼上设立了医院。养老院维持到 1920 年代，后改为几家人合住的宿舍。Л. Б. 克拉辛曾在这里流放，常常受到公开的监视；很长一段时间养老院的管理员就是他的父亲 Б. И. 克拉辛。列昂尼德·鲍里索维奇在这段时间（1894—1897）为修建西伯利亚大铁路当工程师。按理说，可以把这所房子称为西比利亚科夫的。

伊尔库茨克市剧院

卡尔·马克思大道上最引人注目的就是富丽堂皇的剧院。

伊尔库茨克第一个最专业的木结构剧院是在 1851 年出现的。它大概就在现在的地址。当时剧院的开办人是约瑟夫·马尔科维奇。几年后这所建筑物焚毁了。从 1864 年到 1872 年剧院由生意人 И. О. 克劳泽在齐赫文广场开办。它很快又被焚毁。在大道与特罗伊茨街的拐弯处修建了最后一座木结构剧院，它的捐助人是"商绅巴扎诺夫、涅姆钦诺夫和荣誉公民西比利亚科夫"，它存在了很长时间（1873—1890），但还是像它的前辈一样被焚了。当 1890 年焚毁第三个木建筑剧院后，决定修一座砖石建筑，设计图纸要向著名建筑师订。剧院设计的招标会选中了彼得堡建筑协会。按招标结果，一等奖归属 В. А. 施雷德尔教授。

维克多·亚历山德罗维奇·施雷德尔（1839—1901）是一位不平凡的人物，著名的彼得堡建筑师，是众多建筑的作者，彼得堡建筑协会的组织者之一，建筑学校的教师。同时代人将他与文艺复兴时代的大师相提并论。

"1897 年 8 月 30 日中午 1 点举行了'圣化'仪式和伊尔库茨克剧院的揭幕式，出席大会的有边疆区首脑（А. Д. 戈列梅金）、省长（И. П. 莫勒里乌斯）、市长(В. П. 苏卡乔夫)和其他官员及许多观众。祈祷是在大休息室由哈尔蓝皮耶夫教堂的全体教士做的,给建筑洒了圣水……"

伊尔库茨克终于有了真正的剧院和自己的建筑,这足以让当时的许多省城羡慕。

结语

西比利亚科夫家族走过了将近 200 年的漫长道路,经历了历史条件形成的各种变化:资本主义的发展、文化价值的增长和教育水平的提高。这个家族的代表人物从蒙昧主义和恣意妄为走向了文明的世界主义和超凡脱俗的精神世界。他们的活动对于伊尔库茨克的意义表现在许多方面:建筑房屋、创办慈善机构和寺庙、从整个西伯利亚将资本吸引过来,对于地区和整个俄罗斯来说——在完善国家的重大制度方面、发展采矿工业和西伯利亚的交通运输、建设工厂等,对民间外交、发展俄国与其他国家的关系、教育事业、提高俄罗斯的社会思想等方面都作出了巨大贡献。

无疑,西比利亚科夫家族的历史中还有很多未解之谜,这还需要将来的研究者努力去发掘。

《蒙古及蒙古人》中的晋商资料辑译

1893 年

3月3日　星期三

  9点35分我们到了第一座这样的村子,当地汉人称其为头道营子。这"营子"二字好像给人以军人居住区的印象,但实际上这里和军事有关的东西一点也没有。这种村子里住的都是老实敦厚的农民,他们恐怕从来也没有当过兵,打过仗。10点20分我们又遇到一座这样的村子,叫二道营子。再过半小时,我们来到了店子村,并在这里歇脚。店子村的居民和前面说到的那两个"营子"的居民一样,也都是外来户。据当地居民说,他们都是在嘉庆年间从太原府的忻州来到这里的。

(第二章　从张家口到呼和浩特)

3月4日　星期四

  张皋是个小市镇,位于回子河畔,不过三百户人家,由一位巡检治理。被派来担任巡检这种职务的都是帽顶上缀着白珠子或甚至铜珠子的小官;但张皋对边区来说却有着突出的意义,因为它是边区粮食贸易的中心。这一带地区的居民全是农民,他们售出的粮食都集中到张皋,然后再运往宣化府、大同府,尤其是张家口。张家口的商人经常到张皋来收购谷物,而付款时,为了避免风险,通常都是用汇总的办法。因此在张皋竟有三四家与上述三个城市有往来的银号。此外还有一些当铺,它们都是专为穷人开设的,但它们生财有道,竟比银号赚的钱要多得多。乘车往归化城和山西去的旅客须在张皋更换大车的车轴。因为从张皋往西去的道路上,不知何故,车辙要比往东去的路上宽。这样,从东边来的大车就得把轮距窄的车轴换成宽的;反之,从西边来的大车则须把宽的车轴换成窄的。从张皋到归化城有两条路可走,一条路通往蒙古,到察哈尔正黄旗游牧区的察罕鄂博;另一条路在南边,沿途是汉人居住区,经过隆盛庄和丰镇。

(第二章 从张家口到呼和浩特)

3月5日 星期五

在张家口和归化城之间的整个地区,甚至直到北方的蒙古,丰镇所谓的"老倌"之多是很出名的。("老倌"即车老倌,当地人又叫"走草地的"。——译者)"老倌"就是山西人开的一种专门用牛车给人拉货的商行里赶车的人。从这方面说来,丰镇与俄国也是有关系的,因为俄国每年至少有一万二千箱茶叶是由"老倌"从张家口运到库伦去的。根据我收集的材料来看,"老倌"的情况是这样的:现在专门从事运茶的主要有十家商行,其中最可靠的要数:1.复合成——有三百辆大车;2.福兴永——三百辆大车;3.复元店——三百辆大车;4.广盛店——也是三百辆大车;其余的商行则是:5.崇和合,6.天合胜,7.天泰永,8.崇和泰,9.恒庆店及10.复合永——它们每家各有一百五十辆大车。因此所有的老倌目前在丰镇就有大车二千一百辆左右,而且全都是运茶的。大车的数量如此整齐划一,乍一看来是很奇怪的。原来,中国人按照历来的规矩,给他们的每个代理人一律是一百五十头牛和同样数量的大车;因此一家商行有几个办茶叶的代理人,它就有几个一百五十辆的大车。这些代理人出行蒙古时乘坐的车子都有帐幕,亦即"麦罕"("麦罕",蒙语,意即"帐篷"。据向当地汉人调查,他们把这样的一顶帐篷又叫做"一顶房子",每顶"房子"里一般住十二人,负责一百五十俩牛车的运输。——译者),蒙古人看得习惯了,就把这些概念混淆起来:他们说某某商行来了一个"麦罕",意思就是说来了一个代理人。这种混淆竟得到了如此的公认,使"麦罕"一词居然成了商业上的术语,连订立合同的法律用语也使用这个词了。向某商行租一个"麦罕",就是雇一百五十辆牛车的意思。毫无疑问,上面提到的每一家商行本来都可以派出两倍或三倍于此的大车,人们也本可找一些不属于这些商行的老倌。但中国人如果说某家商行可以提供一个或两个"麦罕",这就是说,这家商行不仅能运送一定数量的茶叶,而且也能负责运到目的地。因此,如果说复合成商行可以派出两个"麦罕",即三百辆大车,去运送一千二百箱茶叶,它有力量保证这些茶叶完好无损地运到;如果茶叶的数量短缺或完全变质,它有力量照价赔偿。从张家口承运茶叶到库伦的丰镇老倌,回来时总是在库伦采办建筑用的木材或木制品运到丰镇。因此他们为运茶叶而索取的运费在一定程度上取决于在蒙古和内地的木材价格。中国人在雇老倌运送茶叶时,必然要考虑到这些价格。如果库伦的木材便宜,他们付的茶叶运费就低;老倌们也同意这样低的价钱,因为他们在运送茶叶方面受到的损失可以在购买木材时找补回来。如果茶叶的运费低,而木材的价格高,丰镇的老倌们就不去库伦,而是运天然碱到张家口去,或是自己到苏尼特右旗牧区的鄂连诺尔(汉人称之为二连诺尔)湖去买盐。他们一般都是在每年六月从丰镇装上蒙古人所需要的粮食、茶叶和布匹,运到苏尼特人那里去换盐;如果用钱来计算,每斗盐的价格不超过七十文。他们把盐运到丰镇之后卖给专门的盐商。在丰镇,专门做盐业生意的商行共有六七家,但它们的贸易额并不很大,每年收进的盐约有两千大车,共合一百二十万斤左右。丰镇的食盐售价为六百文一斗,每斗合四十斤,因此这里盐业的总贸易额不超过二十五万银卢布。

除了食盐贸易和货物运输外,丰镇还从蒙古收购羊毛、皮张和熟羊皮,转销大同府、天津及中国其他地方。不过这一项贸易对于此地的商人可说只是副业,特别是近几年他们与蒙古的贸易往来明显减少的情况下更是如此。至于与蒙古贸易往来减少的主要原因,那就是山西省的连年歉收。由于歉收,丰镇商人经营的最主要商品之一——粮食——就不可能再运到蒙古去了。

(第二章　从张家口到呼和浩特)

3月7日　星期日

7点钟出发。岱海滩谷地被蒙古人叫做岱根塔拉,不久以前还是察哈尔人的游牧区。大约在十年前,汉人见这些土地适于种粮食,就请求政府取消这里察哈尔人的牧场,并允许把它们开垦出来。这一请求得到北京的批准之后,许多从山西忻州迁来的汉人就在这里住了下来。最先迁来的人正是在我们过夜的那个村子里落户的,这不过是七八年前的事。他们以每亩地仅九百文的价格向丰镇的衙门买下了这些地。

(第二章　从张家口到呼和浩特)

5点55分,我们来到一座相当大,但却很残破的村庄,叫大村。大村的居民原来也是从忻州迁来的。他们告诉我们说,忻州是一片平原,大部分土地都很肥沃,但他们穷得根本买不起一点土地,只得远走他乡。总的说来,在忻州平原,农业的收益非常大,因此那里一年两熟的水浇地每亩卖到七十两银子;而那些收成全看雨水大小、一年最多收获一次的黄土旱地,每亩只能卖十两银子。水浇地几乎全都种蔬菜和大烟,收益很大。烟土每两卖五百四十文,不向任何地方输出,因为生产的数量只能勉强满足当地的需要。我们和大村的一个农民一路走,一路谈了如上一些话。

(第二章 从张家口到呼和浩特)

到1870年,山西的生活及各方面都开始繁荣起来时,破产的汉人首先就要求归还旧债。这样一来,各寺召的全部租金收入就都转到汉人银号业主的手中去了。

(第三章 归化城)

……近年来归化城总的说来变穷了。它的贸易额,尤其是近十年来,至少减少了百分之二十五,甚至是百分之三十。中国人自己都说,它已经变得面目全非了:商品变了,呼和浩特的商品出入的路线变了,商品的价格变了,经商的人变了,几乎一切都变了样。而归化城之所以具有特别重要的意义,从来就并非由于本地的贸易,而是由于这个城市对中国及其塞外的各个领地进行贸易的所有商品来说,是个极为重要的转运站和存放货物的地方,关于这一点,我想就无须在此多说了。

呼和浩特的商业中,自古以来最主要的项目就是茶叶,而茶叶之中又以砖茶,尤其是二十四块一箱的砖茶为主。这种茶叶几乎总是专门供给当地的汉族居民和土默特居民用的。奇怪的是,在归化城和归化城周围地区,除了这种二十四块一箱的砖茶,可以说从来就不饮用其他的茶叶;再富有的商人和人家也都不喝白毫茶和花茶,而只喝这种砖茶。由于这种风俗,或者说习惯,就在最多不过十年以前,这种砖茶在归化城的销售量竟达四万箱。可是去年这种茶运来的数量却连三万箱也不到了。销售量在逐渐减少。这无疑是由于连年歉收,居民贫困而造成的。在这十年之内,这种茶一箱的价格由十二两到十五两,甚至十六两,也就是提高了百分之二十五到百分之三十。

从前运到归化城,并再从这里主要运往古城的七十二块一箱的砖茶,现在根本就不往这里运,而被另一种茶叶所代替,这就是一百一十块一箱,重为一百二十斤的纯茶。这种茶叶的价格是十六两五钱,而前一种茶叶的价格却最多只不过九两。在对比这两种茶叶的价格时,应当指出,就连这后一种茶叶的价格也提高了,其结果自然就是需求的减少。

木墩茶(尤其是与贡尖茶同属一个品种的"千两"茶)的输入也同样减少了。(注:即被压制成木墩状的茶,分一百两装和一千两装的两种,以百两装的又叫"百两"茶,以千两装的又叫"千两"茶。——译者)因为这几种只有新疆地区需要的茶以前都是从归化城运往新疆地区各城市的,而现在它们已没有出口的地区了。据说早在十九世纪七十年代末,著名的总督左宗棠为了整顿他所管辖的、已遭东干人破坏的新疆地区,并使其富裕起来,曾向政府提出请求,要把运往西部地区的商品,尤其是茶叶,不经过归化城,而经过甘肃省运往西部。他显然是想用这种办法使他管辖的地区得到更多的收入,并发展那里的工业。结果政府就明令禁止把茶叶通过归化城运往哈密和喀什噶尔地区。从那时起,这些地区所需要的茶叶就只能走兰州。至于在这种条件下古城却又是怎样仍留在归化城的运输区内的,我未能弄清楚。一种叫做"百两"的木墩茶在归化城的输入量看来也保持了下来,不过实际上这几乎没有什么意义,因为这种茶的输入量始终也没有超过一千五百箱。

据当地汉族商人说,白毫茶的运输路线可说是已完全不再经过归化城了。这类茶可分为各种红茶和绿茶,以前从归化城运出的数量达三万到三万五千箱,不但满足新疆南疆和伊犁地区的需要,而且主要是满足俄国境内的维尔年斯克、塔什干、塞米巴拉金斯克、鄂木斯克、甚至托木斯克省等各地区的需要;所有这些地方都充满了从归化城运来的白毫茶。可是,从 1886 年起,由于俄国人自己也开始向这些地区运销茶叶,中国商人因俄国人的竞争而在这些茶叶的贸易上年年赔本。现在归化城人人都知道俄国西西伯利亚最大的茶商莫勒恰诺夫的名字,据说他的营业使归化城好几十家商人破了产。

这样一来,归化城所运输和经理的只剩下一种三十九块一箱、主要是运往蒙古,尤其是乌里雅苏台地区的砖茶。这种茶叶的输入量也许还比以前增加了——现在运到归化城的这种砖茶也达到了三万箱。然而就是这样,茶商的盈利也不及从前,因为茶叶的价格没有变,而运费和雇工的工钱却大大地提高了。

现在,呼和浩特销售和运出的棉布及纺织品几乎全是外国货,近年来价格也有所上涨。把现在的价格和我国商人 И. М. 沃洛萨托夫在归化城所搜集的 1885 年价格资料对比一下是很有意思的。

		1885 年	1893 年
花旗人头粗洋布	匹	约 3 两 20 分	3 两 60 分
杂牌粗洋布	匹	约 3 两	3 两 20 分
花旗飞龙斜纹布	匹	约 3 两 30 分	3 两 40 分
杂牌斜纹布	匹	约 2 两 90 分	3 两 10 分
细洋布	重 6.5 斤一匹	约 1 两 80 分	2 两 20 分
杂牌细洋布	重 5.5 斤一匹	约 1 两 50 分	1 两 80 分
白洋标布	宽 29 寸一匹	约 1 两 70 分	2 两 10 分
白洋标布	宽 26 寸一匹	约 1 两 40 分	1 两 90 分
象城羽毛(红色的)	匹	约 12 两 50 分	15 两
象城羽毛	匹	约 12 两	13 两
太和羽绫(黑色的)	匹	约 11 两	16 两
虎牌哗叽	匹	约 5 两 60 分	7 两

红毛细斜纹布和红毛粗布已经过时,现在已不运到归化城来。要想准确地说出上述各种商品的输入量是不可能的,因为这些数字一定十分庞大。正如前面已经说过的,现在归化城出售的布匹全都是外国货;中国生产的只有丝织品,棉布只有大布一种。尽管如此,运到归化城的外国布匹还是减少了,因为和茶叶一样,运往中国新疆的外国布匹也找到了取道兰州的新途径。

绝大多数的麻布和棉布运到呼和浩特时都是没有染过的白坯,到这里以后才染色,多半是染成蓝色、红色和褐色。因此呼和浩特有不少染坊,不过营业额大的只有三家。

中国与其塞外领地进行贸易的茶叶和布匹这两种基本商品,主要是由蒙古的骆驼来运输;但除此之外,呼和浩特也有人专门从事这些商品的运输。现在在呼和浩特自行畜养骆驼从事运输的,既有合伙经营的商行,又有独资的商人。根据我搜集的资料,此地从事这一行业的主要有十二家,他们使用的骆驼数字如下:

双兴德	700 峰骆驼
天兴恒	300 峰骆驼
徐 德	240 峰骆驼

续表

徐　财	300峰骆驼
丁　宽	200峰骆驼
王茂华	200峰骆驼
邵　宗	200峰骆驼
陈万银	90峰骆驼
化　柱	100峰骆驼
富盛永	100峰骆驼
元德魁	500峰骆驼
天聚德	400峰骆驼

（第三章　归化城）

这些商号中的前十家专去蒙古和新疆各地，甚至去张家口把销往俄国的茶叶运往库伦；而后两家则专派自己的骆驼队走归化城到古城一线。可是，从归化城运往蒙古的茶叶和商品很少，因此天聚德商号去年也改变了自己的常规，把骆驼队派到张家口给俄国人运茶叶去了。除这几家大商号外，在归化城大概还可以找到上百家有三四十峰骆驼从事运输的商号。归化城仅汉人可供出租的骆驼总数就有七千至七千五百峰，可运输货物十万普特。正如我们指出的那样，这些骆驼来往于蒙古各地，但是，他们经常去的地方还是乌里雅苏台、科布多和古城。这当然是由于呼和浩特商人活动的主要区域是在蒙古西部，因而从事运输的呼和浩特人也就能够承包上述路线的运输业务，并且完全可以同熟悉的和经常见面的这些客户在本地结算账目。

但是应当指出，呼和浩特运输商在本地能够承接到的运输业务一年比一年少了。虽然这里有好几十家商人需要把自己的货物往北运到蒙古去，因为他们在那里有店铺，专以同蒙古人做生意为生；但是其中有钱的商号全都是自己畜养骆驼，而不太富裕的商号又宁愿雇用蒙古人，因为蒙古人运货比较快，能够承运较重的驮物，而且运费虽不比汉人的便宜，却可部分用货物支付，而同汉人驼商结算却只能用白银。

呼和浩特在蒙古经商的最主要商号有下面几家：

1. 大盛魁。关于这个商号的材料，在乌里雅苏台和科布多两章里我们已谈到过，这里只指出一点：这家商号单是同蒙古的贸易额就不下九百万两或一千万两白银。为了运输货物，该店有一千五百峰自备的骆驼经常往来于归化城与乌里雅苏台之间。

2. 元盛德。在叙述科布多时我同样也谈到过它。据说它在蒙古和内地的贸易额近八百万两。这家商号经常往来于归化城和乌里雅苏台之间的骆驼就有九百峰左右。

3. 天义德。一年贸易额也近七百万两,同样也有九百峰骆驼运输货物。

4. 义和敦。内地、蒙古和新疆的年贸易额为五六百万两。为自己运输贸易货物的骆驼总数近七百峰。

归化城商人在蒙古拥有殷实的商号者还有:5. 永德魁;6. 一善堂;7. 三合元;8. 庆中长;9. 天裕德;10. 大庆昌和 11. 元升永。不过这些商号每家的年贸易额都不超过十万到二十五万两白银。除第一家永德魁和最后一家元升永是向呼和浩特当地的驼商或向过路的蒙古人租用骆驼运输货物外,其余每家商号自己都有一百五十到二百峰骆驼运货;每年只在冬天向蒙古运送一次。这里应该指出,几乎所有上述商号在呼和浩特本地经营的商业与它们在蒙古经营的商业都是完全不一样的。他们开在蒙古的店铺里货品繁多,应有尽有,如茶叶、绸缎、布匹、皮货、铁器,还有木器和其他货物;在呼和浩特,他们的经营项目却极其单一。例如,永德魁商号在呼和浩特仅经营鞋业,并附设有皮靴作坊,经常有四十至六十名鞋匠在里边做工;一善堂经营的是瓷器和器皿;庆中长是药房,等等。

归化城商人用输出的商品从蒙古换回的首先是骆驼、马、牛和羊,这些牲畜都在呼和浩特卖出。向他们购买骆驼的是专门从事运输的中国内地和长城以外的一些商号;马匹被运往长城以南,直到上海和广东;牛的数量不大,几乎全部供呼和浩特本地需要;在来自蒙古的牲畜中占大多数的羊则供北京、河南、山西及其他各地的需要。我指出这几个地方,是因为这些地方在呼和浩特设有专门的代办处,它们受委托代办收购羊,并把它们运送到指定地点。这些办事处在归化城叫做"贩子",其中最富有的是北京的贩子,他们的商号是夏盛和、夏和义、天和德及三和成。单是这几家商号从归化城赶走的羊就不下五十万头。牲畜并不直接赶进呼和浩特城内。在蒙古做买卖的内地商人把换来的牲畜赶来以后,就把它们留在离呼和浩特城五十俄里以外的蒙古草原上,并通知一家贩子。贩子就派伙计去讲价钱。这里应当指出,购买牲畜只能用纹银支付。但是,近十几年以来,呼和浩特的牲畜交易已比过去减少了一半以上。这是因为不仅在购买牲畜方面,而且在购买蒙古的各种原料方面,归化城的作用都已让位于包头和克克伊尔根。目前,来自蒙古的牲畜和原料主要是运往后两个地方。现在呼和浩特之所以参与这类贸易,只是因为这里有许多家银号,支付货款比较方便。换句话说,现在原料是在包头或克克伊尔根买卖,而货款则在归化结算。除了赶往内地的牲畜外,归化城本身每年购买和消费的羊不下二十万只,牛近四万头。

从呼和浩特所消费的牛羊身上剥下的皮几乎不往外运,而是就地在城北和城西皮革厂加工。据说,这种大小作坊共有约三十五家,可是我只参观了三家。所有这些工厂的鞣革槽都是在地面挖坑,用砖砌成的。皮上的毛用石灰去除,而不是用灰烬去除;为了使皮子柔软,在鞣制时放少量的面粉和碱(完全不用鞣料),然后把皮革放一段时间,等到碱从皮革里渗出来以后,皮革就变白了。呼和浩特制作的皮革只有白色和棕褐色,这里根本看不到其他颜色的皮革。

制革时去除的毛在呼和浩特加工成各种产品。例如,用牛毛——有时也掺一些驼毛和羊毛下脚料——制作马衣用的毛毡。它们通常分为三等,其中最差的一种毡子织得相当稀松,宽为一尺一寸;二等毡子叫十样锦,因为这种毡子毡面上有十种不同的颜色,织得也结实得多,宽为一尺三寸;最后一种是头等毡子,织得就更密了,宽也是一尺三寸,全都染成一色的深棕色,它的名称叫金相玉。呼和浩特这种做马衣用的毛毡制造业可以说是一种家庭手工业,虽然家数不多。今年最多只剩下二三十家了,每家有四个、八个,甚至十个帮工。织工把织好的单幅毛毡整幅地出售给专门卖马衣的店铺,这些店铺又把毛毡裁成几段,再把它们缝成三幅宽的马衣。在上述几种毛毡中,最差的那一种用来缝制成五尺长的马衣,主要是运往张家口;在那里无论是俄国人或中国人运往恰克图的茶叶,都是用这种马衣包装的。这种马衣每条的价钱通常为六百呼和浩特兆苏左右,约合白银二钱三分,相当于我国的五十银戈比;二等马衣做成各种尺寸,供呼和浩特本地的商业和家庭之需;一等马衣裁成六尺长,缝成三幅宽,主要是卖给中国人包装运往西北蒙古和新疆等地的货物。这种马衣的价钱为五钱银子,或大约一千五百呼和浩特兆苏。一等马衣生产的很少,每年的出售量不超过一千条。这种马衣在张家口包装茶叶完全不适合。因为缝成两幅的不够包茶叶箱,而缝成三幅的又嫌太大。呼和浩特的一等毛毡相当结实,它其实是很适合我国商人用的,可是中国人硬是不肯改变他们织毡子所习惯的宽度。

呼和浩特出售马衣的铺子主要有四家:1. 乂兴魁,年销售量约九千条;2.

德盛长,销售量约三千条;3.永盛长,年销售量约二千条;4.永长成,销售量也是二千条左右。这四家铺子中,前三家和张家口做生意,最后一家只在呼和浩特做生意。在同这些马衣商人谈话中,我又进一步得知,在现实条件下,呼和浩特是很难制出更多的马衣了。因为一方面毛不足,另一方面制作这种产品的匠人近年来已大大减少。六七年以前,由于生活费用暴涨,工匠就少收徒弟。这样一来,学会这门手艺的新手就少了,而老匠人中有的已经死去,有的则因为年老或有病也不能干活了。

与牲畜输入减少的同时,归化城从蒙古获得的其他种类的原料也减少了,因为它们同样也有了更有利的销售地点——包头和克克伊尔根。这些商品的价格近年来也上涨了许多,例如:

1. 现在驼毛在呼和浩特的出售量不超过一万斤。每一百斤的价钱是六两至七两半。

2. 羊毛的输入量同驼毛接近。每一百斤是四两五钱至七两。

3. 从前运到呼和浩特的山羊绒毛,现在几乎全部运往包头销售。价钱是每一百斤十一两。

4. 熟绵羊皮每张售价为九百文归化钱,也就是将近三钱四分银子。

5. 熟山羊皮今年的价格是每张一千三百文,约合四钱八分白银。由于通过上海出口需要的增加,这种羊皮在呼和浩特的价格和输入量都提高了。

6. 牛皮价钱每张四千文,约合一两五钱银子。

7. 羊羔皮平均每张值三钱二分。

8. 马尾价钱每一千斤为三百到四百两;零售价钱每一百斤至少是四十五两。

我们在呼和浩特时,牲畜的价钱是:骆驼——二十两到三十两;普通马——七两到九两;公牛约八两;母牛——六两到七两;羊——一两到一两三钱。一般说来,除骆驼以外,牲畜最便宜的时候是在九月和十月,也就是蒙古的牲口贩子在蒙古收购了牲畜赶往中国内地出卖的时候。

至于一般蒙古人则全年都有牲畜赶到归化城,只是平时赶来的牲畜数量很少而已。大批的牲畜主要是来自土谢图汗部的戈壁土谢公旗和墨尔根王旗,其次是由四子王旗和阿拉善王旗的内蒙古人赶来的。

北部蒙古人从库伦运往呼和浩特的各种木材中,主要是锯成方木和板子的松木。但是,把这种木材运往这里的还是以当地专门经营木材的商人居多,他们都特地去喀尔喀采购这种木材。这里木材的价钱完全取决于方木的粗细,因为它的长度都一律是六尺长,约合三俄尺。在库伦,方木的价钱,每寸厚约值十八沙拉采("沙拉采"为北喀尔喀货币单位,约两个戈比。——译者),约合三十六个银戈比;在呼和浩特,八寸厚的方木每寸价值三百六十兆苏,若按现今的行价折算,则合我国的货币五十六个银戈比。

三音诺颜部的蒙古人往呼和浩特运送的主要是油脂、皮和毛,到货当然是零星的、小批的。但是应当指出,现在他们已很少把货物一直运到呼和浩特,而是少走四十五俄里路,在克克伊尔根就出售了。这个小城是个非常繁荣的地方,汉人在这里做各种小生意,把面粉、糜子、茶叶、麻布、皮货等商品卖给蒙古人。

虽然我不止一次地说到近年来呼和浩特的衰落,但是读者还是应该看到,这是一个聚集着不少巨贾富商的地方,他们在这里做着百万巨额的生意,总共卖出十万多箱茶叶、将近一百万匹布及其他物品。这一切可能会使读者以为呼和浩特有很阔气的铺子和陈设得很好的商店,等等。然而,这完全是错误的。做批发生意的商人和商号在呼和浩特根本就没有店铺,而只有账房和库房。因此,它们朝街那一面除了用泥和草砌成的围墙和两扇通到院内的大门外,什么也没有。院子里通常三面都是住房和客房。在归化城开设的店铺只做些零售小买卖,并且不管是在主要街道上还是在次要街道上,这些店铺看起来都是相当寒伧。归化城最好的街道要算是南大街了,它的北端抵达归化城的城堡,南端一是做小买卖,在其中任何一家也不会买到一整匹呢子,有的店铺里就连一整匹搭裢布也买不到。这是因为,这些铺子都是对市民做生意,而市民们一方面手头总是有着自己所需要的一切,另一方面也可能根本就没有买整匹布的习惯。他们更多的是买些诸如从天津和北京运来的斜纹布和毛料之类的东西,一次买半匹,或者买直接剪下做长袍、皮袄和其他衣服用的零布头。像这样的零布头出售的多半都是曲绸、洋绉和其他丝绸。我在此停留时的价格如下:

搭连布	长袍料	八钱
大布	长袍料	五钱至七钱
土布	长袍料	四钱五分至五钱
曲绸	长袍料	一两七钱五分至二两五钱
洋绉	长袍料	约四两
宁绸	长袍料	八两至九两

整箱的砖茶在任何一家店铺,甚至整个呼和浩特也买不到;不过好茶却可以成俄磅地买到,价格是五钱到五钱五分一斤。

在呼和浩特的店铺里,中国产的奢侈品不太多。从欧洲来的商品中最常见的是:座钟、灯、自动玩具、一些小盒子和在我国属于妇女梳妆用品的梳妆盒。在中国货中可以看到瓷花瓶,但是没有见到有珐琅花瓶,其次是镜子、瓷花、玻璃画和将这种画嵌在黑木中的托盘。其中无论是装饰房间的画,还是绘在托盘上的画,有许多是极不雅观和下流得难以形容的。然而这些画都公然陈列着,过路人和买主一点也不因此感到害臊。鞋类、皮制品,以及木器、铁器、铜器和银器,还有药材和器皿,通常都是由专门的店铺出售,而且这些店铺几乎总是和制造这些物品的作坊相连。大部分店铺都是一间门面,两间门面的较少,而三间门面的在全呼和浩特也找不到十家。在两俄丈宽的主要街道大南街上是这样的店铺;在更窄的席力图街和朋苏克街上也是这样的店铺;而其他街道上的店铺就更穷更脏了。

大南街北端通向呼和浩特城堡,也就是叫做旧城的地方。这个城堡极小,据中国人的计算,它的周围只有三里,约八百俄丈。

为了能够很方便和切实地了解这座城市的官衙所在地,以及呼和浩特所有其他的政府机关和公共机关,我进城的第一天晚上就向当地的道台("道台"又称"道员",清朝省以下府、州以上的高级行政长官。——译者)投送了名片,并去访晤了二府("二府",明清时对府同知的别称。——译者)和两位土默特的噶兰达("噶兰达",满语,即"翼长"。——译者)——直接负责管理土默特人的最高官员。我很希望从后面这两位官员那里得到我所需要的各种资料,于是就和他们接近,几次同他们交换礼物,送给他们表、望远镜和长袍等。……

(第三章 归化城)

……

……城堡里面是归化城和归化地区最主要的一些民政管理机构。这里有道台衙门、二府衙门、十二个土默特噶兰达的衙署和关税总署。关税总署的专门办事处或分署大多设在商业区。它的征税分署有:1.征收食盐和鸦片输入税的;2.征收木材输入税的;3.征收马匹和其他牲畜输入税的;4.征收茶叶输入和输出税的;5.征收纺织品税的;6.征收蒙古生产的半成品税的,等等。

(第三章 归化城)

在城堡北边,紧靠着城墙有一个出售各种日常生活必需品的市场。这里出售的有:

羊肉(去骨)	每斤	60文
猪肉	每斤	120文
生鸡	每只	150文
鸡蛋	10个	50文
下等面粉	每斤	25文
上等面粉	每斤	35文
小米	每斤	30文
马铃薯	每斤	12文
葱	每斤	20文
劈材(一小捆树枝,重1.75俄磅)	每斤	90文
煤	每斤	30文
干草	(每捆重1.5斤)	8—25文
莜麦秸	(每捆重1.5斤)	6—12文

这些价格都须用"满钱",即十足分量的铜钱支付,一千三百八十文合一两白银,五文约合我国一戈比。这个食品市场是呼和浩特所有乞丐聚集的地方,不论什么时候都能看到这里有好几百个乞丐。从外表看,他们同北京的乞丐没有什么区别,只是比北京的乞丐可能更脏、更褴褛罢了。如果仔细观察他们,就能很容易地把他们分为两类:一类极穷,肥腿裤子和上衣打满了补钉。可以看得出,他们是全家(夫妻二人带着孩子)一起出来流浪的。使他们沦落到如此地步的是饥饿和近来连年的歉收。他们在农村实在走投无路,只好背井离乡,来到工业发达、人口稠密的地方设法挣钱糊口或是靠乞讨为生。另一类是心甘情愿的职业乞丐。他们大部分人光着身子,或者用些破布、破毡片、烂羊皮和没人要的皮子裹在身上,用这些破烂的东西遮住身体,再用绳子缠在身上。这就是职业乞丐的外貌。

(第三章 归化城)

……当归化城对整个蒙古……西西伯利亚来说都是一个转运点的时候,它在贸易上是有着重要意义的。可是,我们已经看到,从19世纪70年代末期开始,它就已经失去这一意义,并开始逐渐趋于衰落。诚然,时运不佳的呼和浩特商人们直到现在还期望着:在他们的努力下,政府迟早会撤销禁止通过归化城往西部地区运输茶叶的命令,那时归化城将重新获得昔日的繁荣。可是,这种期望未必能实现。相反,中国政府铺设兰州铁路的意图是毋庸置疑的,而且这一意图可能很快就要实现。在这种情况下,看来更为符合实际的是:归化城的作用已经发挥完毕,现在要想抬高它的地位,除非等到有朝一日发生什么新的、完全意外的事件;而在这以前,俄国货物就只能沿上述铁路线运往中国内地,正如中国内地对塞外的贸易无疑将沿着这条铁路线发展一样。同样,认为将本应沿中国茶商开辟的道路从长江两岸运往中国内地去的俄国茶叶通过归化城转运可以获利,这种看法也是没有根据的,因为这条路不适用,关于这一点最好的证明就是如今中国人自己也不用这条路,而是改由水路把茶叶从汉口运往天津。这正是俄国人自古以来运送自己茶叶的那条路。而中国人从天津运往呼和浩特的茶叶则是经过保定府、易州、浑源州、大同府,然后经杀虎口或得胜口运出长城。至于归化城归属蒙古的问题,依我看来也同样是绝对不可能的。……这里早已建立起纯粹隶属中央的行政管理机构。这一机构的最高代表就是道台。这里整个地区都设有地方长官,他们全都从属于山西巡抚。在商业方面,中国在内地所收的各种关税,在呼和浩特也全都照样向汉人征收。汉人如要从归化城往蒙古运货物,也必须按规定税率缴纳国家关税。我曾故作不知地向一个中国官员试探:中国内地是怎样扩展到长城以外来的?他直截了当地回答我说,归化城及其周围地区本来就是中国内地的边境。"当然,我们不能把长城上的石头搬到这儿来",他说。"但是,自从在归化城规定了税收章程,它就成了中国的内地,成为和现在的张家口同样的城市了。因此在官方语言中,我们不仅用它在明朝时期的旧称'归化',或者用它的满语名称'库克和屯',而且还给了它一个新名称'西口'也就是(进入中国内地的)'西大门';就像我们把张家口叫做'东口',即'东大门'一样。"……

(第三章　归化城)

3月16日　星期二

在动身回张家口时,由于和在张家口时的同样原因,我从呼和浩特的车马大店里也是雇了两辆大车;不过只在呼和浩特一方面因车子更难找到,另一方面又因为我讲明一定要从北边那条经过蒙古游牧区的道路走,向我要的价钱更贵而已:每辆大车一万五千文,即二十两银子,合四十银卢布。需要说明的是,北边的这条路在归化城和张家口之间不仅应算做是最平坦的道路之一,而且甚至还是更常走的一条路,因为往返于这两座城市之间所有的骆驼或用牛载运货物的商队走的都是这条路。可是当我刚一说我想从这条路走时,车夫们立即就把价钱抬高了。他们说,这条路上的客店不好,在蒙古人那里又弄不到喂骡子的草料,而且道路更难走。总之,所有的情况都说明应该要的车费不是一万三千文,而是一万五千文,也就是贵了将近四个卢布。

(第四章 从归化城经张家口到承德府)

(美岱村)由于客店里的地方不够,我只好和一位汉族老头儿住在一个房间里。他是个专门贩卖鸦片的商人,刚去过周围几个县,向农民订购了明年收获的鸦片,现在正返回呼和浩特。据这位老人说,山西人染上吸鸦片的习惯最多不过是四十到四十五年前的事。而这里开始种植鸦片却只有二十五到三十年的历史。从那时以来,山西人无论是吸鸦片的还是种鸦片的都增加了很多。和我谈话的这位老人对此倒是十分不满。据他说,当地人种鸦片用的都是最好的地,而且对鸦片又需要像对果木那样细心管理。他说:"如果把这些土地和劳力都用来种小麦的话,那我们也不会挨饿了。"现在全山西消耗的鸦片几乎都是当地熬制的。只有有钱的人还是吸外国的或广东的鸦片,认为它们要比中国的好,而一般不太富裕的中国人却都认为印度鸦片(此处"印度鸦片"实指下文的"英国鸦片",因当时英国卖的鸦片都是在印度种植的。——译者)的质量不如他们自己熬制的好。这是由于广东商人把大量的中国烟土都仿制成英国鸦片拿到普通老百姓中去推销,而中国烟土经这一仿制,质量不仅没有提高,反倒降低了。

各地鸦片按其质量分以下几等:

1.印度或广东产品;2.甘肃产品;3.陕西产品;4.河南和山西产品;5.四川和贵州产品。

据这位老人说,全中国都一致认为甘肃和陕西产的鸦片最好,最次的是四川和贵州产。鸦片的价格也与此有相应的差别:四川产的最便宜,因此也是普通百姓吸用得较多的,每两售价约四百到五百文;湖北、河南和山西产的每两为六七百文;陕西产的每两为八百文;甘肃产的每两为九百到一千文;外国产的每两为八百到一千六百文。

以上是熬制好的鸦片的价格。此外,关于中国的北方几省特别需要说明的是,外国鸦片在这里的市场上几乎已完全绝迹,只有那些能买得起非仿制品的富人才仍旧吸用这种鸦片。外国鸦片输入锐减的原因,无疑是由于中国人增加了这种鸦片的仿制品,但另一方面,即使是真正的、上好的印度鸦片,在当地也碰到了危险的竞争者。

(第四章 从归化城经张家口到承德府)

4月20日

……(半平街)这里既有摇摇欲坠的房屋,里边住着卖烧饼的人,他们一天最多只有二钱银子的生意,并且就靠这点买卖来维持他们实在悲惨的生活。这里同时也有城里最大的店铺。据一般人的看法,这些店铺中资金最充足的是经营日用百货的"永聚隆"商号;而最大的店铺则是"金成永"商号,属于一家由山西商人合伙开办的商行。他们的主要活动在北京,在承德府开设的这家店铺只是北京总号的一个小小分店而已。金成永是承德府唯一出售成匹丝绸的店铺,只是丝绸的品种很少,并且比张家口至少要贵百分之二十。承德府丝绸商业的特点是在这里能买到本地产品,它们主要是用八沟附近的喀喇沁各旗的蒙古人所供应的丝和蚕茧在八沟纺织的。据我所了解,此地养蚕业历史和现状大致如下。喀喇沁各旗的养蚕业至少已有一百五十年的历史,它是山东来的移民传入的。最初,迁入东南蒙古的汉人发现当地的气候和土壤与山东几乎没有区别,从而认为这里也能够培植他们山东的那些植物品种。除了各种蔬菜、谷类和灌木之外,他们还移植了柞罗树,它属于柞树(Quercus obovata)的一种,人们最初把这种树种在塔子沟附近,现在这种柞罗树已生长在喀喇沁各旗的很多地区——有的长在高山地带,有的长在石子很少的旱地上。它的叶子有手掌大小,可以饲养山蚕。山东人决定在蒙古栽种这种树后,就把蚕种也带到这里来,开始从事养蚕。当地蒙古人向他们学会了这门行业,也养起蚕来了。他们从茧子抽出蚕丝,缫成生丝,卖给汉人。汉人则把蚕丝织成三种丝织品。第一种叫"搭裢绢",这是极粗糙的一种丝织品,我在热河买了一块,有二十五俄尺,花了一两九钱;第二种叫"茧绸"可裁两件长衫那样大的一块,价值四两二钱;第三种是最高级的,叫"绢缎",同上面一样大小的一块价值四两五钱。至于这些丝织品的质量,可以说它们都像是一种次等的曲绸,只是比曲绸粗糙得多。还应当指出,直到如今蒙古人的养蚕业还必须在汉人的指点下进行,并须从制出的加工品中拿出十分之一作为赋税,交给官府。承德第三个最富的商号是"魁义永",它也是山西人开的。这个商号有时也卖些丝织品,但主要还是做棉布生意。这两种商品主要通过两条道路运来:其一是用骆驼将土布经过牛栏山驮到这里,完全不用大车,其二是用船把这些商品沿着滦河运到承德府南五十里的下板城,然后也是用驮运的办法将它们从这里输送到目的地。

(第五章 承德府)

5月18日

……(多伦诺尔的衙门前面的空场)从这片空场向南有三条大街:马市街、牛市街和东盛街。马市街的街口是向到这里来贩卖牲口的人收税的税务署。与张家口所不同的是,这里每匹骆驼收税四百文,每匹马收税二百文,每头牛收税一百文,每只羊收税十文。马市街通到城市一半的地方为止,它本身又被两扇木栅大门分成了相等的两段。这条街上有五十来家小铺子,但主要的还是供商人或到多伦诺尔来买牲畜的人住宿的一些客店。

从二府衙门广场向南延伸的第二条街(牛市街)也和前一条街一样,被一道木栅大门分成两段。只是这条街被分成两段后街名也变了,大门南面的叫钟楼后街(又叫钟楼巷)。前一段街上有三十八家店铺,后一段街上有三十九家店铺。在钟楼后街靠近那道木栅大门的地方还有一个税务署,这是专向运进城来的毛皮收税的地方。收税标准是:马皮或牛皮每张缴税二十文,绵羊皮——二文,羊羔皮——一文,山羊皮——一文;兽皮中有规定标准的只有狐皮,每张收税六文,而其他兽皮,如貂皮、山猫皮等,由于来源比较稀少,其税额是由税务官自行规定的。至于毛的税率原则是:驼毛和羊毛每斤缴税一文,山羊绒每斤缴税二文。钟楼后街的街尾则是多伦诺尔的几家铜匠铺,同时也是最主要的几家制作佛像的铺子。多伦诺尔的佛像从丘克的中国之行以来就已在欧洲人中享有盛名。可是这一名气未必符合实际,因为它是由蒙古人传出来的。在蒙古,多伦诺尔是最早制造佛像的,蒙古人觉得极为稀罕。可是现在在北京制作的佛像却要比这里的多无数倍,而且从北京销到蒙古——包括准格尔和青海——以及西藏的佛像也多得多,因为北京佛像的价钱较为便宜。

钟楼后街的佛像作坊兼店铺实际上只有两家：一家是兴隆瑞，蒙古人称之为海桑岱；另一家是多伦诺尔最早的、在蒙古最有名气的阿尤希铜匠铺。

马市街和钟楼后街，如前面所说的那样，都是到城市一半的地方为止，垂直于长盛街。长盛街是一条由城西通到城中心的街道，所有其余的佛像作坊和相连的铺面都在这条街上，如翁楚克铜匠铺（"翁楚克"，蒙语，意为"拐角"。此处指街角拐角处。"翁楚克铜匠铺"又称"裕合永"。——译者）、翁楚克诺姆图（"诺姆图"，蒙语，意为"经卷铺"，即抄写或出售经卷的地方。——译者）、巴彦台铜匠铺呼钦（"呼钦"，蒙语，意为"旧的"、"老的"。——译者）诺姆图。在多伦诺尔，制作佛像的作坊和相连的铺面都在这条街上共有七家，但现在仍然营业的只有六家。这么几家作坊显然是太少了，不足以使多伦诺尔在这个行业中居于首位。以博学和熟读经书自居的喇嘛们虽然至今仍旧说多伦诺尔的佛像比北京和蒙古其他地方出的佛像都好，说多伦诺尔的佛像尺寸做得准确，贴的金也比别处的佛像牢固。但这多半是照着多伦诺尔匠人的话说的，因为他们都不择手段地想要破坏北京的竞争。长盛街共有三十家产销各种物品的作坊和店铺。

从头城街开始的第三条街道穿过全城，叫东盛街。这条街可说是多伦诺尔的旧货市场，集中了至少有三百家最下等的小铺子。旧衣服、旧鞋和旧靴、锈铁器、断头钉、三条腿的桌子、破破烂烂的橱柜箱笼……总之，各种各样的破烂货都汇集在这条街上，等着那些和它们同样贫穷肮脏的人来买。我无论什么时候到东盛街去，每次看到那里都是挤满了乞丐和在城里找不到零活儿的匠人。这些人白天通常都聚在几间臭气熏天的下等饭馆附近；到了夜里，据说他们就在这里往地上一躺，一直睡到第二天天亮。

我们已经知道，马市街和钟楼后街都是到长盛街为止；而从长盛街开始往城南方向去的又有三条街道。其中第一条街叫二城街，这条街几乎没有店铺，全都是多伦诺尔的居民、主要是绿营兵的住房。第二条街叫兴隆街，多伦诺尔人认为这是城里最好的一条街，而且它还具有历史的意义。据说康熙皇帝到多伦诺尔来正式接受多伦诺尔诸王公归顺时，先曾到过这里的一座和尚庙，叫三官庙。他在庙里礼拜如仪之后，就在城里信步而行。后来他觉得饿了，就走进他见到的第一家客店，吃了一点烙饼。这家客店叫兴隆馆，它的房屋至今还在，不过已破旧不堪了。显然，如今中国人对这个地方和传说都已不太重视了。但是当时的人似乎是郑重其事地对待这一事件的,因为那个故事后来还说,当时居民们曾作出以下几条规定:第一,永远保留这家客店的店名和招牌;第二,规定它永远作为一个卖粮食和食品的店铺;第三,把这家客店所在的街道命名为兴隆街。这一传说有多大的真实性当然很难说,但有一点是确实无疑的,就是所有的多伦诺尔人全都知道这个传说,因此每个到多伦诺尔来的人都认为应当去看一看兴隆馆。至今这个小铺子也确实是在卖面粉和其他食品。它就在离三官庙不远的地方。……如今兴隆街尽管也和其他所有的街道一样地肮脏,但它却是多伦诺尔最富有的店铺和货栈所在地。这些店铺和货栈几乎不卖零售的货物,而主要是做批发生意。此外,在兴隆街上还集中了许多银号和钱庄,这是公认的最富的行业之一。

由长盛街开始的第三条街叫福盛街。这条街上有六十三家商店,但是总的来说还是应当叫做作坊街,因为它主要集中了多伦诺尔制作毛毡、马衣、皮革等等的作坊。工匠们几乎就在外面作业,因为每家这样的作坊总是有一间店铺,这个店铺往往同时又是作坊;尤其是制作马衣、鞋靴或木器之类的行业更是如此。

多伦诺尔制作的毛毡,其质量据说与呼和浩特的一样,但这里的价钱却要贵一些,而且生产的也比呼和浩特少。这里制作毛毡的铺子一共只有二十家左右。他们的畜毛都是从当地的皮革作坊买来的。多伦诺尔的皮革作坊有二十余家。买毛时按一张张毛皮论价,每张皮上没有洗过的毛约值一百文。多伦诺尔的毛毡主要是卖给张家口的汉人;住在张家口的俄国人则已习惯从呼和浩特购买毛毡。

福盛街的南端集中了当地税务机关的几个主要分署,如征收茶叶税、布匹税和粮食税的各分署。多伦诺尔的茶叶税规定如下:每洪子("洪子"是由汉语"筐子"借用的蒙语词,意指包装茶叶的方形竹筐,也就是茶叶箱。——译者)的砖茶,不论其中块数多少,收税九分二厘;每斤白毫茶,不论什么等级,收税三厘;"汉博"("汉博",蒙语,意为驮茶用的竹篓子。此处因茶叶装在这种竹篓内,故蒙古人称这种茶为"汉博"茶。——译者)茶每一木葫芦子收税二分八厘。至于对布匹、杂货则是按驮子收税:高档货收三两左右,低档货收一两二钱左右。只有陶瓷器皿除外,对这类货物是不论品种,每箱收税一两七钱。粮食则只是对运进的面粉收税,而且装一百二十斤到一百五十斤面的口袋,每袋只收七十文;至于颗粒粮食则根本不须缴税。

上述各条街道都可说是城里的商业区，同时也是多伦诺尔的主要街道；城里还有几十条小一些的街巷，里面主要是住房。

……

多伦诺尔也和归化城一样，有一点既不同于中国内地，也不同于长城以外的地区，这就是市里很少有私人的房屋，几乎所有的房屋都属寺庙所有。每座寺庙至少有五六座房屋，它就靠这些房屋的收入来维持；清真寺也是这样。但在这方面收入最多的还是呼和苏默和锡拉苏默这两座喇嘛庙，它们总共约有二百座房屋。多伦诺尔的房租通常按十二间来计算——据说这是起码的规格，因为比这再小的房屋这里是不盖的。一座十二间的房屋可有七十两到八十两的收入。因此，如果我们假设所有属于喇嘛庙的房屋都是最小的，那么其中每座喇嘛庙的房金收入算来至少有七千两到八千两的银子。不过这还是与实际收入相距很远的数字，因为这两座寺庙都有若干座四十间或更大的房屋。

在私人的房屋中，最显眼的是几家供外地人投宿的客店和一些集中了多伦诺尔基本货物的货栈。据当地的商人们反映，在多伦诺尔的所有商号中最多只有四十家是能够、并实际上也确实是自己到中国内地去拉货的；而所有其他商铺实际上都只不过是转销从当地货栈中批发来的货物。这些货栈又可供驮运商队住宿，它们都有行业之分。例如有专门经营茶叶的货栈、经营粮食（其中也包括酒和石油）的货栈、经营布匹和杂货的货栈等等。多伦诺尔的茶栈共有三家。运进的茶叶数量最多的是砖茶，达两万五千箱到三万箱之多。这种茶全部批发给当地的小茶商，他们主要销往喀尔喀，也就是库伦，特别是车臣汗部；多伦诺尔的商人主要是在那里做生意。一部分茶叶由克鲁伦河岸边一直运往俄国边界，到达敖嫩河（今鄂嫩河。历史上曾叫做斡难河。——译者）和额尔古纳河两岸。输入量占第二位的是所谓的"汉博"茶。这种茶也是由那种制作普通砖茶的大片绿茶制的，只是这种绿茶并不洒水，也不压制成砖形，而是烘干后直接装进芦苇编成的桶状筐里。因此苏尼特人把这种筐子叫做"博尔托果"（"博尔托果"，蒙语，意为木桶。——译者），而把这种茶叫做"博尔托果"茶；汉人则把这种筐叫做"木葫芦子"。……这种茶叶由汉人从多伦诺尔向外运出的却很少，因为诸如像乌珠穆沁、阿巴嘎、克什克腾以及察哈尔这样的一些地区的人宁愿自己到多伦诺尔来买"汉博"茶；而且他们更经常地是在运送中国货物时得到这种茶叶作为拉脚钱。白毫茶运到多伦诺尔来的很少,据说还不到三四千箱。

粮店共有十余家,最富的一家是大盛店,其次是维盛店、广泰店、宋益盛及其他粮店。多伦诺尔的粮食来自四面八方:从西面来自隆盛庄、丰镇和张家口;从南面来自乌兰哈达(赤峰)县及其县城;从东面来自毕鲁浩特及所属各部族。由于来源充足,多伦诺尔的粮食都不算太贵,如呼赖布达("呼赖布达",蒙语,意为"炒米"。——译者),或叫博罗松布达(大粒的糜米。"博罗松布达",蒙语,意为"熟米"。——译者)每斗一千一百文;托黑布达(小粒的糜米。"托黑布达",蒙语,意为"生米"。此处指小米或糜子米。——译者)每斗一千文;面粉每二十八斤至三十斤价为一两银子(约合六戈比一俄磅)。

多伦诺尔不产烧酒,这里酿制的达拉松("达拉松",蒙语,意为经发酵制成的酒。——译者)质量也不大好,每斤最多卖八十文到一百文。因此多伦诺尔人往往都喝张家口运来的白酒,每斤卖一百五十文到一百八十文。这种酒的总输入量为五六十万斤。

经营布匹的大货栈约有十二家,小栈则难以计数,因为每家小栈在一年之中要好几次成为外地来的棉布厂商的驻留处,所以每一家小栈都可说与棉布业有关。大部分布匹和杂货当然都是来自中国内地,做这行生意的商人主要都是山西人。他们运到这里来的是中国丝织品、半丝织品和棉布、生熟铁器和铜器、刀子、火镰、旱烟袋、烟盒及蒙古人的其他用品。从南方的天津和其他港口来的汉人,除上述各种中国产品外,还向多伦诺尔运来一些欧洲商品,如斜纹布、府绸、印花布和德国呢,不过这些德国呢往往是俄国呢的仿制品。这些欧洲货,尤其是大批的中国棉布和麻布等,都是从广东运来的,其中一件图丹(汉语叫素奥。"图丹"、"素奥"都是音译。——译者)的长衫衣料价值一两银子。多伦诺尔的俄国货种类很少,所看到的有丘利亚耶夫和巴布金两家厂商出的呢子,莫罗佐夫厂商出的粗平布和棉绒布,以及黑白两种油性革,数量都极少。这是因为多伦诺尔的这些货物只能来自恰克图,而且也只有在那些与恰克图有联系的汉商的店铺里才有出售,但这里的这种店铺很少。这里的俄国货仍然和以往一样,卖得极贵。我这次到多伦诺尔和1878年到这里来都发现这里的俄国皮革(布里嘎尔。"布里嘎尔"系中亚一座古城,中世纪时,从这里通过丝绸之路运出的皮革亦称布里嘎尔。现代蒙语叫"香牛皮",即油性革、软革。——译者),价格最好的卖六七两银子,中等的卖五两左右,四两五钱以下的俄国皮革就没有了。

多伦诺尔输出的最大宗的商品,大概也是唯一的商品,要算是牲畜了。在这一方面,多伦诺尔超过了所有其他邻近内地的蒙古城市。近两年来,一方面由于牲畜的大批暴毙,一方面由于多伦诺尔附近地区的骚乱,牲畜贸易略有下降;但尽管如此,这两年由此输往中国的马仍有七万匹,牛四万头,羊则有三十五万至四十万只之多。骆驼在这里卖的比较少,近几年来由此输出的骆驼不超过二千五百匹,因为东南部的蒙古的骆驼本来就不很多,而库伦以东的北部蒙古人却又比较习惯于把自己的牲畜送往呼和浩特,尽管多伦诺尔离他们要近得多。

多伦诺尔的牲畜价格不能说是很低,根据供应和需求的不同情况,这里最普通的好马每匹价值十两至十五两,甚至二十两;牛每头八两至十五两;骆驼每匹是三十五两至四十两。这比库伦的价格正好高出四分之一,比恰克图和乌里雅苏台的价格当然就更贵了,同样的那些牲畜,在后两个城市的价格要低一半。多伦诺尔每年从二月末到十月末卖牲畜,而从十一月到来年二月末则休想买到一只羊;如能买到,那也得付出四倍的价钱。据说有人在年底买羊,每只羊付了六两银子。大部分牲畜都是卖给那些在草原上以货物换取牲畜的汉人,这些牲畜主要来自车臣汗部,其次是乌珠穆沁、阿巴嘎和苏尼特等旗。在多伦诺尔售出的皮毛数量极少,价格是:马皮约一千文,牛皮一千五百文,绵羊皮五百文,山羊皮六百文,有时还要贵些,因为山羊皮除了羊毛之外,还有绒也是值钱的。驼毛的价格通常是一百二十文一斤,羊毛是八十文一斤。运到多伦诺尔的畜毛以绵羊毛为主,至于驼毛,则因周围各旗的蒙古人不饲养骆驼,这里收集的驼毛比较少,而且主要还是来自班第达寺以北的北部蒙古。从东南部蒙古各盟运来的驼毛质量最次,因为产毛的骆驼都是用来驮运煤和盐的,所以身上的毛都既短枯又肮脏。

从多伦诺尔把畜毛运往内地的,主要是中国内地的回民,他们用自己的骆驼把茶叶从天津运到多伦诺尔后,又带上在此地收购的畜毛回去。每年九月,当畜毛大量上市的时候,当地的回民也从事畜毛运输,他们用的是套七匹骡马的中国大车。

关于多伦诺尔的贸易情况应该说明一点,由于近几年来毕鲁浩特的竞争加强了,多伦诺尔的贸易已大为缩减。有很多从广东来的货品,如白酒、麻油、烟草等,以及过去从东南部蒙古必须经过多伦诺尔才运到蒙古去的粮食,现在都已不再经过这里,而直接由毕鲁浩特往喀尔喀去了。另一方面,巴林旗和阿鲁科尔沁旗的蒙古人及东北部的其他蒙古人也都不再把牲畜赶到多伦诺尔来卖,而是也赶到毕鲁浩特去,卖给那些现已住满了克什克腾旗的汉人。

(第五章 多伦诺尔)

6月2日 星期三

……经棚税关从1884年起才建立,也是由多伦诺尔同知申请并经宣化府道台准许才建立的,但未呈报北京的最高政府。问题在于,多伦诺尔税关过去每年一般征收税款不下一万六千两银子,近年来却大大减少了。为了挽回关税收入,多伦诺尔同知就想起把设在东沟的税务局迁到经棚。按照他的完全正确的计算,经棚的税收能够完全弥补多伦诺尔税收的缺额。经棚的税收集中在一个衙门,没有设税务分局。货税只向汉人征收,而那些把草原物品运来城里出售的蒙古人则不付任何税款。规定的税率计为:赶来的一匹马——征税四钱银子;一头牛——一钱二分;一只羊——十兆苏;一张马皮或牛皮——八兆苏;一张绵羊皮或山羊皮——两兆苏;谷、粟和其他谷粒——每担六十兆苏;一磅酒——四兆苏;一磅面粉——一兆苏;贵重的织物——每匹驮骡三两银子;廉价的织物——每匹驮骡一两二钱银子。

(第八章 从多伦诺尔到经棚)

经棚的实际商业规模并不太大,虽然店铺共有五百多家。最能说明该城情况的是下面一点,即营业面最广和最大的几家店铺是"动产典当铺",其中最富的是恒裕德。统称为当铺的这种铺子这里共有四家,而这些当铺的所在地——城市的主要街道,因此取名为"当铺街"。这些铺子主要出售典当后过期不赎的旧货。不过,除此而外,这里也有商铺从中国内地贩卖新货。按地位和周转额居第二位的是属于北部蒙古进行较大宗贸易的商号的一些铺子,它们主要往那里贩运面粉、粮、油、白酒、纺织物和茶叶。这些商号中较好的有:

一、庆德正——市内店铺中最好和最富的铺子。在经棚本城它主要是买卖铜制品和铁制品。不过除此而外,它也收购运到城里来的粮食。它把粮食主要运往库伦。在库伦，庆德正虽然没有自己的店铺，但有常驻的代理人。

二、合盛裕——在张家口、多伦诺尔和库伦都开设有店铺。

三、良顺泰——在库伦有贸易关系。

四、元盛泰——在张家口和库伦有店铺。

五、咸顺和——经棚最老的一家铺子，它是第一个从多伦诺尔来的铺子，在这里开辟自己的商业活动。

六、广丰隆。

七、广和五。

八、四合元。

九、尚和成，这几家铺子都与北蒙进行贸易，在库伦有自己的铺子。

十、福宏永——它被认为是一家富商，只是因为它那里经常有绸布，不过它从来不卖整块绸布。（上面所列举的十家店铺名称均为音译。——译者）

这些商号和店铺出售的最主要的货物为谷物和面粉。这些谷物和面粉来自克什克腾旗、巴林旗，总之可以说是来自整个昭乌达盟，也来自赤峰县（乌兰哈达）的汉人那里。从经棚运出的粮食每年不下三万车，在我抵达该城前不到十天之内就往库伦运去约一千车。从关东来的路过经棚的大车有一万辆，装载着白酒、烟草、麻油以及一部分面粉。这些货物随后或运往北方，或运往多伦诺尔。运来经棚的茶叶或来自多伦诺尔，或来自张家口。茶叶一部分供本地人消费，一部分再往北运，不过数量很有限，每年从经棚发出的茶叶总共不超过三千包。经棚的纺织品来自多伦诺尔，但主要是来自乌兰哈达和八沟。纺织品的等级是最次的，但这里的售价却与质地比其不知要好多少的多伦诺尔货相同。经棚的牲口买卖的规模远不如多伦诺尔大，但经棚的牲口买卖有一个特点，即冬天四个月中在多伦诺尔几乎根本买不到羊，而在经棚整年既可以买到马，也可以买到牛和羊，只是骆驼在这里是稀货。据蒙古人说，这是由于在经棚总能找到买主，而且价钱比较合适，更主要的是价钱比较固定，因为附近的汉族农民一直缺乏牲口。在多伦诺尔没有这样的需要，购买牲口只用于放牧或为了转售，牲口的价格依有无来自中国内地的买主而变动得很厉害。由于有上述考虑，蒙古人——不仅是巴林旗、阿鲁科尔沁旗或喀尔喀车臣汗部东南边境各旗的蒙古人，甚至连阿巴嘎旗和苏尼特旗的蒙古人，在不需要出卖一群牲口，而是出卖三只、四只或十只牲口时，大都把牲口赶往经棚，而不是赶往多伦诺尔。

正同任何一个多少有些重要性的地点一样,经棚也有四家兑换铺子。一两银子在这里可以兑换名义上的两千四百文,不过名义上的一百文钱只值实钱六十八文。因此,一两银子实际上值一千六百三十二文钱。

成色不好的铜钱在零付时要打百分之十二的折扣。

在城里,除店铺外还有小型工厂。这里有四家制革厂,制造并出售毡子的作坊有十家,木匠坊和金属工业铁匠坊也有十家,木材厂八家,旅店十二家。所有这些店铺和作坊均位于城里三条巷,是最穷的人们居住的地方。经棚经常有大量的乞丐,最近增加的更多。经棚人口总数不超过一万人,但当地行政长官今年冬天有一次打算给穷人发点救济时,到他那里去的人一天就有六千二百人,而且这些人并不是想从公家施舍的一块面包中占点便宜的贪心者,而确实是些衣衫褴褛、快要饿死的人。……

(第八章　从多伦诺尔到经棚)

6月25日　星期五

从吉尔嘎朗图到库伦有条相当陡而高的上坡道,这个上坡道也叫吉尔嘎朗图。从这个上坡道上走下来,一座新的山岭立刻又呈现在面前,这座山岭名叫阿鲁上都。我们于晚9时抵达该山岭之顶。在这里,我们遇见了汉人的牛车队,车上装的是皮货。车队是从库伦到多伦诺尔去的。我们从山岭上下来,在离孤零零地矗立在草原上的伊罗力山不远的地方停下来过宿。到我们的住处来的当地蒙古人告诉我们说,在博力珠特驿站,从多伦诺尔来的汉人开设了几家铺子,那里出售各种各样的蒙古人日用品以换取牲畜。他们每年从朋贝子旗和从本地沙比纳尔那里赶走约一万只羊,近三千头马和四百头牛。他们运来特别多的东西是黍子,黍子按一百二十斤(约合四普特半)一袋子出售,每袋值三岁羊五只,而一只三岁羊值一两五钱银子。换言之,中国人在这里出售黍子,按我国计算法为一俄磅黍子值七个半戈比。

(第九章　从经棚到库伦)

日本东京大学东洋文化研究所藏山西票号资料

山西票号书简资料之一

京都往来书稿(道光二十四年)

四月(九封)

四月初八日托天成局寄去八十八次信

　　于初三日托天成局捎去八十七次之信,内报收会去北公义号足纹银五百三十两,无票砝,有伊信一封,每百两比咱平大四钱,言明见信无利交付。又唐秋涛老爷足纹银三百五十两,立去会票一张,注定在京见票交付,无砝,票上批明每百两比咱平大三钱二分。并封去苏局三月底结存银单一纸,又沈局等信六封。又复开去王家言老爷三代单一纸,恐前信迟延,耽搁伊功名大事。及呈一切之事,想早收阅矣。初六日接得四、五、六次来札三封,会来姚宅足纹银五百两,万全号足纹银二千三百两,同椿足纹银一千两,公正号足纹银二千两,俟期照票交付。又金殿勋兄会借来咱足纹银二百五十两,俟伊到苏局向伊收索。并统来陈璠谿兄从九照一张,以及沈局等信,均已照谕收明领悉矣。至于余恩普之功名俟开三邠,办与否俟后奉报。

　　今收会去王兰史老爷京平足纹银三千两,立去会票一张,注定在京见票无利交付,无砝,其平票上批明每百两比咱平小三两六钱,每千两贴咱费银十两,至日厚道妥交。伊又带去咱无号信一封,内报恐伊会去之银不敷其用,要向咱京局会借银一二千两,至日如伊不用则已,倘要用时祈兄交付,教伊立票,在苏见票还咱,其会规看事而行。此位系署长洲县知县,名锡九,进京引见,素日与咱号交结甚厚,故而不便推却,以目下看,其大势颇有底里,谅不碍事。并托伊捎去兄用洋绉夹袄一件、春荣冀记程蒴兰一匹,至日查收,价值随后结去。又收会去侯堃兄京平足纹银五百两,无票砝,有伊信一封,每百两比咱平小三两六钱,至日银信妥交,讨收帖存京。今封去平、沈等信七封,查收转致。刻下苏利五厘,大概银两不多,看来不日尚许增涨,报知。专此上。

十三日托天成局寄去八十九次信

于初八日托天成局捎去八十八次之信,内报收会去王兰史老爷京平足纹银三千两,立去会票一张,注定在京见票无利交付,无砝,其平票上批明每百两比咱平小三两六钱,至日厚道妥交。伊又带去咱无号信一封,内报恐伊会去之银不敷其用,要向咱京局会借银一二千两,至日如伊不用则已,倘要用时祈兄交付,教伊立票,在苏见票还咱,其会规看事而行。此位系署长洲县知县,名锡九,进京引见,素日与咱号交接甚厚,故而不便推却,以目下看,其大势颇有底里,谅不碍事。并报托伊捎去兄用洋绉夹袄一件、春荣冀记用程籹兰一匹,价值随后结去。又收会去侯堃兄京平足纹银五百两,无票砝,有伊信一封,每百两比咱平小三两六钱,至日银信妥交,讨收条存京。以及封去平、沈等信七封,及呈一切之事,想早收阅矣。今随封去李保斋兄信一封,内有蔚丰(厚)在扬与伊立过九百五十两会票一张,查收转致,所有票费苏局收清。又平、沈等信三封,至日各为转致。刻下苏利于初九日已涨至六厘,银两仍然缺少。此上。

十四日收接第七次来札 三月二十七日申

启者于二十二日托天成局捎去六次之信,内报收会去同椿号关批足纹银一千两,公正号关批足纹银二千两,与伊各立去会票一张,均注定在苏四月二十一日无利交伊,其平票上批明俱照苏圆砝兑,比咱平每百两大三钱六分。随封去平、庐信各一封,上谕一塔,以及之事,谅早收阅矣。

今收会去公正号关批足纹银五百两,立去会票一张,注定在苏四月二十三日无利交伊,平照前比咱平每百两大三钱六分,贴咱费银三两五钱。又集古斋关批足纹银七百两,立去会票一张,注定在苏四月二十五日无利交伊,其平票上批明每百两比咱平大二钱二分,贴咱费银四两六钱。同春号关批足纹银一千五百两,立去会票一张,注定在苏四月二十七日无利交伊,平照前比咱平每百两大三钱六分,贴咱费银一十两七钱。又姚宅关批足纹银四百两,又伊关批足纹银一百二十两,各立去会票一张,均注定在苏五月初七、八日无利交伊,无砝，其平均照圆砝兑，比咱平每百两大四钱，共贴咱费银七两二钱八分，均合空伊等路期一月，至日妥交。再者会去姚宅之项，伊系执着人送票，诚恐路途失落票券，今将送票人年貌、姓名开去一单，至日照单盘问，连四次信内会去伊之五百两，一并照票交付是妙。今封去沈局信一封，上谕一塔，查收。再仲祥兄定于初九日动身赴苏，报知。刻下京中月息五厘。又封去平铺用货单二纸，至日预为办妥为祝。此上。

十八日托天成局捎去九十次信

　　于十三日托天成局寄去八十九次之信，内统去平铺等信三封，又李保斋兄票信一封，以及之事，谅早均为收知矣。十四日接第七次来札，随会来公正号足纹银五百两，集古斋足纹银七百两，同春号足纹银一千五百两，姚宅足纹银五百二十两，俱按期照票交付。并统来沈信一封，又平铺用货单二纸，姚宅年貌单一纸，及谕诸事，均已领悉矣。

　　今收会去复兴昌足纹银二千零六十两，无票砝信，每百两比咱平大四钱，言明在京见信速交伊号，至日交银向伊号说知此系诣高张爷经手。又庆恒钱店足纹银七百两，无票砝，每百两比咱平大三钱二分，另有伊信一封。又铜关帝庙静明师足纹银七十八两四钱，比咱平共大二钱五分，无票信，此系崔大爷经手。二宗见信送通（州）交付，各讨收条寄苏。今统去何鳞兄由俊秀捐从九职、叶启林兄由俊秀捐监加捐贡生履历各一纸，查收递捐。又平、沈等信四封，阅毕各为转致。目下苏利仍六厘平和。专此上。

二十一日收接第八次来札　四月初五日申

　　启者于前月二十七日托天成局捎去第七次之信，内报收会去公正号关批足纹银五百两，立去会票一张，注定在苏四月二十三日无利交伊，平照前每百两比咱平大三钱六分，共贴过咱费银三两五钱。又集古斋关批足纹银七百两，立去会票一张，注定在苏四月二十五日无利交伊，无砝，其平票上批明比咱平每百两大二钱二分，共贴过咱费银四两六钱。又同椿号关批足纹银一千五百两，注定在苏四月二十七日无利交伊，平照前比咱平每百两大三钱六分，共贴过咱费银一十两七钱。又姚宅关批足纹银四百两，又伊足纹银一百二十两，各立去会票一张，均注定在苏五月初七、八日无利交伊，其平均照圆砝兑，比咱平每百两大四钱,共贴过咱费银七两二钱八分。并报会去姚宅之项,伊系执着人送票,诚恐失落票券,今将送票人年貌、姓氏开去一单,至日照单盘问,连四次信内会去伊之五百两,一并照票妥交是妙。并封去沈信一封,平铺用货单二纸,上谕一塔,及报之事,想早收阅矣。于初一日连接八十一、八十二、八十三次信,又初二日收接八十四次来札,其章老爷之信,即时亦已送到。随会来程子濂老爷足纹银九十两,王蔼亭兄足纹银一百二十两,祥和银号九八色银一百两,宗玺师足纹银一千两,元成钱店足纹银一千七百两,蒋大人足纹银三千一百五十六两,叶大人九八五色银一千两,玉福老爷足纹银四百两。统来史方玺兄等履历二纸,平铺等信十五封,所有托蒋大人门政张、崔二位捎咱号油纸包,并志成信所捎来弟用亮纱袍夸等件,刻下均未收到。并云一切,俱照信收明领悉,勿须计(记)念。

今收会去万全号关批足纹银一千两,无票砝,言定在苏五月初三日无利交伊,平照前比咱平每百两大三钱八分,合空伊期一月,贴过咱费银六两,至日妥交。今金椿龄兄用过咱平捎足纹银九百零四两九钱,韦运雍兄用过银二百七十一两六钱,另有一单,至日注帐。

至于大捐,今已奏准,又展限六个月,到九月底截止。其交库银钱,俱准交纳,交银准仍照旧规,如交钱者,每两以制钱一千五百文核算。今将原奏稿抄呈,俟后议有条例,即为奉报兄知。

随封去萧太爷信一封,德聚钱店三百三十两、盛古堂一千一百四十六两收条各一纸,上谕一塔,靳大老爷信一封,又北公义、盛古堂、咱号沈各一信,至日查收。

再有会来程子濂老爷之银,伊信内所注,原系会钱,并非会银,伊言信面批注会银字迹不符,亦不足为据。要按信内注写,仍收九八大钱一百五十千文,咱号与伊多年交好,亦不必细为较论耳。今交伊九八大钱一百五十千文,封去换钱清单一纸,按南北钱盘核算,咱号赔银四两六钱八分,其京、苏过帐,仍按原会曹平足纹银九十两过帐,报知。随封去伊收条一纸,查收。祈兄等与伊酌量结楚是妙。

刻下京中月息五厘,钱盘三钱二分五,松江色一两七八。余事后呈。又封去京局三月底存银单一纸,沈信一封。此上。

二十三日托天成局寄去九十一次信

于十八日托天成局捎去九十次之信，内报收会去复昌足纹银二千零六十两，无票砝信，每百两比咱平大四钱，言明见信速为交付。又庆恒钱店足纹银七百两，无票砝，每百两比咱平大三钱二分，有伊信一封。又铜关帝庙静明师足纹银七十八两四钱，比咱平大二钱五分，无票信。二宗见（信）送通（州）交付，各讨收贴寄苏。并统去何鳞兄由俊秀捐从九职、叶启林由俊秀捐监加捐贡生履历各一单，至日递捐。又平、沈等（信）四封，以及一切，想早呈明矣。二十一日接得八次来札，内会来万全号足纹银一千两，按期交付。又金椿龄等二位用过咱捐项银两，萧太爷等信，程子濂老爷等收贴，及谕一切之事，均经领悉矣。至于程子濂老爷一项，赔银四两六钱八分，俟经手人来苏与伊结可也。再有玉盛号于三月二十一日会借去咱足纹银三千二百五十两，连空伊期一月，均按月九厘扣至七月初十日，在津无利交咱头白宝银，所有伊立来会票，随后托妥捎去，无砝，其平照会来之平，每百两比咱平小一两一钱。

今收会去王兰史老爷库平足纹银一千二百两，立去会票一张，注定在京见票交付，无砝，每百两比咱平大二两四钱，至祈连前会银厚道交付，此宗贴过咱银一十二两，报知。

再报苏地大势，功名以及钱店生意，咱号概不能做分文，皆因日昇昌、广泰兴等号今年以来收揽从九监生，加色曹平二十二两微大些，二十、二十一两不等，照此弟等实无化（划）算，是以只可不做，但不知伊等如何算法。随封去平、沈等信六封，查阅转致。刻下苏利仍六厘平和。此上。

二十七日收接第十次来札　十一日申

启者于初八日仲祥兄逢吉动程，带去九次之信，结去路费纹银七十两，至日收注京局浮计（借）帐。随捎去杨万邦兄原照一张，因伊要捐过班入于二卯，与例不合，不能办理，若捐分发尚可。又捎去缎靴六双，共用过京钱三十千零八百文。其捎去众伙信物，另折呈阅，以及一切之事，谅早顺至收明矣。于初九日收接八十五（次）信，随会来元成钱店足纹银五百两，又焦二爷足纹银一百五十八两九钱，黄龄兄等履历，并平、沈等信，内云诸事，俱已领明，无用计念。至于李炘之件，咱已向西顺兴叙明，俟伊定夺如何，再为奉报。今史方玺兄用过咱平捐足纹银一百四十六两二钱八分，焦时章兄用过银一百一十三两一钱六分,另有一单,至日注帐。今封去平铺信二封,蔚盛(长)等信四封,上谕一塔,庐信一封,到日查收。刻下京中月息五厘迟。又封去会试题名录二张,查阅。此上。

同日收接十一次来札　十四日申

启者于十一日托天成局捎去十次之信,内报史方玺兄用过咱平捎足纹银一百四十六两二钱八分,焦时章兄用过银一百一十三两一钱六分,另有一单。随封去平铺信二封,蔚盛等信四封,上谕一塔,庐信一封,以及之事,谅早收明矣。

今继昌王五爷来咱号言及,伊令婿姓祝名兰台,行九,浙江绍兴人,定于本月十九日出京回家营干,恐路费等项不敷所用,即向咱借用银一二百金。如祝九兄到咱号,凡事以及住处照应,如用银两,即以一二百金应承,亦不必讲究,只宜本人写一收条,在京咱与王五爷该如何结算可也。倘要多用,祝兄自必与京中王五爷处通音,今所用者订问明白,大约伊许带仲祥兄名片可证。王五爷另与徐云章兄早有信息,均为照应,不致误事之情。

再有三月初间,广东有来京六百里之折,系因咪唎坚国号相商欲进贡占码头情形。彼时听及皇上已往外省有旨,至今未确是何主见,其时弟等未敢往咱南路通此风,闻者恐兄等反加疑虑,况且凡咱各处,近年来谁不具预为防范之心,是以仅与平铺通音。今仲祥兄赴苏,将京中大概,兄等高(商)酌,随时办理为妙,想平甫(铺)另有一番嘱托兄等主意也。现在京并察听不出其国在广东如何,只等大势,外面左近如常。惟闻京相好官长曾言,大约码头不能不许,许来许去恐将来不美,亦是人情揣料,并无上谕可证。

刻下京中月息仍五厘甚迟,九九色银一两七钱之谱,钱盘三钱二分五。张三、崔二爷所捎之货,昨日收到。东口之利,尚未开盘。今封去王五爷与仲祥兄信一封,宗玺师等信二封,上谕一塔,庐信一封,王蔼亭兄一百二十两、玉福老爷四百两、祥和钱店一百两收条各一纸,查收。此上。

二十八日托天成局寄去九十二次信

于二十三日托天成局捎去九十一次之信,内报玉盛号于三月二十一日会借去咱足纹银三千二百五十两,连空期一月,均按月九厘扣至七月初十日,在津无利交咱头白宝银,无砝,每百两比咱平小一两一钱。并收会去王兰史老爷库平足纹银一千二百两,立去会票一张,注定在京见票无利交付,无砝,每百两比咱平大二两四钱,至祈妥交。以及统去平、沈等信六封,想早均为收知矣。二十七日接得十次、十一次来札二封,内云史方玺兄、焦时璋兄二位用过咱捐项银两,统来平铺等信、王蔼亭兄等收条,及谕一切,均已收明领悉矣。至于祝某用银一事,俟伊来时照谕办理。

今收会去武辅亭兄足纹银二百五十两,无票砝,执去咱无号信一封,注明见信无利交付,每百两比咱平小二两九钱一分。又德成堂足纹银一千两,无票砝,每百两比咱平小二两九钱一分,言明见信速交伊号,此系高大爷经手,至日交银向伊号说知。又托高大爷捎去玉盛号三千二百五十两会票一张,至祈查收。今随封去平、沈等信五封,阅毕各为转致。目下苏利七厘显迟。专此奉上。

五月(十三封)

五月初二日收接九次来札　四月初八日申

启者于初五日托天成局捎去八次之信,内报收会去万全号关批足纹银一千两,无票砝,言定在苏五月初三日无利交伊,平照前每百两比咱平大三钱八分。又金椿龄兄用过咱平捐足纹银九百零四两九钱,韦运雍兄用过银二百七十一两六钱,另有一单。又封去大捐展限原奏一纸,萧太老爷信一封,德聚钱店三百三十两、盛古堂一千一百四十六两收条各一纸,上谕一塔,沈局等信四封,京局三月底结存银单一纸,以及一切之事,谅早收明矣。今仲祥兄逢吉动程,结去咱平路费纹银七十两,至日收注京局浮借帐。至于杨万邦兄之功名不能办理,伊欲过班入于二卯,向例不准,若捐分发尚可,将伊之照随仲祥兄带去。又捎去缎靴六双,共用过京钱三十千钱零八百文。其捎去众号信,另折呈阅,至日查收转致。所有京局大势之事,无用细呈,待仲祥兄到日面叙一切也。刻下京中月息五厘迟,看来又要微小情形。

再有今正月初九日交过苏会来林紫东老爷足纹银一千一百四十二两,彼时因苏信内云按比咱平每百两小一两七钱过帐,惟交银毕,向伊写足公砝收条,费却许多周常,已于二十日寄去五十七次信内呈明。延至于今,伊林四少爷与西顺兴钱铺执咱苏局与伊立足公砝收条,将欠伊之平每百两补平银五钱,共补平银五两七钱一分,报兄等知之,此项银只宜收京局捎货帐。又捎去苏与林老爷立过一千一百四十二两收条，查收。至此位刻下由扬蔚丰厚往京会银，现在看见伊会票未审，是咱有拂意之处，亦未可料。譬如程子濂老爷九十两之项，伊执意要按信内注写是钱收取，咱既赔银四两六钱八分，只可不敢与此位较论，如伊意收取去，前信业已呈明，若不交钱，失交定矣。况即（怕）失交，不能不交钱。望兄后手凡遇之项，不拘何项，断不可含糊，反致许多不雅，惹交易去别号矣。此上。

初三日收接十二次来札　四月十七日申

启者于十四日托天成局捎去十一次之信，内报继昌王五爷来咱号言及，伊令婿祝君兰台者，行九，浙江绍兴人，定于本月十九日出京回家营干，恐路费等项不敷所用，即向咱借用银一二百金。如祝九兄到咱号，望兄等凡事以及住处照应，如用银两，即依一二百应承，不必讲究，只宜本人写一收条，在京咱与王五爷结算可也。倘要多用，祝兄自必与京中王五爷处通音，今所用者订问明白，大约伊许带仲祥兄名片可证。王五爷另与徐云章二兄早有信息，均为照应，不至误事之情。随封去王五爷与仲祥兄信一封，宗玺师等信二封，上谕一塔，庐信一封，王蔼亭兄一百二十两、玉禄老爷四百两、祥和银号一百两收条各一纸，以及一切之事，谅早均为收明矣。于十四日收接八十六次之信，会来于蔼山老爷九八色银六十九两八钱六分，光德堂足纹银二千五百两、宗玺师足纹银五十三两五钱一分，统来伊信一封，薛明德兄履历一纸，平、沈等信四封，及云一切，俱已领悉，无用计念。

今收会去万全号关批足纹银一千两，无票砝，各以信为凭，言完在苏五月十七日无利交伊，其平照前比咱平每百两大三钱八分，空期一月，贴咱费银四两，至日妥交。今潘玉麟兄用过咱平捐足纹银三百四十一两一钱一分，另单呈阅，到日注账。再黄鳞兄更名之件，已托银号在部查核，准改与否，后手再报。今封去沈信一封，上谕二张，查收。刻下京中月息四厘七五仍迟，东口之利已开四厘五，对年期。专此奉上。

初四日托天成局寄去九十三次信

于前月二十八日托成天局捎去九十二次之信，内报收会去武辅亭兄足纹银二百五十两，无票砝，执去咱无号信一封，注明见信无利交付，每百两比咱平小二两九钱一分。又德成堂足纹银一千两,无票砝,每百两比咱平小二两九钱一分,言明见信速交伊号,此系高大爷经手,至日交银向伊号说知。又托高大爷捎去玉盛号三千二百五十两会票一张,并封去平、沈等信五封,及报一切诸事,谅早收阅矣。初二日仲祥兄平顺抵苏,带来九次之信,又杨万邦兄原照等,并结来路费银七十两,以及补过林老爷平银五两七钱一分,均已照信收注京局捎货帐。初三日收接十二次来札,会来万全号足纹银一千两,并潘玉麟用过咱捐项银,又沈信一封,皆已收明领悉矣,祈勿计念。

今收会去积古堂足纹银四百两,积盛堂足纹银四百五十两,盛古堂足纹银三百五十两,俱无会票,均每百两比咱平小三两七钱,与盛古堂较去五十两钱砝一付(副),三宗均照此砝兑交。再有前会去伊银一千一百四十六两之项,今伊在苏言及,伊信内云咱京局交伊此项每百两短伊平银三钱几,是以今专较此砝,至日比兑结楚。又收会去陈进修老爷九九银四百两,无票砝,有伊信四封,其平照前会来之平,每百两比咱平小三两九钱八分,至日照信妥交,各讨收条寄苏。再有秦琛兄之议叙照,三月间李晓山兄来苏,咱与伊叙及此事,伊言仍得回去与秦某商议,如是即与咱苏局寄信,至今亦无信息,报兄知之。今封去平、沈等信十五封,查收各为转致。目下苏利仍七厘甚迟。又统去汪兆新兄由俊秀捐从九职衔履历一纸,查收递捐。又及。此上。

初九日托天成局捎去吉次之信

于初四日托天成局寄去九十三次之信,内报收会去积古堂足纹银四百两,积盛堂足纹银四百五十两,盛古堂足纹银三百五十两,俱无会票,均每百两比咱平小三两七钱,与盛古堂较去五十两钱砝一付(副),三宗均照此砝兑交。再有前会去伊银一千一百四十六两之项,今伊在苏言及,伊信云咱京局交伊此项每百两短伊平银三钱几,是以专较此砝,至日比兑结楚。又陈进修老爷九九银四百两,无票砝,有伊信四封,其平每百两比咱平小三两九钱八分,至日照信妥交,各讨收帖寄苏。再有秦琛兄之议叙照,三月间李晓山兄来苏,咱与伊叙及此事,伊言仍得回去与秦某商议,如是即与咱苏局寄信,至今亦无信息。并封去平、沈等信十五封,汪兆新兄由俊秀捐从九职履历一纸,及报一切,谅早收阅矣。

今收会去王晋益号足纹银二千七百五十两,与伊立去足色元宝银会票一张,注定在京六月初十日无利交付,校去伊五十两钱砝一付(副),每百两比咱平大四钱,每千两扣过咱银八两。又通元美足纹银二千两,仍执去咱无号信一封,注定六月初七日见信无利交伊伙段、浦二位手收,平照前每百两比咱平大三钱八分,每千两扣过咱现利银七两,至祈均为妥交。今封去吴赓熙兄由俊秀捐监生履历一纸,查收递捐。再有会去陈进修兄之项,内有交周鸣珂银一百两,此人亦已回南,至日将伊银信寄苏是妥。今存让初八日起程回铺,报知。刻下苏利名虽七厘,即六厘出放,消(销)路甚少。现下局中存银四万光累,只可缓缓安顿,实在无法。又封去沈局等信三封,查收转致。又苏局四月底存银单一纸,查阅。此。

初十日收接十三次来札　四月二十二日京申

　　启者于十七日托天成局捎去十二次之信,内报收会去万全号关批足银一千两,无票砝,各以信为凭,言定在苏五月十七日无利交伊,平照前比咱平每百两大三钱八分。又潘玉麟兄用过咱平足纹银三百四十一两(一)钱(一分),另有一单。随封去沈信一封,上谕二张,以及之事,谅早收明矣。于二十一日收接八十七次之信,随会来北公义号足纹银五百三十两,唐秋涛兄足纹银三百五十两,统来苏局三月底存银单一纸,内云一切,俱已领明,无须计念。今王家言兄用过咱平足纹银五百零六两八钱,薛明海兄用过银一百四十七两零八分,另有一单,至日注帐。今封去丙南等信二封,上谕四张,又金椿龄兄捐卫千总照、旧监照二张,查收。刻下京中月息四厘七五。余事后报,此上。

十二日收接十四次之信　四月二十六日起

　　启者于二十二日托天成局捎去十三次之信,内报王家言兄用过咱平捐足银五百零六两八分,薛明德兄用银一百四十七两零八分,另有一单。随封去金椿龄卫千总照、旧监照各一张,上谕四张,丙南等信二封,谅早均为收明矣。二十二日收接八十八次之信,会来王兰史老爷足纹银三千两,侯堃兄足纹银五百两,统来平、沈等信七封,并托王老爷所捎用货,以及伊用银之事,待伊来时照谕办理,及谕之事,俱已领悉,无须计念。今封去平、沈等信三封,上谕一塔,收阅。至于王家言兄之功名,系初十日递呈,二十四日上兑,二十六日给照,今将伊部照随书封去,至日查收转致。刻下京利四厘五迟。至于托光德堂所捎裡紬雪葛,亦已收到,报知。此。

十三日托天成局寄二次之信

　　于初九日托天成局捎去吉次之信，内报收回去王晋益号足纹银二千七百五十两，与伊立去足色元宝银会票一张，注定在京六月初十日无利交付，校去伊五十两钱砝一付（副），每百两比咱平大四钱。又通元美足纹银二千两，仍执去咱无号信一封，注定六月初七日见信无利交伊伙段、浦二位手收，平照前每百两比咱平大三钱八分。并封去吴赓熙兄由俊秀捐监生履历一纸，并报前会去陈进修兄之项内有周鸣珂银一百两，此人亦已回南，至日将伊银信寄苏是妥。并封去沈局等信三封，又苏局四月底存银单一纸，并报一切，谅该收阅矣。初十、十三日收接十三、十四次来札，云王家言、薛明德二位用过捐银已入京帐，封来金椿龄、王家言二位部照并平、沈等信，均已照谕收明领悉，勿须介意。

　　今收会去吴安泰老爷足纹银二百三十八两五钱四分，立去会票一张，注定在京见票无利交付，其平票上批明每百两比咱平大三钱二分。又侯堃兄京平曹银六十八两五钱，比咱平共小二两四钱七分，有伊信一封，至日银信妥交。再前捎过之用货，共用过铺平足纹银七十三两四钱二分，另有细单呈阅，至日注帐。今封去平铺等信二封，又苏局与侯堃兄信一封，内统伊洋钱五十元票一张，至日阅毕交付。刻下苏利六厘迟极。此上。

十七日收十五次之信　四月二十八日起

　　启者于二十六日托天成局捎去十四次之信，内封去王家言兄从九分缺间用部照一张，平、沈等信三封，及报之事，谅早收照（着）矣。今黄龄兄用过咱平捐足银二百三十六两二钱四分，另有一单，至日注帐。今封去转汉、沙、常信各一封，部监照三名，至日查收速转是妥。又封去平、沈信二封，乾亨吉信一封，上谕一张。刻下京利四厘五，钱盘三钱二分五。此。

十七日托天成局寄去三次之信

　　于十三日托天成局捎去二次之信，内报收会去吴安泰老爷足纹银二百三十八两五钱四分，立去会票一张，注定在京见票无利交付，其平票上批明每百两比咱平大三钱二。又侯堃兄京平足纹银六十八两五钱，比咱平共小二两四钱七分，有伊信一封。并报前捎过之用货，共用过铺平足纹银七十三两四钱二分,另有细单一纸。又平铺等信二封,苏局与侯堃兄信一封,内附伊洋钱五十元票一纸,及报之事,谅早收阅矣。十七日收接十五次来札,内云黄龄兄用过咱捐项银两,并统来平、沈等信三封,又汉、沙常信一总封,均已收明领悉矣。刻下苏利六厘,有行无市。今封去平甫(铺)信一封,内统乾和成会银信一封,又沈局信一封,至日查收转寄。又有汉寄京信一总封,今另为托天成局捎去,皮上写三次副信,至日查收。此。

二十二日收十六次之信　五月初四日起

启者于前月二十八日托天成局捎十五次之信,内报黄龄兄用过咱平捐足银二百三十六两二钱四分,另有一单。随封去沙、常、汉信各一封,部监照三张,平、沈等信三封,上谕一张,以及黄龄兄更名之事,费银三十二两,内有小结银四两。似此监生,凡下场考试人等,俱得出一层大结,因此咱号再三托情,才得此办。皆因今次会试场内有冒名之人,将同乡京官出具小结者受累不浅之故耳。及报之事,谅早收明矣。于初二日收接八十九次、九十次信,随会来复兴昌足纹银二千零六十两,庆恒钱店足纹银七百两,静明师足纹银七十八两四钱,统来何鳞兄等履历二纸,李保斋兄之票信一封,平、沈等信七封,庆恒钱店信一封,及谕之事,谅早收明矣。今封去史方玺、焦时璋二位部职照各二、一张,京局四月底存银单一纸,上谕一塔,大德玉信一封,至日查收转致。刻下京利四厘五、四厘二五。昌泗兄等于前月二十九日由口回京,报兄知之。今封去汉信一总封,转致。此。

二十二日托天成局捎去四次之信

于十七日托天成局捎去三次之信,并副三次信,乃系汉、常之信,内云想已早阅。今收会去源长永足纹银二百两,庆恒钱店足纹银八百一十两,又伊足纹银七百二十两,每百两比咱平均大三钱二分,仍俱无票,各有信一封。又万亨绳铺足银三百一十三两零三分,每百两比咱平大四钱,另有咱与伊清单一纸,见信一并送通(州)妥交。前三宗计(记)讨收条寄苏,万亨无用收条。又收会去程用和兄足纹银四百两,每百两比咱平大三钱二分,无票砝,有伊信一封,至日银信妥交,讨收条寄苏。今封去黄国校、朱锦文二位捐从九职三代各一纸,查收递捐。刻接十六次来札,统来焦时璋、史方玺二位部监照、京局存银单并转汉等信,均已照信收明领悉,勿须介意。今封去平甫(铺)等信十二封,查阅转寄。刻下苏利仍六厘迟极。

二十六日托天成局寄去五次之信

　　于二十二日托天成局捎去四次之信,内报收会去源长永足纹银二百两,庆恒钱店足纹银八百一十两,又伊足纹银七百二十两,每百两比咱平均大三钱二分,仍俱无票,各有信一封。又万亨绳铺足银三百一十三两零三分,每百两比咱平大四钱,另有咱与伊清单一纸,见信一并送通(州)妥交。前三宗记讨收条寄苏,万亨无用收条。又收会去程用和兄足纹银四百两,每百两比咱平大三钱二分,无票砝,有伊信一封,至日银信妥交,讨收帖寄苏。并统去黄国校、朱锦文二位捐从九职三代各一纸,以及平铺等信十二封,及报之事,想早呈明矣。

　　今收会去通元美足纹银四千两,伊执去咱二千两无号信二封,注定六月二十一、二十七日见信各无利交伊银二千两,仍交伊伙段、浦二位手收,合空伊期一月,每千两扣咱银七两。又东来钱店足纹银一千九百零八两,每百两比咱平大三钱二分,系江淮四帮交伊之银,无票砝,随统去对票一纸,又信一封,至日送通(州)照对票无利交付,将对票一并抽回寄苏。再有金殿勋兄会来之银,今伊送来银三百两,咱已如数收了,报兄知之。苏仍收京局银二百五十两,据伊云及此次官词(司)甚为得意。今封去平甫(铺)等信六封,查收转致。苏利仍照前报。此。

二十八日托天成局寄去六次之信

　　于二十六日托天成局捎去五次之信,内报收会去通元美足纹银四千两,每百两比咱平大三钱八分,伊执去咱二千两无号信二封,注定六月二十一、二十七日见信各无利交伊伙银二千两。又东来钱店足纹银一千九百零八两,每百两比咱平大三钱二分,系江淮四帮交伊之银,无票砝,随统去对票一纸,又信一封,至日送通(州)照对票无利交付,将对票一并抽回寄苏。并报金殿勋兄会来之银,今伊送来银三百两,咱已如数收了。苏仍收京局银二百五十两,据伊云及此次官词(司)甚为得意。以及统去平铺等信六封,及报诸事,想早收阅矣。

　　今收会去黄经邦兄足纹银五百五十四两,每百两比咱平大三钱二分,无票砝,有伊信一封,至日送通(州)照信交付,讨收条寄苏。今封去周学浩兄由俊秀捐从九职,黄伟、司霭云二位由俊秀捐监生履历各一纸,查收递捐。又平铺等信六封，查收转寄。刻下苏利五厘，仍是迟滞。此。

六月（十六封）

六月初一日收十八次之信　五月初九日起

启者于初七日托广泉泰捎去十七次之信，内报收会去洪兴、三义号关批足银二千两，言定不立票砝，各以信为凭，在苏六月初六日无利交伊，其平照前每百两比咱平大三钱六分，并封去沈信一封，及报之事，谅早阅明矣。刻下京利四厘二五迟。此。

同日收十九次之信　五月十二日起

于初九日托天成局捎去十八次之信，内报之事，谅已收照矣。今收会去万全号关批足纹银二千两，无票砝，各以信为凭，言定在苏六月二十二日无利交伊，每百两比咱平大三钱八分，合空伊期四十天，每千两贴咱银十两。又言明如早用三五天，念在相好，妥交是妙。今托丰裕瑞捎去缙绅三部，至日转送与斯馨堂一部、庐公记一部、苏局一部，所用之钱京局出过帐，至日查收。今封去庆恒钱店七百两收条一纸，静明师七十八两四钱收条一纸，朱昌颐老爷要信一封，查收速转，此位现得云南副主考，报知。刻下京中月息四厘，松江色一两九钱。

再者今天王锡九老爷来咱号验票，除三十二两而外，另有库平一千二百两会票一张，系由苏四月十九日立票，票注亦系即兑，但咱号信虽未接到，谅该无错，报知。又封去东望兄用货单一纸，至日办妥，乞赶十、冬月捎回平铺。此。

初二日托天成局捎去七次之信

于前月二十八日托天成局捎去六次之信，内报收会去黄经邦兄足纹银五百五十四两，每百两比咱平大三钱二分，无票砝，有伊信一封，至日送通（州）交付，讨收条寄苏。并封去周学浩兄由俊秀捐从九职、黄伟、司霭云二位由俊秀捐监生履历各一纸，平铺等信六封，及报一切，谅早收阅矣。月之初一日接得十八、十九次来札二封，会来洪兴、三义号足纹银二千两，万全号足银二千两，俟期交付。并统来庆恒钱店七百两、静明师七十八两四钱收条各一纸，朱昌颐老爷要信一封，东望兄用货单一纸，及谕诸事，均已收明领悉矣。

今收会去通元美足纹银二千两，仍执去咱无号信一封，注定在京七月初二日见信无利交伊伙段、浦二位手收，其平照前每百两比咱平大三钱六分。又元成钱店足纹银一千五百两,每百两比咱平大三钱二分,无票砝,有伊信一封,言定见信速为送通(州)无利交付,讨收条寄苏。今封去李兆春兄由俊秀捐监生履历一纸,至日递捐。又苏局五月底存银单一纸,平、沈等信五封,查收转寄。刻下苏利仍五厘迟极。

再有弟带来春帆李老爷用货单一纸,内有玳瑁手镯五付(副),此货在苏大概找买,奈苏莫(没)有此物,即有者其细如灯草,恐不合适,至日向伊说知,所有别货,遇妥即为捎去。此上。

初三日收接十七次来札　五月初七日京申

启者于初四日托天成局捎去十六次之信,内封去史方玺兄部监照二张,焦时璋兄从九照一张,京局四月底存银单一纸,上谕一塔,大德玉记信一封,转汉、常信一总封,及报之事,谅已收明矣。今收会去洪兴、三义号关批足纹银二千两,言定不立票砝,各以信为凭,在苏六月初六日无利交伊,其平照前会过之平,比咱平每百两大三钱六分,合空伊期一月,每千两贴咱费银十两,至日妥交。刻下京中月息四厘二五迟,钱盘三钱二分五厘,折一二钱,松江色一两六七。今封去沈信一封,上谕三张,至日查收。文英于初六日回里,报兄知之。余事再报,专此奉上。

同日(六月初三日)收接二十次来札　五月十六日京申

启者于十二日托天成局捎去十九次信,内报收会去万全号关批足纹银二千两,无票砝,言定在苏六月二十二日无利交伊,平照前比咱平每百两大三钱八分。又言明如伊欲早用三五天,亦可交付。又托丰裕瑞记捎去苏用缙绅三部,庐公记、斯馨堂缙绅各一部。随封去庆恒钱店七百两、静明师七十八两四钱收条各一纸,上谕二张,朱朵山老爷要信一封,东望兄用货单一纸,及报之事,谅早均为收明转致矣。同日收接九十一次信,会来王兰史老爷库平足纹银一千二百两,玉盛号会借来咱头白宝银三千二百五十两,统来平铺等信六封,及云一切,俱已领悉,无须计念。至于王兰史老爷会借咱银两,听伊口气,大约总在二千两之数,待伊用过,多寡再报兄知。

至云前号收揽捐项情形,如伊等二十一二两即收,弟等核算,按咱二十六(两)过账,实属不敷其数,即将南北收会票项日期、贴费等等添在其中,焉能相补。再将京局仅余色银一两八钱均算在内,亦补不起,照此尚差银十期八两,想是伊等京中另有取巧之处,或者以图现为订兑用项,尚是希冀苏利一时之大区划也。但咱号如遇利佳,丁兑用项虽可,然亦得顾算盘可敷否,其银号便宜处,实不敢领教。况亦非早年可比,近来焉能差许多。比如苏先收银,及至京交兑上库,日期不要少算,按前拉后扯四十天,再加由京往一转个月光景,共得利十两零,再加京贴费六、七、八两,苏曹平内三两余,再加京成色一两六七,彻骨除尽,尚短银八两,各处费许多周章笔墨等费,实实如兄来信,咱号难以收揽。现有仲祥兄由京局至苏,京局时势一应办理,均可了然,弟等断断乎不敢稍存瞒含,致于耽误已号之处交易耳。只可兄等随时高酌核算,办理是妙。且目下风闻,库内之砝又要加重,情势尚未见准与否,预报兄知。

随封去北公义与咱苏号信一封,上谕一塔,查收。刻下京中月息四厘。又封去转庐州信一封,转致。此上。

初六日托天成局寄去八次之信

于初二日托天成局捎去七次之信,内报收会去通元美足纹银二千两,伊执去咱无号信一封,注定在京七月初二日见信无利交伊伙段、浦二位手收,其平照前每百两比咱平大三钱八分。又元成钱店足纹银一千五百两,每百两比咱平大三钱二分,无票砝,有伊信一封,言定见信速为送通(州)无利交付,讨收帖寄苏。并封去李兆春兄由俊秀捐监生履历一纸,平、沈等信五封,苏局存银单一纸,并报弟带来春帆李老爷用货单一纸,内有玳瑁手镯五付(副)在苏大概找买,奈苏地莫(没)有此货,即有者其细如灯草,恐不合适,至祈向伊说知,所有别货,遇妥即为捎去。以及一切,谅早收阅矣。初三日收接十七次、二十次来札二封,统来沈局等信,及云一切,均已领明。其丰裕所捎缙绅,刻下尚未收到。

今收会去云章徐二爷京平足纹银二千九百三十两,立去会票四张,计一千两二张、五百两一张、四百三十两一张,均注在京见票无利交付,其平票上批明每百两比咱平小三两七钱,至日妥交。今托徐二爷捎去赵铨用绣花脑塔片二顶,价银前者结过。今封去蔚盛(长)、光裕成信各一封,查收转寄。又问捐款单一纸,祈细查开明示知。目下苏利仍照前报。此。

初八日托天成局捎去九次之信

于初六日托天成局捎去八次之信,内报收会去云章徐二爷京平足纹银二千九百三十两,立去会票四张,计一千两二张、五百两一张、四百三十两一张,均注定在京见票无利交付,其平票上批明每百两比咱平小三两七钱。并托伊捎去赵铨用绣花脑裕(塔)片二顶,价银前者结过。以及统去蔚盛(长)、光裕成信各一封,又问捐款单一纸,及呈一切,谅早收阅矣。昨接汉信云周翰在彼借用过银二十七两,伊在京还咱,至日如伊还过则已,倘未还即与周藩兄结回平铺为是。今封去郑锡周兄由俊秀捐从九职履历一纸,查收递捐。又封去平、沈信以及转平等信五封,查收各为转寄。苏利五厘迟。此上。

初十日收二十一次之信　五月二十二日起

于十六日托天成局捎去二十次之信,内报甚繁,今录去原底一纸,收阅。二十一日收接九十二次之信,随会来武辅亭兄足纹银二百五十两,德成堂足纹银一千两,统来平、沈等信五封,及云一切,均已领悉。今封去平铺等信四封,查收。刻下京利四厘。刻接九十三次之信,会来积古堂足纹银四百两,积盛堂足纹银四百五十两,盛古堂足纹银三百五十两,陈进修老爷九九银四百两,统来平、沈等信十五封,汪兆新兄履历,俱已收明领悉矣。所云盛古堂言及咱号短平之说,但京局交银系按苏报之平,并未短少。伊既较来砝码,待伊到京之日与伊比兑。至于高大爷所捎玉盛号三千二百五十两会票,亦已收到。今封去潘玉麟兄贡监照二张、薛明德兄部监照二张,至日查收。此。

十一日未刻收天成局送来二十二次信　五月二十六日起

于二十二日托天成局捎去二十一次之信,内封去潘玉麟兄贡监照二张,薛明德兄部监照二张,及报之事,谅早收照矣。今叶启林兄用过咱平足银三百四十一两一钱二分,何鳞兄用过银一百一十三两一钱,另有一单,至日注帐。

兹因沈局统来南帮润德号往苏专信一封,咱沈号于本月十一日与伊觅脚动程,自沈至京,雨水过甚,道路泥泞难走,是以迟延,至今天才到。沈局信内所云,教赶六月初三、四日一准到苏,以刻下估计,万赶不及矣。今专天成局送去,限定六月初十日午时到苏,言明脚力纹银二十六两,在京付过银十三两,下余十三两到苏找付。早到一天加银二两,如过午时罚银二两,如十一日到罚银四两。何日到苏,付伊银多寡,可出京局捎货帐,往京、沈寄信题明是妙。

又封去萧老爷信一封，唐大少爷信一封，丙南信一封，至日收阅。刻下京利四厘。再有随仲祥兄开去弟用竹节衫一件，遇妥速为捎来是祝。刻下京中雨水过多。此。

十二日托天成局寄去十次之信

于初八日托天成局捎去九次之信，内报接汉信云周翰在彼借用过银二十七两，伊在京还咱。至日如伊还了则已，倘未还即与周藩结回平铺。并封去郑锡周兄由俊秀捐从九职履历一纸，又平、沈等信五封，及报诸事，想早收阅矣。初十日接收二十一次来札，封来潘玉麟、薛明德二位部照，亦已收明。十一日未刻接得二十二次来札，云叶启林等二位用过捐银已入京帐，封来润德号等信，均已照信收明领悉矣。如天成局迟到一天，咱苏找与伊银九两，已出京捎货帐，京局与沈算可也。初九日收会去通元美足纹银三千两，仍执去咱无号信一封，注定在京七月初九日无利交伊伙段、浦二位手收，平照前每百两比咱平大三钱八分，会规照前，至日妥交。

再报，咱苏局以刻下计算，除定交会项，存银无几。京收口标大德玉等号之银，无须往苏兑会。看来苏地到八、九、十、冬月之利息，该不至于微小。如苏局后手收项湧广，弟想从苏往京、平随时顶兑，庶觉上算。至于京收绸缎客之银，陆续往苏收会可也。

再者道昌之议叙，存让回里时路过扬州，教与包大兴商酌。今接存让来信，云及大兴暂无宗项，将履历带回平铺。兄所要竹节衫等物，遇顺即为捎去。今封去平、沈等信八封，查收各为转致。目下苏利五厘仍迟。此。

十六日托天成局捎去十一次信

于十二日托天成局寄去十次之信，内报收会去通元美足纹银三千两，无票砝，执去咱无号信一封，注明在京七月初九日无利交伊伙手收，每百两比咱平大三钱八分，至日妥交。并报十一日未刻天成局送来二十次信，咱苏局找与伊银九两，已出京捎货帐，京局与沈结算可也。再有咱苏局以刻下计算，除交票项，存银无几，京收口标大德玉等号之银，无须兑会。看来苏地下半年之利，该不至于微小。所有收绸缎客之银，陆续会来可也。至于道昌之议叙一事，存让回里路过扬州，与包大兴商酌，云及刻下无此宗项，是以将履历带回平铺，报知。并统去平、沈等信八封，以及一切，想早均为收知矣。

　　今收会去赵瑞庵兄足纹银一千三百六十两，无票砝，有伊信一封，言明见信送通（州）庆恒钱店收，每百两比咱平大三钱二分，讨收帖寄苏。又通元美足纹银二千两，无票砝，执去咱无号信一封，注明在京七月末见信无利交伊伙浦、段二位手收，每百两比咱平大三钱八分，共扣过咱现利银一十三两，至祈均为妥交。今随统去平铺等信三封，查收各为转致。目下苏利仍五厘。此。

十八日收二十三次之信

　　于前月二十六日卯时专天成局送去二十二次之信，限定六月初十日午时一准到苏，可付伊脚力银十三两，早到一天加银二两，如过午时罚银二两，如十一日到罚银四两，何日到苏，付银若干，出京捎货帐，往京、沈寄信题明。内报叶启林兄用过咱平足纹银三百四十一两一钱二分，何鳞兄用过银一百一十三两一钱，另有一单。随封去萧老爷（等）信三封，及报之事，谅早收明矣。二十九日收接吉次之信，会来王晋益号足宝银二千七百五十两，通元美足纹银二千两，统来苏局四月底存银单一纸，吴赓熙兄三代单一纸，沈局等信三封，以及周鸣珂兄一百两银信，原退会南，皆已领明，无用计念。

　　今收会去洪兴、三义号关批足银二千两，无票砝信，言定在苏六月二十九日无利交伊，平比咱平每百两大三钱六分，空伊期一月，每千两贴咱银十两，至日妥交。今封去周鸣珂兄原信一封，庐信一封，查收转致。刻下京利四厘。

　　所有捐项，真乃里紧外松。刻下库内收平加重，各号皆要每百两比前加平一两才收，此系常捐。其大捐目下大势，名字亦罕，只言照旧不涨，报知。酌谅（量）收揽为妙。

　　今王兰史兄会借去咱九九银五百两，平照会来之平每百两比咱平小三两六钱，与咱立来会（借）票一张，注定自六月初一日按月七厘与咱行息，在苏七月内本利还咱，今将伊借票随信封去。此宗利息、贴费等等，念在与咱苏号交厚，均为（未）加算，报知。又封去黄龄兄贡照二张，查收。此。

同日又收二十四次之信　六月初三日起

　　于初一日托王兰史兄捎去二十三次之信，内报甚繁，今录去原底一纸呈阅。至于前信封去周鸣珂兄一百两银信一封，京局亦已收苏之帐。所有郝怡曾兄银十两，在京未用，仍在苏交伊，京、苏不须过账。今封去京局五月底存银单一纸，查阅。刻下京利四厘。此。

二十二日托天成局寄去十二次之信

　　于十六日托天成局捎去十一次之信，内报收会去赵瑞庵兄足纹银一千三百六十两，无票砝，有伊信一封，言明见信送通（州）交庆恒钱店收，每百两比咱平大三钱二分，讨收帖寄苏。又通元美足纹银二千两，无票砝，执去咱无号信一封，注明在京七月末见信交伊伙浦、段二位手收，每百两比咱平大三钱八分，至祈均为妥交。并统去平铺等信三封，以及之事，谅该呈明矣。十八日收接二十三次原底一纸，同日又接二十四次之信，内会来洪兴、三义号足纹银二千两，周鸣珂兄九九银一百两，并王兰史兄会借来咱九九银五百两，俱照信收交。以及统来京局五月底存银单一纸，俱已收明领悉矣。惟王兰史兄捎咱二十三次正信，刻下尚未收到。

　　今收会去德华江二爷足纹银七百两，立去会票一张，注定在京见票无利交付，其平票上批明每百两比咱平大三钱二分，至日厚道妥交。今托沈凤台老爷捎去兄用二兰小宫绸袍料一件、竹节衫一件、水烟袋一杆、汉转来潮烟斗二个，至祈查收。所有价值，后手一并结呈。再，倘沈老爷向咱号借用银两，祈兄不可应承。此位朋友系弟出京路友，甚为朴诚，刻下系候选知县，恐伊出仕，不免开口，预为报知。今随封去平、沈等信五封，查收各为转致。目下苏利五厘平和。此。

二十四日收二十五次之信　六月初八日起

　　于初三日托天成局捎去二十四次之信，内报郝怡曾兄银十两，在京未用，仍在苏交伊，京、苏不须过账。并封去京局五月底结存银单一纸，及报之事，想早收阅矣。今王兆新兄用过咱平捐银一百一十三两一钱六分，吴赓熙兄用过银一百四十四两三钱二分，另有一纸，至日注帐。刻下京利于昨日已涨至五厘，皆因数日间本标上家陆续有些交项，兼之城里印子行湧出钱票，以致钱盘涨落不稳。刻下钱盘三钱二分五，折四钱，钱利八九厘至一分，松江色二两一钱。今封去沈信一封，内统来润德号之会票，暂无妥便，后手再为寄去。

　　刻接二次之信，会来吴泰安老爷足纹银二百三十八两五钱四分，侯堃兄足纹银六十八两五钱，统来众伙友用银花单一纸，均已收注苏帐。又封来平铺等信二封，及谕之事，俱领悉矣。刻又接三次来札，统来平铺信一封，乾和成会银信一封，沈局等信，均已照信收明矣。今封去转汉信一总封，查收转致。

又启者今收会去潘兴记关批足银三千三百两，立去会票一张，注定在苏六（七）月初八日见票无利交伊现银，无硋，其平票上批明每百两比咱平大三钱六分，空伊路期一月，每千两贴咱费银七两，至日妥交。此。

二十七日托天成局捎去十三次之信

于二十二日托天成局寄去十二次之信，内报收会去德华江二爷足纹银七百两，并立去会票一张，注定在京见票无利交付，无硋，每百两比咱平大三钱二分，至日妥交。并报托沈凤台老爷捎去兄用二兰宫绸袍料一件、竹节衫一件、水烟袋一杆，汉转来潮烟斗二个，至祈查收，所有价值随后结呈。以及统去平、沈等信五封，想早均为收知矣。二十四日接得二十五次来札，内会来潘兴记足纹银三千三百两，照票交付。并王兆新、吴赓熙二位用过咱捐项银两。随封来沈信一封，均已收明领悉矣。今封去宋大烈兄由试用县主簿今捐过班分发履历一纸、清单一纸，又朱士佳兄由俊秀捐从九职履历一纸，查收递捐。又平铺等信七封，查收速为转致。目下苏利六厘平和。此。

七月（十三封）

初二日托天成局寄去十四次之信

于前月二十七日托天成局捎去十三次之信，随封去宋大烈兄由试用县主簿今捐过班分发履历一纸、清单一纸，此位功名如正项相符，与伊办理，倘有不对速为示明，以便回复。又朱士佳兄由俊秀捐从九职履历一纸，至祈均为递捐。又平铺等信七封，以及一切之事，谅该呈明转致矣。

今收会去钟佩贤足纹银一千两，无票硋，有伊信二封，每百两比咱平大三钱二分，至日银信速为妥交，讨收帖寄苏。今封去郑步墀兄由俊秀捐监加捐贡生履历一纸，查收递捐。又苏局六月底存银单一纸，平、沈等信十封，至日各为转致。昨日接得王兰史兄捎来咱二十三次正信，内附会票、贡照，已收明领悉矣。目下苏利六厘快。此。

初六日托天成局捎去十五次之信

于初一日托天成局寄去十四次之信，内报收会去钟佩贤兄足纹银一千两，无票砝,有伊信二封,每百两比咱平大三钱二分,至日银信速为妥交,讨收帖寄苏。并封去郑步墀兄由俊秀捐监加捐贡生履历一纸,苏局六月底存银单一纸,平、沈等信十封,以及一切,想早收明转致矣。

至于苏地利息,于初四日已涨至七厘。刻下用项虽少,银两仍然不多,看其大势,后首之利总许增涨。近来苏地时势,有银则疲,无银则快,一来周行不多,二则放帐之家存银比前几年少之多矣,所以甚不方常。随封去平、沈等信三封,查收转致。此。

初七日专天成局送去十六次信（言明纹银二十二两,当付过十八两,早到一天不加,迟到一天罚银二两,讨回信）

于初六日托天成局捎去十五次之信,随封去平、沈等信三封,以及一切,谅该收知矣。今收会去子廉程老爷曹平足纹银四百两,无票砝,有伊信一封,言明见信交付,每百两比咱平大三钱二分,至日银信妥交,讨收帖寄苏。又书亭萧老爷曹平九六兑足纹银七百两,立去会票一张,注定在京见票无利交付,无砝,其平票上批明每百两比咱平小三两七钱,至祈照票妥交。

再者章秋亭老爷倘有与萧老爷要信、(部)照物等,与伊赶快寄来,或觅脚亦可,勿误为妥。今封去蔚泰(厚)、金殿勋兄等信三封,查收转致。今托祝九爷捎去玉咀十个带铜头、卧龙丹十瓶、鸿仁用程香茧袍料一件,所有价值随后结呈。又金殿勋兄送兄等宁绸马褂料十件,至祈均为查收。又祝九爷会借去咱平足银一百两,无票信,至日向王五爷收索为妥。今又封去萧老爷专信一封,至日速送章秋亭兄收,勿误。目下苏利七厘快。

初八日收二十六次之信　六月十五日起

于初八日托天成局捎去二十五次之信,内报收会去潘兴记关批足银三千三百两,立去会票一张,注定在苏六(七)月初八日见票交伊,无砝,票上批明每百两比咱平大三钱六分。又汪兆新兄用过咱平捐银一百一十三两一钱六分,吴赓熙兄用过银一百四十四两三钱二分,另有一单。随封去沈信一封,转汉信一总封,及报之事,谅早收明矣。十二日收接四次之信,内会来源长永足纹银二百两,庆恒钱店足纹银八百一十四、又伊足纹银七百二十两,万亨绳铺足纹银三百一十三两零三分,统来伊清单一纸。又程用和兄足纹银四百两,封来黄国校兄等履历二纸,平铺等信十二封,俱已收明转致矣。

今收会去潘仁孚源记关批足纹银三千两,立去会票一张,注定在苏七月十三日无利交伊,无砝,每百两比咱平大三钱,合空期三十天,每千两贴咱银五两五钱,至日妥交。今封去何鳞兄从九照一张,沈、庐等信四封,查收转致。刻下苏利五厘迟极,松江色二两一。又封去庆恒钱店、源长永等收帖,又汪兆新兄从九照一张,查收。又黄桂兄用货单一纸,办妥速捎平铺,用银若干一并结回可也。此上。

同日收二十七次之信　六月二十日起

于十五日托天成局捎去二十六次之信,内报收会去仁孚源关(批)足纹银三千两,立去会票一张,注定在苏七月十三日无利交付,无砝,每百两比咱平大三钱。随封去何鳞、汪兆新二位兄从九照各一张,沈、庐等信四封,庆恒钱店(等)收条四纸,董桂兄用货单一纸,及报之事,谅早收明矣。至于黄国校、朱锦文兄之功名,亦已递捐,各用过咱平银一百一十三两一钱,另有一单,至日注帐。今封去吴赓熙兄监照、叶启林兄贡照各二张,萧老爷信一封,又沈信二封,俞老爷等收帖,至祈均各查收。刻下京利四厘五迟。此。

初十日托天成局捎去十七次之信

于初七日觅天成局步脚送去十六次之信,内报收会去程子濂老爷足纹银四百两,无票砝,有伊信一封,每百两比咱平大三钱二分,至日银信妥交,讨收条寄苏。又书亭萧老爷曹平九六兑足纹银七百两,立去会票一张,注定见票无利交付,票上批明每百两比咱平小三两七钱,至日照票妥交。此系萧老爷专脚与章秋亭之信,如伊有与萧老爷要信、部照等件,赶快捎来,或觅步脚,章某自有嘱托咱号。随封去蔚丰、金殿勋兄等信三封,又托祝九爷捎去玉咀十个(带铜头)、卧龙丹十瓶、鸿仁程香茧袍料一件。又金殿勋兄送兄等宁绸马褂十件,至日查收。又祝九爷会用过咱平足银一百两,至日向王五爷收。及云之事,谅早收知矣。初八日收接二十六、二十七次信二封,随会来仁孚源足纹银三千两,并封来何鳞等部照四名(张),亦已收明。又朱、黄二人用过捐银已入京帐,及云一切,俱已领悉。今收会去瞿吉人兄足纹银七百一十四两八钱,无票砝,每百两比咱平大三钱二分,有伊信一封,言明八月十三日交付,至日银信妥交,讨收帖寄苏。

刻下苏利昨日又涨(至)八厘。如此涨快,并非有成总(宗)用项,皆因近日本地钱庄俱以出银票周行,街市上现银甚缺之至。即有各处所来之标,陆续尽出上海口矣。以至做会票之家,适有五七千两交项,就得加利借银。总而言之,地方碍滞之极,生意周行不活之时也。弟想咱邑京中有庄字号接苏利大之信,总有往苏起银之家,大众一涌而起,京利谅想必涨,咱号即不举动亦可。倘利仍四五厘光景,仍先往苏起银五七万两为妙,祈兄等酌夺办理可也。孰起来银两,东口十月标可往苏收会,明年二月苏交茶庄之银,不过在苏得半年利息起见,以弟愚意,暂时苏局总不可多存银两,以防迟钝之时受滞。今封去平、沈等信三封,查收各为转致。此。

十三日收二十八次之信　六月二十三日起

于二十日托天成局捎去二十七次之信,内报黄国校、朱锦文二位各用过咱平捐银一百一十三两一钱,另有一单。随封去吴赓熙兄部监照二张,叶启林兄贡监照二张,俞老爷一百两、义丰号一百两收条各一张,宋老爷收银回信一封,沈局等信三封,以及之事,谅早收明矣。刻接五、六、七次信三封,随会来通元美足纹银六千两,东来钱店足纹银一千九百零八两,统来对票一张,又伊信一封。黄经邦足纹银五百五十四两,元成钱店足纹银一千五百两,封来伊等信各一封,苏局五月底存银单一纸,平铺等信,周学浩兄等履历三纸,及谕一切,俱已照信领明矣。

所云金殿勋兄交过咱银三百两,伊在京时与咱号言定,若交过银号曹平即会借三百两,若能交过市平以定会借银二百五十两,咱京局与银号讲之再再,则算交过市平。此情兄台在京时亦已了结,其内情节谅兄早知。今伊交到咱苏号银三百两,但不知是因何故,抑或伊未知京局交过何平,祈兄寄信题明。若是未知交过何平,祈兄将此情节告知,退还伊银五十两。念在与咱号相好,以望后日交接耳。今封去庐信一封,转汉局照信一总封,至祈查收速为转致。刻下苏利四厘五,松江色二两二光景。此。

十六日托天成局寄去十八次之信

于初十日托天成局捎去十七次之信,内报收会去瞿吉人足纹银七百一十四两八钱,无票砝,每百两比咱平大三钱二分,有伊信一封,言明在京八月十三日银信无利交付,讨收帖寄苏。并报苏利快大,倘京利仍四五厘光景,侭先往苏起银五七万两为妙,祈兄看事而行可也。又封去平、沈等信三封,以及一切,想该收知矣。十三日收接二十八次来札,内统来汉局等照信,及谕之事,俱已收明领悉矣。至于金殿勋兄还咱会项一事,弟在京时诸事明白,所有化(花)费银两交曹平、市平,彼时原属含糊交代,嗣后伊还咱之银,弟言及交过曹平,是以收过伊银三百两。况此事如此办理,伊等甚为得意,即比伊本县照此与伊结局了事。伊言与县上送礼一千余两,咱号彼此与伊费过许多心机,即多赚三五十金,亦在情理之中,祈兄不必多疑。今封去平、沈等信七封,查收各为转致。目下苏利仍八厘快。至于祝九爷,大约二十日后从苏起程,至日向王五爷说知。此。

十八日收二十九次之信　六月二十八日起

于二十三日托天成局捎去二十八次之信,随封去庐信一封,汉局照信一总封。及金殿勋兄交过银三百两,此事兄在京时亦已了结,则算咱交过银号市平,伊系会借咱银二百五十两,但不知是何故,或者伊按曹平,该交咱银三百两,但伊未知京局交过何平,祈兄寄信题明。若是不知京局交过何平,祈兄将此情节告知,退还伊银五十两,念在相好,以望后手之交易耳。虽然兄等酌夺而行,谅早均为收明矣。二十三、二十六日收接八、九次信二封,会来云章徐二爷足纹银二千九百三十两,统来问捐款一单,郑锡周兄履历一纸,蔚盛(长)等信七封,周藩与弟另信一封,并云一切,俱已收明矣。至于周翰刻下尚未抵京,待伊来时照信办理。所有李兆春等之功名,均已递捐,伊用过咱平足银一百四十七两零八分,黄伟、司霭云二位各用银一百四十五两零八分,周学浩、郑锡周二位各用银一百一十八两四钱,另有一单,至日注帐。至所问捐免离省指捐他省者,必须本人亲自进京验看,到省仍得另行试用,今开去清单一纸,查阅。又封去刘老爷信一封、转庐信一封,至祈查收转致。刻下京利四厘五,松江色二两一二光景。此。

二十日收接三十次来札　七月初二日京申

启者于前月二十八日托天成局捎去二十九次信,内报李兆春兄用过咱平捐足纹银一百四十七两零八分,黄伟、司霭云二位各用过银一百四十五两零八分,周学浩、郑锡周二位各用过银一百一十八两四钱,另有一单,以及呈报捐免离省人员捐他省者,必须本人亲自进京验看,仍得另新试用。随开去清单一纸,转庐一信,上谕一搭,刘老爷一信,谅早收阅。刻接十次之信,会来通元美记足纹银三千两,封来平、沈等信八封,以及一切之事,俱已照谕领明,无用计念。

今封去平信一封,沈信二封,蔚盛信一封,复茂号用货单一纸,京局六月底存银单一纸,上谕一搭,至日查收。今封去黄经邦兄五百五十四两、元成钱店一千五百两收条各一纸,查收。至于由京往苏收会情形,即如兄来信办理甚妙,定于不由口、成、重收会各处交项。再说道昌议叙功名,既未赶及,已是本非当紧之事。其清泉李老爷用玳瑁手镯,今随封伊指明地名一条,言何(荷)护连(莲)、里扁前圆,自然可宽不细矣,照条办理,缓时妥捎可也。别货有便先与寄捎来为妥。刻下京月息四厘五,松江色二两二光景。此上。

二十日托天成局寄去十九次之信

于十六日托天成局捎去十八次之信,内报金殿勋兄还咱会项一事,弟在京时诸事明白,所有化(花)费银两、交曹平市平,彼时原属含糊交代,嗣后伊还来咱银,弟言及交过曹平,是以收过伊银三百两。况此事如此办理,伊等甚为得意,即比伊本县与伊结局了事。伊言及与县上送礼一千余两,咱号彼此与伊费过许多心机,即多赚三五十两,亦在情理之中,报兄知之。并封去平、沈等信七封,及报诸事,想早收阅矣。十八、二十日收接二十九、三十次来札二封,云李兆春兄等用过捐银,照单已入京帐。封来捐款单,复茂号、李老爷用货单各一纸,兼黄经邦兄、元成收条各一纸,以及平、沈等信,俱已收明领悉矣。今收会去于湘皋兄咱平足纹银一百三十两,无票砝,有伊信二封,至日照信交付,各讨收帖寄苏。今封去平、沈等信六封,查收转致。目下苏利仍八厘,大势银两尚是不多。此。

二十四日收三十一次之信　七月初七日起

于初二日托天成局寄去三十次信,随封去平信一封,沈局、蔚盛信各一封,黄经邦、元成钱店收帖各一纸,复茂号用货单一纸,清泉李老爷用玳瑁手镯地名样式一条,并报之情,谅该收阅。今天接得十一号来札,会来赵瑞庵兄足纹银一千三百六十两,通元美足纹银二千两,统来平铺等信三封,均各领明,按期妥交，勿须计念。

至于屡会来通元美之银，虽系无利，然京局遇有宗项，即可陆续收会，照此即得一处空期、贴费，亦算美事。不然近来生意，非照此诚无宗项可做。且此号京中收银，比前几年甚是与咱顺通和（厚）道。看来各处交易总得作养，不然主顾之间即不主顾，别号拉去矣。谨防做宗得意交易，连手起坐，稍有讲就，有损无益矣。弟即吃过此亏，如弟呈兄等此情，谅不介意是祷。又封去孙友渔兄信一封，转致。刻下京利四厘七五、五厘。此。

二十七日托天成局捎去二十次之信

于二十日托天成局寄去十九次之信，内报收会去于湘皋兄咱平足纹银一百三十两，无票砝，有伊信二封，至日银信妥交，各讨收帖寄苏。并封去平、沈等信六封，以及之事，谅早呈明矣。二十四日接得三十一次来札，随封来孙友渔兄信一封，及云诸事，均已领明矣。

今收会去蒋大人足纹银一万二千两，与伊立去四千两会票二张、二千两二张，均注定在京见票无利交付，较去咱一百两钱砝一付（副），比咱平每百两小二两七钱五分，至祈照票砝妥交，每千两贴过咱费银十两，大约伊总得八月底可以到京。此项银两，系浙臬司文庆蒋大人进京引见化（花）费所用。伊管事门政玉亭洪二爷恐其零碎使用，不免开写小票等说，因此又带去咱无号信一封，至祈总宜厚道相待，以图久交之故。又托伊捎去箧包一个，内计京局用货另单呈阅，共用过咱平足银三十零五钱九分，至祈查收注帐。今封去平铺等信三封，查收转致。又敦泰号用货单一纸，办妥遇便捎来。目下苏利仍八厘平和。此。

八月（十八封）

初二日托天成局捎去二十一次之信

于前月二十七日托天成局捎去二十次之信，内报收会去蒋大人足纹银一万二千两，与伊立去四千两会票二张、二千两二张，均注定在京见票无利交付，较去咱一百两钱砝一付（副），比咱平每百两小二两七钱五分，至祈照票砝厚道妥交。伊管事门政洪玉亭兄又带去咱无号信一封，恐其零碎使用开写小票之说。又托伊捎去箧包一个，内计京局用货，另统去花单一纸，共用过咱平足纹银三十两零五钱九分,至祈查收注帐。并封去平铺等信三封,又敦泰号用货单一纸,以及一切,想该收到矣。

今收会去陈云锦云记咱平足纹银二千六百两,立去会票一张,注定在京九月二十一日无利交付,较去伊五十两钱砝一付(副),至祈照砝妥交,每千两扣过咱现利银十四两。再报祝九爷于初一日启程北上,又会借过咱平足纹银一百两,前后共借银二百两,至日向王五爷收索。又托伊捎去转平图书纸包一个、蔚丰厚钱砝一付(副),至祈连前托伊捎去物件,均祈查收各为转致。今封去吴之藩兄由附生加捐贡生履历一纸,至日赶快递捐。又平、沈等信四封,苏局七月底存银单一纸,查阅转致。目下苏利八厘平和。此上。

初五日收接二十二次原底信一封　七月十三日起

（八月初十日收到正信一封,与此信一式,并统物件、照信收到）

启者于初七日托天成局捎去三十一次之信,随统去孙友渔兄信一封,谅早均为收明矣。

今收会去曹克忠先生足纹银一千两,与伊立去会票一张,注定在苏九月初五日见票无利交伊,无砝,其平照票上批明比咱平每百两小一两八钱六分,合空伊期二月,共贴咱费银五两,票上批明贴费在苏交咱,交伊银时扣除入苏帐。别项厚道妥交,不须弟等叙及。又随书托玉成美记捎去沈转来润德号会票三张,计银二万两,上谕一塔,至祈查收。刻下京中月息五厘平和,松江色二两光景。今随封去黄国校、朱锦文二位从九部照各一张,查收转致。

再有前会去六月十五日在苏交广发成银五千两,当原议定倘伊空期不用,咱与伊按苏市利下半点借用,在苏年底交还。此项银两在苏到期交过伊现银,或教咱借用,祈寄信题明为祝,京局以好了然此件。再有李晓山先生会侄树芳,在京托咱代捐卫千总职衔一名、监生一名、从九二名,今与伊立过在苏取照凭帖,注明在苏九月内凭帖取照。随信封去与伊开过捐生名字单一纸,俟执照发出即为寄去,祈照帖交付为妙。又封去东来钱店一千九百零八两对票二纸,广恒钱店一千三百六十两收条一纸,至祈查收。此上。

同日收接三十三次来札　七月十三日

启者于初十日托玉成美记李桂林兄捎去三十二次之信,诚恐迟延,今录去原底一纸,至日收阅。今收会去永发义记关批足纹银一千两,未立票砝,带去咱无号信一封,注明在苏八月十七日见票无利交伊伙柏年刘二爷手收,其平照去年会过之平,比咱平每百两小一两二钱六分,合空伊期三十五天,贴过咱费银七两五钱。又福兴号关批足纹银二百两,未立票砝,随封去伊信一封,言定在苏八月二十二日银信一并妥交,其平照去年会过德泰信之平,比咱平每百两小四分,合空伊期四十天,贴过咱费银一两六钱,至祈均为妥交。今封去庐信一封,上谕四张,查收。刻下京中月息五厘、四厘七五,钱盘三钱二分,折五六钱,松江色二两光景。

至于常捐,如从九、监生前信已报,各银号俱照旧不收,此刻果然。按弟等之见,至年尽有半载,南北过账,虽无余剩,只可照旧,望兄等聪明合算,不误收揽为妙。惟大捐以此刻大势俱少,料想秋季各外省许有赶九月办理名字,望兄等如大捐名字,乘此赶办之际,切宜手松些,到许至临时交兑,有宗项胜无宗项,其银数几千两以及万数八千两者,更宜迁就让一二点,有益时多,此情不待弟冗(陈)呈,兄等久知。倘遇沾光,京、苏何必拘定限制过帐,况限来数。十年间,咱号各处捐项,苏局首一,常局在二,其余不须指望。现在光景,时势所及,显非人力所为,奈何!此上。

同日收接三十四次来札　七月十六日京捎

启者于十三日托天成局捎去三十三次信,内叙甚繁,今录去原底一纸,至日收阅。昨接东口来信,在彼与隆和永记定会过苏交伊银一万两,伊在口七月十七日交咱足纹银,按月二厘口规与伊行息,利在口结,在苏腊月初十日无利交伊西批足纹银,如迟交三五天,按苏利扣加,两无贴费,空期已定,不立会票,各以信为凭,其平照伊合砝兑,比咱平每百两大四钱六分,至日注帐。会此项时,尚未接到苏局不欲之信,后由于口定于不收成重(宗)之项。今封去平铺信一封,兄台信一封,程效濂信一封,上谕四张,黄伟、李兆春、司霭云三位部监照各二张,郑锡周、周学浩二位从九照各一张,至日均为查收转致。刻下京中月息四厘五,松江色一两九,钱盘三钱二分,折三四钱。此上。

初五日托天成局寄去二十二次之信

于初二日托天成局捎去二十一次之信,内报收会去陈云锦云记咱平足纹银二千六百两,立去会票一张,注定在京九月二十一日无利交付,较去伊五十两钱砝一付(副),至祈照票砝兑交。又祝九爷于初一日启程,又会借过咱平足银一百两,前后共借银二百两,至日向王五爷收索。又托伊捎去转平图书纸包一个,蔚丰钱砝一付(副),至祈连前托伊捎去物件,均为查收。随封去吴之藩兄由附生捐贡生履历一纸,平、沈等信四封,七月底存银单一纸,及报诸事,谅早收阅矣。刻接三十三、三十四次来札二封,附来三十二、三十三次原底各一纸,内收会来曹克忠兄足纹银一千两,永发义足纹银一千两,福兴号足纹银二百两,隆和永足纹银一万两,均俟期交付。统来黄伟等各位部照,并平铺等信,均已照信收明领悉矣,勿须介意。惟玉成美捎咱三十二次信,刻下尚未收到,俟收到再报。所云苏局六月半交广发之银五千两,伊从山内会出,五、六月代伊交银五千两,则算两项已过。所有日期长短,按六月半在苏结楚,勿须计念。

今收会去唐秋涛老爷足纹银三百四十两,立去一百两会票一张,二百四十两会票一张,均注定在京见票无利交付,其平票上注明照前每百两比咱平大三钱二分,共贴过咱银二两三钱八分。又升记足纹银四百两,立去会票一张,注定在京九月初四日无利交付,其平无砝,每百两比咱平大三钱二分,至祈均为妥交,此宗扣过咱现利银四两。今封去平铺信一封,查收转寄。刻下苏利八厘快。此。

初八日收三十七次专信一封　七月二十六日起

于二十二日托天成局捎去三十六次之信,内报朱世佳用过咱平捐足银一百一十三两一钱六分,另有一单。及报宋大烈兄之功名,例载考选议叙人员正银一百二十两,捐纳人员系二百二十两,今伊虽是吏员出身,已遵筹备例加捐县主簿,此乃则算归于捐纳例内,不能以议叙作算。随统去清单一纸,又沈局等信二封,及报一切,谅早收明矣。二十三日收接十五次之信,同日未刻天成局送来十六次之信,随会来程子濂老爷足纹银四百两,书亭萧老爷足纹银七百两,又祝九爷会借来足纹银一百两,统来萧老爷与章秋亭兄信一封,平、沈等信六封,以及托祝九爷所捎用货,刻下尚未收到,及云一切,俱已领明矣。

再者屡接来信,云苏利已涨至七厘,今又闻新泰(厚)接到初九日苏起之信,又涨至八厘。弟等察其来信,后平(手)利息尚许增涨,况咱苏局除未交票项,无甚银两,是以定于二十八日着自伙九经兄往苏起银七万来两,预报兄知,祈兄见信或该何以安动（顿），先为斟酌办理为妥。今耳闻日升（昌）亦往苏起银七八万两，起身日期亦许在三五天内，报知。今封去蔚盛（长）、蔚丰（厚）信各一封，程子濂老爷回信一封、四百两收帖一纸，钟佩贤兄一千两收帖一纸，苏局原封来信皮一纸，至祈查收。

刻下京利昨日五厘五，皆因日升（昌）、光庆等号借银之故，报知。今觅天成局送去此信，限定八月初十日晚间一准到苏，早到一天加银二两，迟到一天罚银四两，何日到苏往京捎信题明。言明脚力纹银二十二两，在京付过银十八两，下短四两到苏找伊。专此奉上。

初九日托天成局捎去二十三次之信

于初五日托天成局寄去二十二次信，内报收会去唐秋涛老爷足纹银三百四十两，立去一百两会票一张，二百四十两会票一张，注定在京见票无利交付，其砝每百两比咱平大三钱二分。又升记足纹银四百两，立去会票一张，注定在京九月初四日无利交付，无砝，每百两比咱平大三钱二分，至祈均为妥交。并封去平铺信一封，想早均为收致矣。初八日天成局送来三十七次来信一封，内统来蔚盛厚等信二封，程老爷等回信、收帖，以及咱起标之事，俱已收明领悉矣。所有天成找银，苏局亦已找清。至于宋大烈兄之功名，暂且不可与伊递呈，准要候咱苏局与伊商酌妥式，该如何办理即为奉报。倘赶九月底截，则获信不到，亦不可递呈，谨计，谨计。再报三十二、三十五、三十六次信，刻下尚未收到。

今收会去张怀仁老爷足纹银一百一十三两，比咱平共大三钱八分。又方心简老爷足纹银一百两，比咱平共大三钱二分。二宗均无票砝，各有伊信一封，至祈均为照信妥交，各讨收帖寄苏。又洪兴号于初八日会用过咱足纹银一千两，无票砝，与咱写来无号信一封，今随信统去，言明在京见信无利交咱，其平照会来之平，每百两比咱平大三钱六分，至日照信收索，共扣过伊现利、贴费银二十三两。今封去平铺等信四封，阅毕各为转致。目下苏利仍八厘平和。此上。

十二日收接三十五次来札　七月二十日京申

启者于十六日托天成局捎去三十四次之信，内报从口与隆和永记定会过苏交伊银一万两,伊在口七月十七日交咱足纹银,按月二厘口规与伊行息,利在口结,在苏腊月初十日无利交伊西批足纹银,如迟交三五天,按苏利扣加,两无空期、贴费,已定不立票砝,各以信为凭,其平照伊会砝兑,比咱平每百两大四钱六分,照此后平(口)已定不会成重(宗)之项。随封去平铺信一封,兄台家信一封,程效濂信一封,上谕四张,黄伟、李兆春、司霭云三位部监照各二张,郑锡周、周学浩二位从九照各一张,及报一切之事,谅早均为收明矣。十九日收接十二、十三次之信,会来德华江二爷足纹银七百两,统来宋大烈兄等履历二纸,清单一纸,平、沈等信十二封。至于托沈老爷捎弟之用货,刻下尚未收到。以及一切,均已收明领悉矣,无须计念。今封去沈信一封,上谕一塔,与周藩兄另信一封,至日均为查收。刻下京中月息四厘五,松江色一两八九之谱。

今收会去洪兴、三义号关批足纹银二千两正,未立票砝,各以信为凭,言明在苏八月二十日见信无利交伊,其平照前会过之平,每百两比咱平大三钱六分,合空伊期一月,每千两贴咱费银九两,至祈妥交。此奉上。

同日收接三十六次来札　七月二十二日京申

启者于二十日托天成局捎去三十五次之信,内报收会去洪兴、三义号关批足纹银二千两,未立票砝,各以信为凭,言定在苏八月二十日见信无利交付,去(其)平照前会过之平,比咱平每百两大三钱六分。随封去沈信一封,上谕一塔,与申甫兄另信一封,及报之事,谅早均为收明矣。刻接十四次之信,会来程佩贤兄足纹银一千两,统来郑步墀兄履历一纸,苏局六月底结存银单一纸,平、沈等信十封,以及之事,俱已领明,无须计念。今朱士佳兄用过咱足纹银一百一十三两一钱六分,另有一单注帐。至于宋大烈兄之功名,例载考选议叙人员捐分发正银一百二十两,捐纳人员系二百二十两。今伊虽是吏员出身,已遵筹备例加捐县主簿,此乃则算归于捐纳班内,不能以议叙作算。今随开去清单一纸,收阅。祈兄见字将此情由向前途叙明,或办与否,速信示知。倘伊愿办,若赶九月底到京,必须化(花)赶费十数两,报兄知之。今封去沈信一封,上谕一塔,查收。刻下京中月息四厘五、四厘七五,松江色一两七八。特此奉上。

十三日托天成局捎去二十四次之信

于初九日托天成局捎去二十三次之信,内报收会去张怀仁兄足纹银一百一十三两,比咱平共大三钱八分。又方心简兄足纹银一百两,比咱平共大三钱二分。二宗均无票砝,各有伊信一封,各讨收条寄苏。并报洪兴号于初八日会借去咱足纹银一千两,无票砝,随封去伊与咱写来无号信一封,言明在京见信无利交咱,每百两比咱平大三钱六分。及宋大烈兄之功名,暂且不可递呈,准候苏信办理。并封去平铺等信四封,及呈一切,想早收阅矣。初十日收接李桂林兄捎咱三十二次信,内封来润德号二万两会票三张、黄国校等部照,东来钱店等收条,均照信收明,勿须介意。十二日又收三十五、三十六次来札二封,会来洪兴、三义号足纹银二千两,俟期交付。朱士佳兄用过捐银已入京帐。并封来沈局等信,皆已收明领悉矣。今封去胡礼贤兄由俊秀捐监生、加捐贡生履历一纸,查收递捐。刻下苏利仍八厘平和。又封去平、沈信各一封,查明转寄。余事后呈,特此奉上。

十八日托天成局寄去二十五次之信

于十三日托天成局捎去二十四次之信,内封去胡礼贤兄由俊秀捐监生、加捐贡生履历一纸,并封去平、沈信各一封,及呈一切,谅早收阅矣。所有宋大烈兄之功名已定不办,祈将伊原履历寄苏。今封去平、沈等信五封,查阅各为转致。目下苏利仍八厘迟。此。

二十日收三十八次原底　七月二十八日起

于二十六日专天成局送去三十七次信,内呈咱号定于往苏送银七万余两,随封去程子廉老爷回信一封、四百两收条一纸,钟佩贤兄一千两收条一纸,蔚盛、蔚丰信各一封,苏局信皮一纸。并云此信定于八月初十日晚间一准到苏,早到一天加银二两,迟到一天罚银四两,迟早到苏寄信题明,京中先付伊脚力纹银十八两,下短银四两在苏找结。及报一切,谅不迟误,按日收阅,兄等预为调度可也。

今九经兄于二十四日平顺抵京,询及兄等尊府,俱各清泰,无须计念。今伊逢吉动身,跟镖车三辆,每辆装标箱八只,共计二十四只,计合足银六万八千六百两,又九九松江银五千四百两,统共合咱平银七万四千两,随开去号码一折，至日查收。至于此次办理，缘三几天，日期甚急，所以银色未免无暇过细，且又遇承光庆、日升昌二号俱加利借银，因而即便有功夫，时亦不能顺手挑拣，将此情呈兄知之。随带去盘费银二百五十两，至于车价，每车京钱八十五千文，标兵三人，每人工价银十八两，酒钱在外。

随开去京伙用货一单，萧大年兄部监照二张，杨鸿棠、赵铄兄二位从九照各一张，查收。其捎去众号物件，另有折呈阅。有随兄开去大花绫里，不知捎起否，如未捎起，赶快捎来五几匹为祝。此。

同日收三十九次之信　八月初一日起

于二十八日九经兄带标逢吉动身，带去三十八次之信，内报甚繁，今录去原底一纸，收阅。今封去平铺等信二封，转庐信一封，查收转致。刻下京利，昨日已跌至五厘五，松江色一两七八。

再有今春寄去六十二次信，内封去京局画灯样纸三块，如画成已是，若未画起，祈兄赶快画成，仍画付书，以好随九经兄带京为妥，所用之银，结在盘费内可也。断不可不言不办，后手京中用时，多出价买，亦无好货。

刻接十七次来札，会来瞿吉人兄足宝银七百一十八两八钱，统来平、沈等信三封，内谕一切，已领悉矣。遇便与铺中捎来痧药十两，将价结来，注京捎货帐。此。

同日收四十次之信　八月初三日起

于初一日托天成局捎去三十九次信，随封去平、沈等信二封，转庐信一封。言及今春寄去六十二次信，内统去京局画灯样纸三块，如画现成，或尚未画，祈兄等赶快画成，仍画付书，以好随九经兄带京为妥。数次烦渎兄等，皆因前次画来全是关夫子故事，不好呈挂。又京局用痧药十两，及报之事，谅早收阅矣。今封去章老爷要信一封，此信系左(昨)天送来，至日转致。目下京利五厘五活动，九九色银一两七八。又封去庐信一封，查收转致。此。

二十一日托天成局寄去二十六次信

于十八日托天成局捎去二十五次之信，内报宋大烈兄功名已定不办，祈将伊原履历寄苏。并封去平、沈等信五封，及报一切，谅早收阅矣。二十日收接三十九次、四十次来札二封，统来三十八次原底信一纸，以及平铺等信，皆已照谕收明领悉，祈勿介意。所要纱灯片已经照样定出，俟画就速为捎去，其痧药亦随后捎去。今封去平、沈信各一封，查收转寄。刻下苏利仍八厘迟。此。

二十三日收四十一次之信　八月初七日起

　　于初三日托天成局捎去四十次之信，随封去章秋亭兄要信一封，转庐信一封，及报之事，谅早收明矣。

　　今由口与永兴玉定会汉收苏交伊银三千五百七十三两六钱五分，咱在汉腊月内代伊收货之银三千九百九十二两九钱，以八九五扣足银三千五百七十三两六钱五分，在苏来年二月末无利交伊，较去五十两钱砝一付（副），比咱平每百小二两一钱八分，钱砝伊自带苏，许咱迟早交三五天，按苏利扣加，每千两贴咱费银七两。又与兴玉和定会汉收苏交伊银五千五百一十八两零五分，咱在汉腊月内代伊收货之银六千一百六十五两四钱二分，以八九五扣足银五千五百一十八两零五分，平砝、交期、会规与永兴一式，亦较去五十两钱砝一付（副）伊带苏。又与德生世定会苏交伊足银二千二百四十五两三钱八分，又与伊定会银六千一百九十九两零二分，咱在徐（沟）、谷、交（城）邑腊月内代伊收货之银，在苏来年二月半无利交伊。又与德生世定会苏交伊足银六千一百八十八两九钱四分，咱在徐、谷、交腊月内代伊收货之银，在苏来年二月半无利交伊。二宗之平均照会砝，平每百两比咱平大四钱八分。又广发成定会银三千五百两，咱在谷、徐腊月内收货之银，在苏来年二月半无利交伊足银，平照会砝每百两比咱平大三钱二分。以上三号之银，均许咱迟早交三五天，按苏利扣加，每千两皆贴咱银七两，至日妥交。

　　今封去京局七月底存银单一纸，收阅。今天日升昌又往苏起运银八九万两，至于汉收苏交永兴玉、兴玉和二宗之平，与往年之平不一，因伊等今岁重较砝码。刻下京利五厘七五、六厘，银两缺少，松江色一两六七。此。

二十四日收四十二次之信　八月初九日起

　　于初七日托天成局捎去四十一次信，复报甚繁，今录去原底一纸，收阅。昨天收接十八、十九次之信，随会来于湘皋兄足纹银一百三十两，统来平、沈等信十三封，并谕一切，均已领悉矣。今由卫收会去天和恒关批足银二千两，与伊立去会票一张，注定在苏冬月初十日无利交伊，无砝，每百两比咱平小一两一钱，至日妥交。所以如此会法，皆因与咱号屡年交易，是以仅空期九十余天。

再有郑步墀兄之功名，今部内驳出，伊曾祖名帝春，因帝字犯圣讳，总得更改才可办理，至日向前途叙明，或改何字寄信示明，并非咱号可作主之事。

刻下京利五厘七五、六厘，银两不多，松江色一两六七。今封去平铺信一封，又光裕堂等信三封，转致。此。

二十四日托天成局捎去二十七次之信

于二十一日托天成局寄去二十六次之信，随统去平、沈信各一封，及呈一切，想早收照矣。二十三、二十四日收接四十一、四十二次来札二封，会来汉收苏交永兴玉足纹银三千五百七十三两六钱五分，兴玉和足纹银五千五百一十八两零五分，又平收苏交德生世足纹银二千二百四十五两三钱八分，又伊足纹银六千一百九十九两零二分，世德全足纹银六千一百八十八两九钱四分，广发成足纹银三千五百两，以上六宗俱已注折，但不知过何处之帐，再寄信祈为示知。又会来天和恒足纹银二千两，照票交付。并统来平铺等信四封，京局存银单一纸，以及一切，均已领明矣。至于郑步墀兄之功名，已与经手人说明，或改何字，俟有信再为奉知。今封去福兴号二百两收帖一纸，查收。又平铺等信二封，阅毕各为转致。目下苏利八厘甚迟。此。

三十日专天成局送去二十八次之信

于二十四日托天成局捎去二十七次之信，内统去福兴号二百两收帖一纸，又平铺等信二封，及呈一切，谅早收照矣。二十七日九经兄平顺抵苏，勿用计念。并带来三十八（次）信一封，又捎大年等三位部照，均已收会领悉矣。

今收会去姚老爷足纹银二千八百两，与伊立去一千两会票二张，八百两一张。又陈老爷足纹银二千四百五十两，立去二千两会票一张，三百两一张，一百五十两一张。以上均注定在京见票无利厚道交付，二宗公较去伊五十两钱砝一付（副），每百两比咱平大三钱二分，每千两贴过咱银八两。又于湘皋兄咱平足银十六两，无票，有伊信一封。又萧书亭兄足纹银一百两，比咱平共小三钱六分，无票砝，有伊信一封，在京见信交章秋亭收。二宗讨收帖寄苏。今洪兴号会用过咱足纹银一千两，每百两比咱平大三钱六分，与咱写来无号信一封,今随信封去,注明在京见信无利交咱,共扣过伊贴费、现利银二十五两,至日向伊收索。今封去平、沈等信六封,阅毕转致。目下苏利八厘仍迟。

再报又在九经盘费内收过京九九银二百两,则算共收京局九九银五千六百两,至日注帐。又封去王宗濂兄由二卯捐足知县、今捐分发指明江苏省履历一单、部照一张,至祈赶快与伊递呈上兑。

今觅天成局送去此信,限定九月十六日到京,早到不加,迟到一天罚银二两,如迟早到寄信示明,所有脚银苏局付清。大约王宗濂兄九月初三日由苏动身,报知。此。

九月(十五封)

初三日托天成局捎去二十九次之信

于前月三十日专天成局送去二十八次之信,内报收会去姚老爷足纹银二千八百两,与伊立去一千两会票二张,八百两一张。又陈老爷足纹银二千四百五十两,立去两千两会票一张,三百两一张,一百五十两一张。以上均注定在京见票无利交付,二宗公较去伊钱砝一付(副),每百两比咱平大三钱二分。又于湘皋兄咱平足纹银十六两,无票,有伊信一封。又萧书亭兄足纹银一百两,比咱平共小三钱六分,无票砝,有伊信一封,至日照信各位妥交,讨收帖寄苏。又洪兴号会用过咱足纹银一千两,每百两比咱平大三钱六分,与咱写来无号信一封随信统去,注明在京见信无利交咱,至日向伊收索。并封去平、沈等信六封。又王宗濂兄由二卯捐足知县、今捐分发指明江苏省履历一纸、部照一张,至日赶快与伊递呈上兑。因日期缺短,觅天成局送去,限定九月十六日到京,早到不加,迟到一天罚银二两,如迟早到寄信示明。及报之事,想该呈明矣。

今王宗濂兄进京,收会去伊足纹银四百一十四两,无票砝,每百两比咱平大三钱,与伊立去会票一张,注定在京见票无利交付。伊又言及恐会去之银不敷用,要向咱京局会借银三五百两。如不用则已,若用时祈兄交付,教伊立票在苏还咱。所有伊办理引见等事,祈兄等凡事厚道照应,以全与咱相好多年之情。又托伊捎去茅五兄信一封,白纸包一个,毛毡一个,至日查收,照伊信转致为妥,讨一回信寄苏。今封去苏局八月底存银单一纸,平、沈等信三封。又复开去王宗濂兄履历一纸,以防前信到迟,至祈均为查阅。再有郑步墀兄之功名,伊曾祖帝春,今已改为常春,至日更正,速为递捐。刻下苏利八厘平和。此上。

初四日收接四十四次来札　八月十五日京申

　　启者于十二日托天成局捎去四十三次之信,内封去朱士佳兄从九照一张,赵沄兄卫千总照一张、旧监照一张。至日将赵沄兄之照,连前捎去赵铄兄等之照,存放苏号,待李梅芳兄执咱京局与伊开过取照条去取,一并交付为妥。又封去瞿吉人兄七百一十四两八钱收条一纸、回信一封,上谕一塔,李大爷用货单一纸,及报之事,谅早收明矣。十三日收接二十次之信,会来蒋大人足纹银一万二千两,封来平铺等信三封,敦泰号用货单一纸。并托蒋大人所捎用货,刻下尚未收到。用过之银,已入苏帐。及谕之事,俱已领悉,无须计念。

　　今收会去洪兴、三义号关批足纹银一千五百两,无票砝,各以信为凭,言定在苏九月十七、八日至二十日无利交伊,平照前比咱平每百两大三钱六分,合空伊期三十六七天,每千两贴咱费银一十二两。刻下京中月利六厘平和,松江色一两六七。

　　再蔚丰(厚)定于十六日往苏送银七万余两,定准三大车,报兄知之。所有纬堂兄宜早搭伴转京。再者敦泰号所要登坛必究律书一部,访问再再,近来京中无此版,现有一二家有此书者,俱系旧货,而且价值总在三几十两之谱,至祈向伊叙明,或捎与否示信办理。随封去与金殿勋兄信一封,阅毕转交是妥。此上。所报缙绅随蔚丰带去。至于李清泉兄用货,难以推却,望祈随便寄捎,且非要紧用货,或转平捎来不误。此上。

同日收接四十六次来札　八月二十一日卯时申

　　于十六日托蔚丰厚捎去四十五次之信,内报托伊捎去敦泰号用阿胶一斤,用过京钱八千七百五十文,回春丸三十粒、京钱六百文。又咱号送金殿勋兄缙绅二部,随封去上谕二张,及报之事,谅早收明矣。十八日收接二十一次之信,随会来陈云锦云记咱平足纹银二千六百两,祝九爷会借来咱平足纹银一百两,并托伊所捎之用货、钱砝,刻下俱未收到。随封来吴之藩兄履历一纸,平、沈等信四封,苏局七月底结存银单一纸,及云之事,俱已领悉,无须计念。

　　今封去沈信二封,查收。至于沈信内云,已定本月初八日动身往京运银六万余两,俟到来时看京、苏两处之利如何,或京用或运苏,再为详报。但京中之利,现下虽六厘,有行无市,数天以来无借银之家,若再过三二天仍无借主，定是微小情形。且京局月底月初即有一二万用项，可指天津收沈靛行宗项，照此沈来之项多，于是向东宝。据弟拙见，由京一直转运于苏局，庶觉比京中压日多出成色银合算在内，所虑者苏利恐不能八厘站稳，然即以到苏，利微跌至六厘，强于在京出放五几厘矣。况咱前起运之项，如兄来信可赶高利出放得大利。今此项运去即便不及前利，丁（顶）交冬季票项，不至受滞无处安顿。虽是此意，尚不能完准，预呈兄知。再有沈凤庐老爷所捎用货，亦已收到。

今专天成局送去章秋亭兄与萧翻老爷照信一封，限定九月初五一准到苏，如迟到一天罚银二两，言定脚力纹银十六两，在京先付过伊银十四两，下短二两到苏找付。如伊迟到，在苏按日扣除，至日转致，与伊结算，收京局浮记账为是。

再屡与友信，祈为熟阅，倘字语间不通处，以及说不明处，望兄涂改另为书好交代是妙，以免惹笑，失字号之名分耳！今随封去陈启迈老爷三十两、范友之兄一百两收帖各一纸，上谕一塔，又封去平信一封，咱与萧四老爷信，转致。此上。

另启者，所报吴之藩兄之功名，恐有欠考之说，今已在部查出，伊系因丁忧两次所致，与部友盘桓，总得将伊何年月日丁忧日期，或丁父忧或丁母忧逐细开明尚可办理，大约准得化（花）部费银二十几两，不然即不能办理。或是如何，候兄来信办理。此上。

初六日收接四十三次来札　八月十二日京申

启者于初九日托天成局捎去四十二次之信，内报由卫收会去天和恒记关批足纹银二千两，与伊立去会票一张，注定在苏冬月初十日无利交伊，无砝，其平照旧比咱平每百两小一两一钱，至日妥交。以及郑步墀兄之功名，因伊曾祖名帝春，帝字犯圣讳，部内驳出，总得更正才可办理，至日向前途叙明，或改何字，寄信题明。随封去平铺等信四封，谅早收阅矣。

今封去朱士佳兄从九照一张，赵沄兄卫千总、旧监照各一张，至日查收。将赵沄兄之照，连前捎去赵铄兄等之照，存放咱苏号，待李梅芳兄执咱京局开过取照条去取，一并交付为妥。刻下京中月息六厘平和，松江色一两六七。又封去瞿吉人兄七百一十四两八钱收条一纸、回信一封，上谕一塔，李大爷用货单一纸，查收办理为妥。此上。

初七日托天成局寄去三十次之信

　　于初三日托天成局捎去二十九次之信,内报收会去王宗濂兄足纹银四百一十四两,无砝,每百两比咱平大三钱,与伊立去会票一张,注定在京见票交付。伊又言及恐会去之银不敷其用,向咱京局会借银三五百两。如不用则已,若用时祈兄交付为妥,教伊立票在苏还咱。至于伊引见等事,望兄等厚道照应,皆因素日与咱交厚,是以如此。又托伊捎去茅五兄信一封,白纸包一个,毛毡一个,至日查收,照信转致为妥,讨一回信寄苏。并封去苏局八月底存银单一纸,平、沈等信三封,王宗濂兄履历一纸,以及郑步墀兄之曾祖帝春今改为常春,想该一并知悉矣。初四日收接四十三、四十四、四十六次信三封,内封来朱士佳、赵沄二位部职照,平、沈、萧老爷等信,范友之、瞿吉人等收帖,李老爷用货单,并会来洪兴、三义足纹银一千五百两,俱已收明领悉。

　　至于吴之藩之功名,已定不办理,祈将伊履历寄苏。敦泰号所要登坛必究书,亦不必买,报知。再有蔚丰捎咱四十五次信并物件,尚未收到,俟收到再报。伟堂大约初十外可以搭伴动身赴京。今封去褚如林兄由俊秀捐从九职履历一单,查收递捐。又平、沈等信五封,阅毕各为转致。目下苏利仍八厘显迟。此。

初十日收接四十五次来札　八月十六日京申

　　启者于昨日托天成局捎去四十四次之信,内报收会去洪兴、三义号关批足纹银一千五百两,无票码,各以信为凭,言定在苏九月十七、八日至二十日无利交伊,平比咱平每百两大三钱六分。随封去与金殿勋兄信一书,以及敦泰号所要登坛必究律书一部,访问再再,近来京中无有此版,现有一二家有此书者,俱系旧货,而且价值总在三几十两之谱,至日向伊叙明,或买与否,示信办理。及报之事,谅早收明矣。今托蔚丰厚捎去敦泰号用阿胶一斤,用过京钱八千七百五十文,回春丸三十粒,京钱六百文,至日查收注帐。又咱号送金殿勋兄缙绅二部,转致。刻下京中月息六厘平和,松江色一两六七。又封去上谕二张,查收。此上。

同日收接四十七次来札　八月二十四日京申

　　启者于二十日晚刻专天成局送去四十六次信,限定九月初五日一准到苏,早到不加，迟到一天罚银二两，京中现付过伊曹平九八纹银十四两，欠银二两在苏找结。内缄章秋亭兄与萧翺老爷照信一封，所用脚银，即系与伊专信，注京局捎货帐。又封去平、沈信三封，陈启迈老爷三十两、苏友之兄一百两收帖各一纸，上谕一塔，咱与萧翺老爷信一封，阅毕封口妥交。及呈吴之藩兄之功名，已在部查出系因两次丁忧所致，总得将伊何年月日丁忧日期或丁父忧或丁母忧逐细开明，大约部费银二十几两，尚可办理，不然即不能办理，望兄向伊叙明，或是如何，听兄信可也。以及一切，谅该收阅明矣。至于沈标，二十二日秉寅兄亦跟来银六万四千余两，内有九九松江银一万七千两，其余俱系东宝，此项如前信呈兄，本欲往苏运，又思咱苏局并非有急用交项，原以估计合算利息之见，诚恐不能如前七八厘，现在京利六厘，虽不显快，有借者就得此利，元宝六厘五，且咱号月初交项亦在二万光景，指天津收项，目下收项不多，仅可顶交彼处票项。另收沈交之项，通（州）有约会，不能定准。且在京顶兑用项，报兄知之。俟十、冬月或转年正月间再看京、沈光景收项如何。

　　心纯于二十一日平顺来京，由京赴沈询悉兄等尊府均佳，勿须远念。再者京利以刻下看来，亦无甚增涨，望兄等示。惟如蒋大人之件，即顶期宗项，切勿让出，由京一转即可。况东口近年之票，年年主顾总得应承五几万两，就是遇此不愿收会年，岂能不答应些。倘要回顾眼下，惹失交易不浅，况近来时势，更加新立字号几家，想兄等均知。

　　志一堂定于二十六、七日往苏运银七八万两，全是关东宝。日升昌所来之银，亦系出于伊号，报兄知之。

　　随封去沈信一封，上谕一塔。至于沈转来董大生号一百两会票，已定托志一堂二十八日捎去。刻接二十二次之信，随会来唐秋涛老爷足纹银三百四十两，升记足纹银四百两，统来平信一封，内云之事，已领悉矣。专此奉上。

十一日托天成局捎去三十一次之信

　　于初七日托天成局寄去三十次之信，内报吴之藩兄之功名已定不办，将伊履历寄苏。敦泰号所要之书亦不必买，并统去褚如林兄由俊秀捐从九职履历一纸，又平、沈等信五封，及报一切，谅早收知矣。初十日接得四十五、四十七次来札二封，内情均已领悉矣。所有蔚丰捎咱缙绅、阿胶等物，均已收到。惟志成信捎咱会票，尚未收到，俟收到再报。

今收会去练大人足纹银一百五十三两，无砝，每百两比咱平大三钱，与伊立去会票一张，注定在京见票无利交伊，至祈妥交。再报纬堂定于十五日与宗灏相随动身进京。今封去平、沈等信八封，至日阅毕转致，沈阳之信到日速寄。目下苏利八厘仍显迟。

所有咱关东起京之银，前日接兄来信，云及东宝苏用成色上算，即后手苏利跌至六七厘，比京出放亦合算。弟阅此信，甚为同心，主见却（确）高，以为此银必运苏矣。嗣后又接来信，此项在京安顿，可惜可惜！但志一堂起来东宝，以关批每宝多则补一钱，少则补五六分，即顶足色，伊所余色银连利钱、脚费全有了，真真上算，报兄知之。此。

十六日托天成局寄去三十二次之信

于十一日托天成局捎去三十一次之信，内报收会去练大人足纹银一百五十三两，无砝，比咱平每百两大三钱，立去会票一张，注定在京见票无利交伊。并统去平、沈等信八封，以及一切，想早呈明矣。今收会去玉成美足纹银一千三百两，无票有砝，每百两比咱平大二两一钱二分，有伊信一封，此信并钱砝伊托伟堂捎去，俟伟堂到日，照砝交付伊号为妥。又收会去张邦佐老爷足纹银四百两，立去会票一张，注定在京见票交付，无砝，其平票上批明每百两比咱平小三两七钱，至祈妥交，此宗贴过咱费银四两。再伟堂于十五日与毛宗灏起程赴京，捎去兄等用货，另折呈阅，共用过咱平纹银四十四两零八分。所有苏地大势，俟伊到日面呈其详。今封去平、沈等信五封，查收各为转致。目下苏利仍八厘平和。此。

十八日托天成局捎去三十三次之信

于十六日托天成局寄去三十二次之信，内报收会去玉成美足纹银一千三百两，无票有砝，每百两比咱平大二两一钱二分，此银候伟堂到日照砝妥交。又张邦佐兄足纹银四百两，立去会票一张，注定在京见票交付，无砝，每百两比咱平小三两七钱，至祈均为妥交。并报伟堂于十五日北上，捎去兄等用货，另折呈阅，共用过咱平纹银四十四两零八分。以及统去平、沈等信五封，想该均为收知矣。

今收会去斯馨堂曹平九八兑足银七百两，无票砝，有伊信一封，又伊同长茂银号足兑票一纸,至日银信妥交,抽兑票寄苏,其平照前会之平,每百两比咱平小一两六钱二分。今封去沈信一封,查收转致。目下苏利仍八厘平和。此。

同日接四十八次之信　八月二十八日起

　　于二十四日托天成局捎去四十七次信,内报二十二日沈共来银六万四千余两,内有九九银一万七千两,此项银两如前信呈报,意欲往苏运动,又思咱苏局本非有急需之项,原以估计南北利息起见,恐咱号之银到,彼利息不能如前七八厘,现在京利六厘,且咱号月初交项亦在二万余两,天津收沈之票不能指项,以定京用,不往苏运动。随封去沈信一封,又于二十六日托志一堂捎去大生号一万两会票一张,及报之事,谅早收明矣。二十五日收接二十三次信,随会来张怀仁兄足纹银一百一十三两,方心简兄足纹银一百两,洪兴号会借来咱足纹银一千两,此银未接苏信,伊号亦已付来,封来平铺等信四封,以及一切,俱已领明矣。

　　再心纯与秉寅今天赴沈,报知。封去庐信一封,朱昌颐等信二封,查收转致。刻下京利昨日已涨至六厘五,足宝七厘,松江色一两六七,钱盘三钱一,折六七钱,利息稍好些,钱盘微小所赶。况咱与日升(昌)沈标俱归于志一堂运苏,大约不速。大德玉、隆和又有锦(州)标来京。交蔚丰(厚)等票项,倘不运苏在京使用,京利岂能增涨,望兄台不必俱京利快大,如有苏收京交之项,会来为妙。此。

同日收四十九次之信　八月二十九日起

　　于二十八日托天成局捎去四十八次之信,随封去庐局等信三封,以及京交之项,望兄合算会来为妙,及报之事,谅早收明矣。今随去平信一封,查阅。刻下京利六厘五、七厘,松江色一两六七。此。

二十二日托天成局寄去三十四次之信

　　于十八日托天成局捎去三十三次之信,内报收会去斯馨堂曹平九八兑足银七百两,无票砝,有伊信一封,又伊同长茂银号兑票一纸,至日银信妥交,抽兑票寄苏,每百两比咱平小一两六钱二分。并封去沈信一封,及报之事,谅早收阅矣。是日收接四十八、四十九次来札,统来平铺等信,并谕一切,皆已领明。其志成信捎咱会票，今日亦以已收到，勿念。今封去施文虎兄由俊秀捐监生履历一纸，查收递捐。又平、沈、公记等信四封，至日查阅转致。刻下苏利仍八厘，大势银两不多。此。

二十五日收五十次之信　九月初二日起

于前月二十九日托天成局捎去四十九次之信，内封去平信一封，谅早收照矣。今收会去庆泰正西批足银一千二百两，无票砝，各以号信为凭，言定在苏十月初十日无利交伊，比咱平每百两小一两二钱二分，空伊期四十天，贴咱费银一十四两，至祈妥交。今封去京局八月底存银单一纸，收阅。刻下京利六厘五、七厘，松江色一两六七。此。

二十七日托天成局寄去三十五次之信

于二十二日托天成局寄去三十四次之信，随封去施文虎兄由俊秀捐监生履历一纸，又平、沈、公记等信四封，及报之事，想该收知矣。二十五日收接五十次来札，内会来庆泰正足纹银一千二百两，并统来京局存银单一纸，俱已收明领悉。

今收会去均和堂足纹银五百两，无票，有伊信二封，其平与庆泰兴公校准五十两钱砝一付（副），每百两比咱苏平大四钱，至日见信银信酌量先为交付。至于砝码对与否，俟伊伙王爷到日再为比兑可也。今封去吴允奎兄由俊秀捐从九职履历一纸，又平、沈等信五封，查收各为转致。刻下苏利仍八厘平和。此上。

十月（十七封）

初二日收接五十一次来札　九月初七日京申

启者于初二日托广泉泰捎去五十次之信，内报收会去庆泰正记西批足纹银一千二百两，无票砝，各以信为凭，言定在苏十月初十日见信无利交伊，平比咱平每百两小一两二钱二分，至祈妥交。随封去京局八月底存银单一纸，上谕一塔，谅早均为收明矣。初五日收接蒋大人带来咱无号信一封，又签包一个。初七日又收二十四、二十五、二十六次信三封，统来胡礼贤兄履历一纸，平、沈等信九封，及谕诸事，均经领明，勿烦计念。

今封去上谕一塔，沈信一封，王五爷、祝兰台兄与咱号信各一封，宋大烈兄原履历一纸，冀廷楷兄用水烟袋单一纸，至日均为查收。再遇便与咱京局捎来一尺二水烟袋一杆，尺寸样式，照前捎来之式，连前开去之用货，办妥速为捎来是祝。刻下京中月息七厘平和，钱盘三钱一分，折五钱，松江色一两六七。再祝九爷所捎之用货，今已收到，报知。此上。

再者，至日祈将南边今年年岁丰收与否，寄信详细题来一笔。此系宗玺七老爷向咱查听之语，祈兄等与宗玺师另寄一信，南省年景以及一切地皮光景如何，均祈注明是祝。又及。

同日收接五十二次来札　九月十二日京申

启者于初七日托天成局寄去五十一次之信，内报宗玺师在京问询南省年景如何，至日祈兄等与宗玺师另寄一信，将南省年岁、地皮一切光景，均祈详细题明。随封去上谕一塔，沈信一封，王五爷、祝兰台兄与咱号信各一封，宋大烈兄原履历一纸，冀廷楷兄用水烟袋单一纸。又报与咱京局捎来一尺二水烟袋一杆，尺寸样式照前捎来之式，连前开去之用货，办妥速为捎来，谅早收阅明矣。

今收会去德泰信记关批足纹银七百两，未立票砝，言定在苏十二月二十五六日在汇源药行无利交伊，讨收条存苏，其平照去年会过之平，比咱平每百两小四分，咱在京收过伊足纹银五百两，九九银二百两，未补咱色，净合空伊路期三个半月，至日妥交。今封去平、沈信二封，上谕一塔，丙南信一封，萧老爷信一封，连收过张怀仁兄一百一十三两收条一纸，至日均为查收转致。

刻接二十七次之信，统来福兴号二百两收条一纸，平铺等信二封，内谕之事，已领悉矣。至汉收苏交永兴玉、兴和玉之银，仍照旧苏、汉过帐。谷收苏交德生等号之银，至日出京之帐为是。今胡礼贤兄用过咱平足纹银三百四十两零一钱一分，另有一单，至日注帐。又封去庐信一封。刻下京中月息七厘，钱盘三钱一，不折，松江色一两六七。此上。

同日收接五十三次来札　九月十四日京申

于十二日托天成局寄去五十二次之信，内报收会去德泰信记关批足纹银七百两正，无票砝，各以信为凭，定于在苏十二月二十五、六日无利交伊，平照往年会过之平，比咱平每百两小四分。随封去平、沈信二封，丙南信、萧老爷信，连宅收过张怀仁兄一百一十三两收条、转庐信各一件，上谕一塔，并呈胡礼贤兄用过咱平捐足纹银三百四十两零一钱一分，另有一单注帐。所说汉收苏交永兴玉、兴玉和之银，仍照旧苏、汉过帐，谷收苏交德生泰等三号之银，出京之帐为是。另启捐输单一纸，如有托咱办理者，望兄等照单收揽，庶觉有化（划）算，想该收阅明矣。

兹因王济者前托咱与伊令堂撰寿文转苏等情，已经早恳名家费神用机作好，况求作者情分，亦归于咱号，是以将原单封苏，望兄暂存苏局，候伊到苏之日交伊可矣。

再者德泰信陈大爷今天言及，苏郡南濠庐家巷汇源行有造（遭）灾之情形，会去伊号之银，暂不可声名（明），俟后该何以交代，再为复信详呈。至于前信呈报腊月二十五、六日交期，可按二十五日交注帐。

再者所有苏局存李炘兄之照，今西顺兴号向咱号言及，教将伊之照仍捎回京，至日祈兄等托妥捎来为是。刻下京利今日已涨至八厘、八厘五，银两仍是缺少，祈兄等将京利往汉、常、沙寄信题一笔。今封去平信一封，上谕一塔。至于京中利息渐渐起色，皆缘九月底大捐截与不截，亦无甚重（要），顺天（府）办捐输者甚是踊跃，所以至于银两空虚，兼之钱盘微小，今天已至三钱零五，折五六钱，以银易钱者甚多。看其光景，京利尚许增涨快大，一时不能微小，报兄知之。此上。

初三日托天成局寄去三十六次信

于前月二十七日托天成局捎去三十五次信，内报收会去均和堂足纹银五百两，无票，有伊信二封，其平与广泰兴公校准五十两钱砝一付（副），每百两比咱苏平大四钱，至日银信先为交付。至于砝码，伊伙王爷到日再为比兑可也。并统去吴允奎兄由俊秀捐从九职履历一纸，又平、沈等信五封，及呈一切，谅早收明矣。刻接五十一、五十二、五十三次信三封，内会来德泰信足纹银七百两，候再信交付。并胡礼贤兄用过咱捐项银两，以及统来平、沈等信，均已照信收明矣。所要水烟袋，遇妥再为捎去。

今收会去钟殿选老爷曹平足银五百两，立去会票一张，注定在京见票无利交付，其平票上批明每百两比咱平大三钱二分，至日妥交。此人系进京引见,倘伊向咱京局要会借银两,则可推辞,不必应承为嘱。又收会去复兴昌足纹银一千两,每百两比咱平大四钱,无票砝,有伊信一封,至日银信妥交,讨收条寄苏为要。今封去苏局九月底存银单一纸,又平、沈信各一封,查收转寄。刻下苏利仍八厘。此。

初五日收五十四次之信　九月十八日起

于十四日托天成局寄去五十三次之信,内报德泰信陈大爷言及苏郡南濠卢家巷汇源行有造(遭)灾情形,会去伊之银,暂为不可声名(明),俟后该何以交代,再为详报。至于交期,前信呈报腊月二十五、六日交伊,今伊要按二十五日收(交),至日将帐改注。再有苏局存李炘兄之照,西顺兴向咱言及,教将伊之照仍捎回京,祈兄等托妥捎来为是。随封去平信一封,及报一切,谅早收明矣。十五日未刻收接二十八次信,会来姚老爷足纹银二千八百两,陈老爷足纹银二千四百五十两,湘皋于老爷足纹银十六两,堂亭萧老爷足纹银一百两。洪兴号会借来咱足纹银一千两,昨日亦已收清。封来王宗濂兄履历一纸、部照一张,以及平铺等信,皆已收明领悉矣。所有在九经盘费内收过九九银二百两,京局亦已出账。

今收会去同泰号足纹银二千两,余记关批足纹银一千两,与伊等各立去会票一张,均注定在苏十月十六日见票无利交伊等,无砝,其平均比咱平每百两大二钱八分,每千两贴咱银七两,至日妥交。今方心简老爷一百两收条一纸,又回信一封,至日收阅。刻下京中月息已涨至九厘五,足宝纹银两仍缺,钱盘三钱零五,折四五钱,松江色一两六七。此。

初七日托天成局捎去三十七次之信

于初三日托天成局捎去三十六次之信,内报收会去钟殿选老爷曹平足纹银五百两,立去会票一张,注定在京见票无利交付,其平票上批明每百两比咱平大三钱二分,至日妥交。此人系进京引见,倘伊向咱京局要会借银两,则可推辞,不必应承为嘱。又复兴昌足纹银一千两,每百两比咱平大四钱,无票砝,有伊信一封,至祈交付,讨收条寄苏为要。并封去苏局九月底存银单一纸,平、沈等信各一封,及呈一切,谅早收照矣。初五日收接五十四次来札,会来同春号足纹银二千两、余记足纹银一千两,俟期照票交付。统来方心简兄一百两收条、回信,及谕诸事,皆已领明。

今收会去玉成美足纹银四百两,无票砝,有伊信一封,平照前每百两比咱平大二两一钱二分,至日妥交。初四日托志成信捎去纬堂临行遗误竹笔筒二个、潮烟斗一个,又托伊捎去西顺兴照一包,至日查收转致。今封去平、沈等信四封,查收转寄。刻下苏利仍八厘平和。此上。

十二日托天成局寄去三十八次之信

于初七日托天成局寄去三十七次之信,内报收会去玉成美足纹银四百两,无票砝,有伊信一封,每百两比咱平大二两一钱二分,至祈妥交。并报托志成信捎去纬堂临行遗忘竹笔筒二个、潮烟斗一个、西顺兴照一包。又封去平、沈等信四封,想早均为收知矣。今收会去程子廉老爷足纹银六百四十七两六钱,无票砝,有伊信一封,言明在京见信交付,每百两比咱平大三钱二分,至日银信妥交,讨收条寄苏。又陈霁记足纹银三百两,立去会票一张,注定在京十一月二十日见票无利交付,无砝,每百两比咱平大三钱二分,至日妥交,此宗扣过咱现利银三两。今封去平、沈等信六封,查收转致。目下苏利仍八厘。此。

十六日收接五十五次来札　九月十九日京起

启者于昨日托天成局捎去五十四次之信,内报收会去同泰号关批足纹银二千两、余记关批足纹银一千两,与伊等各立去会票一张,均注定十月十六日在苏见票无利交伊等,无砝,其平均比咱平每百两大二钱八分,每千两贴咱费银七两,至日妥交。随封去方心简老爷一百两收条一纸、回信一封,上谕一塔,谅早均为收明矣。今王宗濂兄用过咱平捐足纹银二千五百七十二两,另有一单,至日注帐。今封去上谕一塔,至日收阅。刻下京利仍九厘五,元宝一分。此上。

十七日收接五十六次来札　九月二十三日京起

启者于十九日托三义号王爷寄去五十五次之信,内报王宗濂兄用过咱平捐足纹银二千五百七十二两,另有一单,随封去上谕一塔,谅早均为收明矣。今收会去泰亨锦记关批足纹银二千两,与伊立去会票一张,注定在苏十月二十三日见票无利交伊,无砝,平比咱平每百两大三钱四分。同泰号关批足纹银二千两,与伊立去会票一张,注定在苏十月二十三日见票无利交伊,无砝,平照前每百两比咱平大二钱八分,合空伊等路期一月,每千两均贴咱费银七两,至日妥交。今封去章秋亭兄一百两收条一纸,上谕一塔,查阅。刻下京利今天已微至九厘迟。但近来京中时势,微有银两即疲,若有五七家借银,利息陡涨,皆因时势碍滞之极,以致利息或涨或落,令人实难料度耳!至于章秋亭兄之收帖,因要更换,俟后再捎。此上。

同日收接五十七次来札　九月二十五日京起

启者于二十三日托天成局捎去五十六次之信,内报收会去泰亨锦记关批足纹银二千两,平比咱(平)每百两大三钱四分,同泰号关批足纹银二千两,平比咱平每百两大二钱八分,与伊等各立去会票一张,均注定在苏十月二十三日见票无利交伊。随封去上谕一塔,及报之事,谅早收明矣。二十四日收接二十九次之信,随会来王宗濂兄足纹银四百一十四两,并伊会借银两之事,待伊用时照谕办理。并托伊捎茅五爷之信物,刻尚未收到。统来伊复开履历一纸,褚如林兄履历一单,苏局八月底结存银单一纸,平、沈等信八封,以及一切之事,皆已领明,无用计念。

今收会去泰亨锦关批足纹银一千两,立去会票一张,注定在苏十月二十五日见票无利交伊,平比咱平每百两大三钱四分,空伊期一月,贴过咱费银七两。所有郑步墀兄之功名,亦已照来谕递捐,用咱平足纹银三百四十一两一钱二分,另有一单,至日注帐。今封去章秋亭兄收银回信一封,吴之藩兄履历一纸,丙南信一封,上谕一塔,转汉、沙、常信各一封,转常恒瑞庐信一封,至祈均为查收转致。

所有王宗濂兄之功名,接信后与伊赶紧递呈,并无异说。后过二天,银号与咱言及,伊系头卯盐课大使,遵二卯例捐足知县,内要加一成半过入二卯银数。弟思此项错银过多,咱号焉敢与伊作(做)主,只可待伊到京之日,再为商酌而办。所有前结去之银,亦不需改涂账目,待后如何办理,或在京与伊结楚,再为奉报兄知。刻下京利已微至八厘五迟,松江色一两六七。此上。

同日收接五十八次来札　十月初一日京起

启者于二十五日托天成局寄去五十七次之信,内报收会去泰亨锦记关批足纹银一千两,立去会票一张,注定在苏十月二十五日见票无利交伊,平比咱平每百两大三钱四分。又郑步墀兄之功名,已照来谕递捐,用过咱平足纹银三百四十一两一钱二分,另有一单。随封去章秋亭兄收银回信一封,褚老爷与于湘皋老爷收银回信一封,吴之藩兄原履历一纸,丙南信一封,上谕一塔,汉、沙、常等信四封,及报之事,谅早收照矣。

再王宗濂兄于二十七日到京,带来茅五爷之信物俱已收到,外带来分礼四包,咱号已领。伊又言及八月二十间从苏托咱号往京捎油纸包一个,内计伊之讣闻,此件兄等来信未题(提)托何人所捎,至祈兄等速为寄信示明。至于宗濂兄之功名,大约归顺天(府)办,捐输时多,如此办理,比户部捐省银多矣。再有大捐呈限,昨天户部奏准呈限又展至腊月封印为止,银限展至明年二月底止又添新例一条,头卯候选人员掣签在次者愿捐过班者,按原捐银数再交银一成半,准其归入二卯,掣签已捐分发者不准,均报兄等知之。

今收会去洪兴、三义号关批足纹银一千两,未立票砝,各以信为凭,言明在苏十月二十八日无利交伊,平照前比咱平每百两大三钱六分,空伊路期一月,贴过咱费银七两,至日妥交。所有褚如林兄之功名,亦已递捐,用过咱平足纹银一百一十三两一钱,另有一单,至日注帐。今封去上谕六张,收阅。刻下京中月息八厘平和,钱盘三钱一分,折四钱,松江色一两六七。此上。

十八日托天成局寄去三十九次信

于十二日托天成局寄去三十八次之信,内报收会去程子廉老爷足纹银六百四十七两六钱,无票砝,有伊信一封,在京见信无利交付,讨收条寄苏,每百两比咱平大三钱二分。又陈霁记足纹银三百两,立去会票一张,注定在京十一月二十日见票无利交付,无砝,每百两比咱平大三钱二分。并封去平、沈等信六封,及呈一切,想早收照矣。十六、七日收接五十五、五十六、五十七、五十八次来札四封,内云会来泰亨锦足纹银三千两,同泰号足纹银二千两,洪兴、三义号足纹银一千两,俟期照票交付。郑步墀、褚如林二位用过捐银,已入京帐。所云王宗濂兄用过之捐银,苏局暂未过账,听信如何办理,再作归款。统来平铺等信,并转汉、常、沙、庐信,吴之藩原履历,以及一切之事,皆已照信收明领悉,祈勿介意。所有王宗濂兄之讣闻是二十八次信内,收会过姚、陈二位银两,祈托伊等捎去,祈为稽查,彼时苏局遗误未题。

今收会去复兴昌足纹银三百九十二两，无票信，每百两比咱平大四钱，此系郑三爷经手，向伊兄说之。又四宜堂足纹银二百五十两，有伊信一封，每百两比咱平大四钱，至日银信妥交。十六日收会去沈桐川大老爷京平足纹银一万两，立去会票一张，注定在京来年正月十六日见票无利交付，其平较准咱五十两钱砝一付（副），每百两比咱平小三两七钱，伊共扣过咱现利银七十一两。此系前任福建永安县知县进京办理功名事，至祈厚道相待。今托伊局捎去清泉李老爷用货油纸包一个，又京局用水烟袋一支，冀廷楷用水烟袋一支，今封去花单一纸，共用过铺平足银二十九两二钱九分，至日查收注帐，大约伊总在腊月可以到京。今封去韩花农兄信一封，又平、沈等信四封，查收转致。刻下京利仍八厘。此。

二十一日收接五十九次信　十月初四日京起

启者于初一日托天成局捎去五十八次之信，内报收会去洪兴、三义号关批足纹银一千两，无票砝，各以信为凭，言定在苏十月二十八日无利交伊，平照前比咱平每百两大三钱六分。又褚如林兄用过咱平捐足纹银一百一十三两一钱，另有一单。随封去上谕六张，平信一封，转庐信二封，庆丰泰信一封。又王宗濂兄于八月二十间从苏号托咱往京捎油纸包一个，来信未题（提），至日稽查或托何人所捎，寄信题明。以及大捐呈限又展至封印为止，银限以来年二月底止。又添新例一条，头卯候选人员掣签在次者，准其按原捐银数加一成五过入二卯一体，掣签已分发者不准。及报之事，谅早收明。初三日收接三十一、三十二次之信，随会来练大人兄足纹银一百五十三两，玉成美足纹银一千三百两，张邦佐老爷足纹银四百两，统来平、沈等信十三封。及纬堂所捎之用货，刻下尚未抵京，用过之银已注苏帐。及云之事，俱已领悉矣，无须计念。

今收会去万全号关批足纹银二千两，无票砝，各以信为凭，言定在苏十一月初三日见信无利交伊，平照前比咱平每百两大三钱八分，空伊期一月，每千两贴咱费银七两，至日妥交。今封去京局九月底结存银单一纸，上谕一塔，胡礼贤兄贡、监照二张，至日查阅。刻下京中月息七厘五，松江色一两七八。此上。

同日收接六十次来札　十月初八日专脚起

启者于初四日托天成局捎去五十九次之信，内报收会去万全号关批足纹银二千两,无票砝,言定在苏十一月初三日见信无利交伊,平照前比咱平每百两大三钱八分。随封去京局九月底结存银单一纸,上谕一塔,胡礼贤兄贡监照二张,及报之事,谅早收明矣。

今收会去洪兴、三义号关批足纹银一千两,无票砝,言定在苏十一月初七日见信无利交伊,平照前比咱平每百两大三钱六分,空伊路期一月,贴过咱费银七两五钱。今随封去平信一封,沈信二封,内统董大生号一万两会票一张,裕记三千两、一千两会票各一张,上谕一塔,至日查收。

今专天成局送去章秋亭兄与萧老爷要信一封,限定本月二十二日一准到苏,早到不加,迟到一天罚银二两,言明脚力纹银十七两,在京先付过伊银十四两,下余三两到苏日找付,至日与伊结算,注京之帐。刻下京中月息八厘,松江色一两七八。(另)启有托陈老爷捎王宗濂兄之油纸包,亦已收到。此上。

二十二日托天成局捎去四十次之信

于十八日托天成局寄去三十九次之信,内报收会去复兴昌足纹银三百九十二两,无票信,每百两比咱平大四钱,此系郑三爷经手,向伊号说知。又四宜堂足纹银二百五十两,有伊信一封,每百两比咱平大四钱,至祈银信妥交。又沈桐川老爷京平足纹银一万两,立去会票一张,注定在京来年正月十六日见票无利交付,其平较准咱五十两钱砝一付(副),每百两比咱平小三两七钱。此系前任福建永安县知县进京办理功名事,至祈厚道相待。并托伊捎去清泉李老爷用货油纸包一个,京局与冀兄用水烟袋各一支,另统去花单一纸,共用过铺平银二十九两二钱九分。又封去韩花农兄信一封,平、沈等信四封,及呈诸事,谅早收照矣。二十一日收接五十九、六十次来札二封,会来万全号足纹银二千两,洪兴、三义号足纹银一千两,统来胡礼贤贡监照二张,京局九月底存银单一纸,沈信二封,董大生一万两会票一张,裕记一千两、三千两会票各一张,平铺信一封,章秋亭兄与萧老爷要信一封,及谕一切之事,均已收明领悉矣。至于萧老爷用过专脚银十七两,已入京帐。

今统去余恩普兄由候补训导今捐加一成半过班、并捐插班间选履历一纸,今情原(愿)注销分发,至日查收赶快递捐是妥。至于王宗濂兄之功名,如在顺天(府)办过则已,倘不能办,仍在户部办理,即多会借咱银几百两,亦可与伊办理是妥。今封去汉寄京信一总封,平、沈信各一封,王宗濂兄信一封，至日查收各为转致。因信过多，信皮上写照一名，至祈勿疑。刻下苏利仍八厘平和。此。

二十七日托天成局寄去四十一次之信

　　于二十二日托天成局捎去四十次之信，内统去余恩普兄由候补训导加一成半过班、并捐插班间选履历一纸，伊情原（愿）注销分发，至祈赶快递捐。并报王宗濂兄之功名，如在顺天办过则已，倘不能办，仍在户部办理，即多会借咱银几百两，亦可与伊办理。兼封去汉寄京信一总封，平、沈信各一封，王宗濂兄信一封，及呈诸事，想早收阅矣。

　　今收会去董基升兄曹平足银一千三百七十四两九钱，无票砝，每百两比咱平大四钱，有伊与西顺兴号封口信，其内系因董某托伊与闻公上兑之事。今封去咱号另启一纸，至日祈兄照信交付西顺兴，教伊与闻某赶快上兑是妥。又收会去于湘皋兄咱平足纹银四十八两，无票，有伊信三封，又有交银细单一纸，至日照信单交付，各讨收条寄苏。今封去平、沈等信六封，又覆开去余恩普兄履历一纸，至日查收。刻下苏利仍八厘。此。

二十八日接收六十一次来札　十月十二日京申

　　启者于初八日专天成局送去六十次之信，内统去章秋亭老爷与萧书亭老爷要信一封，限定本月二十二日一准到苏，如迟到一天罚银二两，按日核算，早到不加，言定脚力纹银十七两，咱号在京垫付过伊银十四两，下余三两在苏找结，至日向萧老爷收条注京局捎货帐。又封去平信、上谕一塔，沈信二封，内统董大生号一万两会票一张，裕记三千两、一千两会票各一张。又报收会去洪兴、三义号关批足纹银一千两，无票砝，言定在苏十一月初七日无利交伊，平照前比咱平每百两大三钱六分，及报一切之事，谅早收阅矣。今封去上谕六张，庐信一封，平铺信一封，转庐信一封，至日收阅。今文英、尚密平顺来京，询及兄等尊府，俱各清泰，无须记念。

　　至于王宗濂兄之功名，已定在顺天办捐输，于初六日已递呈，待三五天内可以交兑，赶月底顺天府起奏，大约冬月十六七日可以奉旨，奉旨以后，即于在吏部赶紧领照，冬月二十八日验看，腊月初五日引见，年内即可起身回苏。如冬月二十九日奉旨,今年验看万赶不及矣,即到明年开印才能验看。如此办理,皆因比户部上兑要省银二千两,至日兄等向王兰史老爷将此情叙明,祈勿锦念。刻下京中月息八厘平和,松江色一两七八。此上。

十一月(十八封)

初二日收六十二次之信　十月十六日起

　　于十二日托天成局捎去六十一次信,内封去平铺等信五封,及报一切,谅早收照矣。十四日收接三十三、三十四次信二封,会来斯馨堂足纹银七百两,统来施文虎兄履历一纸,平、沈、公记等信四封,及谕一切,均经领悉矣。

　　今从卫收会去张俊九兄关足银四百两,立去会票一张,又带去咱无号信一封,注定在苏见票无利交伊,无砝,比咱平每百两小一两一钱二分,贴过咱费银四两,至日妥交。今托天成亨捎去转庐纸包二个,转汉兴玉中之银票一张,计银一千二百三十五两四钱,共纸包三个,至日查收速为转致。今封去平、沈等信八封,查阅转致。刻下京利八厘显迟,松江色一两七八。今王宾与敬修回里,报知。

　　至于转汉兴玉中银票,乃系刻下伊号托咱在汉腊月代收之项,望兄将此票赶腊月初八捎到是妥。但此件据伊伙王学文兄(言),仍欲苏、汉交兑以会票论,然咱号遇此时候,其内无利,况又不好另讲,是以定于代为收存汉局,俟伊号春间有人至汉取用可也。

　　再者如兄台来信云,苏地锦宝成色向未听及,今天秉寅送来标银五万余两,内有锦宝三万八千两。按现下京、苏之利,虽则相似,惟京利不甚苏利快,且更换之间迟压日期,全是算盘,照京、苏用锦宝成色可敷路下使费,欲将此项如数运苏。早晚纬堂兄回京斟酌一番,仍托伊送苏,再为寄信。此。

同日收六十五次副信(初五日收到六十五次正信)　十月十九日起

　　启者今天纬堂兄逢吉动身,带去标箱二十二只,计锦宝三万八千三百四十四两六钱,足宝银一万九千一百五十五两四钱,共合咱平银五万七千五百两,另有号码一折。随捎去六十四次信,并封褚如林兄从九照一张,沈转来吴鼎记一万两会票二张,董大生号一万两会票一张。另有广发成银票九张,计之银四千二百零五两,按伊号码逐宗验收,兄等与伊代收,暂存苏号,俟伊伙到苏收取可也。至所去之标,望兄等预为计划是妙。现下别号无运苏之银,报知。京中月息八厘、七厘五,九九松江色一两五六。此。

初三日托天成局捎去四十二次之信

于前月二十七日托天成局寄去四十一次之信,随收会去董基升兄曹平足银一千三百七十四两九钱,无票砝,每百两比咱平大四钱,有伊与西顺兴信一封,内因与闻公办功名之事,又封去咱号另启一纸,至日祈兄照信交付西顺兴,教伊赶快办理为妥。又会去于湘皋兄咱平足银四十八两,无票,有信三封,又有交银单一纸,至祈照信单交付,各讨收条寄苏。并封去平、沈等信六封,又复开去余恩普兄履历一纸,及报一切,谅早收知矣。二十八日收接六十一次来札,于月初二日收接六十二次信又六十五次副信一封,随会来张俊九兄足纹银四百两,照票交付。并统来平、沈等信,及谕之事,均已收明领悉。至于纬堂、天成所捎票物等件,尚未收到,俟收到再报。

今统去平、沈等信十一封,又沈桐川老爷信一封、眼镜一架,查收各为转致。又咱苏局十月底结账清单一纸,查阅。今与升记定会京交足纹银五千七百八十一两六钱,与伊立去四千两会票一张,注定来年正月十五日无利交付;又一千七百八十一两六钱会票一张,注定正月二十五日无利交付,无砝,每百两比咱平大三钱二分,伊在腊月十五日交咱四千两,二十五日交一千七百八十一两六钱,每千两扣咱现利银十两。此宗系庆号经手,祈兄准要到期交付,万不必扣利早交。至于会去贴费,亦不可向会银主说明为是。目下苏利八厘。此。

初五日收六十三次之信 十月十七日起

于十六日托天成局捎去六十二次之信,其报甚繁,今抄去原底一纸,收阅。今封去平信一封,转庐信一封,至日查收速转是妥。刻下京利八厘、七厘五,松江色一两五六,钱盘三钱零五,折五钱。又封去于俊老爷信一封,查收。

再者沈标既已存压,纬堂兄尚未回京,但京局伙友并不宽余,只可候早晚抵京,再为奉报。此。

初八日托天成局寄去四十三次之信

于初三日托天成局捎去四十二次之信,随统去平、沈等信十一封,又沈桐川老爷信一封、眼镜一架，查收各为转致。又咱苏局结账清单一纸，并报与升记定会足纹银五千七百八十一两六钱，与伊立去四千两会票一张，注定来年正月十五日无利交付；又一千七百八十一两六钱一张，注定正月二十五日交付，无硗，每百两比咱平大三钱二分，伊在苏腊月十五日交咱四千两，二十五日交一千七百八十一两六钱，每千两扣咱现利银十两。此宗系庆号经手，不可扣利早交，准以到期交付为妥。及报一切，想该呈明矣。初五日收接六十三次来札，内统来六十二次原底一纸，又平、庐等信三封，并谕之事，均经收明领悉矣。今统去平、沈等信五封，查收各为转致。目下苏利仍八厘。此。

初九日收六十六次之信 十月二十三日起

于十九日托天成局捎去六十五次正信一封，又托正大局捎去副信一封，随封去平信一封，谅早均为收照矣。二十二日收接三十五、三十六次信二封，会来均和堂足纹银五百两，钟殿选兄足纹银五百两，复兴昌足纹银一千两，封来吴元奎履历一纸，平、沈等信九封，及云一切，俱已领悉矣。

今封去斯馨堂废票一张，郑步墀兄贡监照二张，沈信一封，查收转致。再与咱京局捎桃红大花绫五匹，系送绫条用。刻下京利八厘、七厘五，钱盘三钱零五，折六钱，松江色一两五六。又封去长茂银号与斯馨堂收银回信一封，查收转致。此。

十二日托天成局捎去四十四次之信

于初八日托天成局寄去四十三次之信，信内统去平、沈等信五封，及报之事，谅早收知矣。初九日收接六十六次来札，随封来郑步墀兄贡监照二张，又斯馨堂废票回信，均已收明领悉，所要桃红绫，遇妥即为捎去。今收会去竹崖茅五兄咱平足纹银十两，无票，有伊信一封，至日祈兄将银加红纸皮包固，并信妥交，讨回信寄苏，此银系送礼用。又另开去问捐输款三条，至日问明速为示知。今封去平、沈等信五封，查收各为转致。于初九日托德成堂王治业兄捎去庐转来纸包一个，内烟斗二个，至日查收。刻下苏利仍八厘。此上。

十五日托天成局寄去四十五次之信

于十二日托天成局捎去四十四次之信，内报收会去竹崖茅五兄咱平足纹银十两,无票,有伊信一封,至日祈兄将银加红纸皮并信妥交,讨回信寄苏,此银系送礼用。又统去问捐输三款,又平、沈等信五封,并报托德成堂王治业兄捎去庐转来纸包一个、内烟斗二个,及报之事,想早收阅矣。

今收会去张志皋兄平足银二百两,立去曹平九六兑会票一张,注定在京见票交付,其平票上批明每百两比咱平小三两七钱。又周祝君老爷曹平足银四百两,无票砝,每百两比咱平大三钱二分,有伊照信一封,至日银信速交高芝岩老爷收,伊系办理功名之项,讨收条寄苏。今封去平信一封,查收转致。刻下苏利仍照前报。此。

十六日收六十四次之信　十月十九日起

于十七日托天成局寄去六十三次之信,内封去平铺等信三封,谅早收照矣。十八日纬堂兄平顺抵京,随捎来玉成美银信一封、钱砝一付(副),以及捎来弟等用货,均已收明矣。今纬堂兄送去锦宝银三万八千三百四十四两六钱,宝足银一万九千一百五十五两四钱,共京平银五万七千五百两,另有号码一折。又捎去褚如林兄从九照一张,吴鼎记一万两会票二张,大生号一万两(会票)一张,至日查收注帐。又捎去广发成银票九张,计元银四千二百零五两,另有一折,至祈验收,祈兄等代收,暂存咱苏号,俟伊伙明年进山收取可也。刻下京利八厘、七厘五,钱盘三钱零五,折六钱,松江色一两五六。

再前次送标来往盘费,每千两均三两八钱一分,报知。至日祈兄收扬交包大兴之平,寄信题来一笔。此。

十七日托天成局寄去四十六次之信

于十五日托天成局捎去四十五次之信,内报收会去张志皋京平足银二百两,立去曹平九六兑会票一张,注定在京见票无利交付,其平票上批明每百两比咱平小三两七钱。又周祝君老爷曹平足纹银四百两,无票砝,每百两比咱平大三钱二分,有伊照信一封,至日银信速交高芝岩老爷收,伊系办理功名之事,讨收条寄苏。又封去平信一封,及报之事,想早收照矣。十六日纬堂平顺抵京,带来六十四次信,并吴鼎记一万两会票二张,大生号一万两会票一张,又广发成银票九张,又褚如林照一张,及谕之事,均已收明领悉矣。至于所来锦宝,每宝加色一钱四分五厘,西宝已足纹,报知。又在盘费内收过京九九银二百三十两,至祈注帐。目下苏利八厘。此。

十九日收七十次之信　冬月初五日起

　　于初二日托天成局寄去六十九次之信,内报收会去姚辉第曹平关批足纹银四百两,无票砝,随封去伊与周老爷信一封,比咱平每百两大四钱,言明在苏见信银信妥交,讨收帖寄京。并封去京局存银单一纸,沈信一封,以及托永兴玉郭爷捎去磠砂膏四两、京钱八百文,火镰一把、京钱六百文,谅早呈明矣。今封去京局与王兰史兄信一封,阅毕封口转致。又沈信一封,到日查收。刻下京利七厘五,钱盘三钱零五,折四钱,松江色一两五六。至与王翁信内送匦仪,乏便托寄,望兄在苏酌办,宁绸或缎料均可,办妥连信送伊,费银多寡示明,出捎货帐可矣。此。

二十日收六十七次之信　十月二十八日起

　　于二十三日托天成局捎去六十六次之信,随统去斯馨堂废票一张,长茂银号回信一封,郑步墀兄贡监照二张,沈信一封,并报与京局捎桃红绫五匹,以及一切,谅早阅明矣。二十五日收接三十七次来札,会来玉成美足纹银四百两,统来平、沈等信,及云一切,俱照谕领明矣。所有托志成信捎之部照等,刻下尚未收到。今封去复兴昌一千两收条一纸,转庐信一封,查收转致。刻下京利七厘五。此。

同日收六十八次之信　十月二十九日起

　　于二十八日托天成局捎去六十七次之信,随封去复兴昌一千两收条一纸,庐信一封,以及一切,谅早收阅矣。刻下京利七厘五。

　　今天日升昌往苏起银八万余两,乃系伊昨日由沈来标,想是关东宝多。伊号早八天在京办过赤金千数两,自系一并捎苏。至日可将赤金行市,陆续往京、沈通音,以备咱号适遇捎带。虽系预为之计,便中题(提)及一二是妙。此。

同日收六十九次之信　冬月初二起

　　于前月二十九日托天成局捎去六十八次之信,内报一切,谅早收照矣。三十日收接三十八次来札,会来程子廉老爷足纹银六百四十七两六钱,陈霁记足纹银三百两,统来平、沈等信,及云一切,俱已照信收明矣。今收会去姚辉第兄曹平足纹银四百两,未立票砝,随封去伊与周老爷信一封,比咱平每百两大四钱，共贴过咱费银六两，言明在苏见信银信妥交，讨收条寄京。所有托志成信捎之部照等物，亦已收到。今封去京局存银单一纸，沈信一封，收阅。刻下京利仍七厘五平和，松江色一两五六，钱盘三钱零五，折二钱。今托永兴玉郭爷捎去硇砂膏四两、京钱八百八十文，火镰一把、京钱六百文，至日查收注帐。此。

二十日托天成局捎去四十七次之信

于十七日托天成局寄去四十六次之信，内报又在纬堂盘费内收过九九银二百三十两，及报之事，谅该呈明矣。二十八日收接六十七、六十八、六十九、七十次信四封，内会来姚辉第兄足纹银四百两，并统来沈、庐、周老爷等信，京局存银单一纸，以及一切，均经照信收明矣。至于与王兰史老爷送匾幛之说，咱苏局前者伊开弔之时，送过呢帐一轴，京局不必再送，报知。

今收会去宝德堂足纹银六百二十两，无票，有伊信一封，言明见信银信交付，较去咱五十两钱砝一付（副），每百两比咱平大二两。又礼号次记足纹银三百二十两，无票砝，有伊信一封，每百两比咱平大三钱二分，至祈将银信托妥赶年内一准送通（州）交万盛魁烛铺收，讨收帖寄苏。又升记曹平九六兑九八色银五千两，立去会票一张，注定在京见票无利交天和银号郑爷手收，无砝，每百两比咱平小三两六钱，至祈妥交，共扣过咱现利银六十两。又托伊捎去咱无号信一封，内缄洪兴号一千两会票一张，至祈查收。所有洪兴之银，系今日用过，言明在京见信无利交咱，其平照前每百两比咱平大三钱六分，共扣过伊现利、贴费银二十五两，至祈照信收索。今封去平、沈等信九封，查收各为转致。至于纬堂定于明天起程赴京，报知。刻下苏利八厘快。此。

二十三日收七十一次副信（腊月十一日收到正信）　冬月初八日起

于初五日托天成局寄去七十次信，随封去京局与王老爷信一封，并报与伊办理挽匾一匹，或宁绸或缎绸均可，用银若干寄信题明，出捎货帐。又封去沈信一封，谅早收阅矣。初六日接得三十九次信，会来复兴昌足纹银三百九十二两，四宜堂足纹银二百五十两，沈桐川老爷足纹银一万两。封来韩花农信一封，平铺等信六封。并托沈老爷捎之用货，刻下尚未收到，所用之银已收苏帐。及谕之事，均经领明矣。至云王宗濂兄用过捐银，苏局未曾过账甚妙，京局已收退苏帐。所办捐输,于初五日奉旨,依议著以知县分发江苏试用。咱号即在吏部领照,办理注册、引见、验看,待办毕共用银若干,逐款开单呈报。

再有前会去德泰信银七百两,在苏腊月二十五、六日交汇源行,今伊伙费志远兄赴苏,托伊捎去此信,至祈交费兄手收,讨收帖存苏。今托源泰堂捎去汉用纸包三个,至日转致。今托天成局捎去副信,随封去程子廉兄收银回信,今次未写收帖,信背面题明。又王宗濂兄信一封,查收转致。刻下京利七厘五、七厘七五。此。

二十三日托天成局捎去四十八次之信

于二十日托天成局捎去四十七次之信,内报收会去宝德堂足纹银六百二十两,无票砝,有伊信一封,言明见信银信交付,较去咱五十两钱砝一付(副),每百两比咱平大二两。又礼号次记足纹银三百二十两,无票砝,有伊信一封,每百两比咱平大三钱二分,至祈将银信托妥,赶年内一准送通(州)交万盛魁烛铺收,讨收条寄苏。又升记曹平九六兑九八色银五千两,立去会票一张,注定在京见票无利交天和银号郑爷手收,无砝,每百两比咱平小三两六钱。并托伊带去咱无号信一封,内缄洪兴号一千两会银信一封。至于洪兴之银,系二十日用过,言明在京见信无利交咱,其平照前每百两比咱平大三钱六分,至祈照信收索。并封去平、沈等信九封,及呈一切之事,谅早收阅矣。二十三日收接七十一次副信一封,统来程子廉兄、王宗濂兄信各一封,均已收照。及谕诸事,皆已领明。所有七十一次正信,尚未收到。至于德泰信之银,俟伊来时照信交付,祈勿介意。纬堂于二十一日动身回京,带去兄等用货,共用过铺平足纹银二十九两六钱七分,均另有折呈阅,至日查收注帐。

今收会去裕茂当足纹银二百两,每百两比咱平小一两六钱,此宗俟纬堂到日再为交付。又收会去马天兴兄足纹银一百六十两,每百两比咱平小一两三钱,无票砝,有伊信一封,至日银信交马大爷、王三兄二位手收,讨收条寄苏。今封去汉寄京信一总封,又平铺等信二封,查收。刻下苏利仍照前报。此上。

二十六日托天成局捎去四十九次之信

于二十三日托天成局寄去四十八次之信,内报收会去裕茂当足纹银二百两,每百两比咱平小一两六钱,此宗候纬堂到日再为交付。又马天兴兄足纹银一百六十两,每百两比咱平小一两三钱,无票砝,有伊信一封,至日银信交马大爷、王三兄二位手收,讨收条寄苏。并统去平铺等信二封,汉寄京信一总封,及报之事,想早呈明矣。

今收会去乌鲁岩老爷足纹银一百两,比咱平共大三钱二分,无票,有伊信二封,至日银信妥交,讨收条寄苏。今封去平铺等信六封,汉寄京信一总封,查收各为转致。再有咱明年正、二、三月在扬应交包大兴九九银五万两,如开正京利五厘、五厘五微迟之时,并松江色合适,可从京起交此项;倘京利六厘五、六厘平和,兼之松江色一两六七,即不可举动,待二、三月苏利小了,定于由苏交付。纬堂起身已叙谈此事,祈兄看事办理为妥。此。

十二月(十封)

初一日收七十二次之信　冬月十二日起

于初八日托德泰信费兄捎去七十一次之信,是日又托天成局捎去副信一封,内报五十二次信内会去德泰信关批足纹银七百两,至期交费爷手收,讨收条存苏。并报王宗濂兄之捐输,于初五日已奉旨依议以知县分发江苏试用。咱号即在吏部领照,办理注册、引见、验看,待办毕共用银若干,开单详呈,再出苏帐。前结去用过之银,苏局未曾过账即妙。又托源泰堂捎去转汉纸包三个,随副信统去程子廉老爷收银回信一封,又王宗濂兄信一封,以及一切,谅早收阅矣。初九日收接四十次来札,统来余恩普兄履历一纸,汉寄京信一封,平、沈信二封,王宗濂兄信一封,及云之事,均已领明矣。

今收会去沈同曾老爷关批足银一百两,无票砝,比咱平共大三钱二分统去与庆号信一封,查收转致。再此项系沈老爷执庆号从苏开来咱地名条,是以未讲究贴费,原帖统去。今封去张汝翰兄信一封,庐信一封,查收转致。刻下京利七厘七五、八厘,松江色一两五六,钱盘三钱,折七钱。此。

初二日托天成局寄去五十次之信

于前月二十六日托天成局捎去四十九次之信,内报收会去乌鲁岩兄足纹银一百两,比咱平共大三钱二分,无票;有伊信二封,至日银信妥交,讨收条寄苏。咱明年正、二、三月份再在扬交包大兴九九银五万两,如开正京利五厘、五厘五迟,并松江色合适,可从京起交此项;倘京利六厘五、六厘平和,兼之松江色一两六七,即不可举动,待二、三月苏利小了,定于由苏交付。并封去平铺等信六封,汉寄京信一总封,及报之事,谅早收照矣。于月初一日接得七十二次来札,会来沈同曾老爷足纹银一百两,并统来伊信一封。又张汝翰兄信一封,庐信一封,及谕诸事,皆已领悉。

今收会去恒生堂足纹银六百五十两,无票,有伊信一封,每百两比咱平大二两一钱,至日银信先为交付。今咱与广泰兴公较去伊五十两钱砝一付(副),此砝伊伙李永裕兄随身带去,俟伊到日再为比兑结楚。又收会去林怡和兄足纹银四十五两,比咱平共大一钱五分,无票砝,有伊信一封,至日银信妥交,讨收帖寄苏。今封去平、沈等信四封,汉寄京信一总封,又苏局冬月底存银单一纸,查阅。刻下苏利仍八厘快,银两缺极。今托日升昌捎去纬堂目(眼)镜一架,查收。此。

初四日收七十三次之信　冬月十六日起

于十二日托天成局捎去七十二次之信,内报收会去沈同曾兄关批足银一百两,无票砝,比咱平大三钱二分,随封去伊与庆号信一封,至日银信交付。随封去庐信一封,张汝翰兄信一封,及报一切,谅早阅明矣。十四日收接四十一次来札,会来董基升兄足纹银一千三百七十四两九钱,于湘皋兄足纹银四十八两,随统来另启一纸,平、沈等信十封,余恩普兄履历一纸,及云诸事,照信领明矣。

今收会去万全号关批足银二千两,无票砝,每百两比咱平大三钱八分,言明在苏十二月二十五、六日无利交伊,合空伊路期四十几天,每千两贴咱费银六两,至期妥交。至于施文虎兄之功名,用过咱平足银一百四十七两零八分,吴允奎兄用过银一百一十八两四钱,另有一单,至日注帐。刻下京利七厘七五,松江色一两五六,钱盘三钱,折六钱五。

今咱号于十五日请过一伙,系介邑河东村人,姓毛,名修翻,年二十七岁,前在河南朱仙镇钱行住过,报知。又封去宗玺师与咱号信一封,查阅。此。

同日收七十四次之信　冬月十八日起

于十六日托天成局捎去七十三次之信,内报收会去万全号关批足银二千两,无票砝,每百两比咱平大三钱八分,在苏十二月二十五、六日无利交付。并报施文虎兄用过咱捐银一百四十七两零八分,吴允奎兄用过银一百一十八两四钱，另有一单。随封去宗玺师与咱号信一封，及报一切，谅早收照矣。

　　再秋间平铺与京、苏之信，如京收苏交茶山之银，似往年贴费、会法，定于不会，是以十月标京局未曾赴口。今闻及三和世在口先定开八九万两，九两五贴费，三月半送河口交期，按大寅标六厘息，似此比往年多加日期半月，少贴费二三两，究系一样算盘。随后蔚丰（厚）、新泰（厚）八两做开，岂非内中做手，有陕西泾阳庄之家，不得不收了交用项乎。照此咱号口地年标收交之项，定于预托蔚丰代为收交了结，不需自为赴彼，报知。刻下京利七厘七五、七厘，松江色一两五六，钱盘三钱，折钱七。此。

初六日收接七十五次来札　十一月二十日京申

　　启者于十八日托天成局捎去七十四次之信，内报一切之事，谅早收明矣。今封去平铺信一封，上谕三张，转庐信二封，至日查收转致。刻下京中月息七厘七五、七厘，松江色一两五六，钱盘三钱，折七钱五分。此上。

同日托天成局寄去五十一次之信

　　于初二日托天成局捎去五十次之信，内报收会去恒生堂足纹银六百五十两，无票砝，有伊信一封，每百两比咱平大二两一钱，至日银信先为交付。咱与广泰兴公较去伊五十两钱砝一付（副），此砝伊伙李永裕兄随身带去，俟伊到日再为比兑结楚。又林怡和兄足纹银四十五两，比咱平共大一钱五分，无票砝，有伊信一封，至日银信妥交，讨收条寄苏。并封去平、沈等信四封，汉寄京信一总封，又苏局冬月底存银单一纸，并托日升昌捎去纬堂目（眼）镜一架，及呈一切，想早收照矣。初四日收接七十三、七十四次来札二封，初六日又接七十五次之信，会来万全号足纹银二千两，俟期交付。施文虎、吴元奎二位用过捐银已注账。并统来宗玺师信一封，又平铺等信，均已照信收明矣。

　　今收会去于湘皋兄用咱平足纹银四十两，无票，有伊信一封，至日照信妥交，讨收条寄苏。今封去平、沈等信三封，又周恭寿兄四百两收条一纸，查收转致。刻下苏利仍八厘快极。此。

十一日托天顺局捎去五十二次之信

　　于初六日托天成局捎去五十一次之信，内报收会去于湘皋兄足纹银四十两,无票,有伊信一封,至日银信妥交,讨收条寄苏。并统去平、沈等信三封,又周恭寿兄四百两收条一纸,及报一切,谅早呈明矣。

今收会去如阜堂足纹银一百两,无票砝,比咱平共大二两二钱,有伊信一封,至祈照信妥交。又陈省斋兄京平足纹银六十两,比咱平共小二两二钱二分,无票砝,有伊信三封,至日照伊信均为妥交,讨收帖寄苏。今封去平铺等信六封,查收各为转致。目下苏利仍八厘快。

同日托天成局捎去不列次汉信一总封,正信未报（文本缺）

十五日收七十七次信稿　冬月二十五日起

于二十二日托天成局捎去七十六次之信,内报收会去万全号关批足纹银一千两,未立票砝,以信为凭,言定在苏腊月二十八、九日无利交伊,每百两比咱平大三钱八分。并报接得平铺冬月初九日起信云月息,春标月九厘,秋标月七厘,长银无市,银两甚缺。看其光景,到腊月半有涨无迭（跌）。并封去兄台家信一封,三合公信一封,及呈一切,谅早阅明矣。今接四十二、四十三次信二封,会来升记足银五千七百八十一两六钱,统来平、沈等信十六封,沈桐川兄眼镜一架,苏局十月底结账清单一纸,并云一切,照谕领悉矣。至于揽来余恩普兄由附生捐足训导、今加一成半捐插班间选之银数,苏局照京号所开花单揽定,则算不错。及至咱在银号递过,隔二三天又从江苏公局印结,至后又添一层,如由廪生捐插班无加成,若由增、附生捐要按原训导加成核算。余某系由附生加捐,自然要加五成算,弟暂未答应。又在数家察听,俱言如此。弟等思余某之功名,前后俱托咱号经办,想与咱号交好熟识,亦可凭信无疑,况再往返札商,万赶不及矣。是以咱号与伊当承办理,今向银号开来印结银数一条,至日与伊找结。又另开去用银花单一纸,共用过咱平足银八百二十二两零六分,至日注帐。今封去于湘皋兄收条二纸、收银回信一封,沈局等信四封,均祈查收。又封去吴允奎从九照一张,施文虎兄部监照二张,查阅。刻下京利八厘,钱盘三钱,折七八钱。此。

同日收七十八次之信　冬月二十九日起

于二十五日托天成局捎去七十七次之信,内报甚繁,今抄去原底一纸,收阅。今封去转庐信二封,平铺信一封,王兹兄、刘丙元兄、萧老爷信各一封,至祈查收各为转致。刻下京利八厘,银两不多,钱盘三钱零五,折一钱,松江色一两五六。此。

至此接新帐。

汴梁往来书稿（道光三十年）

正月（一封）

新正月初十日由京转汴第七次信

　　新春鸿禧，另柬恭贺。启者于去岁十月二十九日从京转去第六次信一封，外托万和明捎去郑锦舟红香牛皮二张，用过咱本平足银六两，又伊开来单一纸，谅早收阅。去岁冬月二十五日收接第二十六次信，会来十一月底口交大顺雷足宝银一千两，四月标交伊银一千两。十四日收接第二十九次信，会来大寅标口交兴盛德足宝银一千两，永顺祥足宝银一千二百两，裕兴昌足宝银五百两，源泰昌足宝银一千五百五十两。二十三日收接第三十、三十一次信二封，会来大寅标交庆源德足宝银三千五百两，永顺利足宝银一千五百两，万和明足宝银二千三百两，永顺利足宝银一百三十五两四钱七分，德兴恒足宝银四百三十两，源盛兴足宝银七百两，均已各照信票交。统来永顺祥寄兴玉中、永丰段会银信俱已转往。前信后，定会过九月初一日汉交下炉足银三千两，咱在口年四两标分收，自收银之日，各依各标口规与伊行息外，每千两贴伊银六两。今收会过腊月十五日交（镜宝）银一百五十两，净得空期四十来天。又定会过二月初一日汉交下炉足银三百两，三月二十日交银一千二百两，咱在口四、七、十三标分收，按月三厘与咱行息，两无空期贴费。又收会过腊月十五日谷交镜宝银五百两，净得空期四十来天。又收会过腊月二十七日谷交银二百五十二两，净得空期四十来天。又收会腊月二十五日平交银三百余两，净得空期四十来天。又收会过腊月二十五日平交无色宝银四千两，合期顶期，每千两得会费银五两。又定会过正月十五日谷交镜宝银一千六百两，咱在口四月标收伊，按月四厘三与咱行息，共贴咱银六两。又定会过三月初一至十五日河口交河宝银三千两，咱在口年标收伊足宝银一千五百两，净得空期；四月标至五月节京、口随便交咱银一千五百两，至二月初一日按月息四厘三口规与咱行息。又收会过二月初一日天津交白宝银一千五百两，净得空期一月。又定会过四月十五日至二十日河口交河宝银八千两，咱在口年标收伊银三千两，四月标收伊银五千两，均拉净得空期四十余天。又收会过正月二十日谷交银一百零一两,净得空期。又定会过二月初一日迟早三五天苏交西批银一万五千两,四月标京、口随便交咱,迟交日期按月四厘三口规与咱行息外,每千两贴咱银四两。又定会过二月二十日迟早三五天苏交西批足纹银五千两,四月标京、口随便交咱,迟交日期按月四厘三口规与咱行息,每千两贴咱银四两。又定会过四月初一日河口交河宝银六千两,咱在口四、七两标分收,自正月十五日按月四厘三口规与咱行息,净得空期七十五天。又定会过三月十五日苏交西批足银二千两,咱在口四月标收伊,迟收日期按月四厘口规与咱行息外,每千两贴咱银四两。天津会来年标口收银一千九百两,平会来七月标口收银五千两,京会来年标口收银二万零八百两、又会来四月标口收银五百两、十月标口收银三千两,汉会来腊月二十日口交银四千两、又交会过省收银四千七百余两,苏会来三月初一日口交银一千两,浦会来年标口交银二千五百两,泾会来年标口交银一万七千五百两,京会来年标口交银八千五百两,扬会来口交银二千五百两,京会来四月标口交银四千两,天津会来口交银六百零六两,交会过京收银四千两,成会来三月半口交银三千两。咱口号之帐业已结清,随统去收交会票总结账单一纸,东口标单一纸,查收。生梧兄去年腊月十四日由京抵口,口号之事交代生梧兄管理。弟初十日由口返京,报兄知之。刻下口地月息四厘五。余无别叙,专此布上。

往京书札（咸丰元年）

正月（两封）

十二日托光裕局起寄去第六次信底

时值新春，另柬拜贺。启者于去腊二十五日托光裕局捎去第五次信，内报收会去谷交温淋兄镜宝银四百零五两，与伊立去会票一张，注在谷正月底日升世内见票无利交结，公较去伊备五千（十）两钱砝一付（副），其平每五十两比本合砝大一两一钱二兑。又定会过河口本年四月初九日无利交大成王合（河）宝足银四千两，又封去口寄平、汴、鲁、苏等信，大德常等信，以及信报一切，已知收阅录底各达矣。于正月初八日收接第二十六次信一封，内叙苏会来口交乾泰永足宝银二千两，俟期照信注帐交结。又统来万盛成二千两会票一张，汉寄口钱砝二付（副），又平、苏、泾寄口信三封，武有谦兄一信，苗汝霖等信四封，并另启一纸，内云一切，均已领悉收转，祈勿计（记）念。兹报去腊现收会过河口四月初十日无利交三和同合（河）宝足银三千两，若在彼迟早交三五天，按河时利扣加，所言在口早收伊日按月三厘八在口结算，两无空期外，每千两贴咱会费银十两，公较去伊备五十两钱砝一付（副），其平比咱本合砝每五十两大一两零四分兑，俟立票与否，再信详报。又定会过河口交德生世合（河）宝足银三千两，与伊立去不列次凭信一封，注定在河口本年四月初十至十五日见信无利交伊，伊自正月初一日按月三厘八口规与咱行息，咱在口四、七月各收伊足宝银一千五百两，合净得空期一百天，公较去伊备五十两钱砝一付（副），其平比咱本合砝每五十两大二钱七兑。又现收会过河口交合盛永合（河）宝足银二千两，与伊立去会票一张，注定在河口四月初十至十五日见票无利交伊，未较合砝，其平票上批明每五十两比咱本合砝大一钱二兑，合净得空期一百天。又现收会过平本春标交永兴玉足宝银三百两，以（已）定不立票砝，各依信为凭，其平比咱本合砝每五十两大一钱兑，合净得空期四十天。又收会过祁本春标无利交昌泰和镜宝银二百四十两，合净得空期四十天，连前会去祁春标交伊之项，共一万八千二百四十两正，今与伊写去不列次凭信一封，注定在祁复和成内见信无利交伊。又收会过生旺德添会汉口四月十五日无利交伊下炉足银二千两,会式、平砝照前所会伊四千两之样,至日捡阅注帐达平、汉、江知之为要。随统去口寄广程炳南三百两回信一封,口寄平、苏、汉、江、广、长、常、汴、鲁、泾、西安、成、重、扬、浦各一封,大德常等信十封,随信捎去口号结账并钱流水各一本,至祈收阅转往。刻下口地月息无市。余无别叙,专此奉上。

再者,京会来口年标交义兴永银一万两,系二十八日交。再者前会去汉口交兴盛成足宝银一千两,今与伊立去会票一张,注定在汉七八月随伊便用,未较合砝,其平比咱本合砝每五十两大一钱五兑。再报前会去苏三月二十至二十五日交兴盛玉西批足纹银二千两,以(已)定不立票砝,各依信为凭,其平比咱本合砝每五十两大九分兑,至祈达苏、汉知之为是。

另启者,今著交裕局发去标二担,计元宝一百定(锭),共长平一百五十九两五钱一分,又碎银一千零四十两四钱九分,统共合本平足银六千二百两正,至祈捡收注帐为是。脚钱在口付清不欠。再者与口号将双料金章笔捎来十包、小寸封二百个,勿误,又及。

十九日托日新中带去京第七次信底

月之十二日托光裕局专脚送去第六次信一封,随统去口寄平、苏、汉、江、广、扬、浦、汴、泾、西安、重、成、鲁、长、常各一信,大德常等信十封。又捎去口号结账、钱流水账各一本。外托光裕局发去标足银六千二百两。又报会去河口四月初十日交三和同合(河)宝足银三千两,刻未立会票,俟立再报,公较去伊备五十两钱砝一付(副),其平比咱本平每五十两大一两零四分兑。又定会去河口交德生丗合(河)宝足银三千两,与伊写去不列(次)凭信一封,注定在河口四月初十至十五日见信无利交伊,公较去伊备五十两钱砝一付(副),其平比咱本平每五十两大二钱七兑。又现收会去河口交合盛永合(河)宝足银二千两,与伊立去会票一张,注定在河口四月初十至十五日见票无利交伊,未较会砝,其平票上批明每五十两比咱本平大一钱二兑。又现收会去平春标无利交永兴玉足宝银三百两,以(已)定不立票砝,各依信为凭,其平比咱本平每五十两大一钱兑。又收会去祁春标交昌泰和镜宝银二百四十两,连前会去之项,共一万八千二百四十两正,今与伊写去不列次凭信一封,注定在祁春标复和成内见信无利交伊。又收会去汉四月十五日交生德旺下炉足银二千两,会式、平砝照前会去四千两之样。并报一切，谅早收阅注帐各达矣，其余不复再叙。

今随信现收会去河口交恒义承合（河）宝足银一千五百两，与伊立去会票一张，注定在河口四月十五日见票无利交伊，未较合砝，其平照前会去之钱砝，比咱本合砝每五十两大三分兑，合得空期一百天外，共贴咱会费银四两。又现收会去苏三月二十五至四月初一日无利交恒义长西批足银二千两，合得空期八十天外，每千两贴咱会费银一两，此宗刻尚未立票砝，俟立再报。又定会过苏交万盛隆西批足银三千两，与伊立去会票一张，注定在苏三月十五日至二十日见票无利交伊，咱在口正月内收足宝银一千两，下余二千两四月标还咱。所有迟早日期，除空伊期八十天，以月三厘八在口结算外，每千两贴咱会费银一两五钱，公封去伊备五十两钱砝一付（副），其平每五十两比咱本合砝大九分兑，至祈一并收阅注帐，达苏、江知之为是。随信统去口寄苏、江各一信，至祈转往。刻下口地月息无市。余无别叙，专此布上。

再报收会过河口五月初一日无利交大德常合（河）宝银四千两，咱在口去腊收过足宝银，以（已）定不立会票，公转去伊备五十两钱砝一付（副），其平每五十两比咱合砝小二钱八兑，两无贴利，如有迟早日期，除空伊期一百天，以月三厘八在口结算，至日注帐，达江知之。又及。

随统去晚家信一封，又苗汝霖一信，收转。再者万盛隆与咱号言及，京中广泉泰正月内又交伊号银一千两，教咱号在京代伊收之。伊又言银色系管挑换足银，至日着咱伙去广泉泰招佛，待伊何日交来则已，收下看系何成色、平码，一并来信提明，咱号在口交伊。又统去伊致万德皮店信一封，到日速转为祝。所有生梧在口号收存本平布施足银三十八两九钱，随信与伊结去，至祈将账注明可也。又及。

五月（七封）

初六日永瑞兄带去第吉次信底

于前月二十八日托义兴永冀兄捎去第二十七次信，内报现收会过祁交郝治国兄镜宝银三百二十五两，与伊立去会票一张，注在祁五月二十五日复和成内见票无利交还，公对去伊备五十两钱砝一付（副），其平每百两比咱本合砝大二钱六兑，在口现收过足宝银，合得路期外，净得费银一两二。又依汉信交会去汉收甫升旭下炉足纹银五千两，言定在汉十、冬月二十日无利各收伊下炉足银二千五百两，照期与咱立有二千五百两会票二张，无砝，其平即照原会来之砝，每百两比本合砝大二钱二兑，咱在口四月二十日交过伊足宝银，早交之日按月四厘（与咱行息），连闰月现扣过伊纹利银外，每千两贴咱费银一十二两，今将伊会票二张随信统去，至祈查收注帐。至口代复和成收交票项，照其信折亦已收交清楚，除交外净剩银一千六百七十三两九钱四分，其平每百两比本合砝大一两五钱二，至日将此银京号如数交结注口之帐为是。又统去伊祁立来会票二张外，捎去伊汉较来钱砝一付（副），又口呈伊收交花名一折，并统去咱口号银钱流水账一本，苏、汉、成、泾、重、平、江各一信，生旺德捎物单一纸、信一封，以及一切，谅该早收阅转，余不再冗（陈）。于初一日收接第十七次信，内云汴会来见票交广成永足宝银一千两，照汴信每付交结。随统来众信八封，亦已收阅转往。又初四日收到第十八次信，内云均领悉矣。统来平、江、苏信三封，又广成德用皮包单一纸，俟已办妥速为捎去。天德元等信三封，一并收阅转致矣。

今永瑞兄由口赴京，所有咱口号银钱帐目，至四月标已经结清。至于一应暂借水牌、浮挂、浮借，亦已交代清白（楚）。又结去伊在口号支衣物足银一十一两一钱一分，支衣服大钱二十六千（文），又带去盘费大钱五千，车脚在口付清不欠。伊今酌量回京，伊到京之日亲面交代。又统去众兄等在口用银钱花名一札，共計足银一十六两五钱三分、钱一十五千六百六十文，至祈一并向伊照折收结，注咱口号之帐。

所有第二十六次信内无平信，系弟之错笔耳。至日将京收口号四月标各号之银，如收毕之日，开来一花单名，以备咱口号过帐查对为妥。随统去赵寿山一信、日新中纸包一个。刻下月息仍照前报。余无别叙，专此奉上。

初九日托光裕局带去第二次信底

于初六日永瑞兄由口赴京带去第吉次信，内报并叙咱口号之事，伊兄到京当面细叙交代，所有银钱账目至四月标已经结清，至于一应暂借水牌、浮挂、浮借，亦已清白（楚）。又统去伊在口号支过衣物足银一十一两一钱一分，又支衣物大钱二十六千文，又带去盘费大钱五千文，车脚价在口付清不欠。又统去众兄等在口用银钱花名一折，共計足银十六两五钱三分、钱一十五千六百六十文，至祈一并向伊照折收结，注咱口号之帐。统去赵寿山一信，日新中纸包一个，一并收阅注帐转致，余不再叙矣。

兹报现收会过谷交万盛隆镜宝银三百零六两，与伊立去会票一张，注在谷七月底在广成德内见票无利交还，公封去伊备五十两钱硔一付（副），其平每百两比本合硔大一两二钱一兑，合净得空期八十五天，无贴费。又现收会过祁交万盛隆镜宝银一百五十三两，与伊立去会票一张，注在祁六月初十日在复和成内见票无利交还，公对去伊备五十两钱硔一付（副），其平每百两比本合硔大一两二钱一兑，合净得空期三十五天，无贴费。又遵泾信交会泾收世丰珍、新盛魁足银二千五百两，与咱立有二字号会票一张，注在泾七月底无利收伊陕足银，在口四月十九日交过伊足宝银，至早交伊日期外，与咱加空期七十天，均按月六厘现扣过伊元利银。再报新盛魁常爷至日到平，向咱平号用银一百两，即可付与，今将会式在平讲定妥实，会泾是嘱。汴会来初四日交过广成永足宝银一千两，一并报知，达平、泾知之。随统去平、泾、重、长、汉、苏、浦、汴信八封，又永和庆等信四封，至祈阅转为是。刻下月息三厘八，钱价二千一百四十五。余无别呈，专此奉上。

初十日托光裕局带去第三次信底

于初九日托光裕局带去第二次信，内现收会过谷交万盛隆镜宝银三百零六两，与伊立去会票一张，注在谷七月底在广成德见票无利交还，公封去伊备五十两钱硔一付（副），其平每百两比咱本合硔大一两二钱一兑，净得空期八十五天。又现收会过祁交万盛隆镜宝银一百五十三两，与伊立去会票一张，注在祁六月初十日在复和成内见票无利交还，公封去伊备五十两钱硔一付（副），其平每百两比本合硔大一两二钱一兑，净得空期三十五天。又遵泾信交会去泾收世丰珍、新盛魁足纹银二千五百两，与咱立有二字号会票一张，注在泾七月底无利收伊陕足银，在口四月十九日交过伊足宝银，至早交伊日期外，与咱加空期七十天，均按月六厘现扣过伊元利银。再报新盛魁常爷至日到平，向咱平号用银一百两，即可付与，今将会式在平讲定妥实，会泾为是。统去本号信八封，永和庆等信四封，想该收阅注帐转往达知，余不再渎矣。

兹报现收会过谷交义合兴镜宝银五千两正，当与伊立去会票一张，注在谷六月初一日至初五日在广成德内见票无利交还，公封去伊备五十两钱硔一付（副），其平每百两比咱本合硔大一两八钱四兑，合得空期二十六天外，每千两贴咱费银二两。此项之银本不合算，皆因咱有成会来五月底交豫盛丰足银九千两，与伊言定现交，共扣过伊纹利银一十八两，报兄知之，至祈速达平知为是。余容后呈，专此奉上。

十三日托光裕局带去第四次信底

于初十日托光裕局带去第三次信，内报现收会过谷交义合兴镜宝银五千两正，当与伊交去会票一张，注在谷六月初一日至初五日在广成德内见票无利交还，公封去伊备五十两钱砝一付（副），其平票上批明每百两比咱本合砝大一两八钱四兑，合得空期二十六天外，每千两贴咱费银二两。此项之银本不合算，皆因咱有成会来五月底交豫盛丰足宝银九千两，与伊言定现交，共扣过伊现纹利银一十八两。统去平信一封，至祈并收阅转往，无须再复。

今报收会过李光峻先生无色宝银三千五百两，当与伊立去会票一张，注在平七月十一日见票无利交还，公封去伊备五十两去纸皮兑锡砝一块，其平每百两比咱本合砝大一两四钱六兑，在口现收过足宝银五百两，下余三千两按三月十一日以月一厘三口规与咱行息，七月标美玉公还咱，合得空期六十天外，共贴咱费银八两。又收会过祁交乾裕魁镜宝银七千两正，已定不立会票，各依信为凭，注在祁秋标无利交伊。咱在口现收过足宝银，其平暂未较砝，俟已较妥再信详报为是，合得空期九十余天，两无贴费。再叙咱口号所存之银七千余两，暂为（因）口地利息不大，（又）闰月不算，刻亦不合算。至于七、十、年标收交之项，尚有余光（剩），以弟之料，想不日将银发京，亦尚可也。目下月息，年标月二厘五，十月标月二厘，七月标月一厘五，无用主。随统去平信一封，复和成等信二封。余无别叙，专此奉上。

初九日由京转去汉第九次信底

于前月二十八日由京转去第八次信，内报遵来信交会过汉收甫升旭下炉足银五千两，与咱立来会票二张，注在汉十、冬月二十日各收伊银二千五百两，未较会砝，其平照会来之砝每五十两比咱本平大一钱一兑，在口四月（十九日）交过伊足宝银，早交伊日期按月四厘（与咱行息），连闰月现扣过伊纹利外，每千两贴咱费银一十二两，今将立来会票二张随信统去，至日查收注帐是妥，余不再冗（陈）。于初一日收接第四十一次信，内云之情，均领悉矣，祈勿计（记）念。

寄信后，收会过祁交银三百二十五两，在口现收足宝银，合得期外，得会费银一两二钱。又收会过谷交镜宝银三百零六两，合净得空期八十五天，在口现收过足宝银。又收会过祁交镜宝银一百五十三两，合净得空期三十五天，在口现收过足宝银。又遵泾信交会过泾收世丰珍、新盛魁足陕银二千五百两，二字号与咱立来会票一张。咱在泾七月底收伊陕足银，在口四月十九日交过足宝银，外加伊空期七十天，俱按月六厘现扣过伊元利（银）。又汴会来口交银一千两，统为报知。刻下口地月息二厘八，钱价二千一百五十六。余容后复，专此奉上。

十六日托光裕局带去第五次信底

　　于十三日托光裕局带去第四次信，内报收会过李光峻先生无色宝银三千五百两，当与伊立去会票一张，注在平七月十一日见票无利交还，公封去伊备五十两去纸皮兑锡砝一块，其平每百两比咱本合砝大一两四钱六兑，在口现收过足宝银五百两，其余三千两按三月十一日以月一厘三口规与咱行息，七月标美玉公还咱，合得空期六十天外，共贴咱费银八两。又收会过祁交乾裕魁镜宝银七千两正，已定不立会票，各依信为凭，注在祁秋标无利交伊，公较去伊备五十两去纸皮兑钱砝一付（副），其平每百两比咱本合砝大一两五钱六兑，在口现收过伊足宝银，合净得空期九十余天，两无贴费。所报发标一切，并统去复和成等信二封，谅早收阅注帐转致，无庸再复矣。于十三日收接第九次信，内云均领悉。随之会来口送蔚州交程炳南足纹银一百七十两，无票砝，统来伊会银信一封，广信一封、赵钟一信，并老兄与弟信一封以及逐一收阅，注帐备交是妥，祈勿锦念。

　　寄信后，收会过谷交孟若琮兄镜宝银一百五十五两，当与伊立去会票一张，注在谷七月底在广成德内见票无利交还，公封去伊备五十两去纸皮兑钱砝一付（副），其平每百两比咱本合砝大二钱兑，在口现收过伊足宝银，合净得空期七十天，无贴费。此宗之项，系兴玉成当家之银，素做之票，亦系咱的主顾，已得应酬耳。又代义兴永交过德裕生足宝银二百两，其平每百两比咱本合砝大八钱兑。随统去永记废票一张。又发去标宝银一百定（锭），共长平一百六十八两七钱五分；它（另）足银二千两，共长平六十四两七钱八分，二宗共合本平足银七千二百三十三两五钱三分，脚银付清不欠，至祈一并照信录账收结转致,达平知之。刻下月息、钱数,仍照前信所报。余无别呈,专此奉上。

又统去王珍兄一信,转致。

二十日托光裕局带去第六次信底

于十六日托光裕局带去第五次信,内报收会过谷交孟若宗兄镜宝银一百五十五两,当与伊立去会票一张,注在谷七月底在广成德内见票无利交还,公封去伊备五十两去纸皮兑钱硃一付(副),其平每百两比咱本合硃大二钱兑,在口现收过足宝银,合净得空期七十天,无贴费。又代义兴永交过德裕生足宝银二百两,其平每百两比咱本合硃大八钱兑。并统去永记废票一纸。又发去标宝银一百定(锭),共长平一百六十八两七钱五分;它(另)足银二千两,共长平六十四两七钱八分,二宗共合本平足银七千二百三十三两五钱三分,脚银付清不欠。统去王珍兄信一封,以及一切,谅早收阅注帐转致,再不复渎矣。

寄信后,交会去汉年终代天泰和收皮票元银六千五百一十一两七钱,收过之日按咱本平八八二扣九八八兑,注口之帐为妥,咱在口年标交伊足宝银,合两无空期外,共贴过咱费银三十四两七钱三分。又买去广成德用皮包五个,七百六合大钱三千八百文,至日照信收结注口之帐。亦随统去皮票二张,汉信一封,复和成等信二封,至祈一并查收阅转注帐转往,达汉知之。目下月息,年标月二厘五,十月标月二厘,七月标月一厘五。余容再呈,专此奉上。

再叙汇圆庆在口共借宝银四万余两,四、年标兑得月三厘,夺年标月二厘五。所有前信开去生旺德等捎物件之单,至祈一切照单捎来为妥。再捎来大梅红千千(笺笺)几百、中千千(笺笺)几百(张),勿误是妥。

京都往来信稿(咸丰元年、二年)

咸丰元年八月(一封)

八月二十八日收接四十四次之信　八月十二日申

　　启者于初九日托正大局捎去四十三次之信,内报从卫收会去邵玉润关批足纹银五百两,立去会票一张,注定在苏见票无利交付,无砝,比我平每百大三钱六分,随封带去无号信一封,因前会去伊号银一千两,赶伊到苏若将银取去已是,倘尚未取教伊写立收条,一并交付,我号对条伊到杭再为寄去。并报前与兴盛恒定会苏交伊关批足纹银七八千两。今与恒聚泰立去三千五百两会票一张,注定在苏九月初五日见票无利交付;又与统顺长立去四千两会票一张,注定在苏九月底见票无利交付,其平公较去伊备五十两钱砝一付(副),比我平每百大八钱六分。又与庆恒钱店马五爷开过由监生捐出仕从九单一纸,此系伊经手船帮中之人,今伊言及亦已回南,倘托咱苏号办理,祈为照应收揽。随甬(统)去与伊开过底单一纸,平、沈等信五封,及报一切之事,谅早收明矣。初十日期收接三十一次之信,会来吴次平老爷足纹银三百八十两零四钱三分,又京收怡隆公足纹银五千两,封来汉信一封,转平、沈等信,以及一切之事,俱已领悉矣。

　　今从卫收会去永和公关批足纹银五千两,无票砝,言定在苏后八月初八日无利交伊银三千两,九月初八日无利交伊银二千两,在津现收过伊银三千两,后八月初八日收二千两。又永顺号关批足纹银三千两,又永立号关批足纹银二千两,各立去会票一张,均注定在苏后八月初八日见票无利交付,无砝,其平均比我平每百大三钱二分。又永顺号关批足纹银二百六十两零九钱三分,立去会票一张,注定在苏后八月初八日见票无利交付,较去伊备五十两钱砝一付(副),比我平每百小一两。以上俱合空伊期一月,每千两贴过我号费银十两。再有倪次郊老爷欠我苏号之银,接信后即为找寻,未曾寻见;后杨八元老爷进京,我号问及伊寓何处,据云亦已赴陕,报兄知之。刻下京利四厘,不让日期,皆因日升昌借银数万两,三二天内许往苏起银十来万两。今京号于初十日请过续其楹,一并报知。

　　再有去腊寄去九十一次信,内收会去戚清渠兄京饷银一百五十两,立去一百两、五十两会票各一张,今伊将五十两之票仍在京取去,比我平共小六钱,至日收京之帐。此上。

咸丰元年闰八月(十封)

初三日记(托)正大局捎去四十次之信

　　于前月二十六日托天成局捎去三十九次之信,内统去平、沈等信三封,汉信二总封,又祝兰台兄五百两、长芦贡局五百五十两收条各一纸。又封去尉清廉兄副履历一纸,恐前信迟误,是以封去,至祈赶快递捐。及呈之事,谅早均为收照矣。二十八日收接四十三、四十四次之信,随会来永和公足纹银五千两,永顺号足纹银二百六十两零九钱三分、又伊足纹银三千两,永立号足纹银二千两,邵玉润足纹银五百两。并前与兴盛恒定会之银,立过恒聚泰三千五百两会票一张,统顺长四千两会票一张,至期均照票信妥交。以及前会来戚清渠兄之银,在京用过五十两,亦已照信注帐。并封来与庆恒钱店开过捐项底单一纸,平、沈等信五封,及谕一切,俱已收明领悉,无须介意。至于托聚发源所捎会票等物,俱已收到,报知。

　　今封去苏局至八月底结存银单一纸,平、沈、蔚盛(长)等信六封,查收转致。刻下苏利五厘平和。今三义号会用过咱曹平足纹银一千两,与咱立来未封口信一封,注定在京九月初五日无利还咱,每百两比咱平大三钱六分,共扣过伊利费银十四两,至期收索。此上。

初五日收四十五次之信　八月十四日申

　　启者于十二日托天成局捎去四十四次之信,内报从卫收会去永和公关批足纹银五千两,无票砝,言定在苏后八月初八日无利交伊银三千两,九月初八日无利交伊银二千两。永顺号关批足纹银三千两,永立号关批足纹银二千两,各立去会票一张,均注定在苏后八月初八日见票无利交付,无砝,其平均比我平每百大三钱二分。又永顺号关批足纹银二百六十两零九钱三分,立去会票一张,注定在苏后八月初八日见票无利交付,较去伊五十两钱砝一付(副),比我平每百小一两。并报去腊寄去九十一次之信,内报收会去戚清渠兄京饷一百五十两,立去一百两、五十两会票各一张,今伊将五十两之票仍在京取去,比我平共小六钱,至祈收京之帐。又倪次郊老爷欠我苏号之银,接信之后即为召

（找）寻，未曾寻见，后杨八元老爷进京，我号问及伊寓何处，据云亦已赴陕。并报一切之事，谅早收明矣。十三日收接三十三次之信，会来吴硕卿兄足纹银三百六十两，于懋堂兄足纹银一千三百二十三两，程覃叔老爷足纹银二百两，钟大老爷足纹银四千两、又伊足纹银一千五百两，统来芜（湖）局等信，又转平、沈等信，内云一切之事，俱已领悉，无须计（记）念。

今托日升昌捎去苏号冬菜一篓，转芜吴宝球老爷五百两会票一张，至日查收。又封去沈信一封，吴老爷三百八十两零四钱三分收条一纸，汉局等信一总封，利永贞等信五封，查收转致。此上。

初五日收四十六次之信　八月十九日申

启者于十四日托正大局捎去四十五次之信，内报托日升昌捎去苏号冬菜一篓，转芜吴宝球老爷五百两会票一张，随封去吴老爷二百八十两零四钱三分收条一纸，沈局等信六封，汉局等信一总封，及报一切之事，谅早收明矣。

今收会去立成晋曹平关批足纹银一千两，立去会票一张，注定在苏后八月十七日见票无利交付，平比我平每百小一两六钱二分，合空伊期一月，贴过我号费银八两。万全号关批足纹银一千五百两，无票砝，言定在苏后八月十八日无利交付，无砝，平比我平每百大三钱八分。同泰号圆砝关批足纹银二千两，余记圆砝关批足纹银一千三百两，各立去会票一张，均注定在苏后八月十八日见票无利交付，平比我平每百均大三钱八分。以上三宗，合空伊等路期一月，每千两俱贴过我号费银九两，至日均为妥交。今封去程覃叔老爷收银回信一封，于懋堂兄一千三百二十三两收条一纸，至日查收。今宋传书兄用过我平捎足纹银二千五百一十五两八钱，另有一单，至日注账。刻下京利四厘。此上。

初十日托正大局捎去四十一次之信

于初三日托正大局捎去四十次之信，内报三义号会用过咱曹平足纹银一千两，随统去伊与咱立来未封口信一封，注定在京九月初五日无利还咱，其平比我平每百大三钱六分。并封去苏局至八月底结存银单一个，平、沈等信六封，及呈之事，谅早均为收照（着）矣。初五日收接四十五、四十六次之信，会来立成晋足纹银一千两，万全号足纹银一千五百两，同泰号足纹银二千两，余记足纹银一千三百两，均按期交付。并宋传书兄用过捎银，照单已注京帐。随统来程罩叔老爷等收条,转汉等信,所云诸事,皆已收明领悉,无须介意。所有托日升昌捎之会票、冬菜,尚未收致(到),俟收再报。

今收会去吴艺荪兄曹平足纹银一百五十两,立去会票一张,注定在京见票无利交付,其平比我平每百大三钱二分,共贴过咱费银一两。又庆瑞堂京平足纹银九百两,未立会票,言定在京见信无利交付,其平外较去咱(伊)五十两钱码一付(副),比我平每两小三两七钱,至日先按报平交付,俟砝到日再为比兑,至祈均为妥交。今统去平铺等信二封,汉寄京信二总封,内有实收四张书皮外,写照二名,祈为勿疑,查收转致。刻下苏利五厘。此上。

初十日收四十七次之信　八月二十三日申

启者于十九日托天成局捎去四十六次之信,内报收今去立成晋曹平九八兑关批足纹银一千两,立去会票一张,注定在苏后八月十七日见票无利交付,平比我平每百两小一两六钱二分。万全号关批足银一千五百两,无票砝,言定在苏后八月十八日无利交付,平比我平每百大三钱八分。同泰号圆砝关批足纹银二千两,余记圆砝关批足纹银一千三百两,各立去会票一张,均注定在苏后八月十八日见票无利交付,平比我平每百均大三钱八分。随封去程罩叔老爷收银回信一封,于懋堂兄一千三百二十三两收条一纸。并报宋传书兄用过我平捐足纹银二千五百一十五两八钱,呈有一单,及报一切,谅早收阅矣。十九日收接三十二、三十四次之信,会来陈记足纹银三百两,统来苏号七月底存银折一折,李锦堂兄履历一纸,汉局等信二总封,并转平、沈等信。又另收正大捎来汉信一总封,以及一切之事,皆各逐宗收明领悉,无须介意。

今封去宋传书兄监照、同知照各一张,胡长松兄从九照一张,钟佩贤老爷四千两、一千五百两收条各一纸,平信一封,至日查收。刻下京利四厘。

再国瑾与潮海于二十一日回里,汇圆庆于是日往苏起去银八万余两,均报兄等知之。今从卫收会去永和公关批足纹银三千两,无票砝,言定在苏十一月初五日无利交伊,平比我平每百大三钱二分,净空伊期三个半月,至祈妥交。余事再报,专此奉上。

十七日托天成局捎去四十二次之信

于初十日托正大局捎去四十一次之信,内报收会去吴艺荪老爷曹平足纹银一百五十两,立去会票一张,注定在京见票无利交付,平比我平每百大三钱二分。又庆瑞堂京平足纹银九百两,未立会票,言定在京见信无利交付,其平外较去咱(伊)备五十两钱砝一付(副),比我平每百小三两七钱,至日先按报平交付,俟砝到日再为比兑。及呈之事,并封平、沈、汉号等信四封,汉信内有实收四张书皮外,写照二名,谅早均为收照(着)矣。初十日收接四十七次之信,随会来永和公足纹银三千两,按期交付。甬(统)来宋传书兄监照、同知照各一张,胡长松兄部照一张,钟佩贤兄五千五百两收条一纸,平信一封,以及一切俱已领悉,无须介意。

今收会去路瀛洲兄曹平足纹银四十两,比我平共大一钱二分,随甬(统)去伊信一封,至日照信交付,讨收条寄苏。今托聚发源捎去王宾侯记线绸马褂料一件,用过纹银一两七钱七分;又源恒涌用痧药一两五、卧龙(丹)四瓶,共用过纹银一两三钱八分,计纸包一个,至日查收,注苏捎货帐。今封去王成林、曹育兰二位由俊秀捐监履历一纸,至日查收递捐。又封去永和公三千两收条一纸,平、沈、芜信各一封,永和公等信六封,查收转致。刻下苏地月息五厘。此上。

二十日收接四十九次之信　闰八月初三日申

启者于初一日托天成局捎去四十八次之信,内报收会去广元庆关批足纹银七千两,无票砝,言定在苏九月初间无利交付,比我平每百小二两一钱。王大兄曹平关批足纹银三百两,立去会票一张,注定在苏九月二十九日见票无利交付,无砝,平比我平每百大四钱。又李锦堂兄用过我平捐足纹银一百三十六两七钱六分,另有一单。随封去平信一封,长芦贡局等信四封,吴硕卿兄三百六十两收条一纸,弟等用货一单。并报荣雁堂带去无号信一封,内报伊伙刘大爷赴苏讨帐,倘有银两往京兑会,至祈照应会来;若向苏号先挪借银两三二十两,亦可交付为祝。并报一切之事,谅早收明矣。

今封去京局八月底结存银单一纸,汉局等信一总封,至日查收转致。刻下京利四厘。再有前托万泰松捎去转汉、沙、常之照,接苏来信云于六月二十七日收到。今接汉七月二十三日之信,尚未收到,不知是何耽搁,以致捐生在汉屡次吵闹,报知。此上。

二十三收接五十次之信　闰八月初六日申

启者于初三日托正大局捎去四十九次之信，随封去京局八月底结存银单一纸，汉局等信一总封，及报之事，谅早收明矣。初四日收接三十五、三十六次之信，会来方麟轩老爷足纹银三千两，曹大老爷足纹银一千六百两，石老爷足纹银一百两，正大协足纹银一百五十两，统来谦祥号会票一张，平、沈等信，以及一切之事，皆已领悉矣。

今收会去立成晋曹平九八兑关批足纹银六百两，立去会票一张，注定在苏九月初四日见票无利交付，无砝，平比我平每百小一两六钱二分，空伊期一月，贴过我号费银五两四钱，至日妥交。今封去沈信一封，内统二万两会票一张、上批照二名。又转金（陵）周子鹤兄信一封，至日查收，勿疑。再将此项祈兄设法早收为妥，以备从沈再会银两不误。又从卫收会清江（浦）胡聘儒兄足宝银三百两，立去会票一张，注定在彼十二月半蔚丰厚内见票无利交付，较去伊五十两钱砝一付（副），系我号原平，合空伊期四个半月，贴过我号费银二两，至日与蔚丰评兑为妥。刻下京利四厘。此上。

二十四日托正大局捎去四十三次之信

于十七日托天成局捎去四十二次之信，内报收会去路瀛洲兄曹平足纹银四十两，比我平共大一钱二分，随甬（统）去伊信一封，至日照信交付，讨收条寄苏。并托聚发源捎去王宾侯记用线绸马褂料一件，用过纹银一两七钱七分；源恒涌用痧药一两五、卧龙丹四瓶，共用过纹银一两三钱八分，计纸包一个，至日注苏捎货帐。并封去王成林、曹育兰二位由俊秀捐监生履历各一纸，永和公三千两收条一纸，平、沈等信九封，及呈之事，谅早均为收照（着）矣。二十、二十三日收接四十九次、五十次之信，会来广元庆足纹银七千两、王大兄足纹银三百两、立成晋足纹银六百两，又清江（浦）胡聘儒兄足宝银三百两，均照票信交付。并李锦堂兄用过捐银，照单已注京帐。随甬（统）来京局八月底结存银单一纸，沈局等信二封，并沈寄苏二万两会票一张，转汉信一总封。并云荣雁堂刘兄带咱无号信借用银之说，以及诸事，皆已照信收明领悉，无须介意。所有托天成局捎之四十八次之信，尚未收到。至于京寄汉、沙、常之照，接汉来信于八月十四日收到，皆因苏寄汉信局止（只）是李乘时一家，再无别处，凡遇信内有照，准是随锞捎寄，即便多给酒资，伊亦是不能赶快，以致稽迟，呈兄知之。

今收会去陆大老爷足纹银七百五十两，立去会票一张，注定在京见票无利交付，其平较去伊十两钱砝一付（副），比我平每百大二两四钱。又耕余堂曹平足纹银七十五两，立去会票一张，注定在津见票无利交付，平比我平共大二钱四分，共贴过我号费银一两，至日往津通信，一并妥交。今统去平、沈等信五封，汉信一总封，查收转致。再有托日升昌所捎冬菜并转芜会票，昨日均已收到，报知。刻下苏地月息五厘，用主仍少。又封去李应元、林肇成二位由俊秀捐监生履历各一纸，至祈递捐。此上。

二十七日托正大局捎去四十四次之信

于二十四日托正大局捎去四十三次之信，内报收会去陆大老爷足纹银七百五十两，立去会票一张，注定在京见票无利交付，其平较去伊十两钱砝一付（副），比我平每百大二两四钱。又耕余堂曹平足纹银七十五两，比我平共大二钱四分，至日往津通信妥交。随封去平、沈、汉等信六封，李应元、林肇成二位由俊秀捐监生履历各一纸，并呈之事，谅早均为收照矣。

今收会去朱蓉溪、吴钰堂兄足纹银二千四百两，立去会票一张，注定在京十月初十日见票无利交付，其平外较去伊备五十两连纸皮钱砝一付（副），比我平每百大三钱二分，合空伊期四十五天，每千两扣过我号现利银七两，至祈妥交。再伊言及，恐会去之银不敷使用，欲在京向我号会借银三四百两，弟已应承，至日如伊不用则已，倘若用时，祈兄将贴费、利息言明，教伊立一票据，在苏吴源隆金店内还咱是妥。今封蔚长永信一封，汉寄京信一总封，内有实收一张书皮外，写照一名，至日勿疑，查收。刻下苏利五厘，用主仍少。此上。

咸丰元年九月（十六封）

初三日收接五十一次之信　闰八月初十日申

启者于初六日托正大局捎去五十次之信，内报收会去立成晋曹平九八兑关批足纹银六百两，立去会票一张，注定在苏九月初四日见票无利交付，无砝，比我平每百小一两六钱二分。又从（卫）收会清江（浦）胡聘儒兄足宝银三百两，立去会票一张，注定在彼十二月半蔚丰厚内见票无利交付，较去伊五十两钱砝一付（副），系我号原平，至日与蔚丰评兑为妥。随封去沈信一封，内统二万两会票一张，又转金（陵）周子鹤兄信一封，及报一切之事，谅早均为收阅矣。

今收会去万全号关批足纹银一千两,无票砝,言定在苏九月初八日无利交付。又万泰松圆砝关批足纹银一千五百两,立去会票一张,注定在苏九月初九日见票无利交付。以上二号之平,均比我平每百大三钱八分,合空伊等路期一月,每千两贴过我号费银十两,至日妥交。今封去沈信一封,光泰兄等信二封,查收转致。刻下京利四厘。今天会通源往苏起去次库宝银五万四五千两,此系沈阳所来之原票,报知。又封去倪大人信一封,收转。此上。

同日收接五十二次之信　闰八月十三日申

启者于初十日托天成局捎去五十一次之信,内报收会去万全号关批足纹银一千两,无票砝,言定在苏九月初八日见票无利交付。又万泰松圆砝关批足纹银一千五百两,立去会票一张,注定在苏九月初九日见票无利交付。以上二号之平,俱比我平每百大三钱八分。随封去沈局等信三封,及报一切之事,谅早收明矣。今封去李锦堂兄部监照一张,沈信一封,内统董大生票信一封,至日查收。刻下京利四厘迟。

再沈专脚来京,内因前者董大生与咱会过苏收之银,伊号从船上起信三封,半月之前接船上来信云,海洋不宁,船只不能过去,信未捎起。恐伊号不知其事误咱日期,反为不美,是以托沈号与伊转信一封,沈恐托人不便,又觅步脚送京。如在苏迟交二三天,念其相好,不必加利;倘多迟日期,按苏时利扣加,伊信内亦曾写明,至日照应(样)收索。此上。

同日收接五十三次之信　闰八月十六日申

启者于十三日托天成局捎去五十二次之信,内封去李锦堂兄部监照二张(上信为一张),沈信一封,内统大生号要信一封。同日又托正大局捎去副信一封,内报之事,谅早收明矣。昨接三十七、三十九次之信,会来史名下九八京饷银一千三百两,王达青老爷九七银一千五百两、足纹银一千两,统来尉清廉兄副履历一纸,汉信三总封,转平、沈等信,又与元成钱店等信四封,以及一切之事,皆已领悉矣。至云捐项加平,今统去细单一纸,至日查阅,合算收揽可也。又封去平信一封,广成厚信一封,收转。刻下京利四厘迟。此上。

初三日托正大局捎去四十五次之信

于前月二十七日托正大局捎去四十四次之信,内报收会去朱蓉溪、吴钰堂兄足纹银二千四百两,立去会票一张,注定在京十月初十日见票无利交付,其平外较去伊备五十两连纸皮钱砝一付(副),比我平每百大三钱二分。并呈伊言及恐会去之银不敷使用,欲在京向我号会借银三四百两,弟已应承,至日如伊不用则已,倘若用时,将贴费、利息言定,教伊立一票据,在苏吴源隆金店内还咱。随统去蔚长信一封,汉信一总封,内有实收一张,以及之事,谅早均为收照(着)矣。刻接五十一、五十二、五十三次并五十二次副信四封,会来万全号足纹银一千两,万泰松足纹银一千五百两,均按期交付。随甩(统)来李锦堂兄部监照二张,平、沈等信六封,董大生要信一封,又捐项加平细单一纸,及云诸事,均已照信逐宗收明领悉,无须介意。再有前收会去京交武钧老爷足纹银三百两,比我平每百大三钱二分,今已在苏用过,至日将此项作为苏交京收之项是妥。

今收会去敬业堂足宝银一万七千两,又衡峰兄足宝银一千一百七十两,镜堂兄足宝银一百零二两,各立去会票一张,均注定在东口十一月底见票无利交付,其平公较去伊五十两铜砝一块,比我平每百大四钱八分。此系江苏藩台武大人之项,今告病回籍,六月二十间已将银存于苏,净合空伊期一百九十余天。再据伊少爷等言及,此银到期收与不收,尚在两可。若是要收,自必预为关照京局,咱号往口评兑,自嘱其交银之家,务须厚道相待。伊言(道光)二十八年所交之银,甚为不公,此项伊本不欲在咱号兑,弟等再三讲说,断不至照前之样,望兄斟酌而为,至嘱至嘱。今封去苏局至闰八月底结存银折一个,平、沈等信四封,汉信一总封,查收转(致)。刻下苏地月息五厘迟,皆因后八月间雨水连绵十数余天,棉花减收,价值高昂,以致办花者俱在观望,更兼各处来标约在七八十万,是以行市迟滞,用主稀少,一并呈知。此上。

初七日托天成局捎去四十六次之信

于初三日托正大局捎去四十五次之信,内报收会去敬业堂足宝银一万七千两、衡峰兄足宝银一千一百七十两、镜堂兄足宝银一百零二两,各立去会票一张,均注定在东口十一月底见票无利交付,其平公较去伊五十两铜砝一块,比我平每百大四钱八分。此银系江苏藩台武大人之银,据伊少爷言及,此银到期收与不收尚在两可,若是要收,自必预为关照京局,咱号在口评兑,嘱其交银之家,务须厚道相待。并报前会去京交武钧老爷足纹银三百两,比我平每百大三钱二分,今已在苏用过,至祈将此项作为苏交京收之银是妥。随封去苏局至后八月底结存银折,平、沈等信四封,汉信一总封,及报之事,谅早收明矣。

今与日兴蔚记定会过京收伊银一万两,与咱写来未封口无号信一封,注定在京本月底、十月初十日无利各交咱足纹银五千两,未较砝码,其平照前会过之平,比我平每百大三钱六分,均如在京迟早交三二天,按京时利扣加,我号在苏均对日交伊关批足纹银,每千两在苏贴我费银十二两,至期向伊收索;何日收过,速往苏寄信为妥。今托永和公从津捎去油纸包三个,无号信一封,内呈兄等用货,共用过号平纹银四两三钱四分,今开去花单一纸,收阅注苏捎货帐为妥。其余之物,俱是瑞兴号在苏托我号所捎,用过之银在苏结清。所有沿途脚税,教永和公暂佃(垫),用银多寡俟津有信,在京与瑞兴号清算。今封去伊信一封,至日阅毕封固,连物一并转致。又封去日兴蔚与咱立来一万两未封口无号信一封,因有此信外写部照一名,至祈勿疑。又平、沈等信四封,张白也老爷等信三封。刻下苏地月息仍五厘迟极。专此奉上。

初九日收接五十四次之信　闰八月二十一日申

启者于十六日托正大局捎去五十三次之信,随封去平铺等信三封,捐项加平细单一纸,至日合算收揽,及报一切之事,谅早收明矣。十九日收接三十八次之信,内云一切,皆已领悉,无须计(记)念。

今收会去立成晋曹平九八兑关批足纹银八百两,立去会票一张,注定在苏九月二十日见票无利交付,无砝,平比我平每百小一两六钱二分,合空伊期一月,贴过我号费银七两二钱,至日妥交。今从卫与玉盛号定会苏交伊银一万两,伊在津陆续交咱,除伊期二月,在苏无利交伊,每千两贴我号费银九两,预为报知,俟收银后再为详报。今封去沈信三封,查收。刻下京利四厘迟。此上。

同日收接五十五次之信　闰八月二十四日申

启者于二十一日托天成局捎去五十四次之信,内报收会去立成晋曹平九八兑关批足纹银八百两,立去会票一张,注定在苏九月二十日见票无利交付,平比我平每百小一两六钱二分。又从卫与玉盛号定会苏交伊银一万两,伊在津陆续交咱,除伊期二月,在苏无利交伊,每千两贴(咱)费银九两,俟收银再为详报。随封去沈信三封,及报之事,谅早收明矣。

今从卫收会去永立号关批足纹银一千两,立去会票一张,注定在苏见票无利交付,无砝,比我平每百大三钱二分。此银系初五日收过,亦合空期一月,贴过我号费银十一两,至日妥交。刻下京利四厘迟极。数天以来,同行概无出借,以致家家堆存(银两)。昨日汇圆庆借银二万余两,让日十来天,许是办宝黄货(黄金),报兄知之。又封去长芦贡局信一封,收转。此上。

十一日收接五十六次之信　闰八月二十六日申

启者于二十四日托天成局捎去五十五次之信,内报从卫收会去永立号关批足纹银一千两,立去会票一张,注定在苏见票无利交付,无砝,比我平每百大三钱二分。随封去长芦贡局信一封,及报之事,谅早收照(着)矣。

今收会去万全号关批足纹银一千两,无票砝,言定在苏九月二十五日无利交付,平比我平每百大三钱八分,合空伊期一月,贴过我号费银十两,至日妥交。所有萧恩荣老爷之照,亦已交付,用过之银已注苏捐货帐。刻下京利四厘迟极,让日半月十来天。现下局中存银四万之谱,再加应收之银,实无安顿之法。前接苏号来信,云苏地大众办货之家皆安顿银两,下半年之利必许快大,是以今定出月初间往苏起银十来八万两,暂避京中之微迟,俟定准数目再为祥报。昨接四十、四一次之信,会来吴艺荪老爷足纹银一百五十两,庆瑞堂足纹银九百两,又京收三义号足纹银一千两,统来伊无号信一封,苏局八月底存银折一个,汉信二总封,内实收四张,又平、沈等信,并云一切,皆已领悉,无须计(记)念。又封去平信一封,查收。此上。

十三日托正大局捎去四十七次之信

于初七日托天成局捎去四十六次之信,内报与日兴蔚定会过京收伊银一万两,与咱写来未封口无号信一封,注定在京本月底、十月初十日无利各交咱足纹银五千两,未较砝码,其平照前会过之平,比我平每百大三钱六分,如在京迟早交三二天,按京时利扣加,我号在苏均对日交伊关批足纹银,至期向伊收索,何日收过速往苏寄信为妥。并报托永和公由津捎去油纸包三个,无号信一封,内呈兄等用货,开去花单一纸,共用过号平纹银四两三钱四分,祈注苏捐货帐。其余之物,俱是瑞兴号托我号所捎,用过之银在苏结清。其沿途脚税,教永和公暂佃（垫），用银多寡，俟津有信到京，与瑞兴号清算，随封去伊信一封，至日信物一并交付。又封去日兴蔚（与）咱立来一万两无号信一封，平、沈等信五封，及报一切之事，谅早收明矣。初九日、十一日收接五十四、五十五、五十六次之信三封，随会来立成晋足纹银八百两、万全号足纹银一千两、永立号足纹银一千两，并与玉盛号定会苏交伊银一万两，并封来平、沈等信，并云一切之事，俱已收明领悉，勿须介意。

今收会去马小吾老爷曹平足纹银一百五十两，无票砝，比我平每百大三钱二分，随封去伊信一封，至日照信交付，讨收条寄苏，共贴过咱费银一两五钱二分。今谦祥号会借过咱曹平足纹银一万两，与咱立来无号信一封，注定在京来年二月初八日无利还咱，如迟早交十来天，按京时利扣加，其平未较砝码，照前会过之平，比我平每百大四钱，合空咱路期五个月，在苏以九七扣，共扣过伊利费银四百五十两，至期向伊收索。今封去永和公二千两收条一纸，平、沈信各一封，汉局等信一总封，又西耀庭、吴晓楼、锦泰、三合、元泰盛等信各一封，查收转致。刻下苏地月利五厘，暗让四厘五出，无甚用主。至托天成局所捎四十八次信，至今仍未收到，至祈稽查，将原底抄来为祝。专此奉上。

十九日收接五十七次之信　九月初一日申

启者于前月二十六日托正大局捎去五十六次之信，内报收会去万全号关批足纹银一千两，无票砝，言明在苏九月二十五日无利交付，平比我平每百大三钱八分。并报萧恩荣老爷之照，亦已交付，用过之银已注苏捎货账。随封去平信一封，及报一切之事，谅早收明矣。二十二日收接二十二次信，内云之事已领悉矣。

今收会去倪大人原来库平九九五色银八百两，立去会票一张，注定在苏冬月后半月无利交付，平比我平每百大二两一钱，净空伊期三个月，此银即是从苏会来伊一千（两）之数，只用过银二百两。又收会去杨八元老爷九九松江银一百两，无票砝，比我平共大四钱，至日交伊公馆内，讨收条存苏。所有伊在苏缺平银二两，咱与伊言及，据云不好交代，若咱要扣，即是伊赔苦，是以未曾扣过，报知。

至于前报往苏起标之说，今已定准初三日动身，往苏送银十万零八千两，计松江银二万九千两，余者俱是足宝银，外定带标金四百一十五两零二分五厘，合计恒利、益成字号，至日预为安顿可也。

又从卫收会去玉盛号关批足纹银二千两，立去会票一张，注定在苏十二月二十二日见票无利交付，无砝，平比我平每百小一两一钱四分，净空伊期四个月，此银系前一万之外，至日妥交。刻下京利仍四厘迟，松江色一两九之谱。又从卫收会去天和恒关批足纹银四百两，无票砝，统去伊信一封，言定在苏九月二十七日无利交吴硕卿兄手收，平比我平每百大三钱二分，讨收条存苏，待伊到苏之日再为更换咱与伊立过之收条，合空伊一月，贴过我号费银四两八钱。岐峰号关批足纹银六百六十六两九钱，立去会票一张，注定在苏见票无利交伊，无砝，平比我平每百大五钱，贴过我号费银八两五钱，至期均各为妥交。又及。此上。

同日收接五十九次之信　九月初四日申

启者于初三日照（昭）典逢吉动身，带去五十八次之信，并标金四百零一两四钱三分、（又）十五两零二分五，合银六千零三十一两四钱八分；又足宝银七万七千二百七十八两五钱二分，二宗共计本平足宝银八万三千三百一十两。又九八二松江银二万九千一百七十二两，另有标码折一个，至日注帐。另带去盘费银五百两，回京出账。并报前从京会去叶大人银二百两，接苏来信，云伊仍在京用，昨日伊来号，言及此票从京托折差寄闽，赶票到闽，伊已动身，未曾接见，今伊亦已写信去追。弟恐此票有失，别人执票赴苏取银，祈兄万不可交付为祝。所有银两，念在多年相好，亦已令伊写着实收字据，将银交讫，及报一切之事，谅早顺至呈明矣。今封去京局闰八月底结存银折一个，平信一封，敦义裕用货单一纸，查收。刻下京利四厘迟。此上。

二十日托天成局捎去四十八次之信

于十三日托正大局捎去四十七次之信，内报收会去马小吾老爷足纹银一百五十两，无票砝，比我平每百大三钱二分，随封去伊信一封，至日照信确交，讨收条寄苏。并报谦祥号会借过咱曹平足纹银一万两，与咱立来无号信一封，注定在京来年二月初八日无利还咱，如迟早交咱五八天，按京时利扣加，其平未较砝码，照前会过之平，比我平每百大四钱，至期向伊收索。随封去永和公二千两收条一纸，平、沈信各一封，汉局等信一总封，又西耀庭兄等信五封，及报一切之事，谅早收照（着）矣。昨接五十七次正、副信，又五十九次之信，会来倪大人九九五银八百两、杨八元老爷九九松江银一百两、玉盛号足纹银二千两、天和恒足纹银四百两、岐峰号足纹银六百六十六两九钱,均按期照票交付。统来天和恒、平铺信各一封,以及叶大人之会票寄闽等情,并云往苏起过之标,及谕一切之事,均已领悉矣。今封去平信一封,汉信一封,蔚城、泰丰、兴盛当信各一封,又苏号与世德全信一封,至日均为查收转致。所有谦祥与咱立来无号信,随后再为捎去。刻下苏利仍五厘迟。此上。

二十六日收接六十次之信　九月初六日申

启者于初四日托天成局捎去五十九次之信,随封去京局八月底结存银单一纸,平信一封,及报之事,谅早收明矣。今收会去邵松轩兄关批足纹银一千两,立去会票一张,注定在苏十月二十五日见票无利交付,较去伊五十两连纸皮钱砝一付(副),比我平每百小一两三钱二分,合空伊期五十天,贴过我号费银十两,票上又批如早用三二天亦可交付。又从卫收会去岐峰号关批足纹银三百七十二两三钱,立去会票一张,注定在苏见票无利交付,无砝,票上批明比我平每百大三钱二分,贴过我号费银四两八钱四分,至日妥交。今尉清廉兄用过我平捐足纹银一百零七两五钱,另有一单,至日注帐。今封去平信一封,查收。刻下京利四厘迟。此上。

二十六日收接六十一次之信　九月初七日申

启者于初六日托天成局捎去六十次之信,内报收会去邵松轩兄关批足纹银一千两,立去会票一张,注定在苏十月二十五日见票无利交付,较去伊五十两连纸皮钱砝一付(副),比我平每百小一两三钱二分,票上又批如早用三二天亦可交付。又从卫收会去岐峰号关批足银三百七十二两三钱,立去会票一张,注定在苏见票无利交付,无砝,票上批明比我平每百大三钱二分。并报尉清廉兄用过我平捐足纹银一百零七两五钱,另有一单。随封去平信一封,及报之事,谅早收明矣。

今从卫收会去天和恒关批足纹银五千两,无票砝,甬(统)去伊信一封,言定在苏九月二十八日银信无利交付,平照前比我平每百小一两一钱,合空伊期一月,每千两贴过我号十二两,交毕讨收条存苏,待伊到苏与津立过之收条更换。今封去沈信二封,查收。刻下京利四厘迟,松江色一两八九。再将苏存叶大人一百两会票二张便寄京中，以好更换。又收会去谢万祥圆砝关批足纹银四百两，立去会票一张，注定在苏九月底内无利交付，平比我平每百大四钱，贴过我号费银五两五钱。此上。

二十七日托正大局捎去四十九次之信

于二十日托天成局捎去四十八次之信，内统去平铺等信四封，汉信一封，又苏号与世德全信一封，及报之事，谅早收明矣。二十六日收接六十次、六十一次之信，会来邵松轩兄足纹银一千两、岐峰号足纹银三百七十二两三钱、天和恒足纹银五千两、谢万祥足纹银四百两，均按期交付。并尉清廉兄用过捐银，照单已注京帐。随统来平、沈等信四封，所云一切，皆已收明领悉，无须介意。

今收会去庆瑞堂曹平足纹银四百五十两，无票砝，比我平每百大三钱二分，随统去伊信一封，至日照信交付。又马小吾老爷足纹银五十两，未立会票，统去伊信一封，比我平共大一钱六分，至祈遇便送通（州）照信交付，讨收条寄苏，贴过咱会银五钱。又升记曹平足纹银一千两，与伊立去会票一张，注定在京见票无利交付，无砝，比我平每百大三钱二分，至日均为妥交。再有叶大人二百两会票，随后有便即捎，呈知。今统去平、沈信各一封，汉信一总封，查收转致。刻下苏利五厘迟极。此上。

二十九日收接六十二次之信　九月十二日申

启者于初七日托天成局捎去六十一次之信，内报收会去谢万祥圆砝关批足纹银四百两，立去会票一张，注定在苏九月底见票无利交付，无砝，平比我平每百大四钱。又（从）卫收会去天和恒关批足纹银五千两，无票砝，甬（统）去伊信一封，言定在苏九月二十八日银信无利交付，平照前比我平每百小一两一钱，讨收条存苏，待伊到苏与津立收条更换。并报将苏存叶大人一百两会票二张便寄京中，以好更换咱苏立之收条。及报一切之事，随封去沈信二封，内有由台会过冬月初一日苏收公一号银一万两，在台九月初一日交，因恐沈信迟误，是以关照一笔，谅早均为收明矣。初八、十一日收接四十二、四十三次之信，会来路瀛洲兄足纹银四十两，陈大老爷足纹银七百五十两，耕余堂足纹银七十五两，统来王成林兄等履历四纸、永和公三千两（收条）、汉信二总封、芜信一封，又转平、沈等信，以及一切，俱已收明领悉矣。所有聚发源捎之用货，尚未收到，用过之银已注苏帐。

今收会去万泰松圆砝关批足纹银七百两，立去五百两、二百两会票各一张，均注定在苏十月初九日无利交付，平比我平每百大三钱八分，合空伊期一月，共贴过我号费银七两，至日妥交。再昭典动身所带盘费银五百两，彼时除讫标兵换银，净找银三百四十余两，其三百仍系抱（包）好运苏之银，比我平每百大二两，未曾除过，合带盘费银五百零六两，报知。昨接平信，云咱处定会冬标，苏交三封成色（银）能空四五十天期，每千两贴咱银六七八两；咱号因苏存银不多，而且咱处冬标银两有余，兼之利息微迟，未敢定会，报兄等知之。今封去路瀛洲兄四十两收条一纸，山西乡试题名录一纸，查收。刻下京利四厘迟。再闻户部奏准开捐，俟有条例即报兄知。此奉上。

咸丰元年十月（十六封，实际以下内容仅十四封）

十月初一日收接五十八次之信　九月初三日申

启者于初一日托天成局捎去五十七次之信，同日又托正大局捎去副信一封，及报一切之事，谅早收明矣。

今昭典逢吉动身，送去标金四百零一两四钱三分、（又）十五两零二分五，合银六千零三十一两四钱八分；又足宝银七万七千二百七十八两五钱二分，二宗共计本平足宝银八万三千三百一十两，又九八二松江银二万九千一百七十二两，另有标码折一个，至日注帐。另带去盘费银五百两，回京出帐。

再有前从京会去叶大人银二百两，接苏来信，云伊仍在京用。昨日伊来咱号，言及此票从京托折差捎闽，赶此票到闽，伊已动身，未曾接见，今伊亦已写信去追。弟恐此票有失，奸人执票赴苏取银，祈兄万不可交付为祝。所有银两，念在多年相好，亦已令伊写着实收据，将银交讫，报知。至京中大势情形，待昭典到日面叙其详。刻下京利四厘，松江色一两八九。此上。

初三日托正大局捎去五十次之信

于前月二十七日托正大局捎去四十九次之信，内报收会去庆瑞堂曹平足纹银四百五十两，无票砝，比我平每百大三钱二分，随甬（统）去伊信一封，至日照信交付。又马小吾老爷足纹银五十两，比我平共大一钱六分，随统去伊信一封，至祈送通（州）照信交付，讨收条寄苏。又升记曹平足纹银一千两，与伊立去会票一张，注定在京见票无利交付，无砝，其平比我平每百大三钱二分。随封去平、沈信二封、汉信一总封，及呈之事，谅早收照矣。二十九日收接六十二次之信，会来万泰松足纹银七百两，照票交付。于月初一日，昭典平顺抵苏，带来五十八次信并标银，以及各号信件，所云一切，皆已照信收明领悉，无须介意。今甬（统）去苏局至九月底结存银折一个，平、沈信各一封，汉寄京信二总封，查收转致。刻下苏地月息五厘仍迟。此上。

初四日收接六十三次之信　九月十八日申

启者于十二日托正大局捎去六十二次之信，内报收会去万泰松圆砝关批足纹银七百两，立去五百两、二百两会票各一张，均注定在苏十月初九日无利交付，平比我平每百大三钱八分。随封去路瀛洲兄四十两收条一纸，并报之事，谅早收照（着）矣。昨接四十四次之信，会来朱蓉溪、吴钰堂兄足纹银二千四百两，并云伊等会借之说，俟伊用时照信办理。封来汉信一总封，并实收一张，又蔚长等信，以及一切，皆已领悉，无须介意。至于聚发源捎之用货，亦已收到，报知。

今从卫收会去高老爷关批足纹银一百两，立去会票一张，注定在苏十一月底见票无利交付，无砝，平系我号原平，贴过我号费银一两二钱，至日妥交。今封去沈信二封，查收。刻下京利四厘迟。此上。

十一日收接六十四次之信　九月二十一日申

启者于十八日托天成局捎去六十三次之信，内报从卫收会去高大老爷关批足纹银一百两，立去会票一张，注定在苏十一月底见票无利交付，无砝，平系我号原平。随封去沈信二封，并报与京号捎会票纸三五百张，以及一切之事，谅早收明矣。今封去沈信一封，户部奏准开捐单一纸，尉清廉兄从九照一张，至日查收。刻下京利四厘。余事再报，专此奉上。

十一日托正大局捎去五十一次之信

于初三日托正大局捎去五十次之信，内统去苏局至九月底结存银折一个，平、沈信二封，苏寄京信二总封，及报之事，谅早收照（着）矣。初四日收接六十三次之信，会来高老爷足纹银一百两，照票交付。随统来沈信二封，并云之事，皆已收明领悉，无须介意。令收会去吴次平老爷曹平足纹银七百四十九两，无票砝，随统去伊信一封，其平比我平每百大四钱，至日照信交付，讨收条寄苏，共贴过咱费银五两五钱五分。今统去沈局等信三封，汉寄京信一总封，查收转致。刻下苏地月利五厘仍迟。

又收会去景少老爷库平京化宝银二千五百两，无票砝，随统去伊信一封，又伊会票式样纸一张，言定在京十一月十三日无利交付，其平比我平每百大二两六钱，每千两扣过咱现利银三两，至日将伊之信先为交付，伊持信内会票向咱号收银，交毕将伊原会票抽回，并伊会票样式纸一张，再向伊讨一回信，一并寄苏，以及(便)好更换苏局与伊立过收帖，至祈一并妥交。刻接六十四次之信，内统来沈信一封，户部奏准开捐单一纸，尉清廉兄从九照一张，所云之事，皆已收明领悉，勿念。余事再报，特此奉上。

十六日收六十五次之信　九月二十六日申

启者于二十一日托正大局捎去六十四次之信，随封去沈信一封，户部奏准开捐单一纸，尉清廉兄从九照一张，及报之事，谅早收明矣。二十三日收接四十五次之信，会来敬业堂足宝银一万七千两，衡峰兄足宝银一千一百七十两，镜堂兄足宝银一百零二两，又京收武钧老爷足纹银三百两，统来苏局后八月底存银折一个，苏信一总封，又转平、沈等信，以及一切之事，皆已领悉矣。

今从卫收会去永顺号关批足纹银三千两，立去会票一张，注定在苏十月底无利交付，无砝，平比我平每百两大三钱二分，每千两贴过我号费银一十二两。今李应元、林肇成二位各用过我平捐足纹银一百三十七两九钱二分，曹育兰兄用过我平捐足纹银一百三十九两八钱二分，王成林兄用过我平捐足纹银一百三十七两零二分，另有一单，至日注帐。今封去沈信一封，查收。至于沈号所来之票(标)已出与聚发源，每宝补伊色银五钱五分，伊号今天往苏送银七万之谱，随托伊捎去沈转来公一号一万两无号信一封，又苏号用货计纸包一个、虾酱篓三个，至日查收，刻下京利四厘迟。专此奉上。

十六日收六十六次之信　九月三十日申

启者于二十六日托天成局捎去六十五次之信，内报收会去永顺号关批足纹银三千两，立去会票一张，注定在苏十月底无利交付，无砝，平比我平每百大三钱二分。又李应元、林肇成二位各用过我平捐足纹银一百三十七两九钱二分,曹育兰兄用过银一百三十九两八钱二分,王成林兄用过银一百三十七两零二分,另有一单。随封去沈信一封,又托聚发源捎去沈转来公一号一万两无号信一书,苏号用货计纸包一个、虾酱篓三个,及报一切之事,谅早收阅明矣。昨接四十六次之信,会来京收日兴蔚足纹银一万两,封来伊未封口信一封。并云托永和公捎瑞兴油纸包三个,内有弟等之用货,用过之银已注苏帐。统来平、沈等信,以及一切之事,皆各领悉,无须计(记)念。

今收会去兰台祝九爷关批足纹银一百零八两,无票据,比我平共小四两,至日交伊亲收,讨收条寄京。此系王爷与伊所会之银,贴过我号费银一两四钱。今封去王成林、曹育兰二位部监各二张,查收。刻下京利四厘迟,今从卫收会去玉盛号关批足纹银二千两,立去会票一张,注定在苏来年正月二十四日无利交伊,无砝,比我平每百小一两一钱四分,净空伊期四个月,此尚是前定一万以外之项。又长芦贡局关批足纹银三千两,立去一千五(百两)会票二张,注定在苏十月二十二日、十月底无利各交伊银一千五百两,无砝,平照前比我平每百小一两一钱,合空伊期一个月,每千两贴过我号费银十四两,至日妥交。昨接四十七次之信,会来马小吾老爷足纹银一百五十两,又谦祥号会借来足纹银一万两,封来汉信一总封,又转平、沈信,以及一切之事,皆已领悉矣。今封去四十八次原底一纸,查收。再会来日兴蔚之银,已如数收讫,伊连移十日之银全数交来,报知。专此奉上。

十六日收四十八次原底一纸　正信在路遗失,又八月初一日申

启者于前月二十三日托正大局捎去四十七次之信,内报从卫收会去永和公关批足纹银三千两,无票砝,言定在苏十一月初五日无利交付,平比我平每百大三钱二分。随封去宋传书兄监照、同知照各一张,胡长松兄从九照一张,钟佩贤老爷四千两、一千五百两收条(各)一纸,平信一封,及报一切之事,谅早收明矣。

今荣雁堂带去无号信一封,内报伊伙刘大爷赴苏讨帐,倘有银两往京兑会,至祈照应会来;若向苏号先挪借银三二十两,亦可交付为祝。今收会去广元庆关批足纹银七千两,无票砝,言定在苏九月初间无利交付,平照前比我平每百小二两一钱,合空伊期四十天,每千两贴过我号费银八两五钱。王大兄曹平足纹银三百两,立去会票一张,注定在苏九月二十九日无利交付,无砝,平比我平每百大四钱,空伊期二月,共贴过我号费银二两一钱。又李锦堂兄用过我平捐足纹银一百三十六两七钱六分,另有一单,至日注帐。今封去平信一封,长芦贡局等信四封,吴硕卿兄三百六十两收条一纸,查收转致。刻下京利四厘。随封去弟等用货单一纸,办理捎来。

再会(汇)通源昨日往苏起去银九万来两,报知。此上。

二十日托正大局捎去五十二次之信

于十一日托正大局捎去五十一次之信,内报收会去吴次平老爷曹平足纹银七百四十九两,无票砝,随统去伊信一封,其平比我平每百大四钱,至日照信交付,讨收条寄苏。又景少老爷库平京化宝银二千五百两,无票砝,比我平每百大二两六钱,随统去伊信一封,又伊会票式样纸一张,言定在京十一月十三日无利交付,至日将伊信先为交付,伊持信内会票向咱号收银,交毕将伊原会票抽回,并伊会票式样纸一张,再向伊讨一回信,一并寄苏,以好更换苏局与伊立过收帖。并统去沈局等信三封,汉信一总封,及呈之事,谅早照(着)矣。十六日收接六十五、六十六次之信并四十八次原底,会来永顺号足纹银三千两,兰台祝老爷足纹银一百零八两,玉盛号足纹银二千两,长芦贡局足纹银三千两,均照期交付。并李应元兄等四位用过捐银,照单已注京帐。随统来王成林、曹育兰二位部监照各二张,沈局信一封,所云诸事,皆已收明领悉,无须介意。所有托聚发源捎沈寄苏公一号一万两无号信并纸包等,尚未收到,俟收再报。

今收会去松筠号公砝市平九九亮(兑)松江银三千两,与伊立去会票一张,注定在京见票无利交付,无砝,其平照前票上批明比我平每百小一两二钱,每千两贴过咱费银五两。又孙石亭兄库平足纹银五百两,无票砝,比我平每百大二两三钱二分,随统去伊信一封,在京十一月底照信交付,讨收条寄苏。此系福建藩台庆大人之银,据伊云前者由闽从新泰厚会过银数千两,因伊京中所交平色甚不公道,是以今由咱号会去,至祈务望厚道妥交,以拉伊后手之交。今统去平、沈等信九封,汉信一封,又长沙寄京陶云锦、王瑞福二位实收各一张,至日查收。刻下苏地月息五厘仍迟。再昭典定于二十六日与万全号之伙相随回京,呈兄知之。特此奉上。

二十三日收接六十七次之信　十月初三日申

　　启者于前月三十日托正大局捎去六十六次之信，内报收会去兰台祝九爷关批足纹银一百零八两，无票据，比我平共小四两，至日交伊亲手收，讨收条寄京。又从卫收会去玉盛号关批足纹银二千两，注定在苏正月二十四日无利交伊，无砝，比我平每百小一两一钱四分，此尚是前定以外之项。又长芦贡局关批足纹银三千两，立去一千五（百两）会票二张，注定在苏十月二十二日、十月底无利各交伊银一千五百两，无砝，平照前比我平每百小一两一钱。随封去四十八次原底一纸，王成林、曹育兰二位部监照各二张，及报之事，谅早收明矣。

　　今收会去何胜记圆砝关批足纹银七百两，立去会票一张，注定在苏十月二十七日见票无利交伊，无砝，平比我平每百大三钱八分，贴过我号费银八两四钱。谢万祥关批足纹银五百两，立去会票一纸，注定在苏十一月初三日见票无利交（付），无砝，平比我平每百大四钱，贴过我号费银六两，至日妥交。再倘伊早用三二天，亦可早付。今封去京局九月底结存银单一纸，马小吾兄一百五十两收条一纸，庆瑞堂信一封，查收转致。刻下京利四厘迟。特此奉上。

二十三日收六十八次之信　十月初七日申

　　启者于初三日托天成局捎去六十七次之信，内报收会去何胜记圆砝关批足纹银七百两，立去会票一张，注定在苏十月二十七日见票无利交伊，无砝，平比我平每百大三钱八分。谢万祥圆砝关批足纹银五百两，立去会票一张，注定在苏十一月初三日无利交付，无砝，平比我平每百大四钱。随封去京局九月底结存银单一纸，马小吾兄一百五十两收条一纸，庆瑞堂信一封，及报一切之事，谅早收明矣。

　　今收会去立成晋曹平九八兑关批足纹银四百两，锦记曹平九八兑关批足纹银二百六十两，各立去会票一张，均注定在苏十一月初四日无利交付，无砝，平比我平每百小一两六钱二分，合空伊期一月，共贴过我号费银六两九钱。正和倪关批足纹银二百五十两，立去会票一张，注定在苏十一月初七日无利交付，无砝，平系我号原平，贴过我号费银三两。至于前报从卫与玉盛号定会苏交伊关批足纹银一万两，于九月十二、十六日各收伊银三千两，十月初三日、十五日各收伊银二千两,与伊立去三千两、二千两会票各二张,注定在苏十一月十二、十六日无利各(交)三千两,十二月十五日、来年二月初三日无利各交伊银二千两,八千两合空伊期二个月,每千两贴过我号费银九两,二千两合空伊期四个月,每千两贴过我号费银二两。但此二千两亦是前定一万之数,伊年内实无用项,与津伙再三讲说,是以如此应承,无砝,其平照旧比我平每百小一两一钱四分,至日均为妥交。今又收会去洪兴源圆砝关批足纹银一千两,无票砝,统去伊信一封,言定在苏十一月初七日无利交付,平比我平每百大四钱,合空伊期一月,贴过我号费银十一两。今封去平、沈信各一封,汉信一总封,查收转致。刻下京利四厘迟。专此奉上。

二十五日托正大局捎去五十三次之信

于二十日托正大局捎去五十二次之信,内报收会去松筠号公砝市平九九亮(兑)松江银三千两,立去会票一张,注定在京见票无利交付,无砝,其平照前票上批明比我平每百小一两二钱。又孙石亭兄库平足纹银五百两,无票砝,比我平每百大二两三钱二分,随统去伊信一封,在京十一月底照信交付,讨收条寄苏。此系福建藩台庆大人之银,据伊云前者由闽从新泰厚会过银数千两,因伊京中所交平色甚不公道,是以今由咱号会去,至祈厚道妥交,以拉伊后首(手)之交。并统去平、沈等信九封,汉信一封,又长沙寄京陶云锦、王瑞福二位实收各一张,及呈之事,谅早均为收照(着)矣。二十三日收接六十七、六十八次之信,会来何胜记足纹银七百两,谢万祥足纹银五百两,立成晋足纹银四百两,锦记足纹银二百六十两,正和倪足纹银二百五十两,玉盛号足纹银一万两,洪兴源足纹银一千两,均按期交付。随统来京局九月底结存银单一纸,平、沈等信三封,转汉信一总封,又马小吾兄一百五十两收条一纸,及云诸事,皆已收明领悉,无须介意。

今收会去吴硕卿兄足纹银七十二两,无票砝,比我平共大二钱四分,随统去伊信一封,至日银信速为妥交,讨收条寄苏。今统去平、沈等信五封,汉寄京信一总封,又祝兰台兄一百零八两收条一纸,查收转致。刻下苏地月息五厘仍迟。再有聚发源所捎公一号一万两会银信并纸包等件,均已收到,报知。所有常信内捎葛大人公文二角,明天昭典自为带京可也。余事再报,特此奉上。

二十六日昭典回京带去五十四次之信

于二十五日托正大局捎去五十三次之信,内报收会去吴硕卿兄足纹银七十二两,无票砝,随统去伊信一封,比我平共大二钱四分,至日银信妥交,讨收条寄苏。并统去平、沈等信五封,汉信一总封,祝兰台兄一百零八两收条一纸,及报之事,谅早收明矣。今昭典动身,随带去谦祥号与咱立来一万两会银信一封,常寄京葛大人文书咨文二角,并京号用会票纸等件,以及众号托捎信件,兼兄用货等物,均另有花名价折一个。又苏寄京、津新铸五十两合同(铜)砝各一块,至祈均为查收。其用货之银,已在路费银内除讫。

至于捎合同(铜)砝,皆因近来时势消薄,大事道不甚计较,而稍次平码屡屡争觉(执)不休,尽有因其平砝小事而失主顾者恒多,皆缘自己各路凭据不准故也。但近来我号各处砝码亦是大小不一,遇有会银较砝者,即或轻重,准得按砝交付,虽属心内疑惑,然有砝可凭,自不必说,更有多年相好,承伊相信,不较砝码,按我号平报者,屡有每百两差平七八分至一钱不等;若按报平交付,伊云比早年小平几何;若补伊平银一钱、八分,究属难情。是以今铸合砝十一块,各处存放一块,收交会项,或有大小平,均按此砝报,谅该不至再有差错也,呈兄等知之。所有苏地一切情形,俟昭典到日面叙其详可也。刻下苏利照前。特此奉上。

二十九日收接六十九次之信 十月十三日申

启者于初七日托天成局捎去六十八次之信,内报收会去立成晋曹平九八兑关批足纹银四百两,锦记曹平九八兑关批足纹银二百六十两,各立去会票一张,均注定在苏十一月初四日无利交付,无砝,平比我平每百小一两六钱二分。正和倪关批足纹银二百五十两,立去会票一张,注定在苏十一月初七日无利交付。洪兴源圆砝关批足纹银一千两,无票砝,统去伊信一封,言定在苏十一月初七日无利交付,平比我平每百大四钱。并报前从卫与玉盛号定会苏交伊关批足纹银一万两,与伊立去三千、二千会票各二张,注定在苏十一月十二、十六日无利各交伊银三千两,十二月十五日、来年二月初三日无利各交伊银二千两,无砝,平照旧比我平每百小一两一钱四分。随封去平、沈信各一封,汉信一总封,及报之事,谅早收明矣。十一日收接四十八、四十九次之信,会来庆瑞堂足纹银四百五十两、马小吾老爷足纹银五十两、升记足纹银一千两,封来汉信二总封,又转平、沈等信,以及寄口(张家口)世德全之信,俱已收明领悉，无须计（记）念。

今收会去广元庆关批足纹银二千两，无票砝，言定在苏十一月十一日无利交付，平照前比我平每百小二两一钱。此项于初一日收过，合空伊期四十天，每千两贴过我费银十两。又六成号曹平关批足纹银二百五十两，立去会票一张，注定在苏十一月十二日无利交付，无砝，平比我平每百大四钱，贴过我号费银三两，至日妥交。今封去沈信二封、马小吾五十两收条一纸，查收。刻下京利四厘迟。又从卫收会去杨老爷关批足纹银三百两，与伊立去会票一张，注定在苏见票无利交付，无砝，照永顺号之平，比我平每百大三钱二分，贴过我号费银四两。又洽泰号足纹银一千一百四十二两三钱，立去会票一张，立票之后伊又添会银五百两，已批票上，至祈勿疑，注定在苏见票无利交伊，其平较去伊五十两钱砝一付（副），比我平每百大三钱二分，共贴过我号费银十四两八钱五分，至日妥交。又收会去清江（浦）胡聘儒兄足宝银四百两，立去会票一张，注定在清江（浦）十二月十五日蔚丰厚内见票无利交付，较去伊五十两钱砝一付（副），比我平每百大四钱，合空伊期二个月，贴过我号费银六两，在票上宝字有针眼一只，至日预为丁（顶）兑可也。此上。

咸丰元年十一月（十三封）

冬月初三日托正大局捎去五十五次之信

于前月二十六日昭典逢吉动身，带去五十四次之信，内报随伊捎去谦祥号与咱立来一万两会银信一封，常寄京葛大老爷文书咨文二角，并京局用会票纸等件，以及众号托捎信物，另有花名价值折。至于用货之银，已在路费银内除讫。又苏寄京、津五十两合同（铜）砝各一块，因我号近来各处砝码大小不一，是以今新铸会砝十一块，并呈之事，谅早顺抵收照（着）矣。二十九日收接六十九次之信，会来广元庆足纹银二千两，六成号足纹银二百五十两，杨老爷足纹银三百两，洽泰号足纹银一千一百四十七两三钱，胡聘儒兄清交伊足纹银四百两，均按期交付。随甬（统）来沈信二封，马小吾兄五十两收条一纸，所云诸事，皆已收明领悉，无须介意。

今统去周珍宗兄由俊秀捐监生履历一纸，至日递捐。又封去平、沈等信八封，汉信一总封，查收转致。今收会去郭伟峰兄京市平足纹银一千两，无票砝，比我平每百小一两七钱，随甬（统）去伊信一封，言定十二月初旬照信问确厚道妥交，讨收条寄苏是要。刻下苏地月利五厘迟极。此上。

初六日收接七十次之信　十月十六日申

　　启者于十三日托正大局捎去六十九次之信，内报收会去广元庆足纹银二千两，无票硃，言定在苏十一月十一日无利交付，平照前比我平每百小二两一钱。六成号曹平关批足纹银二百五十两，立去会票一张，注定在苏十一月十二日无利交付，无硃，平比我平每百大四钱。又收会清江（浦）胡聘儒兄足宝银四百两，立去会票一张，注定在清江（浦）十二月十五日蔚丰厚内见票无利交付，较去伊五十两钱硃一付（副），比我平每百大四钱，票上宝字有针眼一只，至日预为丁（顶）兑。又从卫收会去杨老爷关批足纹银三百两，立去会票一张，注定在苏见票无利交付，无硃，照永顺号之平，比我平每百大三钱二分。洽泰号足纹银一千一百四十二两三钱，立去会票一张，立票后伊又添会银五百两，已批于票上，注定在苏见票无利交伊，其平较去伊五十两钱硃一付（副），比我平每百大三钱二分。随封去沈信二封，马小吾兄五十两收条一纸，及报一切之事，谅早收明矣。今封去李应元、林肇成二位部监照各二张，查收。刻下京利四厘迟。再从苏往清江（浦）丁（顶）兑，或如何会法，寄信题来为祝。今从卫收会去四美斋关批足纹银一百五十二两五钱，无票硃，甬（统）去伊信一封，至日银信无利交付，比我平每百小一两二钱，贴过我号费银二两三钱八分，讨收条寄京。此上。

同日收接七十一次之信　十月十九日申

　　启者于十六日托正大局捎去七十次之信，内报从卫收会去四美斋关批足纹银一百五十二两五钱，无票硃，甬（统）去伊信一封，至日银信无利交付，比我平每百小一两二钱，讨收条寄京。随封去李应元、林肇成二位部监照各二张，及报之事，谅早收照（着）矣。今封去平信一封，查收。刻下京利四厘。刻接五十次之信，统来苏号九月底存银折一个，汉信二总封，又平、沈等信，以及之事，俱已领悉矣。此上。

初六日托天成局捎去五十六次之信

　　于初三日托正大局捎去五十五次之信，内报收会去郭伟峰兄京市平足纹银一千两，无票硃，比我平每百小一两七钱，随甬（统）去伊信一封，言定十二月初旬照信问确厚道交付，讨收条寄苏。随统去周珍宗兄由俊秀捐监生履历一纸，又平、沈等信八封，汉信一总封，及报之事，谅早收照（着）矣。刻接七十次、七十一次之信，会来四美斋足纹银一百五十二两五钱，甬（统）来伊信一封，照信交付。并统来李应元、林肇成二位部监照各二张，及云之事，并甬（统）来平信一封，皆已收明领悉，无须介意。

今收会去松筠号曹平足纹银一百两，又伊京饷银一百两，与伊各立去会票一张，均注定在京见票无利交付，无砝，其平均票上批明比我号合砝共大二钱五分，共贴过咱费银一两，至祈妥交。其京饷银京苏以九八五过账。今倪大人持咱京号闰八月十七日与伊所开京平足银一百两银票一纸，伊要在苏使用，业已照票交讫，其平比我平每百小三两七钱，将银票在苏抽消（销），将此宗作为苏交京收之项是祝。今统去苏局至十月底总结清折一个，又平、沈等信四封，汉信一总封，查收转致。刻下苏利虽是五厘，即四厘五用主亦少。此上。

十三日托正大局捎去五十七次之信

于初六日托天成局捎去五十六次之信，内报收会去松筠号曹平足纹银一百两，又伊京饷银一百两，与伊各（立）去会票一张，均注定在京见票无利交付，无砝，其平均票上批明比我合砝每百大二钱五分，其京饷（银）京苏以九八五过账。又倪大人持咱京号闰八月十七日与伊所开京平足银一百两银票一纸，伊要在苏使用，业已照票交讫，其平比我平共小三两七钱，将银票在苏抽消（销），将此宗作为苏交京收之项。随封去苏局十月底总结清折一个，平、沈等信四封，汉寄京信一总封，及报一切之事，谅早收照（着）矣。

今收会去正大协曹平足纹银五十一两八钱，立去会票一张，注定在京见票无利交付，其平票上批明比我号合砝共大一钱三分。又伊库平足纹银四百两，与伊立去会票一张，注定在京见票无利交付，其平票上批明比我号合砝每百大二两二钱六分。今广元庆会用过咱足纹银五百两，未立票砝，与咱写来无号信一封，注定在京十二月十一日无利还咱，在苏共扣过伊利费银十二两，其平照从京会来伊之平，比我平每百小二两一钱，至祈均为收交是妥。今封去四美斋一百五十二两五钱收条一纸，又伊信一封，广元庆立来无号信一封，兴盛当信一封，又长沙寄京照信一总封，平信一封，至日查收转致。刻下苏利五厘、四厘五，无用主。至日如有苏交之银，陆续会来为祝，看来苏利今冬无甚望矣，报知。此上。

十六日收接七十四次之信　冬月初二日申

　　启者于前月二十七日托正大局捎去七十三次之信，内报收会去朱师爷曹平九八兑关批足纹银一百五十两，立去会票一张，注定在苏十一月二十七日无利交付，比我平每百小一两六钱二分，及报一切，谅早收明矣。初一日收接五十一次之信，会来吴次平老爷足纹银七百四十九两，景少老爷京化宝银二千五百两，统来伊会票样纸一张，汉信一总封，沈局等信三封，并云一切，皆已领悉矣。今收会去王翼堂兄我平关批足纹银四十九两七钱，无票据，言明在苏见信随伊便用。今封去京局至十月底总结存银折一个，世德全与苏号信一封，亦已拆阅。又徐大爷信一封，查收转致。刻下京利四厘。今天馨远兄平顺抵京，询及兄等尊府各为清泰，无须远念。又封去平信、蔚盛信各一封，查收转致。此奉上。

十九日托正大局捎去五十八次之信

　　于十三日托正大局捎去五十七次之信，内报收会去正大协曹平足纹银五十一两八钱，立去会票一张，注定在京见票无利交付，其平票上批明比我号合砝共大一钱三分。又伊库平足纹银四百两，立去会票一张，注定在京见票无利交付，其平票上批明比我号合砝每百大二两二钱六分。又广元庆会用过咱足纹银五百两，无票砝，与咱写立无号信一封，注定在京十二月十一日无利还咱，其平比我平每百小二两一钱。随封去伊与咱写立无号信一封，四美斋一百五十二两五钱收条一纸，伊信一封，兴盛当信一封，长沙寄京照信一总封，平信一封，及报之事，谅早收照（着）矣。十六日收接七十四次之信，会来王翼堂兄足纹银四十九两七钱，封来京局至十月底结存银单一纸，世德全等信四封，并云一切，俱已领悉，无须介意。今收会去正大协曹平足纹银四十二两，立去会票一张，注定在京见票交付，其平票上批明比我号合砝共大一钱，至日妥交。今封去汉寄京信二总封，德成堂信一封，转平、沈信各一封，转平、沈等信三封，查收转致。刻下苏利五厘。此上。

二十四日收接七十二次之信　十月二十三日申

　　启者于十九日托正大局捎去七十一次之信，随信封去平信一封，及报之事，谅早收明矣。今收会去万泰松圆砝关批足纹银一千一百两，立去一千、一百两会票各一张，均注定在苏十一月二十日无利交付，无砝，比我平每百大三钱八分，合空伊期一月，共贴过我号费银十一两。杨西舫兄我平关批足纹银一百两，无票据，甬（统）去伊信一封，至日银信交付。此位之银，系四月间蔚丰由重庆会来存在我号，今又言及教原银会苏，是以如数会去。此项有蔚丰与伊立过收条一纸，交银时谨计（记）向伊抽回，涂消（销）寄京。又广元庆关批足纹银一千两，无票据，在苏十一月二十一日无利交付，平照前比我平每百小二两一钱，合空伊期一月，贴过我号费银十两。易顺昌关批足纹银一千两，立去会票一张，注定在苏十二月二十二日无利交付，无砝，平照去年会过之平，比我平每百小一两六钱六分，合空伊期二个月，贴过我号费银七两。又从卫收会去永顺号关批足纹银七千八百两，立去会票一张，注定在苏见票无利交伊；永立号关批足纹银八千两，立去会票一张，注定在苏十一月二十二日见票无利交付；永和公关批足纹银八千两，立去会票一张，注定在苏十一月二十七日无利交付，俱无砝，其平均比我平每百大三钱二分。永顺之银均腊初七日收过，永立均腊月内二十八日收，永和均初一日收，除期外每千两贴过我号费银十二两，至日均各妥交。今封去沈局等信三封，查收转致。刻下京利四厘。此上。

二十四日收接七十三次之信　十月二十七日申

　　启者于二十三日托天成局捎去七十二次之信，内报甚繁，今录去原底一纸，收阅。今封去平、沈信各一封，永和公信一封，查收转致。今收会去朱师爷曹平九八兑关批足纹银一百五十两，立去会票一张，注定在苏十一月二十七日无利交付，比我平每百小一两六钱二分，贴过我号费银一两五钱，至日妥交。刻下京利四厘。此上。

二十五日收接吉次之信　十一月初四日申

　　启者于初二日托天成局捎去七十四次之信，内报收会去王翼堂兄我平关批足纹银四十九两七钱，无票据，言明在苏见信无利交伊随便用。随封去京局十月底结存银单一纸，世德全与苏号信一封，平铺等信三封，及报一切，谅早收明矣。今收会去万全号关批足纹银二千两，无票砝，言定在苏腊月初四日无利交付，平比我平每百大三钱八分，合空伊期一个月，每千两贴过我号费银十两，至日妥交。今封去吴次平老爷七百四十九两收条一纸，沈信一封，汉信一总封，查收转致。刻下京利四厘。此上。

二十五日托正大局捎去五十九次之信

于十九日托正大局捎去五十八次之信,内报收会去正大协曹平足纹银四十二两,立去会票一张,注定在京见票无利交付,其平票上批明比我号合砝共大一钱。随封去汉寄京信二总封,平、沈等信五封,及报之事,谅早收阅矣。二十四、二十五日收接七十二、七十三次并吉次之信,会来万泰松足纹银一千一百两,杨西舫兄足纹银一百两,广元庆足纹银一千两,易顺昌足纹银一千两,永顺号足纹银七千八百两,永立号足纹银八千两,永和公足纹银八千两,朱师爷足纹银一百五十两,万全号足纹银二千两。随统来吴次平老爷收条一纸,杨老爷信一封,平、沈、汉局等信,内云一切等情,均已收明领悉,勿须介意。

今收会去正大协库平足纹银五百两,立去会票一张,注定在京见票无利交付,其平票上平批明比我号合砝每百大二两二钱六分,至日妥交。今封去汉寄京信一总封,平、沈信各一封,又转平泰丰长信一封,查收转致。刻下苏利五厘迟极。又收会去张钧少爷曹平足纹银二百二十五两,无票砝,统去伊信二封,言明在京见信照信皮注写地名问确各为交付,均讨收条寄苏,其平比我号合砝每百大二钱八分,至日妥交。此上。

二十七日收接二次之信　冬月初九日申

启者于初四日托正大局捎去吉次之信,内报收会去万全号关批足纹银二千两,无票砝,言定在苏腊月初四日无利交付,平比我平每百大三钱八分。随封去沈信一封,汉信一总封,吴次平老爷七百四十九两收条一纸,及报之事,谅早收明矣。初七日收接五十二次之信,会来松筠号九九银三千两,孙石亭兄足纹银五百两,统来平、沈、汉局等信,陶云锦、王瑞福二位实收各一张,以及一切之事,皆已领明矣。

今收会去谢万祥圆砝关批足纹银五百两,立去会票一张,注定在苏十二月初五日无利交付,平比我平每百大四钱,合空伊期二十八天,贴过我号费银六两。又从卫收会去陆老爷九八银四十二两,无票据,甬(统)去伊信一封,言定在苏银信无利交付,平比我平共小四钱,贴过我号费银一两,交毕讨收条寄京。今与广发成定会苏交伊西批足纹银五千两,在苏来年二三月底各交伊银二千五(百两),伊在口大寅标交咱足宝银二千五百两,其余至来年正月初一日按口所开之利与咱行息,四月标交还,每千两贴我号费银四两,平码后手再报,至日注帐。今封去长芦贡局信一封，收转。刻下京利四厘。王宾今天赴口办大寅标之标事，办毕仍旧回京，报知。余事后申，专此奉上。

二十九日收接三次之信　冬月十三日申

启者于初九日托天成局捎去二次之信，内报收会去谢万祥圆砝关批足纹银五百两，立去会票一张，注定在苏十二月初五日见票无利交付，平比我平每百大四钱。又与广发成定会苏交伊西批足纹银五千两，在苏来年二三月底各交伊银二千五（百两），伊在口大寅标交咱足宝银二千五（百两），其余至来年正月初一日按口所开之利与咱行息，四月标交还，平码后手再报。又从卫收会去陆老爷九八银四十二两，无票据，甬（统）去伊信一封，言定在苏银信无利交付，平比我平共小四钱，交毕讨收条寄京。随封去长芦贡局信一封，及报之事，谅早收明矣。十二日收接五十三次之信，会来吴硕卿兄足纹银七十二两，统来伊信一封，祝九爷一百零八两收条一纸，平、沈、汉局等信，内云之事，皆已领明矣。

今收会去谢恒昌圆砝关批足纹银四百两，许六成圆砝关批足纹银四百六十两，袁义兴圆砝关批足纹银二百八十七两，各立去会票一张，均注定在苏十二月初三日见票无利交付，其平俱比我平每百大四钱，伊等之银陆续存到咱号，合空伊期一月，共贴过我号费银十三两七钱八分。朱裕通于十二日会借过咱足纹银二百两，平比我平每百大二三钱，立去会票一张，注定在苏吴源隆见票无利还咱，念其与苏相好，亦未加息，在京扣过伊贴费银一两五钱。又封去范永和信一封，查收。刻下京利四厘。又收会去万全号关批足纹银一千两，无砝票，言定在苏腊月十三日无利交付，平比我平每百大三钱八分，贴过我号费银十两，至日妥交。所有朱裕通立来之会票，俟有妥再捎。至于日兴蔚凡遇先交后收票项，断不可与伊交易。现在伊都中光景掣肘，执事者不端，名声不需细书，望兄等不必在他前道及为是。专此奉上。

咸丰元年十二月（十二封）

十二月初三日托正大局捎去六十次之信

于前月二十五日托正大局捎去五十九次之信，内报收会去正大协库平足纹银五百两，立去会票一张，注定在京见票无利交伊，其平无砝，票上批明比我号合砝每百大二两二钱六分。又张钧少爷曹平足纹银二百二十五两，未立会票,统去伊信二封,至日照伊信问明交付,各讨收条寄苏,其平比我号合砝每百大二钱六分。随封去平、沈信各一封,汉寄京信一总封,转平泰丰长信一封,及报之事,谅早收阅矣。二十七、二十九日收接二、三次之信,会来谢万祥足纹银五百两,陆老爷九八银四十二两,广发成西批足纹银五千两,谢恒昌足纹银四百两,许六成足纹银四百六十两,袁义兴足纹银二百八十七两,万全号足纹银一千两,又苏收朱裕通足纹银二百两,均照票信收交。甬(统)来长芦贡局等信,内谕一切,均已收明领悉,勿须介意。

今收会去正大协曹平九六兑九九五色银二百四十两,与伊立去会票一张,注定在京见票无利交付,平比我平每百小四两七钱四分,至日妥交。今统去龚世俊兄由俊秀捐监生履历一纸,查收递捐;如明年递呈,再加一岁。又封去苏号至冬月底结存银折一个,陆吉人兄四十二两收条一纸,王翼堂兄、吴晓楼、张春泉兄等信四封,平、沈信各一封,汉寄京信一总封,蔚盛等信六封,至日查收转致。刻下苏利五厘迟。此上。

初八日收接四次之信　冬月十九日申

启者于十三日托正大局捎去三次之信,内报收会去谢恒昌圆砝关批足纹银四百两,许六成圆砝关批足纹银四百六十两,袁义兴圆砝关批足纹银二百八十七两,各立去会票一张,均注定在苏十二月初三日见票无利交付,其平均比我平每百大四钱。万全号关批足纹银一千两,无票砝,言定在苏十二月十六日无利交付,平比我平每百大三钱八分。又朱裕通于十二日会借过咱足纹银二百两,立来会票一纸,注定在苏吴源隆见票无利还咱,所有伊立来之票,俟有妥再捎。并报日兴蔚凡遇先交后收票项,断不可与伊交易,现在伊都中光景掣肘,加于执事者侯某自悔所致,现已铺令撤回,望兄等不必在他人前道及。随封去范永和信一封,及报之事,谅早收照(着)矣。

今封去景少老爷二千五百两收条一纸,又原会票、票据各一纸,孙石亭兄五百两收条一纸,至日均为查收转致。刻下京利五厘。今收会去万泰松关批足纹银一千五百两,与伊立去会票一张,注定在苏十二月十八日见票无利交付,其平照前比我平每百大三钱八分,合空伊期一月外,共贴过咱费银十五两。又应云张大老爷关批足纹银一百两,与伊立去会票一张,注定在京见票即交,其平比我平共大四钱,贴过咱费银一两五钱。

至于户部开捐，昨日奏折奉旨依议，现下虽有奏折，尚无捐本，大约银数按豫工二卯正项减一成，三班不减，五新一旧选法，惟从九未入正项，照旧毋庸议减。来年四月作为一次，按奉旨之日起咸丰三年腊月停止。大意如此，俟有刻板例本，即与兄等寄去。随捎去奏折收阅，适有赶办托咱者即可按本平足纹银每百两外加子（平）八两之谱收揽。如有俊秀加捐者，要另加贡监结银。随封去平信一封，朱裕通与咱号立来二百两会票一张，查收。此上。

初九日托正大局捎去六十一次之信

于初三日托正大局捎去六十次之信，内报收会去正大协曹平九五（六）兑九九五色银二百四十两，立去会票一张，注定在京见票无利交付，平比我平每百小四两七钱四分。随龚世俊兄捐监履历一纸，苏号至冬月底结存银折一个，陆吉人兄四十二两收条一纸，王翼堂兄等信四封，平、沈信各一封，汉寄京信一总封，蔚盛等信六封，及报之事，谅早收明矣。初八日收接四次之信，会来万泰松足纹银一千五百两，应云张大老爷足纹银一百两，均照票交付。统来朱裕通借票一纸，景少老爷足纹银二千五百两收条一纸，又原会票、票据（平）各一纸，孙石亭兄五百两收条一纸，开捐奏折一纸，并云大捐正项加子（平）等情，以及一切，俱已收明领悉，勿须介意。

今收会去正大协曹平九九色银二十七两八钱，立去会票一张，言定在京见票无利交付，其平票上批明比我平共大七分。又苏辅卿兄名下足纹银二千五百两，与伊立去五百、二千（两）会票各一张，注定在京来年正月底见票无利交伊银五百两，二月底交伊银二千两，其平较去伊十两钱砝一付（副），比我号合砝每百小四钱，至祈银色均为厚道妥交。今封去平、芜信各一封，汉寄京信一总封，吴晓楼兄等信二封，转平正亨永等信三封，又另托天成局捎去汉寄京信一总封，至日均为查收转致。

至苏地生意，冬季以来概无一行动，定属清淡之至，看来明春生意更无望矣。现下月息四厘五，概无妥用主。咱苏号来年正、二月到期之银甚属不少，再加有应收船帮、桐油帮之银，彼时难免受滞，至祈兄等将苏交之银会来为祝。此上。

初十日收接五次之信　冬月二十二日申

启者于十九日托正大局捎去四次之信，覆报甚繁，今录去原底一纸，收阅。

二十日收接五十五次之信，会来郭伟峰兄足纹银一千两，统来伊信一封，周珍宗兄捐监履历一纸，平、沈、汉局等信，以及诸事，皆已领明，无须计（记）念。今从卫收会去长芦贡局关批足纹银二百两，无票砝，统去伊信一封，言定在苏银信无利交付，比我平每百小一两一钱，贴过我号费银三两。又张五爷我平关批足纹银六百六十三两八钱五分，与伊立去会票一张，注定在苏见票无利交付，贴过我号费银七两八钱六分，至祈均为妥交。今封去吴硕卿兄七十二两收条一纸，查收。刻下京利四厘。此上。

十二日收接六次之信　冬月二十五日申

启者于二十二日托天成局捎去五次之信，内报从卫收会去长芦贡局关批足纹银二百两，无票砝，统去伊信一封，至日银信无利交付，平比我平每百小一两一钱。张五爷我平关批足纹银六百六十三两八钱五分，与伊立去会票一张，注定在苏见票无利交付。随封去吴硕卿兄七十二两收条一纸，及报之事，谅早收明矣。

今从卫收会去永立号关批足纹银二千两，立去会票一张，注定在苏腊月二十五日见票无利交付，合空伊期三十余天。永和公关批足纹银三千两，立去会票一张，注定在苏腊月二十二日见票无利交付，合空伊期一月。二号俱未较砝，平比我平均每百大三钱二分，每千两贴我号费银十二两。又与永顺号定会苏交伊关批足纹银三千两，伊在津来年正月十五日交咱，在苏二月十五日交伊，贴费明年再定，已与伊按来年正月十五日立过会票，报知。又从口与长发成定会苏交伊西批足纹银四千两，伊在京腊月二十三、二十四日交我号足纹银，在苏来年三月十五日无利交伊，除期外每千两贴我号费银六两五钱，已定不立票砝，其平系我号原平。又与世禄安定会苏交伊西批足纹银六千两，在苏来年二月底交伊，自交银之日按口之年标例利与我号行息，来年四月标至五月节前京、口便还。如在京还，利随京规，每千两贴我号费银十四两五钱，平码后手再报。此号系世德全之旧伙任承绪兄等新成之事，又言及明年进山倘用银三五千两，仍在咱苏号使用，如其用时望兄等随时合算应承可也。今封去沈信二封，王翼堂兄等信二封，查收转致。刻下京利四厘。

再者京寄江西信息诚为不便，现在户部开捐，已与我号各处皆经通信，惟彼处无便，尚不能寄信，望兄可由苏将大谱光景，即照京寄苏情形，预为往彼通音可也。至于例本，刻下尚无，俟后有时即为寄去。此奉上。

十四日收接七次之信　冬月二十九日申

启者于二十五日托正大局捎去六次之信,内报甚繁,今录去原底一纸,收阅。二十七日昭典平顺抵京,带来五十四次之信,封来谦祥号一万两会银信一封,葛大老爷文书咨文二角,京号用货、会票纸等件,合砝二块,众号信物,均经收明。二十八日收接五十六次之信,随会来松筠钱铺足纹银一百两,九八五京饷银一百两。又京存倪大人小票一百两已在苏用讫,照信注帐。统来苏局十月底结存银折一个,平、沈、汉局等信,以及一切,俱已领悉,无须计(记)念。

今收会去天和协圆砝关批足纹银一千五百两,无票砝,统去伊信一封,言定在苏腊月二十五日银信无利交付,平比我平每百大四钱,合空伊期一月,共贴过我号费银十四两,讨收条寄京。立成晋关批足纹银五百两,与伊立去曹平九八兑会票一张,注定在苏腊月二十八日见票无利交付,平比我平每百小一两六钱二分,合空伊期一个月,贴过我号费银五两。又周珍宗兄用过我平捐足纹银一百三十九两八钱二分,另有一单,查收注帐。今封去高老爷等信二封,江西本号信一封,转江西户部奏折一件,查收。刻下京利四厘。

今从口与天泰和定会苏交伊西批足纹银一万两,言定在苏来年三月初一日交伊,自交银之日按口(张家口)年标所开之利与我号行息,来年四月标在口还咱,每千两贴我号费银十四两,平码后手再报。至于前报与世禄安所定之银,已定不立会票,与蔚丰、天成公较过五十两钱砝一付(副),比我平每百大三钱一分,至日注帐。又封去郭伟峰兄一千两收条一纸,收转。

刻接沈冬月十九日起信,云钱价大涨,一一六加钱大落,每千两加钱八百四十吊,皆因沈城众议纷纷,云及户部兼衔大人命承德县出告示改变钱法之弊,并云咱伙在外相好之处访问尚许是真,或者出月初间,即许出告示之说。现在从彼收会过德长永银二万两,来年太汾春标交八六三扣镜宝银。又陆续收过谷交八五六兑银三四千两,照此情形尚少,将此情由报兄等知之。今天正大协验过冬月初十日立五十一两八钱会票一张,已照票交讫,谅想无错。至于大捐减成情形,此刻亦有言三班俱减者,究竟尚无例本,望兄等总宜活动答应,将来自是一鼓而行之事也。惟过班者不减。此奉上。

十四日托正大局捎去六十二次之信

于初九日托正大局捎去六十一次之信,内报收会去正大协曹平九九色银二十七两八钱,立去会票一张,注定在京见票无利交付,平比我号合砝共大七分。又苏辅卿兄名下足纹银二千五百两,与伊立去五百、二千两会票各一张,注定在京来年正月底见票无利交伊五百两,二月底交伊银二千两,其平较去伊十两钱砝一付(副),比我号合砝每百小四钱。随封去平、芜信各一封,汉寄京信一总封,吴晓楼兄等信五封。又另托天成局捎去汉寄京信一总封,及报之事,谅早收照(着)矣。十二、十四日收接五、六、七次来札三封,会来长芦贡局足纹银二百两,张五爷足纹银六百六十三两八钱五分,永和公足纹银三千两,永立号足纹银二千两,永顺号定会来足纹银三千两,长发成西批足纹银四千两,世禄安西批足纹银六千两,天泰和西批足纹银一万两,天和协足纹银一千五百两,立成晋足纹银五百两,并周珍宗兄用过捐银已注京帐,俟期各为照信票妥交。统来吴硕卿兄七十二两、郭伟峰兄一千两收条各一纸,沈、南等信,并寄南昌奏折等件,及谕一切,俱已收明领悉,无须介意。

今收会去正大协曹平九七兑足纹银一百两,立去会票一张,注定在京见票交付,其平票上批明比我号合砝共小二两七钱四分。陈书伯老爷曹平足纹银一百零六两一钱,立去会票一张,注定在京见票交付,其平比我号合砝共大二钱八分,至日均为妥交。

所有往江西带信之说,苏号亦是从汉转去,从苏一直往彼亦无顺便,报知。今封去汉寄京信一总封,平、沈信各一封,转平三合公、蔚盛信各一封,查收转致。其沈信内因有会过二月初十日在营口交惇号银一万两,至日速为转沈,以备早为评兑是祝。刻下苏利已微至四厘,无甚用主。此奉上。

十七日收接第八次之信　腊月初三日申

启者于前月二十九日托天成局捎去七次之信,内报收会去天和协圆砝关批足纹银一千五百两,无票砝,统去伊信一封,言定在苏腊月二十五日银信无利交付,平比我平每百大四钱,交毕讨收条寄京。立成晋关批足纹银五百两,立去曹平九八兑会票一张,注定在苏腊月二十八日见票无利交付,无砝,平比我平每百小一两六钱二分。又从口与天泰和定会苏交伊西批足纹银一万两,言定在苏来年三月初一日交伊,自交银之日按口年标所开之利与我号行息,四月标在口交还,平码后手再报。并报前与世禄安所定之银,已定不立会票,与蔚丰、天成公较过五十两钱砝一付（副），比我平每百大三钱一分。又周珍宗用过我平捐足纹银一百三十九两八银二分，另有一单。随封去郭伟峰兄一千两收条一纸，高老爷等信二封，转江西本号信一封，户部奏折一件，及报之事，谅早收照（着）矣。于三十日收接五十七次之信，会来正大协足纹银五十一两八钱，前已报明。又伊足纹银四百两，又京收广元庆足纹银五百两，统来伊无号信一封，四美斋一百五十二两五钱收条一纸，伊信一封，长沙局照信一总封，以及一切，皆已领明，无须计（记）念。再有敦和堂于月内交来银一百两，云及系伙在苏借用，今苏尚无信息，至日稽查题来，以好过账。随封去京局冬月底结存银单一纸，沈信一封，收阅。刻下京利四厘。

昨日秉寅由平赴沈平顺抵京，询及兄等尊府清泰，勿须计念。秉寅定于明天动身赴沈矣。又封去顾有鋆兄从九部照一张、免报条一纸，此系吴钰堂在京托咱办过之功名，京号与伊开过取照条一纸，注明在苏取照，至日与伊照条更换。此奉上。

十九日托天成局捎去六十三次之信

于十四日托正大局捎去六十二次之信，内报收会去正大协曹平九七兑足纹银一百两，立去会票一张，注定在京见票交付，其平票上批明比我号合砝共小二两七钱四分。陈书伯老爷曹平足纹银一百零六两一钱，立去会票一张，注定在京见票交付，平比我号合砝共大二钱八分。并报往江西带信苏号亦是从汉转去，从苏一并往彼亦无顺便。随封去汉寄京信一总封，平、沈信各一封，转平蔚盛等信三封，及报之事，谅早收照（着）矣。十七日收接八次之信，封来京局冬月底结存银单一纸，沈信一封。又顾有鋆兄从九部照一张、免报条一纸，俟伊来时照条交付。内谕一切之事，均已收明领悉，勿须介意。至于敦和堂系十月十一日用过我号足纹银一百两，平比我平共大三钱二分，无票据，言明在京见信还咱，彼时遗忘未报，晚等粗率之咎，至祈仁台原谅过帐为祝。今封去第五老爷与仁台信一封，平、沈信各一封，兴盛当信一封，收转。刻下苏利四厘，概无用主。

于十四日托元和县贾少老爷名瑚、号小樵带去无号信一封，内报伊进京会试，恐带去之银不敷使用，高中后欲向我京号会借银三二百两，至多五百之数，晚已应承。如其不用已是，倘若用时祈仁台交付，将利息、贴费在京言明，教伊立票在苏还咱。此位与我苏号甚为相好，至祈厚道相待为祝。随托伊带去转沈油纸包一个，收转。余事再呈，专此奉上。

二十三日托正大局捎去六十四次之信

　　于十九日托天成局捎去六十三次之信，内报甚繁，今录去原底一纸，收阅。今与聚锦良定会过银一万两，在苏现交伊关批足纹银，按交银之日月四厘与我行息，利在苏结，伊在京来年三月二十五日、四月初五日无利各还咱足纹银五千两，其平未较硔，照旧会过之平，比我号合硔每百大三钱二分，外每千两贴过我号费银七两，与咱立来五千两会票二张，其票后手有妥再捎。又万全号会用过我号足纹银二千两，未立票据，言明在京来年正月二十三日无利还咱，其平照从京会来伊之平，比我平每百大三钱八分，合空我号路期一月，共扣过伊现利、贴费银二十八两。俟期均向伊等收索为妥。今封去天和协一千五百两收条一纸，平、沈信各一封，查阅转致。刻下苏地月息四厘迟极。此奉上。

二十六日收第九次之信　十二月初二日申

　　启者于初三日托正大局捎去八次之信，随封去沈信一封，京局结存银单一纸，顾有銮兄从九部照一张，与伊开过取照条一纸，注明在苏取照两相更换。兼云敦和堂交来银一百两，至日题来以好过帐，想该收明矣。今随捎去江西号信一封，捐例一本，又苏号用捐例一本，查收。至前报三班减成说，例载以及从未俱减，照例载阅及收揽可也。京中月息仍四厘。此上。

二十六日托正大局捎去六十五次之信

　　于二十三日托正大局捎去六十四次之信，内报与聚锦良（定）会过银一万两，在苏现交过伊关批足纹银，按交之日月四厘与我行息，利在苏信（结），立来五千两会票二张，注定（在京）来年三月二十五日、四月初五日无利各还咱足纹银五千两，其平未较硔码，照旧会过之平，比我号合硔每百大三钱二分。又万全号会用过咱足纹银二千两，未立票据，言明在京来年正月二十三日无利还咱，其平照从京会来之平，比我平每百大三钱八分。随封去天和协一千五百两收条一纸，平、沈信各一封，及报一切之事，想早收明矣。刻接九次之信，封来苏号用捐例一本，又转南（昌）信一封、捐例一本，内谕一切，俱已收明领悉，勿须介意。今封去平信一封,转沈三益泰信一封,收转。刻下苏利四厘迟。特此奉上。

咸丰二年正月(十二封)

初一日收接十次之信　十二月十三日申

　　启者于初六日托正大局捎去九次之信,随封去苏用捐例一本,转江西号信一封、捐例一本,及报之事,谅早收明矣。至于此次大捐,如捐生系前者捐输,照上准作贡监字样,今次加捐尚得由常捐补交贡监正项并印结(银),即由贡、监报捐者,总得将部监照验明递呈。如有部照无监照,亦系不能办理。所有过班按四成加算,将此情由报知。今封去平、沈信三封,蔚盛等信四封,查收转致。刻下京利四厘。所有贡局捎之用货,接卫信亦已收到,报知。此上。

初一日托正大局捎去六十六次之信

　　于客腊二十六日托正大局捎去六十五次之信,内报一切之事,随封去平信一封,转沈三益泰信一封,想已早为收照矣。客腊万全号又会用过咱关批足纹银一千两,无票据,各以号信为凭,言定在京正月二十九日无利还咱,其平照前比我号平每百大三钱八分,共扣过伊现利、贴费银十四两,至日向伊收索。今封去苏号至腊月底结存银折一个,汉寄京信一总封,郭清忠兄信一封,转平、沈信各一封,蔚盛信一封,查收转致。刻接十次之信,封来平、沈信三封,蔚盛等信四封,内谕一切,已领悉矣。至苏地年终月息仍四厘。兹值新春,另柬恭贺。此奉上。

初九日托正大局捎去六十七次之信

　　于新正元旦日托正大局捎去六十六次之信,内报万全号又会用过咱关批足纹银一千两,无票据,各以号信为凭,言定在京正月二十九日无利还咱,其平照前比我号平每百大三钱八分。随封去苏号至腊月底结存银折一个,汉寄京信一总封,郭清忠兄信一封,转平、沈信各一封,蔚盛信一封,及报一切之事,谅早收明矣。

　　今收会去程谭叔老爷足纹银四百两,无票据,统去伊信二封,至日银信交付，讨收条寄苏，其平比我号合砝每百大二钱六分。洪大少爷九八银五百两，与伊立去会票一张，注定在京见票无利交付，其平票上批明比我号合砝每百大二钱，共贴过咱费银五两。此位系进京会试，至祈平色厚道相待，至日均照票信交付为祝。今封去汉寄京信一总封，程子廉老爷与仁台信一封，转平、沈信各一封，三合公等信五封，至日查收转致。刻下苏利已开，月四厘，大势无甚周行，亦不过转票而已。看其光景，春节利息不能起色矣。特此奉上。

十一日收第十一次之信　十二月二十六日申

启者于十三日托天成局捎去十次之信，内报此次之捐，如捐生系前者捐输，照上准作贡监字样。今次加捐尚得由常例补交贡监正项并印结银，即由贡、监报捐者，总得将部照验明递呈，如有部照无监照，亦系不与办理。至于过班系按四成加算。随封去平、沈等信五封，及报之事，谅早收照（着）矣。十五日收接五十八、五十九次之信，会来正大协足纹银四十二两、又伊足纹银五百两，张钧少爷足纹银二百二十五两，统来伊信二封，平、沈、汉局等信，内云一切，皆已领明矣。

今从口与世德全定会苏交伊西批足纹银七千两，已定不立票砝，言明在苏来年二月二十五日交伊，自交银之日按月四厘一口规与我行息，在口来年四月标还咱足宝银，每千两贴我号费银一十五两五钱，其平照旧年会过之平，比我平每百大四钱九分，至期妥交。今封去周珍宗兄部监照二张，张钧少爷一百七十五两、五十两收条各一纸，平信一封，收阅。刻下京利四厘。

至于前报与天泰和定会苏交伊银一万两，已定不立票砝，其平照旧年会过天来永之平，比我平每百大一钱八分。再口信云兴玉厚言及由苏会借过咱足宝银四百五十两，已于十七日如数交咱口号，此项京中尚未接信，至日题来一笔。

刻又接六十、六十一次之信，会来正大协九九五色银二百四十两、又伊九九银二十七两八钱，苏辅卿二兄名下足纹银二千五百两。统来苏号冬月底结存银折一个，龚士俊兄履历一纸，陆吉人兄四十二两收条一纸。统来沈、汉局等信，又天成局捎来汉信一总封，以及一切，皆已收明矣。今收会去姚锦旋少爷曹平关批足纹银二百两，与伊立去会票一张，注定在苏见票无利交伊，无砝，平比我平每百大四钱，贴过我号费二两。又封去平、沈信三封，正亨永信一封，收转。余事再报，特此奉上。

十二日托天成局捎去六十八次之信

　　于初九日托正大局捎去六十七次之信，内报收会去程覃叔老爷曹平足纹银四百两，无票据，统去伊信二封，至日银信一并妥交，讨收条寄苏，其平比我号合砝每百大二钱六分。又洪大少爷九八银五百两，立去会票一张，注定在京见票交付，其平票上批明比我号合砝每百大二钱。随封去汉寄京信一总封，程子廉老爷与仁台信一封，转平、沈等信七封，及报一切之事，谅早呈明矣。昨接十一次之信，定会来世德全西批足纹银七千两，又会来姚锦旋老爷足纹银二百两，以及天泰和不立票砝等情，俟期均照票信交付。并统周珍宗兄部监照二张，张钧少爷一百七十五两、五十两收条二纸，平、沈信四封，正亨永信一封，内谕一切之事，均经收明领悉，勿须介意。至于兴玉厚之银，系伊伙赵世忠兄经手，九月二十二日在苏借过我号曹平关批足纹银四百五十两，立有票据，按月五厘五行息，在苏年终还伊（咱），彼时并未言及在口交还之说。既伊在口还过，至祈与伊将利息并应贴我号费银各宗算清，与伊结楚，作为京收苏交之银可也。若伊含糊不贴会费，已定教伊号在苏交还是妥。

　　今封去潘志仁、陈正清二位由俊秀捐监生履历各一纸，至日查收递捐。又封去汉寄京信一总封，永信蔚信一封，转平、沈信各一封，至祈均为收转。再与苏号捎来筹饷事例四本、《都门纪略》一部为祝。至去年所来之标金，至今尚未卖出，今冬、腊月行市甚属不佳，不过一十四两八钱，实所不忍出卖，现在尚无行情，俟后能于保本定于出售，呈仁台知之。刻下苏利四厘。专此奉上。

十六日托正大局捎去六十九次之信

　　于十二日托天成局捎去六十八次之信，内报兴玉厚之银，系伊伙赵世忠兄经手，九月二十二日在苏借过我号曹平关批足纹银四百五十两，立有票据，按月五厘五行息，在苏年终归还伊（咱），彼时并未题（提）及到口交还之说。既伊在口还过，至日与伊号将利息、贴（费）各宗算清结楚，作为京收苏交之项，若伊含糊不贴会费，已定教伊在苏交还是妥。并封去潘志仁、陈正清兄二位由俊秀捐监生履历各一纸，汉寄京信一总封，转平、沈信各一封，及报一切之事，想早呈明矣。

　　今收会去王继元兄足宝银一千两，立去会票一张，注定三月初十日在东口见票无利交付，其平较去伊五十两钱砝一付（副），比我号合砝每百大二钱八分,净空伊期五十五天,票批我号在东口蔚丰居住,至期往彼评兑,嘱其厚道妥交为祝。今封去平信一封,收转。刻下苏利四厘迟。特此奉上。

二十日托天成局捎去七十次之信

于十六日托正大局捎去六十九次之信,内报收会去王继元兄足宝银一千两,立去会票一张,注定三月初十日在东口见票无利交付,其平较去伊五十两钱砝一付(副),比我号合砝每百大二钱八分,至期往彼评兑妥交。随封去平信一封,及报之事,谅早呈明矣。今收会去正大协曹平足纹银一百八十四两,立去会票一张,注定在京见票无利交付,其平比我号合砝每百大二钱六分,至日妥交。今封去汉寄京信一封,杨西舫兄一万两收条一纸,又转沈信二封,至日查收转致。刻下苏利四厘。如有三、四月苏交之银,祈为会来,不可耽误。

再者海运经费之银,我号亦许会些,大约总在二月二十间去矣。今天庆和动身回里,一并呈兄知之。此上。

二十四日托正大局捎去七十一次之信

于二十日托天成局捎去七十次之信,内报收会去正大协曹平足纹银一两八十四两,立去会票一张,注定在京见票无利交付,其平票上批明比我号合砝每百大二钱八分。随统去汉寄京信一封,又杨西舫兄一万两收条一纸,转沈等信二封,及报一节之事,谅早呈明矣。今封去钱修仁兄由俊秀捐监生履历一纸,至日查收速为递呈。又封去转平信一封,至祈查收转致。刻下苏利四厘迟极。所有苏存标金,今已按一十五两二钱五分卖出,报兄知之。特此奉上。

二十五日收十二次之信　正月初三日申

启者于客腊二十六日托正大局捎去十一次信,内报由口定会过世德全西批足纹银七千两,已定不立票砝,在苏二月二十五日交伊,其平照旧年会过之平,比我平每百大四钱九分。又收会去姚锦旋老爷曹平关批足纹银二百两,立去会票一张,注定在苏见票无利交付,无砝,比我平每百大四钱。随封去周珍宗兄部监照二张,张钧少爷一百七十五两、五十两收条各一纸,平、沈信四封。并叙口定会苏交天泰和一万两之项,已定不立票砝,其平照旧年会过天来永之钱砝,比我平每百大一钱八分。以及兴玉厚在口腊月十七日交来我号足宝银四百五十两,言及系苏借之项,可将日期、平码提(题)来,想该早为收明矣。

今收会去立成晋关批足纹银四百两,立去会票一张,注明在苏正月底无利交付,无砝,比我平每百小一两六钱二分,贴过我号费银四两。又收会去广元庆关批足纹银八千两,无票砝,统去伊信一封,言定在苏正月底无利交付,平比我号合砝每百小二两一钱六分,合空伊期一月,每千两贴我号费银九两,至期均为妥交。今封去京局至年终结存清单一纸,平、沈信三封,鸿善堂信一封,查收转致。年终月息四厘。

再者常捐加平,皆因手稠难以合算,以致各处收揽艰难。弟等熟商,与其少做不若以多为胜。今岁各处俱按十八两过帐,但以此数京号过帐不敷其数,今将有银号之数详呈阅及。如监正银一百零八两二钱四分五厘,比我平每百小四两五钱,结银一十两三钱,统除平银六两五钱,合本平松江银一百二十八两二钱六分,按(此)过各处之帐,每实短银五钱以上,更有外加银六钱。如客有问捐监,彼时国子监每名已涨加照六钱,如由监生加捐贡生亦然。譬如,别职衔不用去国子监者,则不需此费,各银号经办者皆得照此加算,未曾与我各处提及此项,诚恐有阻隔难收揽之情。如今岁京中过帐捐监者,更得多赔此数,照此连色合算在内,除讫每名所剩几钱,尽可敷往来笔墨之费。而南昌寄照费更甚,除提塘别无其便,每名要银四钱,信资在外。有来信总要回信,即空信亦要银一两,照费在外加算。将一应实实办法,均报我处核算收揽为妙。倘各处收不到应过帐之数,两处数则不必矣,适遇大名字高酌收揽为要。又封去李八爷用货单一纸,办妥捎来。苏值新春,另柬恭贺。此上。

二十五日收十三次之信　正月初六日申

启者于初三日托正大局捎去十二次之信,内报收会去立成晋关批足纹银四百两,立去会票一张,注定在苏正月底无利交伊,无砝,平比我平每百小一两六钱二分。广元庆关批足纹银八千两,无票砝,统去伊信一封,言明在苏正月底无利交付,平比我号合砝每百小二两一钱六分。随封去京局至年终结清单一纸,李八爷用货单一纸,平、沈等信五封,及报(一切),谅早收照(着)矣。昨接六十二次之信,会来正大协足纹银一百两,陈书伯老爷足纹银一百零六两一钱,统来平、沈、汉局等信,以及一切,皆已领明矣。沈局之信当即捎去,勿念。

今收会去正祥号关批足纹银五千两,无票砝,言明在苏二月初五日无利交

伊,平比我号合砝每百大三钱四分,合空伊期一月,每千两贴我费银八两,交毕
讨收条寄京,以好更换与伊立过之收条。昨天王宾由口回京,从彼与三和永定
会苏交伊西批足纹银一万二千两,已定不立会票,言明在苏三月二十日交伊,
自交银之日按月四厘一口规(与咱)行息,在口四月标随利还我足宝银,每千两
贴过我费银一十五两,较过伊五十两铜砝一块,(平)比我合砝每百小八钱六
分,许伊迟早用三五天,按苏利扣加。之前与广发成定会之银,已定不立会票,
与蔚丰公封五十两钱砝一付(副),(平)比我号合砝每百大二钱四分,砝上未押
我号图章,至期妥(交)。今托广泉泰捎去鸿仁孟记右归丸二斤,用过纹银八钱
六分,注京捎货帐。再广泉泰明天往苏送黄货五千来两,报知。文英与如荣明
天赴卫,一并报知。刻下京利尚未开盘。此上。

二十七日收十四次之信　正月初十日申

　　启者于初六日托天成局捎去十三次之信,内报收会去正祥号关批足纹银
五千两,无票砝,言定二月初五日在苏无利交伊,平比我号合砝每百大三钱四
分,交毕讨收条寄京,以好更换与伊立过之收条。又从口与三和永定会苏交伊
西批足纹银一万二千两,已定不立会票,言定在苏三月二十日交伊,自交银之
日按月四厘一口规行息,在口四月标随利还我足宝银,较过伊五十两铜砝一
块,(平)比我合砝每百小八钱六分,许伊迟早用三五天,按苏时利扣加。并报
前与广发成定会之银,已定不立会票,与蔚丰公封五十两钱砝一付(副),(平)
比我合砝每百大二钱四分,砝上未押我号图章,至期妥交。另托广泉泰捎去鸿
仁孟记右归丸二斤,用过费银八钱六分,注京捎货帐,及报之事,谅早收明矣。
初八日收接六十三次之信,内云贾少爷在京会借银之说,俟伊用时照信办理,
其捎沈油纸包收到。再报统来茅五老爷一信,平、沈等信三封,以及一切,皆已
领明矣。今封去京号与茅五老爷捎例一本、信一封,阅毕封固转致。京利于初
七日开盘四厘二五。汇圆庆大约三二天内往苏起银五六万两,尚有黄货五七
百两,报知。此上。

二十七日托天成局捎去七十二次之信

　　于二十四日托正大局捎去七十一次之信,随封去钱修仁兄由俊秀捐监生
履历一纸,平信一封,及报之事,谅早呈明矣。二十五日收接十二、十三次之

信，会来立成晋足纹银四百两，广元庆足纹银八千两，正祥号足纹银五千两，三和永定会来西批足纹银一万二千两，并（云）与广发成号较过钱砝等情，俟期均照票信妥交。统来京局腊月底结存银单一纸，李八爷用货单一纸，平、沈等信五封，以及鸿仁孟记用过丸药之银，已注京帐。内谕常捐加平等情，均已收明领悉，勿烦锦念。

今收会去正大协曹平足纹银二百一十五两七钱三分，与伊立去一百七十两七钱三分、四十五两会票各一张，均注定在京见票交付，其平比我号合砝每百大二钱六分。史清源兄足纹银一百一十六两八钱，无票据，统去伊信一封，至日照信妥交，其平比我号合砝每百大二钱六分，讨收条寄苏。今与聚锦良定会过苏交京收伊银二万两，我号在苏本月二十六日至二月初十日交伊关批足纹银，与伊在京三月十五、二十日、四月初十、十五日无利各还咱足纹银五千两，如在京迟交一二天，按京时利扣加，其平照前比我号合砝每百大三钱二分，所有早交日期，按月四厘与我行息，在苏结楚外，每千两贴过我号会银八两五钱，与我号立来五千两会票四张，至（于）会票随后托妥捎去。又天祥号会借过咱足纹银一千两，未立票砝，与咱立来未封口信一封，言明在京二月二十七日无利还咱，其平照前比我号合砝每百大三钱，共扣过伊利费银一十四两，至期均照信票收交为妥。今封去平信一封，永信蔚信一封，查收转致。刻下苏地月息四厘。

再者，今年粮船帮之会项看来甚少，道（倒）有一项海运经费，约有二十五六万两。前番海运时，天津所用之银十五万两，例系委员解去，不能兑会。今次海运经费，委员因路途不宁不敢起解，再三恳求藩台俱要会去，连京使费十来万两，是以共有二十五六万两。前托元和县贾太爷与咱去说，来号言及已与咱号说过，别位大人无甚话说，素已知道咱号之事。惟大委员倪大人动雷霆之怒，云及去岁存公银两系由咱号会去，所交银色甚为不公，已定不教在咱号兑会。伊亲自到日升昌讲会，幸今年银数甚多，料已不能伊一家会去。今咱又托情去说，不知能会与否。如咱号多少会些亦尚罢了，如果尽在别号会去，一则难免外人耻笑，二来下年存公银两亦恐难收会矣。将此大略呈仁台知之，或是如何随后再报。

刻接十四次来札，统来与茂五爷信一封，捐例一本，内谕一切之事，均已收明领悉，无须介意。至史大爷信，俟伊来再为捎去。所有聚锦与天祥之票信，定于初二日托会通源捎去，报知。特此奉上。

咸丰二年二月(十七封)

二月初一日托正大局捎去七十三次之信

　　于前月二十七日托天成局捎去七十二次之信，内报收会去正大协曹平足纹银二百一十五两七钱三分，与伊立去一百七十两七钱三分、四十五两会票各一张，均注定在京见票交付，其平比我号合砝每百大二钱八分。又史清源兄足纹银一百一十六两八钱，无票据，言明在京见信交付，讨收条寄苏，其平比我平共大三钱。并报与聚锦良定会过苏交京收伊银二万两，在苏至二初十日交伊关批足纹银，伊在京三月十五、二十日、四月初十、十五日无利各还咱足纹银五千两，如在京迟早交一二天，按京时利扣加，所有早交日期，按月四厘在苏结算，其平照前比我号合砝每百大三钱二分。又天祥号会借咱足纹银一千两，立来未封口信一封，注定在京二月二十七日无利还咱，其平照旧比我号合砝每百大三钱，至期均为收交。随封去平铺等信三封，及报一切之事，想早呈明矣。

　　今会去吴次平老爷曹平足纹银四百九十七两八钱六分，与伊立去会票一张，注定在京见票无利交付，其平比我号合砝每百大二钱六分，共贴我号费银三两七钱。又余寿堂曹平足纹银二千三百两，立去会票一张，注定在京三月初十日见票无利交付，其平未较砝码，票上批明比我号合砝每百大二钱四分，票上又批如早用三五天亦可交付，共贴过我号会费银二十两，至日均照票妥交。今封去张承涛兄由议叙八品衔今补捐监生、加捐出仕未入并尽先选用履历一纸，议叙实收一折，至日查收递呈。再伊八品衔能顶正项银两更妙，如其不能顶银，即照上注明由议叙八品衔补捐监生报捐亦可。若如此亦不能，只可与伊按(俊)秀报捐，至日赶头次办出为妥。再伊原名系承焘，今改名承涛，如按涛字递呈无有化费已是，倘若部内要费，即可按焘字递呈是祝。今托会通源捎去聚锦立来五千两会票四张，天祥立来一千两票信一封，至日查收。又封去苏号至正月底结存银折一个，沈信一封，汉寄京信一封，史清源兄一百一十六两八钱银信一封，至祈均为查收转致。刻下苏地月息四厘。

　　再前报海运经费一事，咱号前托过几位朋友，教与粮道商酌分会，粮道言及去岁所交之银甚属不公之极，执意不教与咱兑会，是此亦属无法。今闻从日升昌会去京交银七万余两，下余俱经委员送去。遇此海运年头，此项银两咱号不能收会，惟恐下年存公之项，咱号亦不能会矣。至今岁苏收京交之项，恐其不多。

耳闻通州惧未到者甚多，即船帮存公银两亦恐无几，将此大略呈仁台知之。

再张承涛兄之功名，至日先为递呈，其上兑听信可也。特此奉上。

初四日托正大局捎去七十四次之信

于初一日托正大局捎去七十三次之信，内报收会去吴次平老爷曹平足纹银四百九十七两八钱六分，立去会票一张，注定在京见票无利交付，其平比我号合砝每百大二钱六分。又余寿堂曹平足纹银二千三百两，立去会票一张，注定在京三月初十日见票无利交付，其平比较砝码，票上批明比我号合砝每百大二钱四分，至祈均为妥交。随封去张承涛兄由议叙八品衔今补捐监生、加捐出仕未入并尽先选用履历一纸，议叙实收一折，至日查收递呈。并报伊八品衔能顶银两更妙，如其不能顶银，即照上注明由议叙八品衔补捐监生报捐亦可，若如此亦不能，只可与伊按俊秀报捐，赶头次办出为妥。再伊原名系承焘，今改名承涛，如按涛字递呈无有化费亦是，倘若部内要费，即可按焘字递呈是祝。又封去苏号至正月底结存银折一个，汉寄京信一封，史清源等信三封。又托会通源捎去聚锦立来五千两会票四张，天祥立来一千两票信一封，及报一切之事，谅早均为收明矣。

今收会去松筠号公砝市平九九兑松江银五百两，未立票砝，言明在京见信无利交付，交毕讨收条寄苏，其平照旧比我平每百小一两二钱，共贴过我号费银二两五钱，此系湖州府常大爷付伊之银，至日速为妥交。今天和恒会借过我号关批足纹银三千两，立来会票一张，注定在津八月初一日无利还咱头白宝银，其平未较砝码，照旧会过之平比我号合砝每百小一两一钱，自用银之日外与咱加路期四十天，按月七厘扣过伊利银，至期收索。所有伊立来会票，随后托妥捎去。今封去汉寄京信一封，苏寄平信一封，祥大老爷信一封，至日查收转致。刻下苏利四厘。

所有去年八月初一日寄苏四十八次正信，今已收到，统来平信一封，吴硕卿兄三百六十两收条一纸，兄等用货一单，长芦贡局等信，俱已收明矣。特此奉上。

初八日收十五次之信　正月十五日申

启者于初十日托正大局捎去十四次之信，随封去京号与茅五爷信一封，捐例一本，及报之事，谅早收明矣。十三日收接六十四、六十五次之信，会来京收聚锦良足纹银一万两，又万全号足纹银二千两，统来天和协足纹银一千五百两收条一纸，平、沈等信，以及一切，皆已领悉，无须介意。

今封去平信一封，裕成源与苏号一信，京中已拆阅矣，又贾天锡老爷信一封，收转。再有世德全缺咱苏号之银，据伊言及，俟伊到苏，已定在苏结楚，报知。刻下京利已微至四厘。今从卫收会去杨治平兄足纹银九百五十两，吴德全兄关批足纹银一千二百零三两三钱，各立去会票一张，均注定在苏见票无利交付，无砝，照苏圆砝兑，俱比我合砝每百大四钱，共贴过我费银二十两零三钱二分。再有前报与永顺号定会苏交伊银三千两，贴费亦已说明，每千两贴我费银十一两，无砝，平比我号合砝每百大二钱六分，交期仍照前报，至祈照票交付是妥。此上。

同日收十六次之信　正月十八日申

启者于十五日托天成局捎去十五次之信，内报从卫收会去杨治平兄足纹银九百五十两，吴德全兄关批足纹银一千二百零三两三钱，各立去会票一张，均注定在苏见票无利交付，无砝，照苏圆砝兑，俱比我平每百大四钱。前报从卫与永顺号定会苏交伊银三千两，比我号合砝每百大二钱六分，交期仍照前报。随封去平铺等信三封，及报之事，谅早收明矣。

今从卫收会张发兄圆砝关批足纹银九百九十六两六钱，立去会票一张，注定在苏见票无利交付，无砝，平比我合砝每百大四钱，贴过我费银九两五钱，至日妥交。今封去平信、汉局等信四封，收转。刻下京利四厘。

再聚发源、会通源二号大约一二天内往苏起银二十余万两。又托会通源捎去鸿仁孟记用珍珠毛马褂甬（统）一件，用过纹银一两七钱五分，查收，注京捎货帐。

再今年苏、松、太、常、镇海运天津化（花）费，望兄等设法托友会来津交银一二十万两，至此项之银两，岂能一湧而用，虽数目成重，料想你陆续使用时多，况抽掉成色、日期，算盘化（划）算在其中矣，兄等务必会来为妙。聚发源标内有锦宝银四万来两。此奉上。

初八日托天成局捎去七十五次之信

于初四日托正大局捎去七十四次之信，内报收会去松筠号公砝市平九九亮（兑）松江银五百两，无票砝，言明在京见信无利交付，讨收条寄苏，其平比我平每百小一两二钱。并报天和恒公（会）借我号足纹银三千两，立来会票一张，注定在津八月初一日无利还咱头白宝银，其平照旧比我号平每百小一两一钱，至期收索。随封去汉寄京信一总封，苏寄平信一封，祥大老爷信一封，及报之事，谅早呈明矣。刻接十五、十六次之信，会来杨治平兄足纹银九百五十两，吴德全兄足纹银一千二百零三两三钱，张发兄足纹银九百九十六两六钱，俟伊来时照票交付。又鸿仁孟记用过之银，已注京帐，并云世德全该苏号之银在苏结楚等情。随统来平铺等信，京寄汉信一总封，裕盛源信一封，内谕一切之事，均经收明领悉，无须介意。

再者正月初九日寄去六十七次信，内报收会去洪大少爷九八银五百两，立有会票，平比我平每百大二钱，今伊行至半路，忽得暴病而故，今将会票缴消（销），在苏取去，至日作为京收苏交项是妥。今统去正祥号五千两收条一纸，汉寄京信一总封，苏寄平信一封，沈信一封，至日查收转致。刻下苏利四厘。

至来信云收会海运经费银两之说，实在一言难尽。但去岁至今正月间，晚等即托本府钟大老爷与元和县贾太爷教与咱号揽会，伊等俱是满口应承，云及今年大委员是粮道倪大人，去年存公银两就是从宝号会去。况今岁海运数目更多，约有二十五六万两，各委员俱向藩台恳求，因目下路途甚不宁静，现有西帮字号结实可靠，评（平）分数号兑去，可保无路途之虞，藩台、抚台皆已允准。众人举荐咱号与日升昌，贾太爷来号已竟（经）说过，是以咱与聚锦定会过京收伊银二万两。不料大委员倪大人次日进省本府，又谈及此事，伊云别号尚可，惟咱号不教兑会，如由咱号会去，伊定不收，故亲自到日升昌会过银七万来两，净空期五十天，余下仍教委员解去。但此海运钜款，咱号分文不能收会，不说耽误生意，未免外人耻笑。此乃已过之事，无须再论。如后手再有会去官场中或成重（宗）之项，望仁台等务宜看事而行。近来生意实属艰难，况行中手稠，你抢我夺，适有一二宗项，不识落于何人之手，彼此各处务宜作养为要。将此大略呈仁台知之。此上。

初十日收十七次之信　正月二十二日申

启者于十八日托天成局捎去十六次之信，内报从卫收会去张发兄圆砝关批足纹银九百九十六两六钱，立去会票一张，注定在苏见票无利交付，无砝，比我合砝每百大四钱。并报今年苏、松、太、常、镇海运天津化（花）费,望祈兄等设法托友会来津交银十一二万两。至此项银两,岂能一涌而用,虽是数目成重,料想系陆续使用时多,况抽调日期、成色、算盘化（划）算在其中矣,务必会来为妙。随封去平信一封,沈局等信四封。另托会通源捎去鸿仁孟记用珍珠毛马褂甫（统）一件,纹银一两七钱五分,查收,注京捎货帐。及报之事,谅早收明矣。二十一日收接六十六次之信,会来京收万全号足纹银一千两,统来苏号腊月底结存银折一个,平、沈、汉局等信,以及一切,皆已领悉矣。

于十九日托聚发源捎去转庐缙绅一部,收转。今封去平信一封,鳞修等信三封,查收转致。再有贾少爷带来苏无号信,沈局用货油纸包一个,昨日收到,报知。又封去沈信一封,收转。刻下京利四厘。特此奉上。

十三日托正大局捎去七十六次之信

于初八日托天成局捎去七十五次之信,内报前收会去京交洪大少爷九八银五百两,立有会票,平比我平每百大二钱,伊行至半路,忽得暴病已故,将票缴消（销）,在苏取去,至日作为京收苏交之项。随封去正祥号五千两收条一纸,汉寄京信一总封,苏寄平、沈信各一封,及报一切之事,谅早收照（着）矣。初十日收接十七次之信,随封来平铺等信四封,并云聚发捎转庐缙绅,俟收到再报,以及一切,俱已领悉矣。

再有前报张承涛兄之功名候信上兑之说,今已将银收清,至日与伊上兑,赶头次办出为要,照出之日赶快寄苏。再与伊察听何时可能选出,寄信示。今封去平信一封,麟修原信一封,至日收转。刻下苏利四厘。此上。

十四日收十八次之信　正月二十四日申

启者于二十二日托正大局捎去十七次之信,内报托聚发源捎去转庐缙绅一部,随封去平、沈信各一封,鳞修等信三封,及报之事,谅早收照（着）矣。今封去沈信一封,汉信一总封,查收转致。至常信内有会三月半交陈丽荃三老爷之银,至阅毕速转为要。刻下京利四厘。此上。

十六日托正大局捎去七十七次之信

于十三日托正大局捎去七十六次之信,内报前揽过张承涛兄之功名,至日与伊速为上兑,赶头次捐出为要,照出之日,赶快寄苏。随封去平铺等信二封,及报之事，谅早呈明矣。十四日收接十八次之信，封来沈信一封，汉信一总封（昨日已寄去勿念），内谕一切之事，俱已收明领悉矣。今封去平、沈信各一封，丁二爷、兴盛当信各一封，至日查收转致。刻下苏地月息四厘，遇便将启盛斋一两时式金顶捎来十座，自用二座，时式缎靴四双，捎来九二三双、八八一双，俱要二块皮底。特此奉上。

二十一日专正大局送去七十八次之信　此系搭差，贴过洋银六元

于十八日托正大局捎去七十七次之信，随封去平、沈信各一封，丁二爷等信二封，遇便将启盛斋一两时式金顶捎来十座，自用二座。时式缎靴四双，九二三双、八八一双，俱要二块皮底。及报之事，谅早收照矣。今收会去正大协库平足纹银五百两，其平无砝，比我号合砝每百大二两二钱六分；又伊曹平足纹银九十二两六钱，比我号合砝共大二钱四分，各立去会票一张，均注定在京见票无利交（付）。又毓大老爷足纹银四十两，比我号合砝共大一钱二分；又伊京平九八色银五百两，无砝，比我号合砝每百小三钱八分，与伊各立去会票一张，均注定在京见票无利交付，共贴过咱费银五两，至日均为妥交。昨日交过卫会来聚兴德曹平足纹银一千零八两五钱，尚未接京信，谅该无差，报知。今封去汉寄京照信一总封，兴盛当信一封，转平信一封，至日查收转致。刻下苏地月利四厘。

再前报日升昌会去海运经费银六万余两，后又听说尚有应会去银五万来两，咱又托委员王家佩老爷、钟大老爷、贾太爷等再三去说，将去岁交银之事俱皆叙明，咱已知过。谁料倪大人恼咱甚重，但提及蔚泰二字，大动其火，钟本府与伊有争角之言，伊执意又在日升昌会去银五万来两，似此实属无法。再杨八爷云及，去岁平色本来不公，更兼有一番屈冤讲究。去岁倪二少爷过京，不识是向何号要借银三百来两未付。及至粮道进京，二爷们告诉是向咱号借用，咱号未与，粮道知情大为生气，云及我现在会到伊号银两万余两，况我少爷何至三百金不补，似此实属岂有此理，此断（段）屈情至今亦未明白，故而提及咱号即是生气。将此情由呈仁台知之。

今收会去裕泰银号京市平足纹银一千两，无票砝，有伊信一封，平比我号平每百两小一两八钱，贴过咱费银八两。又封去伊部照五张，因有此照贴过正大局费银六两（还是洋钱六元），言明限定三月初八日一准到京不误，至日银信并照妥交，讨收条寄苏。或迟早到京，寄信提来为要。如果迟到一天，祈向前途讨情，即云咱号耽误可也，不然伊不肯贴此费银。特此奉上。

二十三日托天成局捎去七十九次之信

于二十一日专正大局送去七十八次之信，内报收会去裕泰银号京市平足纹银一千两，未立票砝，平比我号合砝每百小一两八钱，随统去伊信一封，部照五张，因有此照贴过正大局费银六两，言明限定三月初八日一准到京不误，至日银信并照妥交，讨收条寄苏。又收会去毓大老爷足纹银四十两，比我号合砝共大一钱二分；又伊京平九八色银五百两，无砝，比我号合砝每百小三两（钱）八钱（分）。又正大协库平足纹银五百两，无砝，比我号合砝每百大二两二钱六分；又伊曹平足纹银九十二两六钱，比我号合砝共大二钱四分。与伊等各宗立去会票各一张，均注定在京见票无利交付。又封去汉寄京照信一总封，兴盛当信一封，转平铺信一封，及报一切之事，谅早呈明矣。今封去平、沈信各一封，查阅转致。刻下苏地月息四厘。此上。

二十四日托松冬伯老爷捎去八十次信

于二十三日托天成局捎去七十九次之信，内封去平、沈信各一封，及报之事，谅早呈明矣。今收会去松冬伯老爷京市平足纹银三百两，无票砝，言定在京见信无利交付，其平比我号合砝每百小一两八钱，至祈妥交。今托永和公由津捎去京号用五八大红洋毯四支，计篓包一个，共用过咱平纹银四两四钱，至日往津寄信查收，望注苏捎货帐是祝。刻下苏地月息四厘。此上。

二十五日收二十次之信 二月初四日申

启者于初二日托正大局捎去十九次之信，内报收会去立成晋关批足纹银三百两，立去曹平九八兑会票一张，注定三月初一日在苏见票无利交（付），平比我号合砝每百小一两六钱八分。又从卫收会去聚兴德圆砝关批足纹银一千零八两五钱，立去会票一张，注定三月初五日在苏见票无利交付，无砝，比我合砝每百大四钱。玉盛号关批足纹银二千两，无票砝，统去伊信二封，言明在苏二月二十六日银信无利交付，平比我合砝每百小一两一钱四分，讨收条寄京。随封去京局至正月底结存银单一纸，福建新涨印结一单，沈局等信四封，及报之事，谅早收明矣。

今封去京寄汉信一总封，收转。刻下京利四厘。再福建新涨印结，祈为从苏与南昌寄信先提一笔，缘京往彼寄信暂无其便，报知。刻下接得六十七、六十八、六十九次之信，会来程覃叔老爷足纹银四百两，洪大少爷九八银五百两，又口交王继元兄足宝银一千两,统来潘志仁、陈正清二位捐监履历各一纸,程子廉老爷信一封,平、沈、汉局等信,内云之事,皆已领明矣。所要例本俟后有妥捎去。至兴玉厚之银,待与伊说明再报。所有前会来京收谦祥号银一万两,今天先收过六千,下短之数三二天可以交完,报知。此上。

二十五日收十九次之信 二月初二日申

启者于前月二十四日托天成局捎去十八次之信,随封去沈信一封,汉信一总封,及报之事,谅早收明矣。今收会去立成晋关批足纹银三百两,立去曹平九八兑会票一张,注定三月初一日在苏见票无利交付,平比我合砝每百小一两六钱八分,合空伊期一月,贴过我号费银二两七钱。又从卫收会聚兴德圆砝关批足纹银一千零八两五钱,立去会票一张,注定三月初五日在苏见票无利交(付),无砝,比我号合砝每百大四钱,合空伊期四十余天,贴过我费银八两,俟期均为妥交。今封去京局正月底结存银单一纸,沈信二封,哈大人等信二封,查收转致。刻下京利四厘。又从卫收会去玉盛号关批足纹银二千两,无票砝,统去伊信二封,言明在苏二月二十六日银信无利交付,平比我号合砝每百小一两一钱四分,合空伊期一月,每千两贴过我号费银十两,讨收条寄京。又封去福建新涨印结单一纸,查收。此上。

二十八日托正大局捎去八十一次之信

二十四日托松冬伯老爷捎去八十次之信,内报收会去伊京市平足纹银三百两,无票砝,言明在京见信无利交付,其平比我号合砝每百小一两八钱。并报托永和公由津捎去京号用五八大红洋毯四支,计篓包一个,共用过号平纹银四两四钱,至日往京(津)去信,查收注帐,及报之事,谅早呈明矣。二十四日收接十九次、二十次之信,会来立成晋足纹银三百两,聚兴德足纹银一千零八两五钱,玉盛号足纹银二千两,均照票妥交。随封来玉盛号信二封,哈大人等信二封,京局正月底结存银单一纸,福建新涨印结单一纸,京寄汉信一总封,内云一切之事,均已收明领悉,勿须介意。至福建新涨印结银,云说已往江西报明,勿会。今统去汉寄京信一总封,玉盛号二千两收条一纸,转平、沈信各一封,至日查收转致。

再王三兄验过津号二月初五日所立五百二十四两一钱五分足纹银(会票)

一张,又姚大爷足纹银二百零五两五钱九分、张五爷足纹银四百六十七两四钱九分会票各一张,细阅暗号、笔迹,无甚差错,俱已照票交讫,报知。

刻下苏地月息四厘。于二十六日丙南兄抵苏,询及台等尊府,俱各清吉,勿须远念。至往江西寄银信,一信局托伊号转至河口,再转江西,我号已捎过三四封,后手看江西来信如何,如果快便,京寄江西之信即可由苏寄捎可也。此奉上。

二十九日收京二十一次来札　二月初九日京寄

启者于初四日托天成局捎去二十次之信,随封去京寄汉信一总封,及报之事,谅早收明矣。初八日收接七十一次之信,会来正大协足纹银一百八十四两,统来钱修仁兄捐监生履历一纸,平信一封,以及一切,皆已领悉,无须计(记)念。

今收会去万全号关批纹银一千两,无票砝,各以信为凭,言定在苏三月初七日无利交付,平比我合砝每百大三钱二分,合空伊期一月,贴过我号费银八两。又程子廉少爷谭叔于初五日会借过我曹平关批足纹银二百两,比我合砝每百大二钱六分,言定在苏见信无利归还,与会来伊银四百两,共立来收条一纸,又伊信一封,至日查收向伊收索,所有利息、会费收条上批明仍在京结楚。又从卫收会去王三爷关批足纹银五百二十四两一钱五分,姚大爷关批足纹银二百零五两五钱九分,张五爷关批足纹银四百一十五两二钱四分,与伊各立去会票一张,均注定在苏见票无利交付。又张五爷关批足纹银五十二两二钱五分,票批至日共交伊四百六十七两四钱九分为妥,无砝,俱照圆砝兑,比我合砝每百大四钱,三宗共贴过我费银十一两,至祈均为妥交。

今封去王翼堂兄信一封,京号与程子廉老爷信一封,收转。刻下京利四厘。所有苏用筹饷例四本、《都门纪略》一部,皆已办好,用过之钱京号出账,如系别人用,每本收银三钱。今从南京转去,至日查收。所有谦祥号之银,今天如数收清。如伊苏地有用项,即再交会万数八千两亦可。此上。

同日收接二十二次来札　二月十六日京申

启者于初九日托正大局捎去二十一次之信,内报甚繁,今录去原底一纸,收阅。十五日收接七十(一)次、七十一(二)次之信,会来正大协岁(曹平足纹)

银二百一十五两七钱二(三)分,史清源兄足纹银一百一十六两八钱,又京收聚锦良足纹银二万两,天祥号足纹银一千两,俱照信票收交。统来杨西舫兄一百两收条一纸,平、沈、汉局等信,以及一切,皆已领明,无须计(记)念。

今从卫收会去永立号关批足纹银二千两,在苏三月初九日无利交付;永和公关批足纹银二千两,在苏三月二十日无利交付,无票砝,各统去伊信一封,至期照信交付,其平均比我合砝每百大三钱二分,交毕各讨收条寄京。永和之银,在津本月二十日收,皆合空期一月,每千两贴我费银十两。

又从津向山成玉开来船名一折,今随字(信)统去,至日查阅。内中字号去岁在津往沈与咱会过者甚多,可着伙赴上海在森盛号询问伊之船只,照应收会。伊等往年从彼会兑系交曹平九八二八兑足纹银,在台交牛平现锦宝,两不加色。假如能通融,开此路交易,合算多多矣。再有太和丰、和玉记等号,去岁从口并未闻及往苏会银,自然是因由锦、沈加钱难算,无来京、口之标所致。年内口庄茶票之费,明显示(亦)合伊等算盘,料想伊等不免由苏倒会情形。如其在苏与我号讲会,总是内中咱银化(划)算尚可。虽是此说,利息之迟快,收交之期口,望兄等随时合算可也,万不可与伊等将锦宝成色说定。即如去年定会来太和永京交咱之银,岂料及伊等不管成色,反致于争论许多,成色之内仍得我号吃亏数十两之谱。

至于倪大人情形,并非去岁京号交银之故,况我各处俱系年久经办之伙,凡与交易者,岂肯粗率致有阻隔。弟等熟思,或者系二十九年间,托杨八元老爷向咱借会,未遂其愿之怒,除此别无他论。且去岁在通交银成色虽好,奚如伊署内有一门政,难以交代,幸有本地钱铺与咱公言,望兄等遇杨老爷面时,叙及即详如何。将此情报兄等知之。今春由苏能定多寡否?想兄等自一番周旋托情耳!

今封去沈信一封,收阅。刻下京利四厘。此奉上。

咸丰二年三月(十六封)

初三日托正大局日捎去八十二次之信

于前月二十八日托正大局捎去八十一次之信,随封去汉寄京信一总封,玉盛号二千两收条一纸,转平、沈信各一封,及报之事,谅早收明矣。二十九日收接二十一、二十二次之信,又二十一次原底一纸,会来万全号足纹银一千两,王三爷足纹银五百二十四两一钱五分，姚大爷足纹银二百零五两五钱九分，张五爷足纹银四百六十七两四钱九分，永和公足纹银二千两，永立号足纹银二千两，程罩叔少爷会借来咱足纹银二百两，均照信票收交。统来程罩叔二百、四百收条共一纸，又永和公等信，沈信一封，以及一切之事，均已收明领悉，勿须计念。

今封去苏号至二月底结存银折一个，吴六爷信一封，汉寄京信一总封，转平、沈信各一封，至日查收转致。刻下苏地月息四厘。今封去阴昌庚老爷由候补知县捐寻常加二级履历一纸，至日查收与伊赶快递呈上兑，伊惟恐有处分之说，故此托咱赶紧办理。所有托聚发源等号捎伙友用货，并转庐缙绅，均已收到。至从京转苏例本，尚未收到，报知。刻下苏利四厘。此奉上。

初四日托天成局捎去八十三次之信

于昨日托正大局捎去八十二次之信，随封去苏号至二月底结存银折一个，汉寄京信一总封，吴六爷信一封，转平、沈信各一封。又封去阴昌庚老爷由候补知县捐寻常加二级履历一纸，至日速为伊递呈上兑，伊惟恐有处分之说，故此托咱赶紧办理。及报一切之事，谅早收照矣。

再者所有程罩叔少爷会借来咱银二百两，至今尚未付来。去岁程子廉老爷在汉借过咱银五百两，至今只付来四百两，下短屡次写信催讨，汪兄准是不肯交来，不知是何意思？倘伊后首再要会借银两，祈兄台看事应承，汪兄之人难以为信，报仁台等知之。今又封去阴昌庚老爷由候补知县捐寻常加二级副履历一纸，查收，至日不拘正副履历，先到即可递呈上兑，报知。刻下苏地月（息）四厘。此上。

初七日托正大局寄去八十四次之信

于初四日托天成局捎去八十三次之信，随封去阴昌庚老爷由候补知县捐寻常加二级副履历一纸，至日不拘正副履历，先到即可递呈上兑。并报程罩叔少爷会借来咱银二百两，至今尚未付来。去岁程子廉老爷在汉借过咱银五百两，止付来四百两，下短屡次写信催讨，汪兄总是不肯交来，不知是何意思？倘伊后首再要会借银两，祈兄台看事应承，汪兄之人难以为信。及报之事，谅早呈明矣。

昨日长芦贡局验过津号二月十四日立一千（两）、一千四（百两）会票二张，阅及暗号、笔迹，无甚差错，俱已照票交讫，谅想无错，报知。今封去平信一封，查阅转致。又封去汉寄京信一总封，丙常信一封，至日收转。刻下苏利四厘。

今广元庆会借过我号足纹银三千七百两，与我号立来会票一张，注定在京见票无利交还咱，其平照从京会来之平，比我号合砝每百小二两一钱六分，每千两在苏扣过伊利费银十八两。所有伊与咱立来会票随字封去，至日查收，向伊收索为妥。刻下苏利四厘。专此奉上。

初十日托天成局捎去八十五次之信

于初七日托正大局捎去八十四次之信，内报广元庆会借过咱足纹银三千七百两，与我号立来会票一张，注定在京见票无利还咱，其平照从京会来伊之平，比我号合砝每百小二两一钱六分，所有伊立来伊之票随字封去。又封去汉寄京信一总封，丙常兄信一封，转平信一封，及报一切之事，谅早呈明矣。

今收会去福荪沈大少爷曹平足纹银一千两，未立票砝，随统去伊信一封，至日照信交付，讨收条寄苏，其平比我号合砝每百大二钱六分，共贴过我号费银六两，至祈妥交。今封去永立号二千两收条一纸，转平、沈信各一封，至日收转。刻下苏地月息四厘。专此奉上。

十四日托正大局捎去八十六次之信

于初十日托天成局捎去八十五次之信，内报收会去福荪沈大少爷曹平足纹银一千两，未立票砝，随统去伊信一封，至祈银信一并妥交，讨收条寄苏，其平比我号合砝每百大二钱六分。又封去永立号二千两收条一纸，转平、沈信各一封，及报之事，谅早呈明矣。

今收会去章蓉卿老爷曹平足纹银四百五十两，未立票砝，统去伊与仲复四少爷照信一总封，言明在京见信无利交付，讨收条寄苏，其平比我号合砝每百大二钱六分，共贴过我号费银四两。又松筠号公砝市平九九亮（兑）松江银四千两，与伊立去会票一张，注定在京见票无利交付，其平照旧比我号平每百小一两二钱，每千两贴过我号费银五两，至日均为妥交。今托广元庆捎去郝怡曾兄寄德成号纸包一个、信一封，查收转致。今封去汉寄京信一总封，转平信一封，蔚盛等信三封，至日查收转致。刻下苏地月息四厘。此上。

十七日收接二十五次来札　二月二十九日京申

　　启者于二十四日托正大局捎去二十四次之信，内报从卫收会去邵步梅兄关批足纹银二百六十二两六钱七分，立去会票一张，注定在苏见票无利交付，无砝，票上批明比我合砝每百大三钱二分。随封去史清源兄一百一十六两八钱收条一纸，及报之事，谅早收照（着）矣。同日收接七十五次之信，内云前会来洪大少爷九八银五百两在苏退讫之说，此项京中尚未过账，则算无此一事。统来正祥号五千两收条一纸，平、沈、汉局等信，以及一切，均经领明，无须计（记）念。

　　今收会去利永贞圆砝关批足纹银五千两，无票砝，各以信为凭，言定在苏四月初十日无利交付，平照去年会过之平，比我合砝每百大三钱二分，合空伊期四十余天，每千两贴过我费银六两五钱，至期妥交。又钱修仁、陈正清二位各用过我平捐足纹银一百三十七两七钱四分，潘志仁兄用过银一百三十五两六钱八分，另有一单，查收注帐。今封去松筠号五百两收条一纸，沈信一封，利永贞信一封，收转。再会通源二十七日往苏起去银十一二万两，内有沈来锦宝银四五万两，报知。便中与京号转会票纸捎五七百张，一百页结账五本。至会通源所捎聚锦等会票，今天收到。刻下京利四厘、四厘二五。此奉上。

十七日托正大局捎去八十七次之信

　　于十四日托正大局捎去八十六次之信，内报收会去章蓉卿老爷曹平足纹银四百五十两，未立票砝，统去伊与仲复沈四少爷照信一封，言明在京见信无利交付，讨收条寄苏，其平比我号合砝每百大二钱六分。又松筠号公砝市平九九亮（兑）松江银四千两，与伊立去会票一张，注定在京见票无利交付，其平照旧比我号平每百小一两二钱。又托广元庆捎去郝怡曾兄寄德成号纸包一个、信一封，随封去汉寄京信一总封，转平铺等信四封，及报之事，谅早呈明矣。

　　再有去岁又八月我京号揽过王瑞福老爷由候补千总在湖南捐过班，伊之实收等照在我京号存放，今伊又欲捐过入新班，至日前与伊在部查明，如三省例捐卫千人员四五人即可无用捐过班；倘人数过多，已定赶在头卯与伊过班。如不用补捐监生，则赶快具呈；倘定要补捐监生等项，祈开一清单即于往苏寄信，候信再为上兑，我号与伊在苏结算。今封去我京号与伊立过收银换照单一纸，至日查收，与伊问明办理为要。

又封去汉寄京信一总封，南（昌）寄京信一封，转平、沈等信三封，另托天成局捎去常寄京旗人信一总封，至日查收转致。刻下苏利四厘。

刻接二十五次之信，会来邵步梅兄足纹银二百六十二两六钱七分，又利永贞足纹银五千两，俟期照信票交付。又钱修仁、陈正清、潘志仁兄用过捐银，已照单注京之帐。随统来沈信一封，利永贞信一封，松筠号五百两收条一纸，并云京号用会票纸，以及一切之事，俱已收明领悉，勿须介意。所有二十三、二十四次之信，尚未收到，报知。此奉上。

十九日收二十三次之信　二月二十三日申

启者于十六日托天成局捎去二十二次之信，内报甚繁，今录去原底一纸，收阅。二十二日收接七十三、七十四次之信，会来吴次平老爷足纹银四百九十七两八钱八分，余寿堂足纹银二千三百两，松筠号九九松江银五百两，津收天和恒头白宝银三千两，统来张承涛履历一纸、议叙实收一张，苏局正月底结存银单一纸，史清源兄一百一十六两八钱会银信一封，平铺、汉局等信。并托会通源捎聚锦良、天祥之会票，俟收再报。以及一切，皆已领悉，无须介意。

今收会去万泰松足纹银一千二百两，立去会票一张，注定在苏三月二十二日见票无利交付，平比我合砝每百大三钱二分，合空伊期一月，共贴过我号费银九两六钱。万全号关批足纹银五百两，无票砝，各以信为凭，言定三月二十三日在苏无利交付，平比我合砝每百大三钱二分，合空伊期一月，贴过我费银四两。又从卫收会去长芦贡局关批足纹银二千四百两，与伊立去一千（两）会票一张，注定在苏见票无利交付；又一千四百（两）会票一张，注定在苏三月十四日无利交付，无砝，平比我合砝每百小一两一钱，每千两贴过我费银一十二两。岐峰号圆砝关批足纹银六百六十八两六钱，立去会票一张，注定在苏见票无利交付，平比我合砝每百大四钱，贴过我号费银六两六钱八分，至期均为妥交。今封去龚世俊兄部监照二张，沈信二封，查收转致。刻下京利四厘。

所有张承涛兄之功名，伊从前议叙银两，今次递捐不能顶数，如欲照上注议叙二字，总得在部先领议叙照，其领照费银，结银不下五十余两，然后再为补交（捐）监生。至于更名，凡议叙人员一概不准。若要由俊秀按承涛递捐，先按常捐二监，然后再可加捐出仕未入，其监生印结，随常捐出结，未入印结，刻下无用。将来验看、注册时，逐层俱有，断不能免。如伊照上欲注议叙二字，今将领议叙照银,另开一单查收。或按何项办理,再信速为题来,以好照信递呈可也。再张某之功名,赶四月初回信到京已是,倘赶不及,京中定于与伊按俊秀递办理,报知。此上。

十九日收二十四次之信　二月二十四日京申

启者于二十三日托天成局捎去二十三次之信,恐其迟误,今录去原底一纸,收阅。今从卫收会去邵步梅兄关批足纹银二百六十二两六钱七分,立来会票一张,注定在苏见票无利交付,无砝,票上批明比我合砝每百大三钱二分,贴过我费银二两五钱,至日妥交。随封去史清源兄一百一十六两八钱收条一纸,转。刻下京利四厘。余事再报,专此奉上。

二十二日托天成局捎去八十八次之信

于十七日托正大局捎去八十七次之信,内报去岁又八月我京号揽过王瑞福老爷由候补卫千总在湖南捐过班,伊之实收等照在我京号存放。今伊又欲捐过入新班,至日先与伊在部查明,如三省例捐卫千人员四五人即可无用捐过班;倘人数过多,已定赶在头卯与伊过班。如不用补捐监生,则以赶快具呈上兑;倘定要补捐监生等项,祈开一清单即于往苏寄信,候信再为上兑,我号与伊在苏结算。随封去京号与伊立过收银信换照一纸,又伊查过班人数单一纸。又封去汉、南(昌)寄京信三封,转平、沈等信三封,另托天成局捎去常寄京旗人信一总封,及报之事,谅早呈明矣。十九日收接二十三、二十四次之信,内统二十二、二十三次原底各一纸,会来万全号足纹银五百两,万泰松足纹银一千二百两,长芦贡局足纹银二千四百两,岐峰号足纹银六百六十八两六钱,俟期均照票信妥交。随封来龚世俊兄部监照二张,史清源兄一百一十六两八钱收条一纸,领议叙照费银单一纸,并云张承涛兄之功名,以及一切之事,俱已收明领悉,勿须介意。

至于张承涛兄之功名,今已见面言明,至日与伊按俊秀报捐,务必赶头卯办出为要,照出之日,连伊泰兴县收据,速为寄苏为妥。今封去永和公二千两收条一纸,张子云老爷与仁台信一封,转平、沈等信三封,至日查收转致。再光泰兄于二十日旋里,报知。刻下苏地月息四厘。此上。

二十四日托正大局捎去八十九次之信

　　于二十二日托天成局捎去八十八次之信，随封去永和公二千两收条一纸，张子云老爷与仁台信一封，转平、沈等信三封，并报张承涛兄之捐亦已言明，至日与伊按俊秀报捐，赶头次办出为要，照出之日，连伊实收照一并寄苏，及报一切之事，谅早呈明矣。今封去汉寄京信一封，沈信一封，方介亭兄信一封，查收转致。刻下苏地月息四厘。此上。

二十五日收接二十七次来札　三月初五日京申

　　启者于初四日托天成局捎去二十六次之信，内报收会去利永贞圆砝关批足纹银七千五百五十两，无票砝，各以信为凭，言定在苏四月初十日无利交付，平比我合砝每百大三钱二分。天和协圆砝关批足纹银六千四百两，与伊立去三千（两）、三千四百两会票各一张，均注定在苏五月初三日无利交付，无砝，比我合砝每百大三钱四分，此项至期面当庄源茂号之人交付为妥。随封去二月底（京号）结存银单一纸，利永贞信一封，及报之事，谅早收明矣。今封去陈正清、潘志仁、钱修仁三位部监照各二张，至日查收。刻下京利五厘五，皆因城内挤票存之故，钱盘折四五钱。

　　再接江西来信，云及彼地屡有收项，教京往彼收会，以免堆存。现下京中即欲收河口宗项，亦已过时，别无宗项，若能从苏往彼收会，由京再收苏交之项，如此一转，亦尚可以流通矣。至祈兄等酌夺而办为祝。再汇圆庆昨日往苏起去银六七万两，报知。专此奉上。

同日收接二十八次来札　三月初八日京申

　　启者于初五日托正大局捎去二十七次之信，随封去陈正清、潘志仁、钱修仁三位部监照各二张，及报之事，谅早收明矣。初七日正大局送来七十八次之信，会来伊库平足纹银五百两、曹平足纹银九十二两六钱，毓大老爷京平九八色银五百两、曹平足纹银四十两，裕泰号足纹银一千两，统来伊照五张，又汉局等信一总封，内照一名，并转平之信，以及一切之事，皆已领悉矣。

　　今从卫收会去师俭堂关批足纹银三百两，立去会票一张，注定在苏见票无利交付，无砝，票上批明比本合砝每百小一两二钱，贴过我号费银三两，至日妥交。今封去天和恒信一封，转致。

　　再贾瑚少老爷向咱号言及，欲与伊老太爷捐本班尽先，今将与伊言过之式开去底单一纸，至日查阅。如伊将银送到，如数会京，或伊在苏与兄讲究即可照单收揽。再伊欲赶头次上兑，伊信系另托正大搭差送去，限定二十五日到苏，脚力经咱号付清，或迟早到苏，寄信题来一笔，在京与伊结算。倘若办妥，总宜与伊商约专人送信，赶头次四月十八日截止前三二天到，方为妥当。刻下京利五厘，有行无市，皆因钱盘落下，以致利息疲滞，概无用主。钱盘二钱五，折九钱。又封去沈信一封，裕泰银号一千两收条一纸，查收。专此奉上。

二十六日收接二十九次来札　三月十二日京申

　　启者于初八日（托）正大局送去二十八次之信，限定本月二十五日到苏，脚力付清不欠，或迟早到苏，寄信题来。内报因贾瑚少老爷与咱言及欲为伊老太爷捐本班尽先，随将与伊言过之式开去单一纸，如伊将银送到，如数会京，或伊在苏与兄讲究，即可照单收揽。倘若办妥，总宜与伊商酌觅脚送信，赶头次四月十八日截止前三二天到，方为妥当。又从卫收会去师俭堂关批足纹银三百两，立去会票一张，注定在苏见票无利交付，无砝，票上批明比我合砝每百小一两二钱。随封去沈信、天和恒信各一封，裕泰银号一千两收条一纸，及报一切之事，谅早收阅明矣。十一日收接七十九、八十次信二封，会来松冬伯老爷足纹银三百两，统来平、沈等信，以及一切之事，皆已领悉矣。

　　今从卫收会去锡纯堂圆砝关批足纹银七十七两一钱，立去会票一张，注定在苏见票无利交付，无砝，比本合砝共大三钱一分，贴过我号费银一两，至日妥交。

　　所有张承涛兄之功名，亦已与伊按俊秀办过，共用过我平足纹银六百七十四两九钱六分，另有一单，至日注帐。至伊之功名，前信所报赶四月初回信到京亦可不误，本拟候信递办，今接兄信伊之银两收齐，教与伊上兑，是以当即具呈按俊秀办过，报知。今封去沈信一封，蔚盛信一封，查收转致。刻下京利五厘。至捎之货，俟收到再报。

　　至于前统去京与贾少爷言过捐款一单，上注用补三班加分银两，今又细为查问，部内有大挑人员递呈办尽先者不补三班之说，仍归大挑办尽先，共用尽先正项银三千一百七十四两一项，贾翁之功名亦可照此式样，将此情可告伊知之。专此奉上。

同日托正大局捎去九十次之信

　　于二十四日托正大局捎八十九次之信，随封去汉寄京信一封，转沈信一封,方介亭兄信一封,及报之事,谅早收照(着)矣。昨日正大局送来二十七、二十八次之信,会来利永贞足纹银七千五百五十两,天和协足纹银六千四百两,师俭堂足纹银三百两,俟期均为妥交。随统来陈正清兄等部监照六张,裕泰银号一千两收条一纸,沈信一封,天和恒信一封,与贾太爷开过捐单一纸,内谕一切之事,均已收明领悉,勿须介意。所有贾太爷之功名,商议妥或是如何,再为寄信办理。

刻接二十九次之信,会来锡纯堂足纹银七十七两一钱,照票交付。又张承涛兄用过捐银六百七十四两九钱六分,已照单注帐。随封来沈信一封,蔚盛信一封,并云贾太爷之功名等情,俱已收明领悉,无须介意。刻下苏地月息四厘。此奉上。

二十九日收接二十六次来信　三月初四日京申

启者于前月二十九日托天成局捎去二十五次之信,内报收会去利永贞圆砝关批足纹银五千两,无票砝,各以信为凭,言定在苏四月初四日无利交付,平比我合砝每百大三钱二分。又钱修仁、陈正清二位各用过我平捐足银一百三十七两七钱四分,潘志仁兄用过银一百三十五两六钱八分,另有一单。并报与京号将会票纸五七百张,一百页结帐五本。随封去松筠号五百两收条一纸,沈信一封,利永贞信一封,及报之事,谅早收明矣。

今收会去利永贞圆砝关批足纹银七千五百五十两,无票砝,各以信为凭,言定在苏四月初十日无利交付,平比我合砝每百大三钱二分,合空伊期四十来天,每千两贴过我费银六两,至期一并连前五千两妥交。今封去京局二月底结存银单一纸,利永贞信一封,查收转致。又收会去天和协圆砝关批足纹银六千四百两,与伊立去三千四(百两)、三千两会票各一张,均注定在苏五月初三日无利交付,无砝,比我合砝每百大三钱四分,净空伊期两月,无贴费,此项至期面当庄源茂号之人交付为妥。再胡海于昨日抵京,询兄等尊府,俱各清泰,勿须计(记)念。刻下京利四厘五、五厘。专此奉上。

咸丰二年四月(十六封)

初三日托天成局捎去九十一次之信

于前月二十六日托正大局捎去九十次之信,内呈一切之事,想早收阅矣。

二十九日收接二十六次来札，内谕一切，兼统来京号至二月底结存银单一纸，利永贞信一封，均经收明领悉，勿须介意。

今收会去正谦师足纹银三百零二两五钱正，无票砝，亦无信，伊到京之日交付为妥，其平比我号合砝每百大二钱六分兑。今徐伯蕃老爷经手蒋海东兄会借咱足纹银一百两，比我号合砝平共小平三两八钱，言定按月一分二行息，还银之日另加付咱费银一两，在京七月中本利还咱。今随封去伊与咱立来借票一纸，至期收索。今随封去苏号至三月底结存银折一个，查阅。又封去苏寄平、沈信各一封，汉寄京信一封，又永信蔚、兴玉成、友千堂、蔚盛、三和永、申锡当、芜寄平等信各一封，至祈一并接收转寄是妥。今托正谦师捎去咱会票纸三百张，至日查收。刻下苏利仍四厘。专此奉上。

初六日收接三十次来札　三月十七日京申

启者于十二日托天成局捎去二十九次之信，内报从卫收会去锡纯堂圆砝关批足纹银七十七两一钱，立去会票一张，注定在苏见票无利交付，无砝，比本合砝共大三钱一分。并报张承涛兄之功名，亦已与伊按俊秀递捐，共用过我平足纹银六百七十四两九钱六分，另有一单。随封（去）沈信、蔚盛信各一封，及报一切之事，谅早收明矣。十四日收接八十一次之信，封来沈局等信一总封，玉盛号二千两收条一纸，又转平、沈等信，以及一切，皆已领悉，勿须计（记）念。至于交过王二（三）、姚大二位洋票，于二十一次信内报明，无须复呈。

今收会去万全号关批足纹银五百两，无票砝，言定在苏四月十五日无利交付，比我合砝每百大三钱二分，空伊期一月，贴过我号费银四两，至日妥交。今封去平、沈信各一封，查收。

再有会来京收聚锦良银三万两，苏号报来比我合砝每百大三钱二分，今伊交来之银比合砝每百大二钱四分。据云伊号报来即是此平，以此差平较多，所以按伊交来之银，与伊较过伊备五十两钱砝一付（副），待收银毕将砝寄苏，在彼与伊结楚可也。至所差平银十八两之多，奚如当初较砝实难含糊，定出苏捎货帐。刻下京利五厘迟，无用主。再潘仁孚源记并天升祥、天升亨倘（向）我号会借银万数八千两，可否寄信题来一笔。此奉上。

同日收接三十一次来札　三月二十日京申

　　启者于十七日托正大局捎去三十次之信,内报收会去万全号关批足纹银五百两,无票硪,言定在苏四月十五日无利交付,比我合硪每百大三钱二分。随封去平、沈信各一封,并报京收聚锦良银三万两,苏号报来此合硪每百大三钱二分,今伊交来之银比合硪每百大二钱四分,是以照交来之银,与伊较过五十两钱硪一付(副),待收银毕将硪寄苏,在彼与伊结楚可也。至所差平银十八两之多,俟收毕出苏捎货帐。以及潘仁孚源记并天升祥、天升亨倘向我号会借万数八千两,可否寄信题来一笔,及报一切之事,谅早收明矣。十八日收接二十八次之信,统来苏号二月底结存银折一个,阴昌庚老爷捐加级履历一纸,汉信总封,又转平、沈等信,以及一切之事,皆已领悉矣。

　　今从卫收会去陈锦记关批足纹银四千两,立去会票一张,注定在苏见票无利交付,无硪,平照我合硪平,贴过我号费银四十两;伊又带去我无号信一封,内报倘伊在苏会借银一二千两,祈为合算应承,教伊在津交还。今封去平、沈信各一封,鸿仁等信二封,查收转致。刻下京利五厘。又封去平信一封,内统裕厚生会票暂存京局,随后有妥再捎。专此奉上。

初七日托正大局捎去九十二次之信

　　于初三日托天成局捎去九十一次之信,内报收会去正谦师足纹银三百零二两五钱正,无票硪信,俟伊到京之日交付为妥,其平比我合硪每百大二钱六分。又徐伯藩老爷经手蒋海东兄会借过咱足纹银一百两,比我合硪共小三两八钱,言明按月一分二行息,还银之日另加付咱费银一两,在京七月中本利还咱,随封去伊与咱立来借票一纸,至期收索。并封去苏号至三月底结存银折一个,又苏寄平、沈等信,兼报托正谦师捎去京用会票纸三百张,及呈一切之事,谅早收照(着)矣。初六日收接三十次、三十一次来札二封,会来万全号足纹银五百两,陈锦记足纹银四千两,统来平、沈等信,所谕一切之事,皆已照信收明领悉,勿须介意。所云天升亨等号在京会用银两之情,俟细为察听,得确即为详呈。至于聚锦之平,俟硪到苏再为结算。今封去汉、南(昌)寄京信各一封,转平铺等信三封,至日查收转致。刻下苏地月息四厘。此上。

初九日收接三十二次来札　三月二十四日申

　　启者于二十日托天成局捎去三十一次之信,内报从卫收会去陈锦记关批足纹银四千两,立去会票一张,注定在苏见票无利交付,无砝,照我号合砝平兑;又带去我无号信一封,内报倘伊在苏会信银一二千两,祈为合算应承,教伊在津还咱。随封去平、沈等信五封,及报一切,谅早收照(着)矣。二十二日收接八十三、八十四次之信,内云广元庆会借过我号足纹银三千七百两,封来伊会票一张,阴老爷副履历一纸,汉信一总封,又转平、沈等信,以及一切之事,皆已注明领悉。今封去沈信一封,裕成源信二封,查收转致。刻下京利五厘,又有六厘借者,松江色一两六七。

再者正月会去广元庆银八千两,昨天伊号谈及此项于二月十四日苏地才收,按京原议正月底交期不符之情,或许是伊号临时无用路,相商迟日交清亦许有之,望兄等来信示及。至伊今次会借来银三千七百两,已于二十三日如数收讫。此上。

十一日托正大局捎去九十三次之信

于初七日托正大局捎去九十二次之信,内呈之事,并封去汉、南(昌)寄京信各一封,转平铺等信三封,谅早均为收照(着)矣。初九日收接三十二次来札一封,统来沈信一封,裕成源信二封,及谕一切之事,皆已领悉。所云广元庆正月底苏收咱会票银八千两,系二月十四才收去之情,彼时到期伊先用过银六千两,下余伊言暂时不用,寄存咱号,俟何日要用,再为来取,是伊自己不用,并非咱号不交,现伊何爷进京伊自有明白矣。

今收会去南汇县正堂高长绅老爷曹平足纹银一万两正,无票砝,有伊与我京号信一封,今随信封去,至日拆阅便知其伊作何使用。伊到京之日,不拘何日要用,无利交付,其平比我合砝平每百大二钱六分,即便要往别处兑会,亦不必交(教)伊加费,此银去岁已在咱号存放。今封去平、沈信各一封,转平高老爷信一封,至日收转。刻下苏地月息仍四厘。又收会去正大协曹平九八五色银八十六两一钱,立去会票一张,注定在京见票无利交付,其平比我合砝共大二钱二分,至日照票妥交。此奉上。

十三日专正大局送去九十四次之信

于十一日托正大局捎去九十三次之信,内报收会去伊号曹平九八五色银八十六两一钱,立去会票一张,注定在京见票无利交付,其平比我合砝共大二钱二分。又南汇县正堂高长绅老爷曹平足纹银一万两正,无票砝,有伊与我京号信一封,随信封去,至日拆阅便知其伊作何使用。到京之日,不拘何日要用,无利交付,其平比我合砝平每百大二钱六分,倘伊即便要往别处兑会,亦不必教伊加费。又封去平、沈信各一封,转平高老爷信一封,及报之事,谅早收明矣。

所有程覃叔少爷会借来咱银二百两,昨日着人交来,所迟日期在苏未讲。至伊后手再要会借银两,祈为酌量可也。今收会去伊曹平足纹银四百两,无票砝,随统去伊信一封,言明在京见信交付,平比我合砝每百大二钱六分。伊因信内有要事,今专正大局送去此信,限定本月二十九日一准到京,所有脚力在苏付清不欠,迟早到京往苏寄信题明,至日查收,银信速为妥交为要,讨收条寄苏。

又收会去正大协足纹银四千两,立去会票一张,注定在京见票无利交付,其平较去伊五十两钱砝(一副),票上批明比我合砝每百大三两三钱。又伊曹平足纹银七十九两,立去会票一张,注定在京见票无利交付,无砝,比我合砝共大二钱,至祈妥交。

至于天升祥、天升亨二号,如在京向咱会用银一二万两,祈为合算交付,教伊在京立票,在苏王永义号见票还咱。潘仁孚源记如用三二万两亦可交付,教伊立票,在苏慎号还咱。

今封去程子廉老爷与仁台信一封,转平、沈信各一封,南昌寄京彭老爷等信一捆,至日查收转致。刻下苏地月息仍四厘。又统去天和恒与咱立来三千两会票一张,至日查收,至期向伊收索为妥。余容后呈,专此奉上。

十七日托正大局捎去九十五次之信

于十三日专正大局送去九十四次之信,限定本月二十九日一准到京,内报收会去伊号足纹银四千两,立去会票一张,注定在京见票无利交还,其平较去伊五十两钱砝一付(副),比我合砝每百两大二两三钱。又伊曹平足纹银七十九两,立去会票一张,注定在京见票无利交付,比我合砝共大二钱。又收会去程覃叔少爷曹平足纹银四百两,其平比我合砝每百大二钱六分,随统去伊票信一封,限定本月二十九日银信一并妥交,讨收条寄苏。并报天升祥、天升亨二号如在京会用银一二万两,祈为合算交付,教伊立票,在苏王永义(号)见票还咱。又潘仁孚源记如用三二万两亦可交伊,教伊立票,在苏慎号还咱可也。随封去程子廉老爷与仁台信一封，转平、沈信各一封，南（昌）寄京彭老爷等信一捆。又统去天和恒与咱立来三千两会票一张，至日查收，向伊收索。及报一切之事，谅早均为收明矣。

今收会去翼堂王三兄曹平足纹银九百九十七两四钱，无票砝，言明伊到京之日无利随伊便用，其平比我合砝每百大二钱六分，至日妥交。今托伊带去油纸包二个，计京号用会票纸四百张、结账五本，用过之银苏已出账。又胡海记二兰串绸一匹，用过纹银五两八钱七分，至日查收，注苏捎货帐为妥。今统去汉寄京信一总封，转平、沈等信三封，另托天成局捎去汉局等信三封，至日均为查收转致。刻下苏地月息四厘活动。此上。

十八日收接三十三次来札　三月二十八日申

启者于二十四日托天成局捎去三十二次之信，随封去沈信一封，裕成源信二封，及报一切之事，谅早收明矣。今收会去万全号关批足纹银五百两，无票砝，言定在苏四月二十五日无利交付，比我合砝每百大三钱二分。立成晋曹平九八兑关批足纹银三百两，立去会票一张，注定在苏四月二十五日见票无利交付，无砝，比我合砝每百小一两六钱八分，合空伊等路期一月，共贴过我号费银六两，至祈妥交。今封去平、沈信各一封，蔚长庆等信二封，查收转致。刻下京利六厘，银两缺少，松江色一两六。再如荣二十六日回里。报知。此上。

十八日收接三十四次来札　四月初二日申

启者于前月二十八日托正大局捎去三十三次之信，内报收会去万全号关批足纹银五百两，无票砝，言定在苏四月二十五日无利交付，比我合砝每百大三钱二分。立成晋曹平九八兑关批足纹银三百两，立去会票一张，注定在苏四月二十五日见票无利交付，无砝，比我合砝每百大一两六钱八分。随封去平、沈等信五封，及报一切之事，谅早收明矣。昨接八十六次信，会来章蓉卿老爷足纹银四百五十两，统来伊与仲复四少爷照信一封。又松筠号九九亮（兑）松江银四千两。封来汉信一总封，又转平、沈等信，并云一切之事，皆各领悉矣。至广元庆捎德成纸包，尚未收到。今封去京局三月底结存银单一纸，平信、吴老爷信各一封，查收转致。刻下京利六厘，松江色一两六。所问恩贡捐复设训导一项，此条只可作岁贡算，今开去花单一纸，收阅。再弟今天赴郑州，报知。此上。

二十日托天成局捎去九十六次之信

于十七日托正大局捎去九十五次之信，内报收会去翼堂王三兄曹平足纹银九百九十七两四钱，无票砝，言明伊到京之日无利随伊便用，其平比我合砝每百大二钱六分，至日妥交。随托伊带去油纸包二个，计京号用结账五本、会票纸四百张、胡海记二兰串绸一匹，用过号平纹银五两八钱七分。随统去汉寄京信一总封，转平、沈等信三封，另托天成局捎去汉局等信三封，及报一切之事，谅早呈明矣。于十八日收接三十三、三十四次来札二封，会来万全号足纹银五百两，立成晋足纹银三百两，俟期均照信票交付。随统来平、沈信四封，蔚长等信三封，又京号至三月底结存银单一纸，恩贡捐训导单一纸，内谕一切之事，均已收明领悉，勿须介意。

今统去河口信二封，庐信一封，转口祥发永信一封，西耀庭兄信二封，又转平、沈信各一封，至日查收各为转致。所有河口寄京祥发永二千两会票一张暂存苏局，俟后有妥再为捎去。刻下苏地月息已涨至五厘，亦因苏地今岁新丝收成甚好，头茧约有八九分光景，二茧尚未露头大势，永客安顿办买，置货者亦付新丝。其苏地年岁，刻下雨水干旱，河道不通，各货俱已提价。此上。

二十一日托正大局捎去九十七次之信

于二十日托天成局捎去九十六次之信，随统去河口寄京信二封，庐信一封，祥发永信一封，西耀庭兄信二封，又转平、沈信各一封，并报河口寄京祥发永二千两会票一张暂存苏局，俟有妥便再为捎去。及报一切之事，谅早呈明矣。今收会去钟书舲大老爷足纹银一千两，未立票信（砝），言明在京见信速为交伊六英大少爷手收，交毕讨收条寄苏，其平照旧比我平每百大二钱八分，至祈妥交。所有从京转例本纸包，昨日亦已收到。再有苏号将夏季缙绅捎来一部为祝。刻下苏利五厘平和。此上。

二十三日收接三十五次来札　四月初六日申

启者于初二日托天成局捎去三十四次之信，随封去京局三月底结存银单一纸，平铺等信二封。并报恩贡捐复设训导一项，此条只可作岁贡算，随开去花单一纸。及报一切之事，谅早收明矣。初三日收接八十七次信，统来王璟福兄收银换照单一纸，汉信二封，南（昌）信一封，又转平、沈等信。另托天成局捎来常寄京旗人信一总封，以及王璟福兄问捐款一事，并云一切之事，俱各逐宗收明领悉，无须计（记）念。

今收会去万全号关批足纹银五百两，无票砝，言明在苏五月初三日无利交付，比我号合砝每百大三钱二分，贴过我号费银四两。所有阴昌庚兄之功名，亦已递捐，共用过我平足纹银五百六十八两，另有一单，至日注帐。又从卫收会去黄赞记圆砝关批足纹银一千五百两，立去会票一张，注定在苏见票无利交付，无砝，比本合砝每百大四钱，共贴过我号费银九两，至日妥交。今封去张承涛兄未入官照一张、监照二张，沈仲复兄一千两、四百五（十两）收条各一纸，平转来裕厚生五百两会票一张，至日均为查收。今从口与天成亨定会苏收伊关批足纹银五千两，在口四月标交伊足宝银，自交银之日按月四厘五苏规行息，在苏十月初十至二十日随利还咱，俟后或立票砝否，再为详报。至于王瑞福兄托查三省卫千几人，今已问明共有五人，只选一人。如伊不捐过班则已，倘若捐时，尚得补交监生，今开去正项单一纸，查阅。刻下京利六厘五，银两仍缺。余事再报，特此奉上。

二十五日收接三十六次来札　四月初十日京申

启者于初六日托正大局捎去三十五次之信，内报收会去万全号关批足纹银五百两，无票砝，言定在苏五月初三日无利交付，比我合砝每百大三钱二分。又从卫收会去黄赞记圆砝关批足纹银一千五百两，立去会票一张，注定在苏见票无利交付，无砝，比本合砝每百大四钱。又从口与天成亨定会苏收伊关批足纹银五千两，在口四月标交伊足宝银，自交银后按月四厘五苏规计息，在苏十月初十至二十日随利交还。并报阴昌庚兄用过我平捐足纹银五百六十八两，另有一单。随封去张承涛兄未入官照一张、监照二张，沈仲复兄一千（两）、四百五（十两）收条各一纸，平转来裕厚生五百两会票一张。及报王瑞福兄托查三省卫千几人，今已问明共有五人，只选一人，又开去捐款单一纸。及报一切之事，谅早收明矣。初七日收接八十八次信，统来永和公二千两收条一纸，张老爷等信，又转平、沈信，以及一切之事，皆各领悉矣。

今收会去敬爱堂关批足纹银二百零三两七钱六分，立去会票一张，注定在苏五月初八日无利交付，无砝，比我合砝每百大三钱四分，贴过我号费银二两。又从郑收会去利永贞圆砝关批足纹银二千两，无票砝，统去伊信一封，言定在苏五月初七、八日无利交付，比我合砝每百大三钱二分，至日妥交。又从口与聚发源定会苏收伊银八千两，在口四月标交伊足宝银，自交银之日按月五厘苏规与我号行息，在苏九月底随利还关批足纹银，立票砝否，后手再报。今封去沈信一封，张承涛兄泰兴县收据一张，至日查收。刻下京利七厘，银两缺极。刻接八十九、九十次信二封，统来平、沈、汉局等信，以及一切，皆已领明矣。余事再报，专此奉上。

二十五日托正大局捎去九十八次之信

于二十一日托正大局捎去九十七次之信，内报收会去钟书舲大老爷足纹银一千两，无票砝，言明在京见我号信速为交伊六英大少爷手收，交毕讨收条寄苏，其平照旧比我平每百大二钱八分。并报与苏号将夏季文武缙绅捎来一部，及报一切之事，谅早呈明矣。于二十五日收接三十五次来札，会来万全号足纹银五百两，黄赞记足纹银一千五百两，俟期照票妥交。定会苏收天成亨足纹银五千两，又阴昌庚兄用过捐足纹银五百六十八两，已照单注京之帐。统来张承涛兄未入官照一张、监照二张，沈仲复兄一千两、四百五（十两）收条二纸，又裕厚生会票一张，又王瑞福兄捐款单一纸，内谕一切之事，均已收明领悉，勿须介意。至于王瑞福兄之捐过班，俟与伊见面说明，再为详报。

今收会去顺记曹平足纹银一千两，与伊立去会票一张，注定在京六月初十日票无利交付，其平比我合砝每百大二钱六分，合空伊期四十余天，再伊年年往京会银，至日厚道交付。再有龚士俊兄之功名，其照早已收到，用过之银并未结来，至日稽查结来以收过帐。今封去豫和恒信一封，转平、沈信四封，至日查阅转致。刻下苏地月息五厘迟。

刻接三十六次来札，会来利永贞足纹银二千两，敬爱堂足纹银二百零三两七钱六分，又定会来苏收聚发源足纹银八千两，俟期均照信票收交。随统来张承涛兄泰兴县收据一张，利永贞信一封，内谕一切之事，均已收明领悉，勿须介意。此奉上。

平遥来信底稿(咸丰十一年)

二月(六封)

二月十四日收到第六十四次信　十二月十九日平申

　　初七日由沙寄去六十三次信,十八日由(汉)寄去付(副)信一封,俟至收阅。寄信后,收会汴明年正月半交咸亨泰足宝银二千两,在平至年终收无色宝银,净得路期。定会汴明二月初一至初七日交日兴盛足宝银一万两,在平明夏标收足银,满贴咱费银一百四十两。所会此项,皆因有广会明正月、二、三月汴收之项,故而收之。今统去另启一纸,收阅。咱邑钱数一千五(百)。刻收到世玙伙由常起另信一封,内详已悉,专此。

　　再至广东交之票,往后无论何处,皆要竭力收会,皆因彼处收项极多,交项稀少,且彼有了交项,收会别处之票甚为有利。至咱口号之庄,先定收撤,皆因不教做票起见,今既定办茶,口号必得长往人位,专为办茶之事。口收之票,祈各处均不可交会为是。又及。此系平寄各处,另启收阅。

同日收到第六十五次信　十二月二十四日平申

　　于月十九日由汉寄去第六十四次信,内统另启一纸,信至收视。寄信后,定会汉二月十五日收元丰玖足宝银五千两,三月初十日收足宝银五千两,咱在祁现交伊镜宝银,每千两得费银五两。又交会汉明正月二十至月底收合盛长足宝银二千两,二月底收足宝银二千两,咱在祁明春、夏标各交伊镜宝银二千两,得期外满得费银二两。又交会汉明正月初五至二十日收永逢原足宝银一万两,咱在祁明春标交伊镜宝银,得期外满得费银五十两。所交会汉收之项,皆因汉号不存甚银两。前看汉、湘办买红茶,又接口信彼地别外做开,明春沙、湘交之茶票,合对期每千两得费银七十两之谱,后首尚许有涨,大约明年口地与咱处办红茶之家定不能少,而南路之银各家均无存项,明春咱处收茶客之票亦必有大涨,如贴费合式,平铺拟明收会汉交银数万金。咱邑钱数一千五(百)。刘必惠、文荣伙均已抵铺。专此。至于广茶,明年不办。

　　再至广收重交之票,前接重信,不宁之甚,所以不教广收,但平离广、重,路隔数千里之遥,实难预知果否静宁,嗣后广号察问,如重平静之日,红花之票仍祈照常收会，不可让他人收之。至有军务之地，不可顶去收项，是为至要。汴伙张陶琴、高奋庸刻已抵铺。又及。

二月十九日收到第六十三次信　十二月初七日平申

初四日从汉转去六十二次信，初六日转去付（副）信一封，内统因重、成不宁另启一纸，并报一切，俟至收阅，今不复叙。随统去复抄，另启一纸，至祈收阅。目下钱数一千四百九十。专此。

随统来复抄另启，此前抄过六十一次信内，另启相似。

同日又收六十一次付（副）信　前抄过正信、腊月初二日平申

二月二十二日收到第六十六次信　新正初七日平申

新春鸿禧，另柬恭贺。于客腊二十四日由汉寄去六十五次信。今随统去付（副）信一封，俟至收阅。咱邑钱数一千五百二十。专此。

同日又收第六十三次付（副）信　十二月十八平申

（付[副]信并复抄另启，与正信相似。随付[副]信有重、成不宁另启一纸。）

昨接成、重两处来信，军务甚是紧急。成都左近四面贼匪扰乱不堪，兼之省城勒逼捐输，以滞（致）生意之家实难存站，平已寄信去矣，即着成伙速归重号暂行躲避。至重地一二百里，亦是贼匪搅扰，人心亦属惊惶，如再不妥，亦要迁动。祈为见信之日，万不可做重、成两处收交之票。至地京、口、汴、沙、长均已定收庄，不可做此几处收交之票，亦不可存银，准以寻下交项再可做收项，以待（视）时势而动，看重、成之地，如不碍事，我号尚可暂行小小而做收南交北；重、成若坏，我号各码头亦得暂行归结。至广东之地，向来无甚交项，收项属多，务各处时常竭力收会广东之票，广号总教时常有点空项，皆因时常此地收项即（极）易之故。至于广号，往后如有交项，即可收会南路之票顶交，如无交项，万不可收票压存银两，总要时常空一二万，设有些风吹草动不宁，即可收票弥补，亦是得庶保无虞。至往出交会，务要额（格）外小心，择其保重可也。今之时势，非比早年太平之时，务要刻刻虑及，不可照早年涌交涌收，收此交彼，虽是广号一收一交不存银两，而他处收下许多，设有变动不宁，亦是过归于广，

到彼时悔之晚矣。宁可保重少做，万不可失察，祈为照信而办，万勿以平之言为戏耳，计（记）之计（记）之。平铺所叙者，皆因各处均是朝不保夕，并非别意，亦望保其久远之计耳。若是保不住等，利从何而来？又及。

三月（三封）

三月初十日收到第六十八次信　正月二十三日平申

于十七日从沙转去第六十七次信，内统另启一纸，俟至收视，余不再冗（陈）。十八日接广四十六、四十七次信，随会来六月底在省收长发丰银一千五百两，又票收广成瑞银七百两，并转来伊会票一张以及各号之信，众友银两，并外结帐、流水帐各一本，均各照信收明领悉，逐宗注录矣。

寄信后，定会汉三月初五至初十（日）交义享和足宝银五千两，在谷春标收镜宝银，得期外每千两得费银一十五两。又定会汉三月初十至十五日交合盛德足宝银三千两，在谷春标收镜宝银，得期外每千两得费银一十七两。又定会汉三月初一至初五日交三和公足宝银六千两，在祁春标收竞宝银，得期外每千两得费银二十五两。又定会汴二月底交兴茂隆周行足宝银二千两，在平对期收足纹银，无贴费。

至于汴梁之庄，本拟早为收结，皆因有广会去汴二三月所收之银，以致不和结，俟将广会之项收清，定于赶五月底收结回平，见信之日，不可做汴五月以后之票。所有京都之庄，定于收结，无论长短，万不可再做京都收交之票，至要至要。再至广号，即可择其盈实之家，往湖南、湖北顶些三、四、五月收项；如无银两，值此湖南、湖北用银之际，即弄几万空则（子）亦可，俟后陆续再补。至来（信）所会见票收广成瑞七百两之项，平铺向伊招呼，据云实在无银交结，尽指卖货之银，但卖之期，至早总是夏标收银，无奈与伊转在夏标，俟到期收清，再信详报。目下钱数一千五百二十。余无别事，专此。

三月二十四日收到第六十九次信　正月二十八日平申

于二十三日从汉转去第六十八次信，当日由沙转去付（副）信，内报一切，俟至收阅，今不再叙。二十七日接广四十九次、五十次信二封，随会来收庆丰恒九九五镜宝银七千两，又送省交聂太爷足纹银二十两，并叙一切，皆已收明领悉，注录转往矣。

但广来信，所做收交生意过于凶猛。平铺去年屡次有信，当今之世非昔可比，广号总以减半小做为要，广号置若罔闻，竟然恃其胆大，湧收畅交，设有不测，悔之无及。至广来信收交之票，虽有点利，皆不合平铺之意，皆因时势不对，照广所做，诚恐各处受滞（制）之故。广号往后收交票项，照今次所来之信做二三成即可。比如广号今番所会湘交守砚堂银二万两，值此碍滞之际，会此成总（宗）之票，一时措手不及，岂不玷辱字号声名，幸而巨兴蔚湘有存银，咱号在湘收过平铺春标交伊银一万八千三百两，若非凑巧，湘号有此成总（宗）收项，难免有误期之事，往后总以谨慎小心，减半而做为是。目下钱价（数）一千五百二十。专此。

又统去平致世玙伙一信。又算帐另启一纸，至祈收阅。又及。

另启者，刻咱号之帐已经算清，除讫日用、薪金并一切费用而外，净蒙天赐获利银二万四千六百余两，按人、银、空股均分，每俸应分银五百一十一两八钱。逢薛姓所骗者并各处该疲账，共计撇过银二万两。所有各处往来花名皆已查兑（对），均属无甚差错。惟文荣伙不听平铺收庄之信，任意拖延，以致惹出薛兰第骗银之事。秉铎伙因在成违背平铺之信，拖欠二千余金，至今不能收结。兴本伙现在身有病疾，以致不能经营，兼之在苏住班所作所为，一切就（究）竟办理不善。以上三人均辞出号，附报知之。所有咱号并中记外该之疲帐，各祈竭力讨收；今年会兑生意实无望，彼各处张罗多收些疲帐，亦是好事。又及。

同日收到第六十九次付（副）信　二月初一日平申

（没有信文）

四月（三封）

十一日收到第三次副信　二月二十八日平申

于二十三日从汉转去二次信，内云一切，俟至收阅，今不复叙。见信之日，广号没有余银，若是往出顶兑银两，总以择其盈实之家，往平、泾二处顶兑为是。如要交会别处，以犯号规而论，务祈赶紧归结，迅速回铺为要。随统另启一纸，至祈收阅照办。目下钱数一千五百二十。专此。

刻敬修伙平顺抵铺。刻接汴号来信，公昌福该咱广会之项，并未按期交来，现在尚未收结。就是别家收项，逢此时势，难料将来是荷（何）样式。平铺前者与广屡次有信，不教交会过远之期，所虑者亦是诚恐所会之项尚未到期，而该处先行搅乱,以致将银化为乌有之故。又及。

另启者,刻接汉号专脚来信,于初八日贼匪串通夷人打破黄州,忽于初九日汉地惊惶之极,大小居民、铺户四处乱逃,似此出其不意,大众皆乃措手不及。现在咱班中备交茶票之银,总在五六十万之谱。惟元丰玖、蔚泰厚二号,连现存银出放者,每家总在十万有零。其余众号五七万,以及二三万者不等。咱号外该浮存银二万四千之谱、钱一万九千吊,存现银一万六千余两,又从沙发到汉红铜一千五百斤、西碌三千余斤、点铜四百余斤,刻下将现存并货物均已搬运船上,伙友已皆上船,贼人一到,定往樊城通源店逃避。又闻初六日赊镇已经失守,所有银钱货物,尽被贼人掳去。如此一来,乃是苍天杀灭票号,若蒙上天庇佑,贼人不到汉口,吃亏尚浅;如是一到汉口,吃亏无底矣。见信之日,各处总以归结赶快回铺为要,愈早愈妙,早回一天,即算有功,万万不可霸占不舍,致悔于将来,切嘱切嘱,至要至要。至于收庄之事,乃属东伙议定之事,定而无移,万不可二三,亦不必写信相商,徒延时日,总以速归早回为要。又及。

四月二十日收到第吉次信 二月十三日申

前月二十八日经汉转去六十九次信,今月初一日寄去付(副)信一封,内报一切,俟至收阅,今不复叙。初三日接广第五十一、五十二次付(副)信并吉次信各一封,随来夏标收集珍隆银二千两,并统来另启、众信等等以及结来元诚等盘费、支使、捎物银两,均各照信逐宗收明领悉,注帐转往矣。

寄信后,定会口四月标交谦和义足宝银四千两,在谷春标收过镜宝银,得期外每千两贴伊银一十二两。又定会泾三月底交蔚盛长现足纹银五千两,在平春标收过无色宝银,合得期五十余天外,每千两贴伊银六两。又定会泾三月底交蔚丰厚现足纹银一万两,在祁、谷春标分收镜宝银,得期外每千两贴伊银六两五钱。又定会泾三月底交聚兴成现足纹银四千两,在祁、谷春标分收镜宝银,得期外每千两贴伊银六两五钱。又定会泾三月底交广聚盛现足银二千两,兴威德现足银二千两,在祁春标收镜宝银,净合得期,两无贴费。所会此项,皆因接泾来信,三月底存银过多之故。又定会汴三月底交兴隆茂足宝银二千两,在平兑(对)期收足银,合期顶期外,满贴伊银四两。所有集珍隆事业,在谷察问,似是烂残旧底,并未重新做主,附报知之。

至广所做收交票项,皆与平铺主意相违,实属过于凶猛,俟后总以小小而做,以赶盘搅而已,万不可贪图利息,致悔于将来。

但平铺主意,咱号明年大帐临期,逢此纷纷世道,今岁各处大势收索(缩)收索(缩),俟到明年将大帐算后,看四处情形大势景象,或该如何,彼时再定章程,至祈总以小心翼翼,时存临深履薄之心为要。于初七日钟秀伙赴口办事。刻清霄伙抵铺,已泾(经)辞其出号。目下钱数一千五百二十。余无别事,专此。

同日收第二次信　二月二十三日申

于十三日从汉转去吉次信,内报一切,俟至收阅,今不复叙。寄信后无甚事件,见信之日,广号总以谨慎小心,微微而做,以赶搅缠而已,俟到明年将大帐算后,或该畅做与否,彼时再定章程。所有京票定于停止,万不可再做。以上一切细情,已屡信详明,至祈照收(办)。随统去捎物一单,(来信批),此单未统。目下钱数一千五百二十。余无别叙,专此。

刻毓兰伙、杨青、刘学静均辞出号。刻接广五十一次信,随统来贤伙等信,均各照信收明转送矣。

五月(六封)

五月初五日转接第三次正信　二月二十八日平申

此信前照付(副)已录。

五月初十日收到第五次信　三月十六日申

于初十日从沙转去四次信,内报一切,俟至收阅,今不复叙。十五日接广二、四、五次信,统来三次原稿一纸,虽会来谷夏标收中和豫银一千一百两,并统来伊凭信一封,以及伙友等信,兼叙一切,均各照信收明领悉,注帐转往矣。

启者所有广茶,平铺早与山内有信,今年已定不办,至祈无用计虑。至于广号,务将收交票项一并停止,总以赶快归结回铺为要,愈早愈妙,万勿迟延。设有余银,即吃亏点,总以择其盈实之家,往平顶兑为是。若是短银,总以收南省之银顶交,万不可收平、京、泾、口、汴等处所交之票为是。至于往来两湖办卖物货一节,无论长短,亦定不为。昨阅汴梁来信,所有广会汴收之项,皆未按期收结，大约误期者居多。总而言之，广号之事，总以速归早为回平为要。刘长龄伙、胡敬修均辞出号。目下钱数一千五百一十五。余无别事，专此。

同日收到第六次信　三月十九日申

于十六日从汉转去五次信，内报一切，俟至收阅，今不复叙。刻闻汉地贼人已经退至九江，而汉口约须(许)无碍，平与各处有信。即便汉口无碍，咱号亦是定于收庄。见信之日，务将收交之票一并停止，赶快归结为是。广号若要短银，务以收南码头之银顶交，万不可抽收北省之项。设有余银，即吃点亏，总以往北省交会，收期愈近愈妙，不可交会过远之期。俟将广号之事归结清之日，伙等即可速为回铺，不必拖延。但今番收庄之事，乃是东伙议定，无须二三，至嘱至嘱。目下钱价(数)一千五百二十。余无别叙，专此。

五月十二日收到第四次信　三月初十日申

前月二十八日从京转去三次信，二十九日由沙转去付(副)信一封，内统另启一纸，并报一切，俟至收阅，今不复叙。见信之日，务照前信所嘱，总以赶紧归结回铺为要。刘长龄伙平顺抵铺。目下钱价(数)一千五百一十五。余无别叙，专此。

五月二十二日收到第七次信　四月初一日平申

前月十九日从沙转去六次信，内报一切，俟至收阅，今不再冗(陈)。二十二日接广三次正信一封，随统来中和豫一千二百两凭信一封，冀公等信二封，并报一切，均各收明领悉，注帐转往矣。见信之日，广号总以停止收交票项，速行归结回铺为要。刻白受华平顺抵铺。目下钱数一千五百二十。专此。

同日收到第六十七次信　正月十七日平申

于初七日从汉转去六十六次信，内报一切，俟至收阅，今不再冗(陈)。寄信后，收会汉见票交诸仙洲足宝银五百两，在平现收原色，得期外满得费银一十五两。刻陶琴伙辞其出号。随统去另启一纸，至祈收阅。目下钱数一千五百二十。专此。

另启者，昨阅重信，彼处军需(务)甚属要紧，诚恐川地不能站足。但川地乃是现在要紧码头，若一收庄，而各处亦就无甚事件。今平与重有信，教察看大势情形,若是可以站足不待言矣;倘要军需(务)吃紧不能停留,着其一面由重与各处速为寄语,一面收结统为回里。各处若要接到重庆收庄回家之信,不必等候平信,即可安顿统为旋里,至祈计(记)之。又及。

刻定会汴二月半交咸亨泰周行宝银二千两,自交银与咱(按)月四厘平规加息,平夏标还(收)无色宝银,两不空贴。又及。

六月（五封）

六月初二日收到第八次信　四月十六日申

于初一日从汉转去第七次信,内报一切,俟至收阅,今不再冗。初十日接广八次信,随统来七次信原稿一纸,集珍隆会票一张,并叙一切,均各收明领悉矣。见信之日,总以速行归结为要。目下钱数一千四百九十。余无别事,专此。又统去交过聂太爷二十两收帖一张,至祈阅转。又及。

同日收到第九次信　四月二十一日申

于十六日从汉转去第八次信,随统聂太爷二十两收条一张,并报一切,俟至收阅,今不再冗。二十日接广九次、十次、十一次并六次原稿各一封。二十一日元诚伙与赵德库平顺抵铺,带来第五十二次信,并统来伊公己衣物等折,并统来盘费、捎物、支使银两,以及长发丰、广丰恒会票、凭信等等,均各照信收明领悉,注帐转往矣。至来信所叙一切,甚属当然。至于广号总以归结为是,时常总教有些空则(子)方为妥当,万不可积存银两,是为至要。

所有平会广交之项,以目下而论,闹广货之家,前者办来之货,即打八折之谱,亦是不能出售,皆因连年荒旱,大势银钱缺少之故,以致办货之家,皆不敢贪做,是以广交之票,无论长短,定于无有宗项。

受华伙已经辞其出号。刻常伙张振魁平顺抵铺。目下钱数一千四百七十。余无别叙,专此。

六月二十九日收接第十一次信　四月二十八日申

于二十四日由京转去第十次信,内报一切,俟至收阅,今不再冗。见信之日,务照前信所嘱,总以赶快归结速为旋里是妥,万万不可再延。刻元诚、德库、振魁均辞出号。目下钱数一千四百六十。余无别事,专此。

同日收接第十二次信　五月初三日申

　　于前月二十八日写就十一次信未曾捎起，今随此信统呈，祈为收阅。见信之日，速行停止收各处之票，总以赶快归结为要。但咱号既定收庄，务将所存之茶，总以酌量出货为是。将该外一切之项统为交代，设有余银，必须择其盈实之家，往平、京、口、泾顶兑。

　　至于广会春标收广成瑞银七百两，彼时伊因无银交还，是以转在夏标，昨日伊伙来铺又云夏标依然无银，又要转在秋标，咱不应允，伊云实在别无张罗。所指者即是广东卖参之银，咱号无奈，复又应允转在秋标，不悉到彼时能收与否，附报知之。

　　刻振旺平顺抵铺。所有咱号后发之米、砖茶一百零九箱，在赊尽数被贼人损坏。目下咱处大旱，从正至今并未落雨，夏田顶好者有一二分收成，次则颗粒不收。钱数一千四百五十。余无别事，端此。

　　又统去捎物一单，至祈照办。刻尔璨伙平顺抵铺。又及。

同日收接第十三次信　五月十三日申

　　初三日从沙转去十二次信，内报一切，俟至收阅，今不再叙。初七日接广十二次信，十一日接广十三次信一封，统来众信二封，兼报一切，均经领悉转往矣。广号既然堆积无路，何必又湧收湖南之银，虽则至好难却，亦断不能不顾自己之事，而俾各处跟上受无穷之累。咱号既定收庄，俟后无论何人之项，务祈一并停止，万不可因相好而勉强应酬也。总以赶快归结回铺为要，愈早愈妙，万勿迟延，切望切望。

　　刻京伙郝培文平顺抵铺。目下咱处始落透雨。钱数一千四百三十。余无别叙，端此。

　　再至所有广成瑞该咱之项，标上再三催逼，只收过银一百两，下短六百两转秋标，指广项归款。又及。

七月（一封）

十一日收到十四次信　五月二十五日平申

　　于十三日从沙转去第十三次信，内报一切，俟至收阅，今不复叙。至祈总以速归早回为要，万勿迟延。

刻兆瑞、培文、子德、振旺皆辞出号。目下钱数一千四百二十。专此。

八月（三封）

初六日收到第十五次信　六月初二日平申

　　于前月二十五日从沙转去十四次信，内报一切，俟至收阅，今不复叙。见信之日，务将广号之事速行归结，伙等早回为要，愈早愈妙，万万不可再延，至嘱至嘱。目下钱数一千四百一十。专此。

二十二日收到第十次信　四月二十四日平申

　　于二十二日从沙转去第九次信，内报一切，俟至收阅，今不再冗（陈）。启因（者）平铺屡有信，教广停止收交票项，总以赶快归结回铺为要，而广号置若罔闻，叠（屡）接来信，屡收京票，不悉是何意见。见信之日，务将京票一概停止，不准收会分毫，准以速行归结，早为回里是妥，愈早愈妙，万勿迟延，庶免东伙日夜悬念。至于所存之茶，不论长短，总以速为出售，所有家具一并卖清可也。俟收交之项归结清楚之日，设有余银，速信知照湖南，着其由彼抽收可也。万不可犹豫不决，将平信置之度外，仍然率性收交，致各处跟上受无穷拖累也。现有广会汴票可比，至今尚未收清，以致汴号一刻不能回里，不然汴号早已无事回铺矣。总而言之，务以速归早回为是，万万不可再为迟延，早回一天即算有功，至要至要。目下钱数一千四百二十。专此。

二十三日收到第十六次信　六月初十日平申

　　于初二日从沙转去十五次信，内报一切，俟至收阅，今不复叙。至总以速归早回为要。于初四日，汴伙郝光禄与宋瑞徵已经收庄回铺。所有公昌福该汴广会四月二十日收伊银五千两，咱伙到伊处催逼再三，只收过银一千两，下短四千两言定七、九月二十日各送交咱银二千两。虽然如此说定，尚不能料定到期能交与否，附报知之。目下钱数一千四百一十。专此。

　　瑞徵伙已辞出号。

九月（两封）

十八日收接第十八次信　七月二十二日申

　　于初六日从沙转去十七次信，内云一切，俟至收视，今不再叙。初十日可久伙平顺抵铺,带来六次信,并外众用货物、公己捎物只(折)、支使银以及众信等等,均各照信收明领悉,注录转送矣。所有日前者元诚记带之众用玻璃等箱亦已带回。目下咱处已落普盖透雨皆好。钱数一千四(百)。余无别叙,专此奉。

再至刻重伙郝天祯与泾伙王锡龄均经抵铺。十八日接广第十九次信,二十二日又接十四次、十五次、十六次信,随统来众信、另启等等,均各照信逐款收明领悉转往矣。至于广号所存之银,能于往出顶兑,即吃点亏,亦祈竭力顶兑。今平与湘有信,无论长短,教日(湘)可折(竭)力抽收广银,由湘往平、京、泾、口顶兑为要。又统去冀谨言收银回信一封,至祈阅转,又及。

至于祸业一事,自失业以后,来广均望信息通守与启,票铺亦如何而去,今阅来信,始主祸至祈,亦一催再催,系设法起铺为妥。又及。与平铺盼活,统为信归矣。一二日内归甚妥。

今日(二十九日)收到第十八次信　七月二十七日申

于二十三日从沙转去十七次信,内统冀谨言收银回信一封,并叙一切,俟至阅转,今不再冗(陈)。二十五日接广二十二次信,统会来七月底收长发丰银二千两,并统来伊会票一张,另信一封,贤伙等家信二封,均已收明领悉注录转往矣。刻锡龄辞其出号。随统去捎物一单,至日照办。目下钱数一千三百九十。专此奉。

十二月(三封)

初七日收到第十九次信　八月初六日申

于前月二十七日从沙转去十八次信,内统去三多堂捎物一单,所叙一切,俟至收阅,余不再冗(陈)。兹因广成瑞该广号票银七百两延至夏标,催至再三收过银一百两,下短六百两,言定转秋标还咱。今伊伙来号云及,此项银两不能还咱。据云伊东均已回伊家,号中银两、货物俱已一概全无,所有外欠点货帐亦属微末,不能指项分毫;所有者即是广东存些参货,将来卖出还来平铺。看此光景,亦再无甚别法,只可候伊广货售出,银两会来再为结楚(清)。此情报兄知之。

三十日颉泰峰平顺抵铺,刻与郝天祯均辞其出号。目下钱数一千四百零五。

祈见信与平铺捎来活络丸五百颗。又及。

同日收到十九次付（副）信一封，随统来贤伙家信一封，收阅。

同日收到第二十次信　八月十五日申

于初六日从沙转去第十九次信，初九日由汉转去付（副）信一封，内云一切，想早收阅矣。再前接广信催京号补捐照一节，彼时平与京速行寄信去矣。刻捎京号来信，于五月内已经办理补出，寄往沙市，由沙着脚送广，谅想早为收阅，妥各交代捐生无事矣。至祈贤伙等将广号之事，紧为回归，早了为要。随统去另启一纸，至祈收阅。目下钱数一千四百一十。

再咱处秋苗皆好，大势看来有八九分收成。于十六日接广二十五次信，内云均已领悉。刻与乾盛亨定会汉十、冬各月初一至初十日交伊足宝银五千两，在平十二月二十至二十八日交咱无色宝银，合贴空期外，每千两贴咱银一十二两，报知。

另启者，接京号来信，京城官号钱票不能周行，又加皇上驾崩，新主年幼，恐有不安之式，今平与京亦有信，定于赶快了结归口，本属京号亦无甚要事，只有各处会去票项尚未交代清毕。所留一万有零，净（静）候伊等来取，实无日期，俟后来取，咱托店中往口寄信，再为去京交代。亦将不来，倘有不察，庶免咱号吃亏受累也。至祈各处万不可做京收交之票分毫，揽办（测）捐项，为要为要。又及。

同日收到第二十一次信　十月十六日申

于八月十五日由沙寄第二十次信，内叙无甚事件，不复冗及。寄信后，叠接二十三、二十四、二十六、二十七、二十八、二十九次信，卖过茶清单一纸，所赔之项已收广帐。今来冬标收庆隆永银一千六百两，集珍隆银两一千五百两，广兴豫银五千两，均各逐宗录帐备收，三号会票、凭信俱已收明。广与三合公（垫）送礼银七钱二分，已收注广帐矣。至云广会汴代秦风山交九华楼银五百两未见收条，此宗收条在平存放，今随信寄去。至代赵大老爷交莺妃银五百一十两，代周振家交常永明银二百两，二宗之项均已收讫，此收条并未带平，想是由汴寄广。咱邑钱一千四百二十。开冬标长票利银五十两，春标月三厘五。祁开长票利银五十两，春标月三厘六。专此。

刻收到三十一次信，会来冬标交广盛瑞银，照信交给。

山西票号书简资料之二

庆和先生存稿

同治十三年正月

十三年新正元旦寄汉第吉次信内再启

　　再，所收兰州之饷，以前者存银而论，未尝不是，但前者之银，平铺切责西、汉涌收，而兰伙自是勉附。平信少为贪做，辗转之间定是空虚。若汉号再为猛收，则兰伙定是怅惶拮据矣。以弟之见，贪大宗，不若做小宗。大宗不免夹赔失措，小宗自是大家和平也。此后，再收兰饷，务以每期二万为度。呈兄知之。即四万亦未尝不可收会。但惜其一期未免不合，况道路穷远，难得计算。若兰号存少自必猛收西原，西原存少自必猛收汉口，汉口存少自必猛收上海，上海存少自必出大利，而人猛收汉口。若然，则一宗不合而夹陪，岂有底止？望兄体贴此意，细心照办。是祷。

同日寄湘第吉次信内再启

　　再，郁庵兄到日，吾兄回铺亦可，去江西亦可，自行酌夺，以宜为是。呈兄知之。

新正十一日寄沙第二次信内再启

　　再闻，延龄赴沙，坐轿前往。检阅前信，系与颐吉偕行，果否坐轿，岂能不知？祈即询明示知，是轿是驮，不必相欺。若说假话，弟亦不让。不惟坐者不让，即说者亦不让也。若能自行检举，亦算不了甚过，若离号三十五里即无恶不作，掩饰相欺，未免实在可恨也。

望兄询明，随信答复，不必观望等待常信也。呈兄知之。

再，福星升之事，不慎于前，懈怠于后，瞒昧倒账。意在何为？祈即设法催索，早行了结。此后凡事精细，实在架不住老兄如此也。务必照办为要，并将沙号来往，暂计每月开折细注。为是。

同日寄常第二次信内再启

再闻，兄赴沙系坐轿前往。年轻力壮而如此之骄，青天白日而如此之欺，离平三十五里即无恶不作。此亦不算何恶，但斯可欺也，孰不可欺也？见字是否从实检举，千万不必掩饰，来信切示。是妥。

新正十二日寄兰第二次信内再启

再，此后不拘正副各班，来往俱要逐日开花费折，敬唐等到日，将折寄平。为是。

同治十三年二月

二月十二日寄汉第五次信内再启

再阅来信，所收兰票三万两，标期五十五天。惟会票之道，存银多寡，道路远近，不得不计。若漫不经心，随意收会，诚恐欠妥。是以前心呈明。日期、银数务要细筹，免致怅惶。况兰银已经交空，汉收四万，兰交四万，他处不计，今则又是三万。以此计之，百日之内，交出十余万两。一隅之地，深恐拮据。更加官项，急如星火，万难通融，或有紧急，定必吃亏。即以西项比较，亦要得期四十余天。兰州更远，二千余里，则十天之内，即快足驰呈，定是不及也。是以，望兄此后于收兰饷，务必以此二信，细为筹划，庶几妥当。弟不敢画定板样者，以会票之道，变化无穷，万难拘执。呈兄知之。

二月十五日寄秦第四次信内再启

再阅月清，腊月标借贷交票一万六千余两，捡查各信，早到者居多。何以概不布置？秦州虽小，亦算码头，或兰，或凉，或沙，或汉，或陕之西原，或湖之长湘，俱有往来，应该竭力搜求，细心张罗。计不出此坐待借票。小小秦州架得住出几个几百利银也？或者是前年吃亏所收原票，平号有信，赌气坐待也。

谁知会票不易之道，以有利之票相抵为上；以借贷交票，坐以待来为下；万不得已而以吃亏之票为中然，不得已之票有眼者俱识，无目者亦能听也。十年会票，尚是不通，举一不三反，可为难矣。此后，细心筹划，愈磨愈灵，竭力张罗，愈用愈快也。呈兄知之。

同日寄成第四次信内再启

再阅月清，出与天庆顺借贷二千两。该号十年以来，并不顺适，底里空虚，不及从前若是期空虚，非是另出生意，见信之日，如是布客难交。祈即由同行交会。望兄饬伙留心，必能照办也。如能照办，每票可交一、二万两。是妥。

同日寄长第六次信内再启

再，屡年以来，秋冬标总是息大，亦缘大势空虚所致。并非另出生意。既是经验，理应预备。祈即于安化茶客、浏阳布客会用银两，竭力交会咱处秋冬两标为妥。倘或同行手松，我号亦要让开。望兄酌办。是祷。

同日寄常第六次信内再启

再，茶客会用银两，无拘京、口、平、谷，祈即张罗交会，不可放松。皆缘咱处之银，每逢秋冬两季，即利息不大，亦是缺银。况利亦并不小。所谓空紧难办，年年如斯也。祈照办。是祷。

再阅来信，所称轿银是属友借，确有可据，自是不假。然亦不能称是，较之他人稍胜也。况在家不禀父兄，来铺不告掌柜，而于路中纷纷传述，逢人辄道，亦无非恐将求借之财或讹为盗也。看八字不取正才而用偏才，求龟蓍不行谦之六爻而用山泽之损，无怪七颠八倒也。此后，凡事细心筹划，自无此失。呈兄知之。

同日寄重第六次信内再启

再，咱处秋冬银两紧急，不止一年。秋标犹可，冬标更甚也。是以，于下半年之银，望兄由渝酌交。惟渝城之银，除丝客而外，别路过少，然欲交会，非吃本行不可！望兄饬伙留意，竭力交会。如或能交，即让开一点，亦祈照办。呈兄知之。

同治十三年三月

三月十一日寄原第八次信内再启

再，咱处秋冬标之银屡年不松，已成故套。见信之日，祈遇机会，与同行每标交会一、二万两，预前交会，临紧再收。不为不可。倘不用紧，则平、谷亦可顶还借贷也。因借贷太多，过于操心，加之世道不好，不得不小心小做也。祈兄等留心照办，是所至祷。

同日寄西第八次信内在启

再阅来信，以谓粮台借贷酬庸，由肃清案内保举，云之。在朝廷不负百姓，有劳即录；在商民诚心相助，亦不过望吾兄所见，未尝不是。惟前者之保举案，不惟我号不知，即别号亦不知者居多。暧昧保举，夸耀乡党，本身有福，恩逮父祖，荣宗耀祖，冠冕极矣。果属何功而受，朝廷若此之褒崇似属歉缺。以弟之见，自有铺规，我号捐输，以七两计帐，此则由号之劳并未出银，似与捐输有间。然不计帐，又不说明，似近盗矣。此后，此种保举，一百定以三两五钱，由平计帐。若兄欲用，祈即开呈照办可也。呈兄知之。

再，秋冬标之银，屡年不松，已成故套。祈遇机会，由同行每标交会三、二万两。预前交会，不谓多做生意，即西原或有临时紧急，亦可多收平、谷也；或无紧急，则平、谷亦可顶还借贷。因借贷过重，加之世道不好，不得不小心小做也。以弟约料，兰、凉之饷，能通则不多存银两，既不多存，则定是随收随交。既是随收随交，则西原亦不能拮据。是以望兄体贴此意，留心照办。呈兄知之。

三月十二日寄汉第七次副信内再启

再，秋冬标之银，屡年紧缺。加之前半年湖南交出者亦属不少。是以，于去岁冬月，业经招呼，祈于秋冬标之银，各交三、二万两。如或茶、布两客，不能应手，亦只可由同行交会。望祈留心照办，是所至祷。

二十七日寄湘第七次副信内再启

再阅来信，深茂之事，已尽领悉。惟此信到日，兄亦该动身，即祈郁庵二兄，不拘如何了结可也。弟实在见不得此种刁顽也。

同日寄沃第九次信内再启

再,四盛蔚如无平信,不可应承,会借银两。祈即照办可也。

再,此后,沃、绛等处,无拘存银若干,不许出放借贷。兄等既无才料,又复不欲操心,以致出一宗,即有一宗之累。已定照办。可恨之至也。

再,沃号所短之银,因何不收？陕西想是无甚宗项,但多则不能,少亦不能耶？下坡拉车,自然省力。

此后,凡事估计筹画,则会票之道尽之矣。

同治十三年四月

四月初十日寄汉第九次信内再启

再,上海与汉口,顶来顶去。两年以来,尚无此病。今则屡阅来信,又蹈故辄。此种毛病,自是易于了事。谁知愈了愈紧也。昨据维本面称,上海不能不收汉口。又称,汉口亦不能不收上海。双贯语照应两处,似亦并非切论。下坡拉车,愈紧愈易。不然因何不收沙市？因何不收四川？月半赶之不及,月底尚可收会。本月不能,下月该有。假使一扫净光,概无宗项,而尚可由沙发标也。虽不能济其大事,亦可少为流通,计不出此,未免不合。是以,望兄以大局筹画,庶可挽回。不然,上、汉之处,不只半年吃亏,深恐耽误他处生意也。呈兄知之。

同日寄长沙第九次信内再启

再,李国相先生,号辅臣者,系宜昌东湖县廪生,工于书法。现算湖北名家。祈求写本号四大字,计木尺二尺,写好捎回,并将王太尊所该京款再行讨要。是妥。

同日寄长第八次信内再启

再,所收上交之项,务必细为计算。因上地自按庄以来,收项就少。推其原故,我号是无福建、广东,以及扬州、清江等处接济也。筹画此宗码头,必得时刻留心。大宗交项不可贪做,不然不免吃亏。望兄照办。是妥。

同日寄成第八次信内再启

再,上海所交之项,数年以来,屡经布告。因彼处收项不多,交项太广,不吝烦琐。恐其吃亏也。是以望兄于上海之银,交项小宗时常计算,大宗不可贪做。留心筹画。是所至祷。

同日寄重第八次信内再启

再,上海所交之项,数年以来,屡经布告。因彼处收项不多,交项太广,不吝烦琐。恐其吃亏也。是以望兄于上海之交项,小宗时常计算,大宗不可贪做。留心筹画。是所至祷。

同日寄西第一十次信内再启

再,此后运城官项,无拘有无平信,则要西号存银。即祈截交,以免平号送标吃亏也。

同日寄兰第八次信内再启

再,吉盛兴、德顺和、明德公各欠两千余两,浮借。因何数月不收分文?来信详示。

二十七日寄沙第一十次副信内再启

再阅来信,地皮之更张,办事之掣肘,种种详悉。惟阅月清,浮存钱店一万数千两,出放借贷二万数千两。既是不好,应该少存。既是更张,理应抽调一点。不筹一谋,不展不果,坐拥重资,备待下票方便也。况汉、上二处,拮据不堪。汉号又因交上,更属掣肘。吾兄近在咫尺,数日见信,理宜细心筹划,竭力交汉。即不能交,岂不能发?不惟济汉号之急,亦可免沙号之虑。计不出此尽图安逸,未免不合。况兄老诚,应该自为。不应待弟说也。此后,沙事望即以万金出放,便用以待急票。其余则随收随交,随收随发。然亦有信可检,不得胡涂妄为。汉、沙一体,义不容不相顾也。望照办,是妥。

再阅来信,写一"叁"字,检查字典,并无此法,不识出于何经。况"三"借用,不过是"叁"。即以俗写,亦应"叁"字。因何私出主意,令人笑话也。缘出立票据,系属常用之字,故而琐渎。此后务必更为"参"字。是妥。

再,阅钱帐所出条目,俗不可言。然亦久矣。惟某人"为情"二字不识,是祝？是贺？是庆？是吊？既是出钱，何不写明？此亦望兄讲究，以便指教伙友，是妥。

同治十三年　五月

五月初五日寄兰第一十次信内再启

　　再阅，暂计花名并不详细注批。见信之日，将花名逐宗批写。系何人经手？系何人东家？系何伙所做？有无嘱托话语？一并详批。不得草率。是妥。

　　再，祈转求春圃兄将伊手中之事并余老八之经手一并赶紧清楚交代。惟阅花名，早经无此名字。然，据张桐面称，仍属有之。奇哉！又怪也！

　　再，凉州会馆所存之银二百余两。据桐面称，亦系圃兄由凉拨来。至祈亦求圃兄自为交代。我号定于不存此银。已定照办。是祷。

五月十三日寄重第一十次随副信内再启

　　再阅月清，渝号之存银不少，借贷亦多，又兼锦城疲滞，所收定是发渝。若然，则由两湖疏通，恐其难得指事。是以，望兄就近设法往咱处秋冬两标各交三、二万两。因冬季银两常缺，不得不早为预备，愈多愈好。望即设法由同行照办。是祷。

五月二十五日寄西第一十三次信内再启

　　再，西安之交项，近半年以来，俱是下半年多点，然不只一多，尚属甚快。前半年少点，不只一少，尚属甚疲。屡年似此，可想而知也。故于三月初五，运城之官项一万，约计西银有余。即不写信，应该截交。谁知候至临期，并未截交。弟想西号总有用项，不然，焉能不交。及至阅到月清：现存一万数千金，浮存钱铺一万数千金。而运、沃无银收来平、谷夏标交项，而祁、谷又以九十三两借贷。长期浮存，西安等交本处票项则夹赔，亦可想而知也。此后，望兄自行细筹，或应何以流通活动，迟速紧慢，不夹不赔之处。吾兄自行筹画，鞭长莫及，不得不尔。呈兄知之。

同日寄凉第十一次信内再启

　　再阅来信，以谓才小力薄云云。不识此话从何说起？若看春圃兄毫无忌惮而说,吾兄似乎看不上。况圃兄早经告假,自应优容。不但任他所说,即弟亦不得而说也。惟诸兄则不然。务要协力同心,尽才张罗。若因小节,轻则耽误铺事,重则与铺刁难。不惟吾兄不取,则弟亦不能仁而不断也。四千里外,耽误铺事,未免过远,抽调一、二伙友,实则亦近。望祈竭力张罗,凡事留心。弟虽庸愚,亦许识点好歹,或者自到凉以来,并无别话。今,王裕抵此不久,而即生出此信。许是王裕疯病又发,尚是故意看兄笑哂也。惟王裕前在西安得病,派许多人役送回,费若干银钱作用,养得好点,又复出去。亦缘自幼习学,加之人品正直,不然,人多何至少他一病人出去耶?弟留心厚道,不肯外待伙友。理应激发良心,或应何以答报之处。自宜谦恭下气,和衷张罗。况号规,现在有前后,有大小。义不容大家混闹也。至祈申饬,如或不悛,令伊回兰。惟吾兄亦要自为捡点,或王裕有忠告谠言,不肯就下,此则吾兄之咎,非王裕之过也。此后不得自用自专,无拘何人,俱要和衷办事,竭力张罗。勿谓四千里外不能照护。望即兄等发点良心,细为照办。是所至祷。

再阅来信,所写不见王裕一字。即是管帐,因何不写?殊甚不解也。

再阅兰号二月月清,有王裕送李东樵里绸银八两。此种送礼,未免不合。弟出门数十年,不曾照此行事。即我号各庄伙友亦不敢照此作事也。不识所送者是为公乎?为私乎?既是为公,因何在家不说?兰有执事,因何注他名目?若是为私,不得出于号中。况甫经到兰,而以重礼作主送情,目中无人,可恨之至。或者又是疯病忽发,一时七颠八倒也。祈逐宗详覆。此后,化钱务必详筹,不得任意耗费。是妥。

五月二十五日寄兰、凉第一十次信内再启

再,屡年以来,兰、凉伙友,屡受朝廷恩典,荣宗耀祖,不出银钱,体面极矣。出了银钱,谁人知道?然,已过之事,不须细说。此后,再有私受保举官职,平铺按例计帐。辛则出号,俸则大罚。呈兄等知之。

再,无拘兰、凉二处人名浮欠,一概不准浮借。因拖累太甚,实在吃不起此亏。或有一点,不拘人名、字号,务要真名真性,不许假捏。必欲故犯,一经败露,则有号规在也。总而言之,我辈所做者,不富即贵,贫贱不交。贫者穷也,贱者邪也。望兄等于此两宗已定躲避。再望自己平正表率伙友。则,弟有所盼望焉。望照办。是祷。

再,无拘兰、凉二处伙友,均要循规蹈矩,不许各由己意。不拘何人,在前

务要听执事吩咐。若有故意阻挠,梗顽不化者,仅打发回铺。道路弯远,或有此种小人,望兄等照办。不拘何人,弟不介意也。呈兄等知之。

五月二十七日寄汉、上第十八、二次信内再启

再,恒丰益自咸丰七年开张以来,与我号来往。彼时,底里不大,无人补他,则我号伙友到处相济。故至今日说来,不惟同行各号所称,他是我号扶起,即燕守先兄自称亦然。所以凡做生意,评兑我号,不忘根本,亦是好处。惟今日之重交,不免失之过信。但以前事想起来,该不至于一律指骗我号也。是以望兄设法或与该伙暗收银钱,隐收货物。交情最重。凡有良心者,定必俯允办理。否则,硬行扣收,均无不可。总之,事体过重,交情亦深,或应何以办了事件,不失和气,不与他丢人之处,均望兄等详筹妥酌,竭尽才智照办。是所至祷。

五月二十八日寄重第一十二次信内再启

再阅沙信,所报恒丰益坏事所该过多,未免可怕。惟兄近在渝城,定能设法妥办。总之,交情不浅,谅许格外看待。望兄竭力收索,不然关系不小。望即细筹,并将寄过上、汉信底一并详阅恭酌。妥办是祷。

同日寄兰第一十二次信内再启

再,前阅春圃兄由兰寄到各宗拖欠花折,只有邓、黄、杨、铁四公共欠银二千一百余两。与兄接手所开之折,不惟银数不对,即字号、人名亦不写者居多。不知何故而如此之简?不知何故而如此之不全注明?几及万两浮欠而以四宗堵塞,有所不解。祈即详于折上,不得草草。并祈告知圃兄,务要其另行详覆。立望好音,不胜翘待也。

同治十三年六月

六月初五日寄京第二十三次信内再启

再,恒丰益之事,前于沙信题叙。昨日渝信亦到,系成票四千,上票三千,久升元借贷一万浮欠二百余两。又,庆余祥会汉一万。若论交厚,数千会票,亦不为多。惟挹祥记一万,实在不知是他所。可恨者,伙友回平,俱称不好,而钱铺借贷,挹号会票。身为大掌柜,貌似谨慎而谨慎安在哉?再可恨者,成票

系四月半二千,月底二千。今则五月初十日之信,而成伙尚不知该号已倒也。或者有信,该银尚许未曾用完,即便用完,而湖绉边则尚许未曾发出。不是要银,亦可扣货。概不通信,何由得知。素行精细而精细又安在哉?弟外刚内和,屡经不断引咎自责,良用叨愧也。呈兄知之。

六月初七日寄沃第一十六次信内再启

再,沃号所出,借贷到期,逐宗收清。此后,解、运、绛州,分文不准出放借贷。若再不听教令,糊贪乱出,无拘何人,以犯铺规而论。其绛、运、解州所做迟期会票,亦不准做有现收现,无现不做。已经面嘱仪兄。祈兄等照办。是祷。

六月十二日寄汉第一十三次信内再启

再,汉号所交之票,因屡年各行疲累,以致不能畅做,加之下半年生意应该更加谨慎,是以望兄于所交迟票一则,银数轻便,二来察听妥当,就是钱铺浮存,亦要筹画。阅及四月底月折,谦和二万七八、春元七八千。然该号之好歹,弟并不知,事业之大小亦并不识,虽不能拟议亦就过重也。望兄一并于所交字号来往钱店,饬伙大家操心,以济时艰。是所至祷。

再,恒丰益所该过多,虽交情深厚亦所不甘。望兄由汉设法,无拘银货,能办则办。是妥。

同日寄沙第一十三次信内再启

再阅来信,所称沙市地皮,前已尽悉于十次付信,业经布告。该能照办。惟生意之道,要在耳目察其所安他马叟哉。再加地皮不敢多做,既不敢多,事件亦少,而事少操心用不了许多。以弟坐看甚属易也。惟玉生昆尚有经手,而经手因此微末即行逃走,则素日之底里可想而知。不识何等簸片,挑此麻糖担子而来我号做票骗银也。既已打票,则应设法,或是凑银或是拨钱。收多亦好,收少亦好,头头是道,条条是路,不肯图谋而一定待至,着实要银,教他偷跑便了。此后望兄凡事精细察听,不许一信到老,以免偾事。则弟所深望也。

再,所交黄帮字号,不但字号要好,经手亦要好。下半年生意,望兄更加精细。是祷。

再,所交渝泰顺成三月底未收,仁义生四月底未收,来信示知。

同日寄重第一十三次信内再启

再,恒丰益之事,虽是交情深厚,亦要设法紧办。道在人为,不可坐以待他毙也。呈兄知之。

再阅来信,以谓因交湘票,借贵州局之银。阅月清并无此项,又检查,大概浮存钱铺一万九千两,出放借贷九万两,未收会票亦在不少。照此世事,实不算贫,何得如此招急也。望兄安心细心筹办,即有一时不继,亦无往而不利也。呈兄知之。

再阅锦号五月初十之信,尚不知益记之事。四月半交二千,月底二千,似此重事因何不专信到省？不解实深。况月底之银尚许未必用清,即使用清,其货亦许尚在。如果早得信息,不是收银,尚许扣货。假使命该,亦有一碰也。弟今日非有事发急,实在不解实深也。详示。是祷。

同日寄常、湘、长第一十二次信内再启（附纸略）

再,所交下半年迟票,务必检点妥当。不贪大宗,不做过远期,不交含糊字号。望兄等体贴此意细心照办。是所至祷。

六月二十日寄长第一十三次信内再启

再阅月清,未收票项三十余万,似乎太多,加之下半年光景,似宜收敛。见信之日,望将未收之银,逐宗收清,往出交会。并祈,此后未收之项少为贪做。因时候不好,不敢不谨慎。下半年景况不得不小心。望兄体贴此心,务必照此办理。如或实系结实可靠字号,祈酌量贪点。否则少做。已与湘号有信,即便可做,三处迟票统共不得过十万。呈兄知之,务必照办。是祷。

同日寄湘第一十三次信内再启

再阅月清,未收票项三十余万,似乎太多。更加下半年景况与前半年不同。见信之日逐宗收清,往出交会,不必在湘存放。并祈此后于迟收票项,不必贪做。如实在系结实可靠字号,湘、长、常三处所做,统共不得过十万。因时候不好,加之下半年景况下,不得不小心照办也。望兄致信二处,时刻关照。不得以平号能于达信,置之不闻。因道路窎远,不得不望吾兄就近关照也。呈知照办。是祷。

同日寄兰第一十四次信内再启

再，前阅信，有凉州统布一语，不知何日所统？统统何布？粗心胆大，可恶之至。祈即详示。并祈此后，外事无拘是甚，一概不准贪做。倘或故为，以犯号规而论。呈兄知之。

再闻，王裕赴凉，所带绸缎值二三百金。任他所为，岂兄等管事敢在睡梦中耶？照此管事无怪乱道？可恨之至。

再闻，王裕疯病仍显，见信之日，着伊回兰。教朝俊护送下班回铺。已定照办。不必更改，不必逗留，不必迟延。是妥。

再，小春兄到日，望将兰号之事交代伊接管。吾兄副为帮班。然要尽心竭力，和衷共济。大凡人生遇合，不必尽责，人亦要先省己。果能省己，则百事可了，万事可办也。各具天良。望兄照办。

再，甘州会票，不必教人代做。以免不妥。望寄信凉州。照办。是妥。

再，凉州之伙，或应否用人，前已告明。小春兄或应如何，伊到日酌夺可也。

再，此到日，王裕动身，务于二十天之内，不得逾期。六日去六日来，中间耽隔，亦在期内。务必照办。是妥。

六月二十五日寄京第二十五次信内再启

再，冬标之银，以现在估计，亦不能过紧。惟本行太多，周转过重，亦不能不预为布置。望留意交会冬标收项三二万。呈兄知之。

再，家六嫂于三月十六日晚得中风症，禁口不言，不能服药，开窍通气之法俱不能施。虽延数医针砭，终未见效。竟于十九日而长逝矣。命运不济，祸及内经家督可为太息而流涕者也。谨择七月十二日命钰侄扶柩诣聚金原先茔，附葬于六兄之圹。至戚关情，谨以附讣也。

同日寄津第二十次信内再启

再，弟胞侄镇小，字汝愚，就日升昌，赴津住班。在家无教，又加疲顽不灵。望兄就近于十天半月见面时，教诲一次。俾其成立，勿效世俗浮沉。微见好点，随声附和，否则不言也。叨在通家，谅不见弃。或有所成，亦吾兄之赐。望兄等关切。是祷。

同日寄上第二十一次信内再启

再，下半年景况，所交各处迟票，务要细心拣择，不敢含糊贪做，宁可少做不必滥贪。要在预前留心，临事轻便，则无往而不利。望兄体贴此意。照办。是祷。

六月二十六日寄汉第一十五次副信内再启

再，今阅月清折上注有四月半、底借项银各二千两。自必是到期未曾收了之项。何以来信，只字不提，以平号检点。是公顺号之项。是否速信示知？以免惦念。

再，晋益号所该三月半一千五百项，仅收过二百两，下短一千三百两。已经误期六、七十天之久，仍未收过分文，亦未提及只字，或是如何，亦祈示知。

再，恒丰益之事，由重专漠之信，大约五月旬间，必能到汉。今接汉号两次来信，并不题叙益记汉地事体。如何使人不胜焦灼之至？所司何事而如此忽略，来信详示，此后加意。是望。

再，闻传言，乾泰恒该我号银七八千两，真乎？假乎？而汉信并不详示。谅必是假。惟光明正大可以服人，而暗昧不明，难免物议。吾兄精明，岂不知公过与私过？光明正大则公，隐密不见则私，望祈明白教来，以祛疑惑，并将乾泰恒着实了结，不可一信塞责。望兄竭尽心力。照办。是祷。

同日寄常、长沙、汉、湘、上第一十五次等正副信内再启

再，昨接渝信，各货不行，棉花滞销，地皮蔽塞。果如所说，不是好兆，并且令弟早为布置，不可视为具文等语。叨在伙末，岂不关心？不但不敢视为具文，义亦不容视为具文也。惟早之一字似乎太迟。兹所得信，系五月抄渝发，而往各庄布置辗转之间，则亦到七月底矣。所收渝票，近则八月尽间则亦到，已过仲秋，远则九、十、冬、腊，是渝号锦城极疲之时，若无交项岂不压存？所存不忍岂不又要滥放滥交也。端节已过，仲秋又到。早之一字未免太迟。是非倒置，恐难周妥。即以交项而论，未收不计，每月尚存十余万两。似此景况，前半年不是湘票多点而渝号借贷。岂不要出至二三十万。虽然如此不敢视为具文。总之贪大宗不若做小宗，贪远期不若图现收。时事不佳，加之下半年景况，更加湖南三处迟票过多，不得不谨慎小做。前已有信，望兄等体贴。前信已定,照办。并将渝交之项,如是大宗,暂避不收;如是迟收,定躲不做;如是零星小宗,再加现收迟交。望兄等陆续照办。细水长流,料无不合。祈并照办。是所至祷。

再,渝城疋头帮,因夔关子口厘金扣留船只不少,似此意外之事,与票帮亦属不利。祈即于江西、渝城、闻喜各帮字号,暂为躲避,恐他借事生端,故不得不尔。兹将渝信节录字号花开,并望留心照办。是祷。

同日寄长、湘、常第一十三、四次副信内再启

再,近闻办洋、庄茶者,亏本太重。俟到秋冬间交会。明年汉收之票,务必加细拣择,宁可少做,不可含混贪做,以防不测。是为至妥。

六月二十八日寄重第一十四次副信内再启

再奉来示,所称地方情形、街市规模及闻喜疋头帮景况,俱经详悉。弟叨伙末,不惟明示知照。即伏而未露者亦应预前布置也。不但不可视为具文,义亦不容视为具文也。未雨绸缪或可有济,临渴掘井似属吃力。虽然不早,桑榆仍属未晚。是以符兄来意,详报各庄。惟弟筹画大局,屡经通报各庄,因世道不好,以谓贪大宗,不若小宗,图远期不若交近期。贪大宗不免怅惶,做小宗心气和平。图远期恐事变动,交近期或可抽调。从事以来未尝更章。每逢信期,不啻唇焦舌敝,无如各伙视为具文,以致屡经怅惶,不得心气和平。一有变动,无策抽调。弟命运不齐,何若此之甚也。是以望兄于渝事就近详筹妥酌,竭尽心力而为。于各庄则再行由渝关照。惟会票不能不做,要在远近大小、迟速紧慢、缓做、猛做之分别也。若然则收交咸宜,有利贞吉。大略呈兄。望为照办也。

再,恒丰益之事,或有头绪,祈即了结,道路弯远,无须函商。况既经屋倒,势难瓦全,加之交情深厚,不可别情。妥为了结。是望。

同日寄凉第一十四次信内再启

再,前已与兰号有信,令王裕下班回平。祈即着回兰,由兰回铺。祈将伊在凉经手事件,务要论清,不许走后翻信。是妥。

再,凉号生意,望兄竭力细心照办,而与兰号写信,不得任意胡说,况兄忠厚又兼字眼不甚了亮，此必有歹人挑唆也。望即将此种损友远躲。是祷。

再，将去岁及今年凉号使费、去年将帐捎平，今年逐月开折。照办。是妥。

同日寄原第一十七次信内再启

再，今年，时候不佳，凡所做迟票以及出放借贷，务必细心筹划，以免不妥。至于所做生意不必贪大宗，不可多存银，细水长流，待时而动。是为至祷。再九思堂所该之银，小春兄行时已经面嘱，祈两兄设法了结，不致故意迟延。是望是祷。

再，衍潢有伴即行，勿致迟延。以便挑伙下班。祈照办是妥。

同日寄成第一十三次信内再启

再，今年时候不佳，凡所做迟收票项以及出放借贷，务必留心细酌。是为至妥。

再，前阅镇山之信，所存之银，改立堂名，固所易办而出立票据，似属难遵。祈即告明，若一定要用，则由锦号照数交他，令其出立收据寄平。祈照办。是妥。

同日寄秦第一十四次信内再启

再，秦州庄口本不欲收撤。既可迁就则可待时，所望不奢，并非要图若干。如果每年有二三千两，则亦可以护掩。望兄再行斟酌。如有三千两吊，则定于长住，无须收庄。来信示知，以便发信。再祈鼎力尽才张罗，则弟有所深望焉。呈兄知之。

同治十三年七月

七月十三日寄秦第一十五次信内再启

再阅月清，聚兴泰浮存七千八百余，永顺源浮存五千八百余，连别号共浮存二万八百余。既是待交票项，日期过久，何不存于自己箱内？或有用项，岂不方便？加之秦州钱铺，并无盈实底里，询之时清兄亦称俱系一二千两本钱。照此样式，架不住浮存万数八千，即千数八百尚要时刻留心，以防不妥。照此粗心胆大，所有尽存钱铺，自己看守亦不欲，不知何以筹划也。此信到日，谅已过六月标用完，日后再有存项，务要细为打算，或酌存于钱铺一点，以顾应酬；或择放点短期以免白压；或应存于柜内则更妥当方便。生意之道，时刻留心，尚恐不周,若任性大意,后悔岂有底止也。况既为一庄领袖,是应自为料理,妥为酌夺。不应待远隔数千里,弟又琐渎也。凡事留心照办。是所至祷。

同日寄西第一十七次信内再启

再,来信所云,协和信收过西安饷银,平号早经知悉。弟非不欲由咱处收会,但西安领饷之员陆续常有,不是由西带信嘱托,即是旧日相好主顾,才能作会。若无西安片字而欲硬行,着人赴省等待,亦恐无益。虽然亦嘱伙照办,若能于由西安交会省收,不惟不用贴外银两,而且手到擎拿。望兄留心照办,是所至祷。

再,前曾有信,或有运城之项,我西号存有余银,即连别号之项,一统谅力截交。以便平号指事。今已下半年时候,望兄留心照办。不惟平号指事,亦可流通陕西银两。呈兄知之。

再,近年以来,各处所做过贪。时候不好,实非其时。若西号无甚用项,汉口之银不必贪收,或应别有筹划之处。望兄细筹。是妥。

同日寄春圃兄一信

春圃二兄大人阁下: 屡接来信,屡经领悉,屡奉另信,屡屡拜嘉。所拜者,拜西安来谕,有非常之事必待非常之人。心投意合,所见略同。故自到兰以来,好亦兄之赐,歹亦兄之赐。所赐过厚,敢不拜嘉?昨又得另信,铁公之项,敬唐不扣,以致未收。凡有人心者,必不臻此。况兄告假,人所共知,经手未了,人所共晓。而铁公亦许知情,即不知情,兄讨他帐,亦必要说。数月之久,就是官长亦有支对。吾兄之话,不是告贷无门,就是未有进项。今既有由我号之来项,他又有何说?岂不必说敬唐不扣我,先问老兄,因何他不与?岂真臧氏之子?使兄不遇鲁侯,如此其极也。天道瞶瞶,真不可晓。然铁公教扣此项,而敬唐不扣此项,恐定不是此说。或有其事于敬唐,携银先行,吾兄何不执桴鼓而前往?呼牛应牛,呼马应马,当面破面,有何不可?若然,则不必照前信所云,待临行破面,一讨此面。即不早破于秦州,来银亦更该破也。弟胡涂不清,不识前后意指。无怪张桐面称,铁公所欠之银,并不是本官来用,亦不是少爷来使,又不是跟班来传,更不是门上来说,不知是怎样用了?吾兄教他写了,又余老八。前曾有信,不教来往,至后帐上不见此名。及至吾兄由凉回兰,另信云:张桐做下倒帐,并不说余八半字。今兄来信,亦是余八。既是不交此人,敢是从天跌下来的？无怪张桐仍说余八。道底来往，并未断绝。不果今日立一字号会票，明日又拟一字号会票。所会之票，余老八教写甚就写甚。咱账上，兄教注甚就注甚。不但平号不能择点，是余老八即他亦是听兄盼咐也。况兄在时，余八就该八千两。走后，余八又来立票，他并不敢得罪主顾，亦不敢从此逼脱，落于他们手。故评兑收过现银六千两，立去四千会票，不但未曾多交，并且收了二千。兄在时之欠，不惟无过，尚属有功。果属如此，即不有功，亦无过也。弟又有请者，朝俊旧人，张桐新进，加之兄信有云：张桐住过数十铺口不好人，兼朝俊辛金多，张桐辛金少，不托朝俊而托张桐，意在何为？即无有可托，尚许不安。凉庄亦许来信要人，因何一勇前往，多出异事？亦是臧氏之子，使兄不遇哉！郑伯克段于鄢，不死于鄢。我夫子断自鄢事，有由也。"虎兕出于柙，龟玉毁于椟中。是谁之过欤？"况兄身为半俸生意之大掌柜，休戚攸关，而与四十两劳金之新进，争功诿过，殊可叹而可笑也。假如所说，亦出柙毁椟，是谁之过欤？前得另信有云：兄尚能要隔手无着，望即竭力讨要，赶紧收索，应该吃亏，吃亏亦了结。一万丢，八千收之，桑榆不算过晚。望即于此信到兰四十天之内，将各欠结局，不得再迟。以免告假之人，外间物议也。

七月二十一日寄重第一十六次信内再启

　　再阅来信，并另启领悉，所有恒丰益之事不管别号如何，我号已定不打官词。别号交情浅，银数少。我号交情深，所该重，竭力讨要，已定不打官词。能要要之，不能要缓之。既有当初之交，今日亦不当薄。况即打官词，亦未必能原璧回赵。果有其才，自早不放此倒账也。此则同乡丢帐者之扶招掩饰。吾兄不可随声附和，以免银人俱丢。望为竭力讨要，尽才办理。惟已定不打官词。况讨账之官词，自人商以来，不知见过多少，虎头蛇尾，不可不慎。呈兄知之。照办。是妥。

　　再，所称银两情形，前曾与各处有信，不教贪迟期，收渝早交之票，此则已定少矣。若止各处尽然不收渝票，似亦非是长算。况各处不收，吾兄岂能独交耶？更加道路过远，预难拟议，渝号不收不交，或者可行，而成都所收之银又将何所出路耶？然贪大宗做远期，弟俱不欲。是以不惮琐碎，又行布告各庄，而各伙能称此意，则亦免吾兄深忧深虑之心也。

同日寄兰第一十七次信内再启

　　再，小春兄到日交代后，即行赴凉接班，整率凉事。令九卿副为帮办。其他照前信而行。是妥。

同日寄西第一十八次信内再启

再阅月清,存银诚为不少。此则于汉口交项,分文不必收会,或有运项、出项,望即尽数截交。以便由运起标到平,或有他路可以疏通,亦望往平布置。不然今年西号之存银,实在打不起帐来。呈兄知之。

再,原号或能疏通,望祈接济。三原虽是化点车费,亦是一点出路。

同日寄原第一十九次信内再启

再,西号存银过重,如有用项,问西要银,不必收会。汉口预定之票,更不必做。下半年时候,望小心。是祷。

同日寄秦第一十六次信内再启

再,秦号生意近日来又见活动,似乎不应收撤。惟平号早与各庄致信,停止做秦号收交,是以平号未便造次更改。祈兄见信,细为斟酌,如秦号每年可得利银二、三千两,则可定于不撤,并祈将此信由秦往各庄通报。是妥。

七月廿七日寄沙第一十六次信内再启

再,咱处之银,冬标屡是紧缺,非只一年。望兄由沙设法,不拘内、外两行,交来一二万两。呈兄知之。

同日寄汉第一十七次信内再启

再,咱处之银,今年则算疲滞,而利银仍是不小,亦因放帐者过少,周转者过多也。以此推来,不敢别出用项,或有一点,定是利大银缺。是以望即于冬所收之项,已定由汉交会三几万两。他庄不能指事。呈兄知之。

同日寄常第一十五次信内再启

再,湘、长、常三处,迟票过多,不可再贪。前曾有信,望兄此后,或收或交,务必详筹妥酌,保重办理。是所至祷。

同日寄长第一十六次信内再启

再,因湖南三处,未收过多,已经有信,不教再贪。加之重庆之地皮不教收会该处之银，是以望即定照前信，即便做点，三处统共不得过十万。呈兄知之。

再，咱处冬标之银，时常紧缺，又兼楚银过多，望兄设法与同行交会冬标收项一、二万两。定望照办。呈兄知之。

同日寄湘第一十六次信内再启

　　再，前已奉信，因湖南未收之票三十余万两，未免过多。况下半年时候，又兼重庆地皮不好，不教收会该之银。是以望兄即照前信办理，迟期会票三处不得过十万。呈兄知之。

　　再，咱处冬标之银，时常紧缺，又兼楚银过多。是以，望兄设法与同行交会一二万两。呈兄知之。望定照办是妥。

同治十三年八月

八月初六日寄京第二十九次信内再启

　　再，定于廿五日，馨斋等赴京。吾兄与育楷预备下班。弟因十月廿二日与小儿完婚，兄能赶到，助弟一臂。呈兄知之。

　　再，因铺中裱璧纱珠八扇，用四写四画，令将底样甬呈。祈照式用白笺舁交万丰斋做成，求善楷书者四人写，其画即教万丰斋代画，或周少白均可。祈照办是祷。

同日寄上第二十五次信内再启

　　再，今年重庆之事，大碍平、谷周转。所有上号收会各之银，万万不可做大宗。即收汉口亦以五千为束。细水长流，待时可也。务必照办。不可妄为。是祷。

同日寄沈第二十五次信内再启

　　再，沈号之帐就是收庄，冬月底亦要结齐，先交殷彦带帐回铺，其余待结局清楚。兄与辉昆回平，侯俊赴津住帮是妥。

八月初十日寄上第二十六次信内再启

　　再，渝号之银，世事变动，祈停收，待过三五月再看。至于所收汉口、长沙之银，亦祈一千两吊，细水长流。因与湖南有信，不教贪存迟票。时候不好，不得不小做也。并望与苏寄信，即常德之银不拘收交，亦祈小做。再望无拘苏、上，不拘收交，务必细心捡点。是为至祷。

八月十一日寄沙第一十七次信内再启

再，阅来信所说，尽其才力，说的亦嘉。惟以下强词夺理，不知意思何居？又云：渝号屡止收交，已知恐怕不敢动作，实在无法，又要且辩且做。并知下半年诚恐误事，实在为难等语。既是屡止收交，就该暂为停止。过三二月，再旋走旋看。下半年既怕误事，因何一票，定会广生同三万二千两。自到沙以来，未曾收此巨款，更加迟票？不惟重号尚恐不能交，即兄亦拿得住，到期能收乎？岂又不防沙地变动乎？以此看来，弟若无信，兄尚不肯颠倒。渝若无信，兄亦不肯硬逼。昨阅渝信并沙寄渝底挟平号而令渝伙。惟在害事，独一宗而收七万，不果逼倒，明知故为，则定是罪在一人。设有不侧，自必关东、伙百家也。弟亦想，自咸丰六年八月初三共事以来，自觉待兄太厚，于心不愧，然深知吾兄忠实。望兄助弟等一臂，谁知吾兄今日之所报。更惨者，或是天道使然，也既是明知，又复不顾大局，则人力何在？别无他法，亦只可按正月罚兄人力二厘，今年以四厘支使。呈兄知之。

再，见信之日，渝号之收交。暂为停止。既不能看事而行，则亦只可画定板样也。

再，沙号未收票项，以及借贷到期，逐宗收清，除用而外，交发汉口为是。

同日寄汉第一十八次信内再启

再，汉号所交各处迟收之票，遇此世道，务要详细择点，宁可少做，不可乱贪。再，望不可交大宗，即好字号，亦以五千为率，多则不必。呈兄知之。再，渝号之银，因地皮怪事，层见迭出，所有彼处交项，祈暂停收。至于湖南之银，已经有信，不教贪存。是以汉号亦不必收大宗，即欲收点，一千两吊，细水长流可也。其上海之银亦然。总之，世道变动，小做待时，可也。务必照办是要。

同日寄常、湘、长第一十六、七次信内再启

再，湖南三处，未收之项，前已有信。今见渝城谦吉之事，未免可虑。是以见

信之日，湘、长、常三处，无拘定收何处之银，祈为停止。若是现收，酌量办理，其渝城之银，就是现收，亦更要酌夺。因渝号之银，虽有存项，深恐不得应期。躲避三月、二月，再为看事而行是要。

再，湘、长、常所定未收票项，到期逐宗收清。除用而外，务要详细择妥交会。惟不可交大宗，即彭字号，亦要轻便。凡事望兄留心办理。是祷。

再，湘、长、常今冬所交茶客银两，一要拣点妥当，二要银数轻便。因念洋庄今年亏本，不得不望兄等留心细办也。呈兄知之。

同日寄重第一十七次信内再启

再阅湖南月清，未收祥和乾二万两。虽是底里盈实，逢此世道，亦属过重。此后以五千两交接。总之，牵连马头，难保此交五千，彼交五千，南五北五，而两计之，则交亦不少矣。呈兄知之。

八月十二日寄西第一十九次信内再启

再，因西号所存之银，平不能收，西不能交，而所存日久，夹赔岂止千金？别无他法，惟有起标一法也。祈即备办好银，以便发平四五万两。俟廿几日，再奉确信。祈先预备。是祷。

再阅来信，因账目未抄着人赴西等云。窃思今年西事无甚生意，账目亦是不多，每月抄写，实是消闲，一年独誊，未免累坠。屈指计日，尚有百十余日，望兄饬伙仅抄，不得误事。是要。亦因平号无有善书之人，不得迁就办理。况惠吉、毓坦，虽不大佳，尚可勉强。望兄饬办是祷。

同日寄原第二十次信内再启

再，见信之日，四川收项望为不必交会。因十冬腊月，川中疲滞，是属常事。又兼世道不好，不可贪大，只可做小也。呈兄知之。

再，与西号有信，因西银过多，预备起标回平。廿几日，再奉确信。大约起发时多一并附呈。望兄等酌办也。

同日寄兰第一十八次信内再启

再，沈阳之票，亦未尝不可收会，不过日期宽余，以便转会。祈酌办是祷。

再，兰、凉之银，前曾有信，不教多存。谅能照办。惟今冬之银，亦不必多存。西原之银，亦不可猛收。因与西原有信，不教存银，大家小做。望为照办是祷。

同日寄凉第一十七次信内再启

再，如有沈阳生意，亦未尝不可收会，不过日期要宽，以便转会。祈酌办。是祷。

再，凉号之银，前曾屡经奉信，不教多存。现时候亦然，既不多存，则三原布客之银，亦不必猛收。因与西原有信，不教存银。大家小做。望兄等酌办是祷。

八月二十五日寄汉第一十九次信内再启

再阅月清，七月底又有借贷二千未收，此又是谁家？因何不还？因何不写？吾兄所出之帐，敢尽是倒帐耶？所司何事？因何不交？好人因何不出好字号？因何不捡点？因何不筹划？因何不看来往信息？因何不写信报明？因何尽听跑街者糊做？因何尽由管帐者不写？因何尽图安逸，不精求号事？因何处事瞶瞶，反不如前？乾泰恒一倒，塞责置之度外。三月半千五，四月半二千，四月底二千，七月底又二千，严摹云一千八百，不但不能了结，并且连信亦不写。小小汉口，实在架不住老兄若此糊做也。有负素望，可恨之至。见字设法结局，赶结账，务必了清。至于谦和号，亦不出二万，见信收清。照此胡涂乱出，此后定于不必出放，以票抵票可也。至于钱铺，不拘谁家，不准存过五千。一并清结，照办。再，望凡事留心，发点天良。弟不负兄，不可自弃。别无所说，惟有磕头祷告老兄，细心谨慎办理铺事也。

同日寄西第二十次信内再启

再阅月清，所存总在十万光景，除发六万，尚属不少。祈兄再行才酌，如看交项不多，不能使用，即多起万数，评兑车辆，均无不可。

八月二十七日寄沃第二十五次信内再启

再，榕遂贞之银，所短不多，祈即催了，以便消帐。其前各种倒账，亦祈紧催了结,不得置之不闻。其和顺云之事,看来上海不能办理,只可由沃,高低了结也。一并照办是妥。

八月二十七日寄秦第一十八次信内再启

再阅月清,聚兴太借贷四千两,浮存三千五百两。小小钱铺,不应如此。况小事大做,亦难免糊贪。明虽照应,实则害之也。见信收清。就是浮存,不果一二千两。所有银两,尽行存于自己柜内,不许胡为。至于日兴盛,秦州亦不是周转之处,见信,或是收清,或是会平,可也。

同日寄成第一十七次信内再启

再,沈阳之庄,虽定于收撤。如有彼地交项,亦未尝不可收会,不过日期总宜宽余,以便转会。祈酌办之。是妥。至沙市、湖南收会渝交之票,由平早已写信关照,不教伊等定做期票,似此一来,渝交之项,必不能再为涌收矣。

同日寄湘第一十八次信内再启

再,湘号定收迟票,以及预交来春茶客银两迟票,务必少做,暂为躲避。茶客务必捡点,以免不妥。总之,盈实字号亦要轻便。前曾有信,望为照办是祷。

同日寄长第一十八次信内再启

再,长号所收迟票,务必照前信少为贪做。因所贪过多,已定小做。至于预交茶客汉票,务必细心加检点,即盈实字号,亦要轻便。世事不好,不得不另加一番谨慎也。望照办是祷。

同治十三年十月

十月初二日寄长第二十一次信内再启

再,张仲选所欠八十两之项,久不归还。见信之日,向伊催索如实在无望,俟结账之日撤除为是。

同日寄沙第二十一次信内再启

再,去年由沙所交重收玉生昆一千两之项,伊沙号逃走无人。据重信云:

伊重号亦是逃走无人。似此两处之人,全行逃走,自是一刻不能收结。至日将此宗退收重帐。如能设法,或向经手者了结更好,否则俟结账之日,全行撤除,并将所撤之项,务于每月开月清附于折尾为妥。

同日寄汉第二十二次信内再启

再者,乾泰恒所欠之项,以及伊经手各号之项,结账临迩,不得不尔。见信之日,赶紧催索了结。是为至祷。

十月十一日寄成第一十九次信内再启

再有,由成九年交会去在原收顺成恒泾布平足银一千两之项,只收过五百两,以房作抵。今见原号之信,收过成号房银□□□。至日将原号未收五百两,成号退收原帐为是。

再,各处会去在成见所收之项,如是十二年之宗项,俟结账之日,务宜过账,以免账目日久悬殊。并祈将人名浮欠项下再撤银一千两。为妥。

再前会来八月底,孟收之项,和兴二号,俱已按期收清。惟西兴成一千五之项,据长顺川由孟与咱号来之信,该号未能按期交给。据情相□,是成记七月十九日,过黄河遭灾,失货物又伤伙友四人,以致暂为不能给。俟后,或是如何,再为详报。

再,□地之银,由咱处往彼顶兑,实不易为。已后,孟收之票,少交为是。

同日寄兰第二十二次信内再启

再者,各宗所欠之项,久假不归。俟结账之日,逐宗细为斟酌。如仍无头绪,全行撤除为是。

十月十二日寄沃第二十八次信内再启

再,沃号之借贷,此后分文不放。前者无一放帐之才,可恨之至。其所做会票,望为细择,未收之项,端竭立讨要。是妥。

再,和顺云之项,定于结账时退收苏帐,如数撤除。每月开写月清附于折尾,作为不打帐之项。为是。

同日寄汉第二十三次信内再启

再，汉号冬腊之银，或有浮余，务必拣择交会，拣择出放，不许照前胡做。吾兄身为大掌柜，休戚相关，不可自弃。是所至祷。

同日寄湘第二十二次信内再启

再，前曾奉信，川银少收，迟、期票少贪。谅已入览。祈即照办是妥。

同日寄沙第二十二次信内再启

再者，前年由平所交湘收，号润生之项，祈由沙向伊催索，并祈将收过五十余两之数，先为结平，未收之项，竭讨要。是妥。

十月十九日寄常、湘、长第二十一、二次副信内再启

再阅月清，未收仍是二十四万五千余两，结存七、八万。前曾有信，因时候不好，意在小做。三处未收，统共不得过十万。捡查信息，已蒙入览。望即体贴此意。今冬迟票少做，即便做点，不可不照前信十万之数照办也。呈兄等知之。

同日寄沙第二十二次副信内再启

再，来信所云一切俱已领悉。前信所读亦是为公起见数十年聚首，休戚相关。岂肯为私废公乎？祈兄照常照办事，不可稍有懈怠，遗误号事。是为至祷。

同治十三年十一月

十一月初一日寄兰第二十三次信内再启

再，此信到日，想春圃兄早该起身。倘未起身，所办之事，如无头绪，亦不必等候，则已着其回里为是。

十一月初二日寄沃第三十一次信内再启

再阅来信，屡有交会京收纸客之银，见信望即善为推辞，分文不必由沃交会。况此端一开，好歹不齐，或不应承，则必得罪主顾矣。加之各号纸客，由京俱有欠项，照护一头，尚可酌量。若京、沃俱补，则恐无所底止矣。已定照办。是祷。再，借贷分文不出，迟票少做。即做，务必留心细察是祷。

十一月初四日寄上第三十七次信内再启

再阅来信,梁燊之病又行发作,似此在外恐难保养。见信之日,祈令与从仪相随,由汉回铺,由平办事或可评兑。望即详筹妥酌,看事办理是祷。

十一月十二日寄汉第二十五次信内再启

再,乾泰恒等所欠之银,除晋益号得悉外,其余屡次信询,并不详示,不识何故难复?岂是魑魅□魍,不能正大光明?故不能也。祈即振作精神,赶紧催索,赶紧了结,赶紧详信示知。是所至祷。

同日寄长第二十四次信内再启

再,泰顺号之项,照兄来信云云,自是无碍。惟祈早为结了。是祷。

再,湖南三处,未收之票,阅来信,仍是不少。又据信示所说,虽属有点情理,然亦不可不顾大局也。见信之日,务必仍照前信,三处不得过十万。望兄留心照办是祷。

同日寄湘第二十四次信内再启

再,长沙之信,令人复读,所有湘号迟收之票,望兄少做,仍照前信,不得过十万办理是妥。

十一月十三日寄原第二十七次信内再启

再,两湖所存之银,实在不少。而湖南之银,尽归汉口,加之上海疲滞,天津不行。以此,则西原或有用项,祈即仅收汉银,以便流通是祷。

再,时事艰难,所做迟收之票,能于不做,固属更好,否则,少做为妙。就要做点,望兄留心拣择是祷。

同日寄西第二十七次信内再启

再,西安之银,或有用项,望祈仅收兰、凉之银。祈即与粮台商酌,以便流通。因得兰信所称,由兰即使现交,该台亦不应承。祈即由西照办是祷。

再,西原之银,已与原号有信,若有用项,令抽汉口银两,祈即互相关照是妥。

同日寄成第二十一次信内再启

再阅,暂计外欠二万二千两。虽有叶金字号等项四千来两,除此人名,尚有万八千两。较之四月底多应酬银六七千两。惟王右溪多年盈实,向来不曾沾他点光。今则亦欠七百金。照此胡贪乱做,川中道府州县,佐二杂职,不啻千员,来就应酬,岂不要备三四十万教他们使用也?无怪伙友缺短,事浮于人,实则不只尽讨浮欠,深恐赊账又断主顾也。不可不察。见字小心谨慎,赶紧收索。是所至祷而至恳者也。

同日寄兰第二十四次信内再启

再,王裕在凉,所作所为,不言可知。惟衣支实在不敷,非物浮于支,是支浮于物也。有无寄屯,来信示知,以便了然。兰、凉之风气呈知。

再,朝俊所作所为,有圃兄与兄之大掌柜管束,谅无他虑。惟前者报房与他,报喜不知。所捐何物,今则到铺询问,面称系个监生。又询,又加了个双月从九。所用银两,前说是二十七两,后说是四十七两,与照质对,系去岁九月冬月,全然不合。若然,则捐至道府州县。弟亦不得而知也。祈即查明,到底是个甚么东西,并有无寄屯银钱。来信示知。

再,圃兄交代,后半年有余,所了各事,该有端倪。赶此信到日,亦该荣归矣。若未起身,祈即面禀,就说弟已有信,请他回铺。与其在外不能济事,不若回铺多住几日。呈兄知之。

再,兰伙如此乱道,人心使然,抑是风水使然。无拘如何,望兄留心检点,将己身立定,自能表率伙友。其身正不令而行,未有自己不正而能正人者也。呈兄知之。

再,兄到凉之日,务将凉事细为稽查,详信示知,以祛疑惑。

再,此信到日,谅小春兄,早经到兰,即望老兄于官长浮借,善为推辞。于营务会票,存心作养;于大势应酬从俭;于伙友厚道宜节;于所存银设法交出。以便诸事稳妥,会票流通也。呈兄等知之。

同日寄重第二十四次信内再启

再者,屡见重信收会成交沈少石之项,伊屡有会项,自必私囊积蓄不少。伊先君沈西翁前在巴县所欠之项,可否向伊催索。祈为酌夺施行。

再，渝号之误票，务必竭力催讨，见几而索，能了即了，无至后悔，因人心不古，万难回心。是以望祈兄等大家竭力。是所至祷。

十一月十七日寄京第四十三次信内再启

再，来信所询，万盛参局之事，既然屋倒势难瓦全，成讼之举，更不容易。祈兄等酌量吃亏了结为是。

十一月二十五日寄成第二十二次信内再启

祈遇便捎泡菜坛一个，批点酒钱，可教信足挑回。此坛系外边加一层盛水盘便是。

同日寄凉第二十三次信内再启

再，敬唐兄与峻山到日，祈兄交代后即行回兰，竭力张罗，实心帮助，无负重托。是所至祷。

同日寄原第二十八次信内再启

再，来年汉口三、四、五月之银，现时已属不少。惟上海交津，不甚合算，而津交咱处更不合算。是以望兄将布客可交之号与汉开一花折，以便由汉交原。一来流通银两，二来或可有利。惟汉银尽行交原，恐不济平、谷之事。惟能半交三原，半交上海则亦庶可济事矣。惟正月汉交之票，祈兄少收为是。呈兄知之。

同日寄兰第二十五次信内再启

再，阅兰号小春兄附启，以谓文墨不行，肚内似铁，收出现银不识成色等云。惟思生意艰难，自应协力同心，不应离心离德。近则屡次刁难，弟以容让不记，若再不悛，是真以兄之刁难为兄之得意地也。请与兄详言之，初于三原赴沙，不去，一刁也。后于长沙赴湘，竟然回铺，二刁也。此次到原，因九思堂之银，非真名姓，应兄补还，同陈倬堂说明，到原论清。当原伙覆信，果属是真，不得私写，今则并无片字。在兄之家道盈实，自作自受，补此八百。亦泰山之少一撮，沧海之阙一勺，无须介意。在弟之不才无术，掌不了此柜，任由吾兄刁难，未免对不住大家也。或由借贷扣除，或待下班再说，来信示知。至于文墨，雷统在号多年，为人朴实少言，若论文墨写作俱佳，谁比弟少差？要亦升堂而渐入室矣。若再侍候不下老兄，除弟无可差遣者。至于成色，前于道光年间在京，兄亦跑街之手，并非文墨之辈，岂能不识一点成色？况我号在兰，系会兑官商票项，一出一入，并非教兄到兰开倾销铺也。至于肚内似铁，弟自道光二十六年识荆以来，就知兄肚内似铁。近自三原到沙，数年以来，兄肚内有点变化，不似铁也。人身五脏六腑，别不似铁，惟心肝似铁，谚云铁石心肝。果属似铁，则亦不至屡屡刁难也。今则甫经到兰，尚未接事，又来刁难。吾兄肚内之铁，何在哉？想是变化成个金刚钻了。总而言之，弟不负兄，望兄尽心竭力，筹划生意，作养营务，会票善为交接，官长自已平正，表率诸伙。拜祷！拜祷！

再，此信到日，于敬唐到凉已经数月，谅峻山业经抵凉。祈即着九卿回兰，帮助吾兄。照此一调，想亦合兄意矣。别无所说，望兄竭力张罗。是所至祷。

十一月寄汉第二十六次信内再启

再，来年汉号之银，因京津不行而一涌交会上海，甚恐吃亏。是以与原有信，令其择点，可交布客开折寄汉，以便交原一点，庶不拥挤。若是开寄，固属更好。否则望兄由汉看事交会。是所至祷。

同日寄沙第二十五次信内再启

再，所收常、汉之银，因红茶客大家使用，未免紧点，又加三原所收正月底汉交之银，已属不少。所有正月汉银，二月半汉、常之银，望为由沙接济一点。所用之银，抽收川银，惟望不可收大宗，以免拮据。陆续收会，细水长流，谅无不妥。除用而外，祈即以二万余金，择妥出放短期，以备沙用。望即一并照办是妥。

同治十三年十二月

十二月十三日寄重、沙第二十六次正、副信内再启

再，渝、沙一水之隔，来往最亲。凡遇筹划生意，收交会票，务要信息和平，以免偾事。况兄等多年老诚，即有意见不合，有何不可相让？总之，号事为重，是以凡遇生意，务求兄等竭力办理，庶免耽误。是所至祷。

同日寄重第二十六次信内再启

再，厚田临行，曾经面谈，所有各项累事，能了即了。其乾一之井，能卖即卖。恒丰益之事，能办即办。应该吃亏，则吃其亏，不可犹豫迟延也。望即照办是祷。

十二月十五日寄西第二十九次信内再启

再，兰、凉之银，愈存愈多。得兰信，如李敬唐所说，不果无才无术，无量无胆，实亦无甚难解。现在小春兄到兰，祈即就近由西不时知会，庶可激发灵机，不无小补，或西能于得便。望兄竭力抽收是祷。

同日寄成第二十三次信内再启

再闻，蔚泰收成都、重庆庄口有魁将军存项不少，如能得便，祈兄留心拉搭是妥。

同日寄兰第二十六次信内再启

再，兰凉之银，愈存愈多。昨得西信，并复敬唐信函，果如所说，则粮台之银，尽被天成独交，而吾兄未曾到兰，则敬唐身为一庄领袖，又属久于兰州，一筹不展，一才不用，一点成重不担，甘心教他独做，似亦有失所望矣。望兄申饬，并加信寄凉，以励将来，不无小补。其兰凉生意，望兄尽才布置，竭力筹划。并祈勉励伙友，大家出力，庶可不落天成之后矣。望兄照办是祷。

同日寄原第二十九次信内再启

再，汉号正月之银，前信已经呈明。祈暂不必收会其二月之银，因平号所收不少，亦祈不必收会。若有用项，或是筹划生意，布置银两，可收三、四、五、六月之银，其不尽之筹画，望兄再行才酌是妥。

同日寄凉第二十四次信内再启

再得西信，知粮台之银，尽被天成独交，而我兰凉之银，愈存愈多，不留心作养，不竭力张罗，而仅以信词粉饰，未免可恨。敬唐兄到凉，祈即告知，并祈兄等一体留心张罗，庶可不落天成之后矣。呈兄等知之。

官场书稿

光绪二十五年十二月

腊月十七日与晋省商务局贾子詠寄去一信

久逢钧范,时切驰依,缅骏度以倾心,贡鲤牋而抒悃。恭维子詠仁兄大人:

繁祺萃吉,善政咸宜,溥骏惠于鹿轮。风温恰化,卜莺迁于豸繡。露湛颁恩,芳范引詹,棻铺曷馨。弟驹光□□拙依□数岁序之延环,鸿飞钧又转抚韶华之绮丽鱼简。虔呈衹贺年禧。虔请勋安。余维心照。

章甫附笔叩贺。

名正肃。

兑

腊月十七与雁平道署刘筱山寄去一信

久逢尘范,时切驰恩,每忆鸿仪,益增翘企,敬维筱山仁兄大人:

履端燕誉,鼎福骈臻,引睇吉晖,莫名晋颂。弟薪劳如昔,建树毫无,抚如驶之驹光,又临椒献,爰寄鱼于驿路,藉达葵倾。随附致贵东一信,至希呈上是荷。肃此恭贺年禧。并颂春安。暨候同事诸翁均祉。

章甫附笔叩贺。

制愚弟高钰顿首。

敬再启者,前接敝京号来信报及阁下在京共用过京平足银二百零七两四钱,如数注录尊帐矣。附此奉闻。

腊月十九日收到晋省冯大人寄来一信

子庚仁兄大人阁下:

接诵手函,藉悉一是。日前,高章甫兄到省,迄未来署一叙。阔悰歉甚甚。兹烦转致章甫兄,务必于年内来署,以便面交款项。万一年内事忙,不及到省行柱迟于新正月初速驾枉顾。祷切,盼切。

手肃敬请财安。

章甫兄均及。

愚弟冯钟岱顿首

兑

腊月二十三日收到平阳镇杜大人寄来一信

忆苍葭白露之时，曾写溯湘于秋水；詠春树暮云之句，益殷仰止于高山。梅陇非遥，芜函欲佈。敬维。

章甫、子庚、荫庭仁兄、弟大人：

禧凝飞蝠，喜溢迎羊。工九数以持筹，共羡王戎之妙算；庆三朝而酗稻，依然管仲之遗规。即苦占骏发夫财源，弥仰鸿才于市井。兄、弟一权竹篆雨换桃符，对帖燕兴粘鸡，又见韶光满眼，献灵鸠与綵燕，遥期霁月开颜。肃丹恭贺年喜。祗请财安。统希雅照百益。

愚弟、如兄杜金标顿首

兑

腊月廿三日收到长治县武玉昆寄来一信

子庚仁兄大人阁下：

久逢兰度，时切葭吟。倾奉华函，备叨绮注，浣薇三复，篆竹五中。辰维履祉延羊，泰祺绥燕，詹望裔采，以颂以欣。弟栗碌如恒，无善足述。承示前次通融之项，本应早为归结。无如长治之缺，实系入不敷出，以致心急如焚。欲归此款而力殊不及。刻幸□署浮山，此处虽非美区，而较长治总觉强甚。约开正即可履新□到彼，极力张罗比当归还尊款，不致有误。彼此至好，自能原谅于格外也。泐此布复。敬请台安。顺颂年禧不具。

愚弟武玉昆顿首

兑

腊月二十八日收到冯巽寄来一信

子庚乡先生大人阁下：

多年阔别，藉差云州，倚住□轩，叨扰多日，作平原十日之留。俾抒五衷之慕，蚁恋方伸，骊謌遂唱。想劳郊送秋水洄溯，天各一方。言念旧而靡不临风怀想也。敬念道履健绥，德符乡闾为祝。弟拜别遄征二十二日到北关，即感冒发热,抱恙沿途。幸献廷、焕文诸兄相照,勉强支持抵汴,又复缠绵十余日,迩束已豁然勿药矣。冬月二十后,瑞雪连朝,普被均霑,预兆丰年。我乡年岁,谅亦同前,彼苍之眷注耳。近□。

起居多福,手此鸣谢。恭贺年喜。敬请升安。

乡愚弟冯巽顿首。

令兄大人均此道贺。

令郎诸君元祉。

家严命笔道会致谢。

诸位同仁乡先生大人均道会。

腊月二十八日收到马希援寄来一信

敬肃者远达籋晖,良殷驰幕。兹际阳回寅斗,颂洽辛盘。恭维庚翁姻叔大人：

履祉延厖,鼎禛介祜。云州望重,春风开百鹿之祥。□阙恩浓,湛露沛双鸾之诏。引领蕃厘,倾心藻祝,援谬膺一局莫展寸长,鸠拙虽藏□濡倍□韶华虚度,仍随百而。以趋跄□榖载□愿上九如而献颂,谨修寸丹。恭贺年禧。袛请崇安。

姻愚侄马希援顿首

兑

光绪二十六年正月

新正初六日收到晋省冯大人寄来一信

子庚仁兄大人阁下：

前接手函藉悉一是。前帐之误记,以彼时公事烦兄,遂致心绪纷纭,偶尔错误,叨在交好,谅必见原。昨日高章甫兄来署,当即交还银一千两。想宝号帐上业已一并登收矣。弟现时仍权臬篆。公私碌碌,乏善可陈。新任邓抚帅莅晋,尚无确音。弟因前得卓异,又列明保案,经奉旨,交吏部带领引见。现拟于明年二月初间,起程赴都。惟此行需费浩繁,所有川资,并到京费用等项不敷孔多。再三筹划,虽别处尚可通融,而尊号则相知最深,关垂有素用。特函恳,务祈由宝号暂行拨借银五千两,以济要需。即希金诺,并祈于正月内函致京号。以便届时,弟到京赴号取用该款。再望登入弟帐内,随后本利一并清还,绝不延误。夙叨爱照,用敢琐渎。手此敬颂年安。立候允复不备。

愚弟冯钟岱顿首

贵同事诸君均此道候并贺。

兑

新正初六日收到绛州织造总局李笠茵寄来一信

愚弟李光襄恭贺子庚仁兄大人年禧。敬请升安。诸维恒照不备。

新正初六日收到阎乃竹寄来一信

子庚大兄大人:

新春□福为颂。昨发一电,想已接到。借银五千,事在急需。缘弟接敝县朝邑有一典当,系弟接做,改字号曰:永顺。此次买铺,应及开张一切用款甚多。弟力有不逮,故特祈阁下,电告三原大德通号,先挪借五千,嗣后应当一切尚须贵号随时接济,利息随三原行规。有永顺典字号,有弟担承,万无一失。祈阁下详告三原贵号,放心应付可也。顺候年安。章甫均此。

弟大约二月初以前必赴太原。

愚弟阎乃竹顿首

兑

新正初七日收到晋省冯大人寄来一信

律更五凤,方觇铭柏之嘉祥,惠重双鱼,兼荷摘华以□饰。再三额诵,什百心钦敬。维子庚仁兄大人:

福普壬林,厘延寅管。生财有道,同符大学之十章。被泽无私,定衍箕畴之五福。式孚公望,庆洽私衷。弟臬事暂权,韶光虚度。腊月间,曾邮寄一函,屈指时日谅已早达。籤曹务乞。先赐复音,以慰恳盼,肃丹鸣谢。敬贺年禧。祇请财安不备。

贵同事均此道贺。

愚弟冯钟岱顿首

兑

新正初七日与阎成叔寄去一信

成翁观察大人阁下：

敬覆者初五日午刻，接由侯马电谕一函。初六日晚又奉到马递来手谕一函。捧诵之余，诸情敬悉。所谕，贵处永顺当需款在急，饬小号电致原号，挪银五千，一切随后再议等情。谆谆切谕，本当遵办。奈有数层窒碍情节，谨为阁下据实陈之。盖小号所作者，本系汇兑，而出放借贷系属偶然。故外庄放贷，更非祁号所宜干预。即遇偶然余银，放贷一则，期口只放三五个月，到期则须收还济用。一则必须将期口、利息预先言定。交银则需注帐，以报各庄。并且，近接三原来信据称，银两异常紧缺。有暂止作彼交款之语。有此数情，小号故不敢猝然应命。至电致一层，小号更恐有误其事。近年虽有用电之便，而如此等银钱重务，信报犹恐与号规未符。又何敢以电传含糊塞责，以致设有舛错乎？故于初六日，由平遥覆去电信一函，随抄电语，附呈核对。总之，此事系与小号号规诸处不宜，小号碍难遵命照办。实非设辞推诿，以致有负赐故之恩也。方命之愆，尚希阁下格外原之。肃此奉复。敬贺春禧。顺请升安。余惟鉴谅。

名正肃

新正初九日与晋省冯大人寄去一信

申甫廉访大人阁下：

初六、七日两奉钧函，一是敬悉。承谦光之下逮，益感激而难名。藉念履祺萃吉，政祉绥嘉。仰企升华倾忱预豫颂。前函所谕，二月赴都，需费浩繁，拟从敝号借银五千，以济要需。将来本利清还不误等情。谆谆至谕，敝号理当切切遵办。第治晚现有万不得已之苦衷。号规有窒碍难行之情节，谨为大人披沥陈之。窃敝号之开设汇号，本以汇兑银两为正业，偶遇余银，放点借贷，期分不逾三、四月，到期务必收还，以济汇来交款之用。即此办法，号规犹有禁止之条。盖缘借贷则占银一处，诸多窒碍，不若汇兑之银可流通，较为活也。乃自甲午年后，道处银空，生意减色。兼之敝号人性愚钝，数年以来，所贪票贷，多有一去不返之项。川、楚两省宗项尤巨。是以敝号吃亏颇重。今春已届合帐之期，晚等有万难交代东家者。且敝号历有成规，勿论票贷，到期不能收，则记经手人大过一次。展期不收，记过二次，大过三次，罚俸一厘。数逾一万，则惟老号董事，是问其过则倍。分庄司事统计此帐，不应期借贷，各庄及老号，其数已逾三万之多。经手人记过、罚俸者在五六人。治晚之表率，乘方其罪尤大。不仅在记过、罚俸已也。嗟嗟经商贸易，万苦千辛，原为权子母以觅蝇头，得寸功以增俸股。庶可仰事俯畜以顾一家之性命。今以四年一帐，过不敌功，罚俸者已在五六人之多。晚尚不知如何处分，忧心如焚，噬脐莫及，不知何以善其后耶。除去冬已经飞咨各庄，从速认真催收外，正拟今正披沥陈诉，叩恳天恩，务将前款如数偿还，以轻处分而保地步则不特。治晚感再造之恩，即阖号百余家老少均荷大德于无涯矣。且思大人迩年以来，位隆望重，名实兼收，原不难筹还如此细数。惟求大人大发仁慈，鼎力筹偿，垂情体恤，慷慨扶危救困，施行临书，不胜盼祷之至。所有此次不能效力遵办。缘由尚祈格外鉴原。是祷。

肃此奉恳鹄望。惠音敬请升安。余惟郎照。

名正肃

新正十二日收到魏乐圃寄来一信

日昨道经祁邑。藉展蓁葵忱，聆雅意之□，肫言犹在耳。荷郇筵之宠召，感寔名心。别后经旬，依私积日。敬维子庚仁兄大人：

吉协三羊、喜占五福。元气应新年之象，遍贴桃符。祥光延旧日之鸿，频闻竹炮。宾榻合居停之意，朋簪洽来往之情。事羡蝉联，才殊龙断。弟别后登逢车马，轮蹄于十五日抵平，日来散发各旅饟项，以致刻无实晷有稽□谢。尚祈恕之至。

阁下日前欠安，无缘把晤，良深惆怅，刻想天相。吉人自必勿药，喜占甚以为念。弟迹阻平河愧乏椒花而献颂，时逢岁始，聊凭□驿以纡诚。肃此鸣谢。敬请春安。并贺年喜。惟希雅照百吉。

愚弟制魏儒顿首

诰轩、荫庭、章甫诸兄均此道贺恕未另启。

新正十六日收到晋省冯大人寄来一信

子庚仁兄大人：

鉴接俸复书诵悉。一是函中有玐处分、记过、罚俸各等语，殊令我惶悚无地。窃念与宝号交往多年，从前承郭熙曾、申书府、许石庵、王子昌、吕乐斋诸位相待极厚,其看得起。所有前欠尊号之帐,弟历年业已陆续归还。除前在平郡所还不计外,去岁计,先后两次还过两千。与不还账者迥异,何得令阁下耽处分耶?统计去年,弟所有进项,除用□外,亦不过六七千金,业已还尊号两千,尚有存义公、蔚盛长等处共还六千余金之帐,实不为少。此外,尚有帮亲友之款,岂能再有赢余?倘自有存款,何必出利向他人借帐耶?现风闻章甫在外尚有谤言,有何开罪之处,殊令人不可解。至前所本可不必勉强亦聊以试试。若论交情,现正当弟入都引见,办理正事之时,尤当助我一臂之力。何并于推绝太甚耶?用友交情有如者乎?阁下耳现既承峻绝,即作罢论。但彼此来往账目从此截止。前欠之款,以尊处交情而论本可不理,然念熙曾、石庵诸兄相待在前,谊不忍负,但暂时不能归还。幸勿见怪,冒昧之咎,尚乞鉴原为祷。手此布臆。顺祝财安不一。

名心敬

新正二十二日收到徐葆生寄来一信

子庚仁兄大人阁下:

敬启者,一元复始,万象迎春。恭维动定庥嘉,营为吉畅,慰叶颂诚。弟由化城于初八起行,十九日到省。因往义泉泰探询,知章甫兄尚未入省。特函奉恳阁下属章甫兄来此晤语。一纾两年阔别之怅,一有要件待商也。专肃敬请时安,附贺新禧。

愚弟名另顿首

新正二十三日收到平阳镇杜大人寄来一信

子庚仁兄大人阁下:

启者前肃片函。上贺年喜计,已入青盼矣。近维号祺日楙,潭祉春长,定协私祈无头赘颂。弟平河摄篆,又见芳华,善状毫无,抚衷滋□。所幸冬防布后,各卡粗安。改岁以来,顽躯尚健。此则近况之可慰绮注者耳。兹有恳者,本年春饷届期,弟已派员请领,并为弟在省备办一切,诚恐为数太多,有需用未提之处。尚祈鼎力慨借纹银二千两,立券二纸,约半年必为尊家一并归清,绝不拖欠也。叨在知交,用敢函托,即请刻安,并询荫庭、章甫仁兄、弟大人均好。

愚弟杜金标顿首

新正二十三日与绛州织造局李笠茵寄去一信

笠茵明府大人阁下：

前肃贺缄，谅邀钧鉴。敬维履祉晋畅，改祉绥嘉，至以为颂。客岁承委由沪购之宁绸袍套一身，共价□□□，马表两个共价□□。彼时敝沪号得信，彼后当即尊嘱买便。奈乏妥顺，以致延至岁抄，始行寄祁。共需价号平足银四十四两二钱二分。此外，尚有经承□翁买便带练马表两个，其物亦曾寄到，需价号平足银二十一两。二宗共需号平足银六十五两二钱二分。其银暂注尊帐，其物现存敝号。至如尊处有人进省，望饬持信来取可也。肃此敬请升安。并颂春祉百益。

名正肃

新正二十三日与雁平道恩大人寄去一信

雨三观察大人阁下：

前贡贺柬谅邀荃鉴。敬维勋隆日茂，景福时增，引睇升华，倾心豫颂。客岁承委兑京诸款，近接敝京号来信。据云，均已照数交讫，讨有收据七纸，随函附呈。至希并电是荷。兹有都门寄来志宝翁致大人一信，外随蓝布包一个。今逢妥顺，便一同奉上，并请詧收，收到示覆为盼。附呈省南一带，岁杪□正初，幸得微雪一、二寸，麦田颇资润泽，民情尚称安谧。特未能渥沛祥霙，以致粮价又见增长，不知苍者何日始能开恳耶？耳闻秦省亦未得雪，并奉知之。肃此敬请升安。并颂春祉百益。

章甫附笔请安。

名正肃

再，呈客腊托孙教习带上与大人立便一千两，借券一页，想早收到否？念念赐信。时祈题一笔为望。又批。

兑

新正二十六日收到大同镇胥大人寄来一信

身达雨地，屡询芳信于梅花，容易一年，又荐佳茗于柏叶。指回寅斗额颂辛盘。敬维子庚仁兄大人：

丰财日裕，履祉云蒸。握算持筹，生意比阳春之畅。调辛饬卯，财源如旭日之升。首祚凝禧心轮驰幕。弟晋疆权镇,邹律迭更,徒增守岁之惭,劳薪乏益谨上:宜春之颂,戬穀延庥,专激祗贺,年喜顺请,升安诸维,融照不宣。

愚弟胥明德顿首

新正二十八日与李育卿寄去一信

久逢钧范,时切驰依,缅骏度以倾心,贡鲤笺而抒悃。敬维育卿仁兄大人:

树勋骏发,蕃祉骈臻,仰企升华,弥殷豫颂。近读来谕欣悉。阁下得缺有期,诵信之余,曷胜雀跃。惟商通融一节,按小号定规綦严,本不敢轻越。惟阁下诚信素著,且系高升要需,则不得不勉尽绵力,以效为山一篑之助矣。阁下挂牌后就近与敝汴号商办可耳。至令与汴函一层,弟实不便。缘前年整顿号规时,原有严禁垫款条约,今若骤函外庄,实有自相矛盾之诮。想知己者必能谅之。肃此奉复,敬请升安。并颂春祉余惟心照。

名正肃

新正二十八日与马汉卿寄去一信

正赋莺鸣,适承鲤訊,兰言细读,竹篆深铭。恭维汉卿贤契,泰始凝祥,履端集祜,布阳春于万姓,蔽芾兴歌,沐湛露于九霄。□□□宠翘詹□采曷□□铺钰驹隙虚抛龙□复,□□仍负。莫藏鸠拙之劳。鱼牒虔呈,藉达凫趋之愫。爰修丹柬。恭贺年禧。兼请升安。并颂合潭均祉。

制高钰顿首

光绪二十六年二月

二月初一收到雁平道恩大人寄来一信

子庚仁兄大人阁下:

昨冬小子受室,承锦幛之远颁,荷记注之随时。感惭交集,殊深不安。近念福随时至,祥同日增仰,高谊之如云缅,卿晖而向日。弟晚辈姻债甫完,年关跟急,又度幸境冬雪迭报,民心安然,尚堪告慰。远怀耳尔,复谢再贺年喜。即请台安。余惟心照不备。附寄京函,乞便友代转为荷。

弟名正肃

高章甫兄同此不另又顿。

再，本年春季领廉事，约二月半差刘小山入省，仍祈章兄移至代存，候拨为盼。又及。

再，鄙族侄，名荣贵嫁妹，弟拟兑十二两托京号石庵兄差异馥轩香甫掌柜转交是□。交于石桥。

二月初四日收到大同府李桂林寄来一信

子庚仁兄大人如见：

前接回函，寄到弟手字一纸，已经照收。兹随镇营进省之便，寄上足银一千二百两整。祈为收存。三四月间，再遣人持书取用。此次收到之日，望先付一收条，并注明秤色为要。手此敬颂春安，惟詧不一。

名另肃

兑

二月十一日收到晋省商务局贾子咏寄来一信

子庚仁兄大人阁下：

前因贵东生申吉日，亲趋拜贺，籍叨盛馔辱荷，隆情感篆之余，莫名谢悃。比维利祺骏茂，福祉鸿延，术钦筹策之精，才□栋梁之选。引詹英范，倍切芜思。弟话别以后，行道太谷，在美号丕光兄处叨扰三两日，于初二申刻始抵并门，所有局中诸事俱已照常。惟田公未来接否，均难预必。风闻邓中丞有履新之说。按期约计，至早至快亦在清和月中矣。知关绮注，率此附陈激谢。祗请春安。诸维惠照不宣。

愚弟贾景仁顿首

二月十一日与平阳镇杜大人寄去一信

久逢斗范，恒切驰思，翘仰均辉，弥殷鹤跂。恭维玉山军门大人：

勋隆日茂。景福时增，引睇升华，倾心预豫颂。近读手谕，备悉一切。承惠珍馐，感谢曷已。所商通融一节，按小号之定规綦严，且届合帐之期，本不敢再为轻越。惟阁下诚信素著，且系各处需要，则不得不勉力应命，当已凑便红封库平足银二千两，于二月初一日由省交魏乐翁手带上。至请誉收附来借券二纸，业经收存，并希勿念。钰家乡株守，乏善足陈，所幸公私粗平，堪以告慰知己耳。肃此奉复。敬请勋安。并颂春祉百益。

章圃附笔请安。

名正肃

兑

二月十三日收到河东道吴大人寄来一信
子庚仁兄大人惠览：

  两奉惠书益增感激，祗以莅任伊始，公事纷繁，以致稽迟裁复，私衷歉愧，莫可名言。敬念履祉日增，丰财云集，引詹吉曜，倍切抃悦。前承贵津号惠借之款，感不去心，定当如期汇交祁县总号，不至有误。弟到任以来，倏经两月，一切公事将次就绪。地方亦称静谧。差足告慰锦念耳。肃此奉复。恭贺春禧。敬颂台安。统惟雅照不既。

名正肃

兑

二月十日收到冯筱帆翁寄来一信
子庚乡先生大人阁下：

  年前曾上寸言计贵鉴矣。近维起居更福，新春百事咸宜为念。弟碌碌如恒，府中堂上双健以次□适，捐务平平。知注绮思，用以附及我号乡雪雨如河，春麦能否播种，深以为悬。所存实收，尚祈便中代一筹。为托外致张幼翁姻长一函，并希饬送，是幸。手此奉候。近祉。敬请道安。

乡愚弟冯巽顿首

令兄大人均候。
诸文郎元祉。
诸住同仁均祈——代为请安道候。

兑

二月十四日与冯筱帆翁寄去一信
送别行旌，瞬经数月，正拟裁笺，奉候适接瑶章下颁。敬维筱帆仁兄乡大人：

  树勋骏发，蕃祉骈臻，引领升阶，倾心豫颂。承委办捐一事，极欲广为招徕。奈年岁不佳，愿捐者甚少。自阁下荣行后，齐此共捐八九名，统共集款三百五六十金，容候再办数名，即行详细奉闻可也。弟依人作嫁，乏善足陈。幸号务顺平，堪以告慰知己耳。肃此敬请升安，并颂春祉。

兼请令尊翁大人福安不另。

制愚弟高钰□

兑

二月十五日收到阎乃竹寄来一信

子庚大兄大人阁下：

前过贵县叨扰殊深，实为纫谢。兹拟由西安兑太原足银一千四百两正，拟于五月内在太原用银，或早用，亦未可知。特令敝号白掌柜路过宝号，面商此事。阁下可与西安寄信，说知此事，特此即候台祉。

章甫均候。

愚弟阎乃竹顿首

兑

二月二十二日收到雁平道恩大人寄来一信

子庚仁兄大人阁下：

二月十一日接诵来函并京县用项，暨尊处除存清单收讫。此次筱山入都，实仗许石庵兄分心。竟不知其家亲不怜爱养，在外辛苦，本当速令到省面晤章甫兄，将客冬拨款分别一谈。不料到署卧□始觉病危，动辄汗流，近严药剂，略渐稍可心，仍未清明，只好暂令保养。妙在敝处余项，此帐中已代为先拨清楚，容其大好再令入省分之可也。弟属去雪沾，虽未足，地土润泽。惟城内雪少，已落数次。弟时斋素祈祷，或近日蒙佛菩萨慈悲，善沛甘霖，官民之幸矣。覆请台安。诸希丙照不宣。

弟名正肃

再，缘差杨姓十二日起身入省，支领公项，仍请偏劳转托。高章甫兄移驾到省帮同办理，领下各款大数，仍暂储尊处，候另拨用外，其此零款中兑双柏连零数，交杨姓（再用项□仅零数用之不符，再向正数开兑也。）携回代署，贴补用度。另有数十金拨京之项，此次省置物仍希章甫兄分心照数兑交杨姓。应用若干，别开一单，交下备考为荷。所有分神之处，容面谢也。附及。

章甫兄台同此致候。

恕未□笺,又肃。

再启者,敝邢席陈剑秋,浙江人,托兑其家百两。

又启席杨洎生借凑银十三两,在省赎当,均乞分心,照数由领款,就进分平交杨姓转交。(□营传号马占魁两次送物,着赏银六两)又弟兑京白庙胡同宝宅四十两,随信转交为叩。均由此次领项分扣。匆匆附恳。又及。

高章甫兄台大人台照。

弟霖顿首

二月二十三日收到平阳镇杜大人寄来一信

朱提假到,惠已多多,丹乘拨余,情尤款款就念。子庚仁兄大人:

瀛祺日懋,号祉春长,精古人致富之书。腰缠万贯,明朋友通财之义。诺践千金,定荷嘉祥,弥殷颂祷。弟符交通我券偕无人,候西水于何时。几同辙鲋,拜南金于一旦。如获钱龙专肃寸启。恭谢隆情,祗请财安。暨颂。

章甫弟近福。

愚弟杜金标顿首

敬再启者,洛浦兄旋转携到纹银二千两,当即如数捡收讫。弟昨阅电抄,始悉杨军门已署大同。敝处暂不更动收来票期,届日弟当早备朱提先完白璧。以后交手日长,决不致重负雅意也。专此再谢隆情,益请刻安。

愚弟标又肃。

二月二十四日收与大同府李子丹寄去一信

子丹公祖大人阁下:

前贡贺东谅邀苍鉴。敬维勋隆日茂,景福时增,引睇升华。倾心豫颂。近读惠书,承由镇营兑来街市平足银一千三百两。前曾照数收到,当经敝伙高章甫手,由省开去。收覆一纸,至希詧存。其银谨尊来谕收录尊帐,候命指拨可也。肃此奉复,敬请升安。并颂春祉。余惟心印不宣。

章甫附笔请安。

名正肃

兑

二月二十四日阎成叔翁寄去一信

成叔观察大人阁下：

　　前月台驾迳祁，慢甚甚。敬维树勋骏发，蕃祉骈臻，引领升阶，倾心豫颂。日前贵伙白掌柜迳祁，并奉均函，内情敬悉。承委由西安兑太原足银一千四百两。当随白掌柜返陕之便带去小号号信一封。据情咨明敝陕号矣。一俟收毕，速信奉报，其拟由晋提用一曾，迟早皆可，或何时应用，伏祈赐信示知为荷。肃此敬请升安。并颂春祉百益。

　　章甫附笔请安。

名正肃

　　兑

二月二十七日与雁平道恩大人寄去一信

雨三观察大人阁下：

　　前奉芜函并附收覆外，随布包谅邀，均已誊收。近读惠书，敬领种切，就念树勋骏发，蕃祉骈臻，至以为颂。承委兑寄京款四十两。当已随信咨京照史去矣。一俟交毕，再为奉报。所领养廉、津贴等银，今已领出，除杨兄由省提用各款，并带雁平外，敝号净收过红封平足银一千二百两，已收尊帐。其余一切花宗，容日详细开单奉报可也。肃此。敬请勋安。并颂春祉。余惟惠照。

　　章甫附笔请安。

名正肃

二月二十八日收到雁平道署刘和寄来一信

于庚仁兄大人阁下：

　　经启者，去岁承章甫兄来省会聚，转致京门贵宝号用款，代招呼置买物件，实系关爱。于十月十四日到京门，廿一日到宝号请安。石、子瑜诸位兄台，厚爱费神，代带忙觅买零碎等件。总蒙子翁章甫转致京友费神关心和心实心感，谢谢。再，京门住一月有余，吃用米面甚不贵，街道民情安静。近来就是外洋火轮车大胜。此刻由保定府往直隶正定府修矣。和于十二月初二由京门西来，走西宁广昌子金平型等关。十一日到署，一路雨水雪平常，民情路上平安。敝东少君喜事，又蒙贵宝两号赐来喜帐。实承住盛，和先为代东谢谢。于廿四日午时迎取。前余相县阴令之五女,十八岁身体微胖。署中代客唱戏四天。大人甚喜欢。再,此次在京宝号用款一千二百八十一两六钱,敝东用款八百二十三两八钱一分七厘,和用款四百五十七两七钱八分三,另有捐款二百零七两有零矣。计,和之帐,以上三宗系有八百二十三两八钱一分七,计于大人之帐下,□归于和之帐矣。等二月底和来省,再面清。专此敬请升安,并呈一□土物望祈子庚章甫仁兄大人笑纳。

另有文圃兄委写扇子一把回承并问诸位贵兄均好。

弟刘和顿首灯下草书不恭原谅。

光绪二十六年三月

三月初五日收到冯筱帆翁寄来一信

诰轩仁兄乡大人阁下:

暮云春树,鲤牍遥颁,向日倾葵,蚁衷弥恋,敬悉侍奉康娱文祺益楙为祝。弟碌碌如恒,少是可陈,以平安二字远告知己,垂恩捐事,又劳费神,集劝佩佩。所余廿张祈设法代为一筹。维截数在即,未奉祀文。俟有确日即为奉布。尚希(捐□领捐生监生外,次职衔卯,次均详示监照日子)情爱□□为办及,免得临时匆促也。手此奉恳敬请(凡捐衔原监生外,次部照颁发日子开示)文安。

家严命笔道候。

乡小弟冯巽。

伯母大人福安。

嫂夫人坤安。

令郎、爱均好。

贵号诸位同仁乡先生一一代为问候。

二月二十四日收到雁平道署杨赞菱寄来一信

大德通宝号台照:

敬启者,兹缘昨天托贵伙章甫兄带去与恩大人由京购买洋布单一纸,其内所要天蓝颜色布尚无色样,是以今随书统去天蓝色样一块。至祈照此色样再深一点买之即妥。为此拜托。并候春祺。

弟杨赞菱

三月初五日收到大同镇胥大人寄来一信

子庚仁兄大人阁下：

客腊奉到手书，聆悉种切，即宜随时具复。只以公务冗繁，心绪不佳。是以迟延至今，殊抱谦仄。所欠贵号之款，系前经吕药斋兄手，本拟马厂事成当可归款。无如事多棘手，昨日始经分届，尚未招租。弟前已派员，前赴东省索讨□。并向至好通融，一俟有成，就近归还药斋兄处若干。弟已另有函致，知关厪念。用以布闻。专此激复。祗请升安。惟希爱照不尽。

愚弟胥明德顿首

三月二十一日收到大同镇胥大人寄来一信

药斋仁哥大人阁下：

函奉惠榆，聆悉种切，只以俗务倥偬，未及随时裁答，深谦仄。所欠贵号之款，本拟早为奉赵，无如弟处此窘迫之乡，难以为力，愧对知己，实因万不得已，莫可耐何。尚望格外鉴原，为祷。弟到晋三载，洁己奉公，未敢稍涉陨越。以致诸多赔累，难以支持。更兼兵弱饷拙，动辄制肘，积习已久，固非一朝一夕所能改弦而易辙。刻值天下多事之秋，一经征调，恐难操必胜之权，有负国家养兵之意。现在袁尉帅抚绥东疆，与弟曾有旧谊。兹已票陈慰帅，恳其将弟调至东省，弟业已在晋上禀请假。无论准假奉调，三月间定可交卸镇篆，束装到东。我弟兄重联旧雨何幸如之。敬祈吾哥就近在东转求当道，为弟吹嘘，弟亦与李紫珊夏庚堂两军门并袁允升诸君均有函，恳能以奉调前往。俾可早月卸肩，是所盼切。所欠之款，弟一经到东，自必设法归□。以副高厚，把晤□遥，容再面整。匆此布达，祗请升安。惟希融照不尽。

如弟胥明德顿首

敬再启者，黄少兰棣于客腊。初闻交卸大同县篆，彼时偶抱采薪□谓服药数贴，即可痊愈，不意腊月廿日竟而作古。多年至交一旦永别，莫名伤悼，兼且世兄年幼，家况萧条，尤令人感叹莫已。兹择于正月廿六日在同开吊，廿七日发引，寄在大同东关华严寺，约定二月望后，灵柩眷属一并赴省。吾哥与少兰谊属盟交。闻之当必代为抚腕也。匆此再请升安。

弟德又顿

三月二十二日收到大同府李子丹翁寄来一信

子庚、章甫仁兄大人如见：

月初三日，由大同差员牛巡捕交上同平足银一千二百两整。经义泉泰代收，计应转达。左右乞更赐一回音信，以为至盼。弟之取用，约在三月半后。并望先期告义泉泰知之，临时再当专函奉达也。手字顺颂财安。

名正肃

三月二十二日与大同府李子丹寄去一信

子丹公祖大人阁下：

倾奉均谕，敬领种切。就念鼎祺苇鹿，履祉延鸿，至以为颂。承询，前由镇营兑来之市足一千二百两，彼时曾已收到。当经章甫手，由省开去收条一纸，随交镇营，差人带上。嗣经钰手奉去，收到覆信一函。屈指日期，收条、覆信想俱投递詧收矣。其银已由义泉泰备足，至如或何提用谨候尊命指拨可耳。因宪前信有阻，用以再信，奉问肃此。敬请升安，并颂夏祉，统希爱照。

章甫附笔请安。

名正肃

三月二十九日与大同镇胥大人寄去一信

久逢斗范，恒切驰思，翘仰钧辉，弥殷鹤跂。敬维峻斋棣台军门大人：

勋隆日茂，景福时增，引睇升华，颂心豫颂。近读手翰，藉悉棣台，禀辞镇篆，图调东防，饬代吹嘘一节，弟兄与袁尉帅向无深交，且值兄已返晋，纵欲托人婉说无如暂难为力，一俟遇有机缘，务当尽力说项。至云承假之款难以速偿，并叙亏累情形，种种敬悉，但棣台之景况，兄早深悉。惟此款，原日通融，本属大越号规。今春敝号合帐，居停深加挑驳，致兄俯首待罪，无从置喙。是以再信详陈，至望垂情体恤，另生筹划，无论如何维难，尚希设法凑归，如能清偿更好，否则或多或少，总期及早偿还。一则轻兄处分，一则留兄情面。俾兄有口能言，则属感激无既。吾辈交情甚长，不仅在此一时已也。叨在兰谊，故敢直陈，想知我者，当必谅之。兄于上月十六日平吉抵里。日来，琐事纷纭，刻无少暇，所幸合家托庇，清吉尚堪告慰绮注耳。肃此敬请升安。并颂夏祉。惟希垂鉴不宣。

名正肃

光绪二十六年四月

四月初七日与雁平道恩大人寄去一信

雨三观察大人阁下：

  前肃寸缄，谅邀钧鉴。敬维，鼎祺聿骏，履祉延鸿，为祝为颂。前委兑京交宝宅等两款，近接敝京号来信。据云，均已照数交讫，各书来收据一纸，随函奉上，至请詧收。又据敝京号来信，结来捎衣料需价京平足银三十八两五钱，此项已注尊帐。其客腊经筱山手，由京买物用款，内前谕所云，有筱山用过款项一节。近据筱山信云，此内有伊用过京平足银四百五十七两七钱八分。兹已照数拨结清楚。齐此除提各项并连领到养廉等款，合共净收红封平足银一千九百九十七两七钱五分，其详附呈花单一纸，又附去省城领养廉并提拨各款清单一纸。并希查照核兑是荷。再，日前将京捎来衣料一□寄省托妥。奉去至望詧收，收到尚希示覆为感。肃此奉复，敬请升安。并颂夏祉。除惟心印不宣。

  章甫附笔请安。

名正肃

四月初七日与河东道吴大人寄去一信

赞臣观察大人阁下：

  前曾两肃贺柬，知已早邀钧鉴。昨奉惠书敬颂，种切就谂，树勋骏发，蓄祉骈臻，仰企升华，弥殷预豫。颂读来谕，所云通融之款，定当如期汇交一节。第敝号大人在京不弃面许，石菴到晋往来及来晋时，钰尚未获亲领教益，殊深抱歉。及查大人京、津两处并无向敝号通融有款。想是一时误记所致。至望覆查，果系何号，备还何号。敝号断不敢冒然认之。但所恳者，闻尊处每有汇沪之款，不悉何月，有数多寡，如蒙赐顾，祈示一青。敝号可以派人领收汇沪，定当妥慎交给，汇费不妨额外从廉，抑或别有委办事件，敝号均可效劳承办。忝在契末，用敢缕陈。肃此奉覆。敬请升安，并颂夏祉。余维惠照。

名正肃

四月初七日与文水县文少兰寄去一信

久钦德范，恒切瞻依，每忆清晖，益殷景慕。敬维少兰明府父台大人：

  复祺晋畅，政祉绥嘉，引睇升华，倾心豫祝。敬启者，去岁敝同事高章甫在省,诸承关切,感谢良深。近念父台荣膺文水,文祁接壤,幸何如之。第思文邑向无票号,遇事似觉不甚方便。因特奉信陈明,此后遇有委办事件,不妨示信来祁,小号或派人面谒,或依信照办,诸事均可效劳办理。叨在契末,用敢直陈,冒渎之处,尚希鉴谅。肃此敬请升安。并颂夏祉。诸希惠照不宣。

名正肃

四月初七日收到冯筱帆翁寄来一信
子庚乡先生大人阁下:

昨奉华械,敬聆种因,只悉潭祺曼福道履优游。总权商业,积日兴隆,端木高风,曷罄颂祝。弟薪劳如旧,所幸堂上双健,以次均吉,传语平安,远告知己。捐事诸前,费心为感,月杪截数,前已电告。捐项并县署张幼翁姻叔处捐若干,除弟在祁所用并此次汇鄂费,前后系共存若干,全行汇湖北,函致武象兄,暂存贵号。候弟造册批解。至已捐副实收查,未捐全实收,并县尊所存,统祈取回交尊处。信差带汴,以便分别造册。捐款赐一清单,廪附监,询明入学补廪日,期监生捐案月日,给照详为开示,藉免部诰。手此拜械,恭请文安。

乡小弟冯巽顿首

诸住同事兄台均此请安道候恕未另启。

家严命笔问候。

四月初九日收到署内张渭泉寄来一信
大德通宝号台照:

兹昨接来片内云,欲将湖北捐册等件,带往汴省。奈造送备案公牍非止一件。贵伙友自可先行,容后便中再为寄呈可也。专此布覆。敬请钧安。

弟张渭泉

四月初十日与冯筱帆翁寄去一信
筱帆仁兄乡大人阁下:

叠奉瑶章,敬悉种切,藉念鼎祺萃吉,阖潭昀凝祥,为祝为颂。承委将所捐各款暨张县尊处所捐之数,饬令悉数汇汉,并嘱将捐生详细开单,呈览一节。兹已开便花名册一折,前后统办,捐生一十八名,共集捐款八百三十六两三钱八分。连阁下去岁临行时所余细数八十四两,统共存库平足银九百二十两五二钱八分。照市每千按二十两扣费,共扣过路费一十八两四钱,除费净汇去敝汉号库平足银九百零一两八钱八分。待阁下荣抵汉时,祈向敝汉号照收是荷。其填便实收存查,各二十件。张千总履历一扣暨所余未填实收十张,套封移文十一二件,均随敝同事陈星□等赴豫之便带上,至希詧收。从速造册详办,务将部照及早掷寄为感。其敝县尊张翁处所存实收,昨曾关照渠云尚未填给,以致未能随敝伙奉上。既属如此,只好俟其送到,遇顺再为奉赵可耳。弟株守昭余,无善足述,所幸公私□平,堪以告慰锦念耳。肃此奉复。敬请升安。并请老伯大人福安不另。

诰轩附笔请安。

名正肃

四月初十日收到大同府李子丹寄来一信
章甫仁兄大人如见:

二月初三日由大同镇巡捕交呈贵号同平银一千二百两整,当日领到收条后,随李伯青寄上一函,计亦达到。今有省中冑款,祈见信,即将前款交付来人附缴原条。余俟续布,即请财安不一。

名另肃

兑

四月十二日收到大同府署周克昌屈传通寄来一信
大德通宝号台电启者:

二月初三日大同镇代大同府李大人号子丹交到贵庄省市平耗羡银一千二百两整,有贵庄兑条为凭。敝上今将此银作交藩库公款,谕令敝持兑条向贵庄照数取银,以归库款。敝于初十日到义泉泰向贵庄兑银。不料贵庄掌柜已赴祁县。敝将取银之事向泉泰商量。据云此款银两,店中并不知情,以至无法办理交款。公文已于初九日投过,静候收纳。十三日堂期,非交纳清楚,万不能行,想贵庄当亦原情办理,断不致误此款银两。或贵庄函致义泉泰照数拨兑,或由贵庄照数迳交。如何办理,均听尊裁,不胜翘首待命之至。专此奉恳,即请台安。立候回信。

大同府库房弟周克昌、屈转通同□

四月十二日与大同府署周克昌屈转通寄去一信
克昌、转通仁兄大人阁下：

刻捧瑶章，内情敬领。藉悉兄等公干，抵省嘱将贵东所存之省街市平耗羡银一千二百两如数备足，抵交藩库一节。兹已函致义泉泰令将原数从速备妥至望即向义泉泰照数取用耗羡银为荷。惟祈收银时，务将小号对条掷交义泉泰寄还为感。激此奉复，敬请台安。

晋祁大德通

四月十五日收到荣庆翁寄来一信
苫块余生，深荷扶持之雅。云天厚谊，倍萦衔结之私。敬维乐斋仁兄大人：

义迈柬□，德昭锡类，桂浆醻叩兰，奠酹之仪多彩。笔鸿文荷，褒题之意厚望。云志感伏，地增凄庆，遄返里间，瞻依庐墓。先灵暂厝松楸，待奠于来年。高谊难忘，葵藿倍倾于远道，专激敬布谢忱。祗请台安，伏维垂鉴。

棘人荣庆泣血稽颡

四月二十日收到平阳镇杜大人寄来一信
几舟竞渡，思君而莫逐鹢飞。一骑扬尘，寄远而托持鲤柬。敬维章甫、子庚、荫庭仁兄、弟大人：

家传清白，业继陶朱。乘兰序以理财，知万贯缠腰，跨鹤上扬州之路。展榴图以纪瑞，料一杯在手，招蚨裕富国之源。鲍荐即膺，鸠祈奠□。弟年多抛掷空繁五丝，术少指挥愧摇六角。所愿烛叩东壁，被邻照于时时，庶几□仰南车，启我思之昧昧。专函恭贺午禧，敬请财安。

愚弟、如兄杜金标顿首

敬再启者，昨赴桐封，道经宝号，感馈牢之雅意，并关照之高情。拜别以来，已于十六日回转。沿途托芘平康而营旗亦如常。安请差堪远告。惟甘霖缺少，麦豆稀□哀此下民，正不知若何拮据耳。专肃副启，略表谢忱，复请财安，余容绩布。吕乐斋兄祈为道念。

弟标再激。

四月二十三日收到保谦翁寄来一信
大德通宝号爷：

财安。弟于四月十三日接到盛京敝友名英麟字玉堂信一封。内言，为弟由盛京贵号会来山西银□□两。在今年二月初旬交兑,至今两月之久,谅必会到。祈爷台查明,或到或否,示一回玉,是荷。即请阖号均安。余希鉴照不备。

保谦顿首

四月二十三日与保谦翁寄去一信

华东明府大人阁下：

　　刻接瑶章,内情敬领。所云有贵友由奉省汇来在晋二月初旬交阁下银□□两等情。接信之下,查阅底簿,并无此项。至祈函关,前途是荷。激此奉复,即候刻安。

晋祁大德通

四月二十七日收到雁平道恩大人寄来一信

子庚仁兄大人阁下：

　　前接京号许石庵兄函弟,托将前在天成亨宝号挪过名□之数,拟代偿之。由弟存款拨兑石庵兄。覆函令在尊处,弟存项代拨清楚等语。更乞分神代为办理,示下为盼。再,夏季尚有领款并弟此番到省犹有开销。如章甫兄得暇,希移玉来省,偏劳代理一切为盼。此恳即请升安。

弟霖

兑

光绪二十六年五月

五月十五日收到雁平道恩大人寄来一信

子庚兄台大人阁下：

　　清和月下旬省接朵云备悉,种种前托兑京之项,收据领讫,衣料同时照收。诸承清心,铭感之极。筱山前赴京置货亦多辛苦,致还署又复大病,彼虽有信,用过四百余两,内弟代先归还百两,其余三百零归入筱山账内可也。李荫庭兄于清和月杪到省晤谈,甚快。缘敝署亲丁月前多染时疫。现虽已好,而五衷不免念及北路三月廿日已落透雨,大田安种,但盼时降甘霖,始望有收矣。匆匆奉复,即贺节厘。并请台安百益。

　　章甫同此不另。

名正肃

　　再,弟此次用项,均托李荫庭兄挪使,其弟应领夏季各项又领均交荫兄一办。俟项领出,将省用拨清,余款迳仍乞尊处暂储,候弟定议,再行函知办理为荷。又及。

五月十五日收到雁平道恩大人寄来一信

荫庭兄台大人如面:

　　前承厚锡,缘途遥天热,未敢多于絜挈带余珍,只好心谢矣。尚有恳者,前山西知府豫印临闻丁忧后,亲丁不少而入款潇然。刻下省门,无物不昂。恭在系亲,颇待愁急,服阙尚远。弟拟送与豫府小姐、少爷茶点银四十两,由次此次,弟应领夏季津俸款内拨送。仍希面呈为盼。绮装奉求,即请台安百益。

弟霖顿首

　　兑

五月十六日与胥峻斋翁寄去一信

远隔鸿仪,时殷驰慕,兹际序逢地蜡,蒲黏玉□之芳,景入天中,榴簇红中之□。敬维峻斋军门大人:

　　景福时增,勋隆日茂。树麾保艾,楙骏续于五辰;挥羽来熏,迓鸿恩于九陛。芝纶贲宠,藻简腾欢。钰分阴虚掷,寸善毫无,听槐院之蜩琴,借消永尽,肃梅邮之鲤牍,好寄深情。爰肃丹东。恭贺午厘。敬请勋安。余维霭照。

名正肃

　　兑

五月十六日与河东道吴大人寄去一信

前肃芜简,谅邀钧鉴,兹际鹈□,启序遥欣,骏遹飞声。恭维赞臣观察大人:

　　景福重申,殊勋卓午。熏风溥化,楙骏续于五辰;萧露褒席迓,鸿恩于九陛。柏薇即晋藻颂允孚。钰票六如常,无善足述。悬蒲抚序,愧驹隙之虚抛采葛兴怀□鱼,函而远贺,虔修丹东。恭贺午厘。敬请勋安。余维霭照。

名正肃

　　兑

五月十六日与浮山县武渔珊寄去一信

前肃芜笺,谅邀钧鉴,兹际龙舟竞渡,遥欣骏遹飞声。敬维渔珊明府大人:

  图榴集瑞,保艾维殷。楸骏绩于五辰;熏风溥化,迓鸿恩于九陛。萧露褒庸引领,升阶倾心豫祝。弟薪劳如昔,建树毫无,挹爽气于兰池,驹光虚掷,抚清阴于槐院。恭贺维殷肃泐俚柬。恭贺任禧。敬请午厘。余维霭照。

名正肃

  兑

五月十六日与雁平道恩大人寄去一信

前肃芜函并附花单两纸,谅邀钧鉴。兹际序逢地蜡蒲黏玉□之芳,景入天中榴簇红巾之□。敬维雨三观察大人:

  殊勋卓午,景福重申。垂骏业于千秋;熏风溥化,迓鸿恩于九陛。萧露褒庸即晋,柏薇允孚藻颂。钰家乡株守,善状毫无。挹爽气于兰池,驹光虚掷,抚清阴于槐院。燕贺维殷,肃修丹东。恭贺午厘。敬请勋安,余维荃照。

  章圃附笔叩贺。

名正肃

  兑

五月十六日与胥太原镇杜大人寄去一信

前蒙驾临,慢甚歉甚。正拟裁笺奉候,适承瑶翰先须。敬维玉山军门大人:

  挥羽来熏,树麾保艾。剑抽蒲碧,龙□垂卓午之勋。旗映榴红,凤□锡重申之宠。铃辕骧首饕鼓倾心。钰株守家乡,毫无建树。抚清阴于槐院,虚掷驹光,挹爽气于兰池,弥殷燕贺,肃修丹东。恭贺午厘。敬请勋安。余维厘照。

  乐斋等附笔致贺。

名正肃

  兑

五月十六日与大同府李桂林寄去一信

前肃芜简,谏邀钧鉴。兹际龙舟竞渡瑶欣,骏遹飞声。恭维子丹公祖大人:

  景福重申,殊勋卓午,建嘉献于千里。勋着管经,膺懋赏于九重。恩浓纶綍,铃辕骧首,饕鼓倾心。钰株守家乡,毫无建树。抚驹光之易度,节又悬蒲藉鲤牍以纾忱,情深采葛,肃修芜柬。恭贺节禧。敬请勋安。诸维荃照。

　　章甫附笔叩贺。

名正肃

　　敬再启者,前读惠书,敬领种切。饬将寄存街市平银一千二百两交付贵差一节。当照原数由省备足。随于四月十三日点交来差,如数带上。谅早誉收。其原条亦经收缴矣。附此奉闻,再请升安。

制晚　钰再

兑

五月十六日与贾子咏翁寄去一信

春初驾临,慢甚歉甚。兹际龙舟竞渡,惟祝骏迈飞声。敬维子咏仁兄大人：

　　景福时增,勋隆日茂,树麾保艾,懋骏绩于五辰。挥羽来熏,迓鸿厘于重午。芝纶贲宠,藻简腾欢。弟久系家乡,如恒栗碌抚驹阴之易过,又听蝉琴。惟凫向之时殷。用呈鲤牍,爰肃丹柬。恭贺午厘。敬请勋安。余维丙照。

　　章甫附笔致贺。

名正肃

兑

五月十六日与归化府抚民府徐葆生寄去一信

远隔鸿仪,时殷鹤跂。兹际龙舟竞渡遥欣,骏迈飞声,恭维葆生司马大人：

　　泰祺日楙,升祉霞轩,郭钹风高,棠境欢迎竹马。刘宽爱溥,枫宸滙沛,芝鸾引睇,云辉倾心露颂。弟薪劳如昔,善状毫无。望槐阁之清阴,驹光虚掷。挹兰池之爽气,燕贺维殷。虔修俚柬。恭贺任禧。敬请午厘。余维丙照。

名正肃

兑

五月十八日与晋省毓中丞寄去一信

久钦德范,时切瞻依,翘仰钧辉,益殷景慕。兹值龙舟竞渡遥欣,骏迈飞声。恭维中丞大人：

　　午序延厘,辰枢渥宠,垂百僚之鸿范。勋着管弦,迓九陛之鸾书。褒优纶綍,天中亮绩,境外胪欢。钰株守家乡,毫无建树,抚清阴于槐院,虚掷驹光,挹爽气于兰池,弥殷燕贺。虔修俚柬。恭贺任禧。敬颂午厘。余维丙照。

　　章甫附笔叩贺。

名正肃

　　兑

五月二十三日收到余庆翁寄来一信

远隔尘□,又到浴兰之序。缅怀鸿范,每深采艾之思。恭维乐斋仁兄大人:

　　卓午延禧,昌辰纳福,尊开蒲酒,赏丽景于金台。瑞启榴屏,谱熏风于绿绮。翘詹芝蔼,曷罄藻芬。弟株守宋州,频更炎夏。虚餐黍粽,愧益智之未能。空对葵纨,徒扬仁之有愿。谨肃恭贺午禧敬。请夏安百益。

愚弟于庆顿首

五月三十日收到署内张渭泉寄来一信

　　兹送去湖北捐款尾银祁公平二十三两五钱七分,望祈费神查对前短数目是否符。并望示明。此请近佳。

弟张渭泉

光绪二十六年六月

六月初四日收到程伯诗翁寄来一信

大德通宝号台照:

　　久未修候,企念之至,即维财祺履祉,均绥为颂。兹寄上致韩育甫电底一纸请用。电底如不合式即请改正。贵号密码发递将来银两会回,少迟交库亦无不可。激布余托高掌柜面达。顺请台安(上海大德通韩育甫存款及佑昌德款廿八四万,本利尽数即日兑回,会费酌扣,程□□)。惟照不具。

愚弟程世荣

六月初四日与程伯诗翁寄去一信

伯诗别驾大人阁下:

　　刻奉华翰,敬领种切。辰维履祺安燕,鼎祉亨嘉,为颂为慰。承委往沪与敝同事韩育甫打电一节。当照尊拟电底,用小号密码饬伙赴平,已经打起,俟回电返祁,能否如愿,务必速回函奉报可也。肃此奉复。敬请夏安。并颂升厘。

名正肃

兑

六月初十收到冯筱帆翁寄来一信
子庚尊兄乡大人阁下:

接奉手书并副存各件清折均收到。费心感感。即维履祺安燕,道祉吉羊为颂。弟碌碌劳人,颇形忙甚,一切托庇平顺。知注附及,(再者,县公幼翁姻叔实收,祈费心取回带汴,又托)寄来清折,检查现任千总张兆基捐衔花翎其捐升衔短收库平实银九两,副实收存查银数应填库平一千零八两正实收。祈代为更正,所短之银代收,便中结汴,以便补解,手此匆匆。恭请升安。

乡小弟冯巽

家严命笔请安道候。

兑

六月十二日与程伯诗翁寄去一信
伯诗别驾大人阁下:

于初四日曾奉芜函,谅邀钧鉴。敬启者,兹呈前委与敝申号打电一事。前将饬伙赴平打起情节,当已奉明。第前所发之电,仍系加急要电,无如迄今数日未接回电。昨向电局寄信函询。渠云公事甚忙,不能再打。似此回电未接,复电不能。虽万分焦灼,亦属无可如何。附呈电底并电局收照各一纸,并希詧照为荷。肃此奉复。敬请升安。并颂夏祉。

名正肃

兑

上海大德通韩育甫电,到将晋委程伯翁在申存款及佑昌德款共四万本利尽数即日兑回,汇费酌扣。否向别号汇晋亦可。

六月十三日与程伯诗翁寄去一信
伯诗别驾大人阁下:

昨日奉芜缄,谅邀入览内呈上海覆电未接一节。兹于今晚始接申初五日回电。似此竟隔数日之久,不知此电阻于何处？殊深诧异。据申覆电云,尊款当已备足,惟令汇晋一层,刻值晋省银两非常拮据,利息多寡不能通融,以致敝号碍难顶汇,即向敝帮遍询,再再亦属无人敢会。似此既难如愿,只好阁下由省向别号汇申收结为感。此乃世道使然,非敝号不愿效劳也。方命之愆,尚希推情鉴谅为祷。肃此奉复。敬请升安。并颂夏祉百益。

名正肃

兑

六月十八日收到程伯诗翁寄来一信

子庚仁兄大人阁下：

　　两次接到来函,均诵悉矣。上海回电已将存款兑回否？念念此项,现在急切待用。抚、藩两宪,无日不催,弟实无辞以对。再迟,款不汇到,则彼此均有不便。如上海尚未来电,即请再致韩育甫兄电催,令即日尽数电汇回晋。只要汇到,回复上宪。交银稍迟,当无不可。平遥电局,弟已托太原电局写信知会,如有贵庄致上海电,系因公款,一到即打不致迟误也。飞此布恳。敬请财安。立候回音不既。

愚弟程世荣

六月十八日与程伯诗翁寄去一信

伯诗别驾大人阁下：

　　十三日曾肃寸函,内呈十二日接申初五日回电。据云,尊款在申备足,汇晋甚难,在申立候交给云云。此请谅邀钧鉴,迩维政祉,绥和为颂。昨晚接奉惠书,敬悉一切。所云上海存款,大宪屡催需用甚急,仍令电催韩育甫,即日尽数汇晋,只要汇回晋交,不妨稍迟,且蒙知会平遥电局。因事关公款,令与小号速打等情,捧颂之余,感愧曷已。穷小号蒙阁下不弃者已经数载。但能设法为力之事,虽捐糜顶踵,当所不辞。是以昨晚得信后,由平人与韩育甫去电,令其将款设法汇晋。不意电语到平时,据云,介至张兰一带电杆拔毁,各处电信,刻均不通,电线已经不能指事,复向祁平敝同帮遍询汇晋,奈数日多少,无人承汇。盖因时局日棘,市面银钱滞塞之故。似此电申不能,寻汇不得,惟请阁下另想良法。或就省与别号顶汇,或饬人到申提款。但款存申,总以在申提收为善。肃此奉覆。藉请勋安。诸希鉴谅不宣。

名正肃

兑

六月十八日收到阎成叔翁寄来一信
子庚大兄大人阁下：

近维台候，安吉为颂。弟前于二月曾令陕西敝号于五月内汇银来晋，至今未到，不知何故？未审阁下已接陕西贵号来信，言及此事否？不胜盼切之至。特此。即候财安。

章甫均候。

愚弟阎乃竹顿首

兑

六月十九日与阎成叔翁寄去一信
成叔观察大人阁下：

想迩来清祺畅适，履祉绥和，至以为颂。刻奉钧谕，敬领种切。承问陕西汇项一节。适敝伙于昨日由陕西回祁。据云，尊款于五月底已经交到，详细随带来贵号信一封。兹随统去，至希詧收，其银小号在祁备足，至望尊酌或何提用，祈示玉音，以便小号遵办为妥。肃此奉复。敬请升安。并颂夏祉百益。

名正肃

再此款本拟磕省候用，奈小号目下适无存款，询磕数家，未能遂愿，祉可稍缓，再遇宗项，如尊处能于磕来祁收，小号目下即能交也。附此又批。

六月十九日收到徐树璟翁寄来一信
愚弟徐树璟复贺子庚仁兄大人节喜，敬请升安，诸祈爱照不宣。

六月二十日收到端绪、锦翁寄来一信
连日奉扰郁厨致以为谢。承假二百金，即乞午间交下。今日尚拟起程住平遥也。本当躬往揖别，因寓中尚有零星事件，均须自己理料，不遑出门，尚乞原谅为幸。专颂子庚、乐斋尊兄大人升安。

子昌兄如能到店中一谈尤妙。

愚弟端绪、端锦同

兑

六月二十日收到程伯诗翁寄来一信

子庚仁兄大人阁下：

十六日接到来信，得悉接有上海回电，款已备足，惟不能汇回晋省。当即回明上宪，无奈上宪不允，令弟转嘱贵号，非将此款克日汇晋不可，汇费且不准多算。弟处十分作难，惟有速请贵同事即日来省，以便商办，或则汇交他处，或则立一凭据，稍缓即汇。如能克日会回则更妙矣。激此飞布，敬请财安。鹄候回音不既。

愚弟程世荣顿首

贵连号恒记兴，藩宪向有来往，俟贵同事来省，同李敏斋一见藩宪，将不能汇兑情由叙明，谅必好商量也。

六月二十三日收到与冯筱帆翁寄去一信

筱帆仁兄乡大人阁下：

下月初接奉朵云敬悉，种种就谂文祺□。适履绥和，为颂以慰。承问敝邑千戎张兆基翁捐款刻尚短实银九两云云。当即将信转陈，幸该翁尚以为然，但银两现时不便，一俟部照到日，再为照数补偿可也。既属如此，只好后首再作区处耳。激此奉复，敬请炎安。并候老伯大人福安。

乡愚弟高钰

六月初九日收到王曾彦翁寄来一信

章甫仁兄大人阁下：

别经数日，渴想良殷，近想公私均当如意，定符所祝省垣如常。惟闻民教不相安，忻州有被□报，未知确否？顷接京信云，竟以前门作为战场矣。舍亲乐模斋（六月朔由京起程）全眷来晋避乱，暂住敝帮。大众全来，当备办日用之物，需款甚急，务祈见信速寄下九百金，连前共计一千金，交义泉泰，备用为要。

余容面罄,专此即请财安。

乐斋受祈代为致意。

王曾彦

光绪二十六年七月

七月初二日兴程伯诗翁寄去一信

伯诗别驾大人阁下：

迩维勋祺懋集,鼎祉亨嘉,至以为颂。昨日敝伙高章甫回祁。谈悉尊款已蒙藩宪饬派祁太平票号安数均会。如此权办,甚属妥善。惟于上月杪有敝号驻申伙回祁,询及阁下在敝申号存款,其数只三万三千两,今读藩宪谕札暨阁下致韩育甫信,统饬向敝申号提银三万九千四百两,与敝号存数相错六千数百两之多。但不悉阁下在佑昌德存款确数若干。且亦未见带来。阁下致佑昌德之信,值此乱世之际,各处地面无不滞塞,若无尊函,势必该号藉词推诿于敝号,大为不便。因特专脚奉恳,至望阁下费神,务与佑昌德速作一函掷脚带祁,以便敝号一同寄沪,持信代收转给是荷。盼切祷切,肃此飞布。敬请升厘,鹤候玉音。

名正肃

兑

七月初三日收到王静轩翁寄来一信

乐哥如晤,前在昭余,获仲积悃,稍畅□胸,只以公务牵涉,未克久共西宪,不无歉抱,满拟初秋赴省,以践旧约。奈近来神拳四出,穷乡僻壤亦均成为风气。都中、津门及省垣焚毁教堂,剪灭洋党,几至血流漂杵。各大宪亦无暇晷可以闲谈。俟稍平定时,再为作汾水之游耳。闻都中不可闻问,中外相持,大有不了之势。所有各处生意,岂能无碍？贵号究竟作何安置,乞顺便示我一音为荷。目击时难,深抱杞尤。此亦天之大数,非偶然也。近日有何新闻,倘能便中赐及,忻感无既。余惟心印不宣。专此敬请台安。统希爱照万一。

如弟王制用霖

大嫂暨诸贤侄均致候不努。

内子暨孙辈附请安。

郝掌柜范掌柜暨诸友均候乞转知是荷。

兑

七月初三日收到王静轩翁寄来一信

于庚仁兄大人：

前次昭余厚蒙青睐，深加垂注，重扰郁厨，感激弥殷，言谢无自。辰维财祺楙介，福祉增隆，至为忻颂。昨由脚户奉到手书，并收到车轮一轴，其脚户所借绳索两条，暂存敝舍。俟顺便即行寄去也。近闻直、东、天津等处，中外大兴戎事。义和团神会，出头报效，屡挫洋锋。各处教堂、教民，恶满灾盈，神会散布天下，害洋扶圣。此亦大数使然。非愚夫愚妇所能梦见也。封神傅乃闲书一大奇。今时更百世一大奇，快哉怪哉！闻都中不成旧时景象，而宝局现在布置若何？殊为悬系。暇中乞示我寸械为祷。敝处地僻耳聋，但闻齐东之野语，不识朝廷之宝事。近时如有上谕及新闻等纸，未知可抄示一端倪以广耳目否？专此敬请台安。

小弟王制用霖

七月晋省之约，未敢必也随时酌定，再行布奉。又及。

诸友均问候不另。

七月初四日与雁平道恩大人寄去一信

雨三观察大人阁下：

前贡贺柬，谅邀钧鉴。敬维鼎祺苇鹿，履祉延鸿，为祝为颂。前读钧谕，承委领之养廉、津贴等银，彼时均经领出，如数登注尊帐。饬将筱山去年京买物银，嘱由大人账上划还百两，拨归筱山云云。当即遵命列收筱山之帐。至委送豫太尊茶金敬四十金。彼时曾已照数妥交，书有收据一纸，随函附呈。至请查收。所有大人之来往齐此统共存红封平足银二千六百三十两七钱五分。其详附呈花单一纸。至希眷点为荷。肃此奉复。敬请勋安。并颂夏祉。

章甫附笔请安。

名正肃

兑

七月初六日收到程伯诗翁寄来一信

子庚仁兄大人阁下：

顷奉来函，得悉一是。前存贵申号之款，原是三万三千，又有佑昌德拨交七千。六月初，打致韩育甫电，即提明存款，及佑昌德款共四万之数。育甫回电云，款已备足，想必数目无错。佑昌德款亦必拨交贵申号。既承台嘱，加致佑昌德一信亦甚妥当。兹特书就附上。即祈转寄。万一尚未收到，育甫即可持信往取也。手此布覆，敬请财安。惟照不是。

愚弟程世荣

再弟二月间即致信育甫收取佑昌德之款贵号驻申伙友想系未知详细故耳。

七月初七日收到高锡华翁寄来一信

子庚宗兄大人阁下：

许久未晤，积忆殊深。辰惟起居安善，慰如私颂。兹有恳者，家丁何斌，山东人，其父物故。拟由祁捎寄银两，惟为数太少，惟有仰恳贵号推爱办理。兹特呈上谷平宝银十两，原信一件，即祈附寄山东省交何庆芝收讫。所有平码不一，到东省时，应折若干，即交若干可也。琐务烦渎，容当晤谢。此恳顺候。近祺不一。

愚弟制锡华

九月初九日与抚院账房苗润生寄去一信

润生仁兄大人阁下：

省垣聚首快甚，诸承教益，感激难宣。敬启者，缘弟在省时，曾托阁下及大人藩署，如有汇各处之款，说项一节。适弟昨日返里，阅敝号各庄来信，市面仍多滞碍，仍请暂行停汇。既属如此，则弟在省奉求说项之事，只可暂作缓议，待后各处通融，再恳费神可也。并祈据情禀明大人，亦祈缓议为荷。如抚院有事，数目从轻，尚可效劳。何时如有，请来信示知为叩。肃此敬请署安。并希垂鉴。余维爱照。

愚弟高云汉

兑

七月初七日与王静轩翁寄去一信

静轩仁兄乡大人阁下：

前蒙贺临慢甚甚，近接手翰，备悉一切。藉念潭祉绥和，为祝为颂。承询顺直军务暨敝号各处近日情形。谨为阁下大略陈之。义和团自五月大肆猖獗以来，初则拆铁路，毁电杆，继而焚教堂，杀教民，甚至拒官兵戕武员。蔓延顺直京津等处，已成不可遏抑之势。至五月十七八日，在京津两处，公然放火焚洋楼，杀教民，毫无忌惮。此时国家名虽□办，而其实已有艰于止遏，不得不藉而用之之心矣。自廿日前门大街大火后，拳匪合军与洋兵在京日日开仗，嗣因杜土兰照会我国退出大沽，归伊看守，否则力取等词恫吓。国家于廿四、五日，遂下决裂开战之谕。诏旨既下，大沽已失，遂成不可收拾之局矣。闻京城所恃者，董军，开仗几一月，洋楼尚未尽破。天津所恃者，宋军，持至六月十八日已失。其别军有本不能战者，有居心不战者，亦有受贿为敌所用者，皆不克一指其事。闻津失手后，裕帅及宋帅俱退守北仓。聂士成十三日已阵亡。运司及道台受伤殒命。天津府县不知下落。即董军、宋帅中亦颇有伤亡者，令人不胜悚悒。至拳匪之在京者，仍盘踞不动，杀大臣，抢王府，以诛教为名，几乎替天行道，虽二、三品大员，畏其势，无敢言者。皇上近似知之而亦无可如何。其在天津者，初则尚有战者，继则远躲前敌。近闻有神通最大之团总张得成，因纳洋贿，经宋帅已令杀之。又有一本领甚大之曹团总，被洋人捉获已经钉死。其余贪财畏者，经宋帅已杀不少。该团之伎俩，更可概见矣。其直属以及东西口、奉天等处拳匪之仇杀洋教者颇多。我省省垣及附近处焚教杀洋教，亦颇不少，大教人中无故被戮者，亦层迭出。太谷于初六日忽来榆次团民二三百，将城内教堂、洋人，焚杀殆尽。太原、徐沟、榆次、清源等属拳民既多，焚杀教民之事亦多。幸敝县拳民尚少，则焚杀之事刻尚无之。闻敝县以西各府县拳民，虽有甚少且亦不甚滋事。然此辈气焰刻尚不衰，不知将来伊于胡底。想我哥肯为我省一设挽回之法否？至于京津军务，接敝京号六月廿八日之信闻，虽有议和之说，不确果否。惟闻天津仍是开仗，又闻省城言及亦有停战三礼拜。彼此议和之说，均不确。究是如何，前阅邸抄，李傅相调补直督，未到任前，着宋宫保帮办。裕帅、李鉴帅、鹿滋帅奉旨均着带兵晋京。鉴帅刻已抵京，滋帅亦不久可到。此二翁到日，大事或可有望转机，然非傅相至京，恐难成事。前闻南七省各处督抚照会各国，共保商务。有南省不肯失和之约，诚为吾等万幸。不然则南省亦早经不堪矣。敝号各庄事物，除天津必须吃亏外，其沿海沿江各分庄，现只停做生意，尚无别事。其如川陕较远之庄，人心虽惶，尚不至概无生意。而祁号亦早飞咨各庄，令其及早收款，设法趋避。幸各庄办理尚早，尚不至于迟误。惟祝军务早息，则为吾等万幸焉。再近接济省王子青来信，据报地面情形，较前虽室人心，尚称安谧。统有致阁下一信，随书奉上，至望詧收。此外带麻包一个，暂存敝号。俟尊处有人来祁，饬即持函来取可也。附抄上谕三纸，并希收览。肃此奉复。即候侍安。并向阃潭均好。

乡愚弟制高钰、吕永和

七月十六日与乐树滋翁寄去一信

树滋仁兄大人阁下：

久钦芝宇，企慕良殷。近维文祺叶吉，履祉绥和，为祝为颂。昨日敝同事高章甫旋祁，谈及阁下在敝京号之存款欲由晋省提用等情。叙谈之下，查阅敝京号日前来信，曾提阁下在京存有息款五千两，原券二张。阁下临行时，曾题数语，到晋后不保陆续需用。如该翁用时，视数之多寡，以订京晋汇费云云。今阁下既欲在晋提收，小号能不慨然应命。至如果收若干，赐信题明，以便小号进省交结。惟值敝处地面滞塞，银钱周转万分拮据。借一对月之银，每千利须七八十两尚无出主。至敝帮之汇兑，暂行停止。间有收汇京票者，每千费须百两以外，即小号有由京列来晋交之款者，每百算费八九两至十两。此亦系至好者零星之款，始敢商办。若系大宗尚不敢汇也。良以目下景况，本属奇变，凡事只可品兑而行，原不能以寻常办法办之。近闻军务有议和之说。果尔如斯，则各处窒碍，亦不能久。倘邀平定则何事均可易于办也。恭在契末，用敢直陈，或用若干，至希赐信，示知为盼。肃此敬请升安。并颂暑厘。

名正肃

兑

七月十八日收到程世荣翁寄来一信

子庚仁兄大人阁下：

迳启者前存贵申号之款，藩台早已通饬祁、太、平三县票庄二十二家分汇。多日未据禀，复闻各号均不甚愿。有说必须贵号向各号说好话，勉肯应允。不知阁下与各号曾否说妥？今日藩台传见弟时，大加申斥，限五日将银两汇好，否即奏恭，弟十分为难。此时应如何办法，即请贵同事作速来省，以便商量办理，回复藩台，俾免弟厄难。是为至要，激函遣价□呈。敬请财安不具。

愚弟程世荣顿首

再上海现在平安无事，仍通商务，并非断绝汇兑，或约三五家分汇，当不至为难。事已如此，惟望阁下设法是荷。

七月十八日与程伯诗翁寄去一信

伯诗别驾大人阁下：

晚刻奉到惠书，敬领种切所云。阁下在敝申号之存款，闻各号均不愿汇，必须敝号向各号说好话，始可允汇云云。但今之际，不在说话而在地面滞塞之不能办也。果说好话而能办，不惟存款敝申号，即不然究以与阁下交情而论，敝号又何乐而不为。现在停汇者不惟敝号一家，即敝帮数十家，占庄数十处者，均早一律停汇。迩今之维难，并非上海商务不通，实系晋属市面滞塞，多少不能凑办现银，以致各号停汇也。刻值秋标在迩，祁太平三县因无现银交结，一切收交款项，均议缓过局。所有阁下之事，值此时年，无法可施。以弟愚见，惟祉好阁下派委到申提解现银。错此别无良策也。是否有当，惟希尊酌施行。肃此奉复，敬请升安。并颂秋祉。余希垂鉴。

名正肃

兑

七月二十三日收到程伯诗翁寄来一信

子庚仁兄大人阁下：

今日早，小价回省带来覆信得悉，一是申款不能汇晋，弟已屡次回明上宪。乃上宪执意不听，且谓弟与贵号通同作弊，限五日内将存款三万九千四百两如数由贵号汇交，否则不能了事，且恐彼此均有大不便处。务祈见信后速遣贵同事星夜来省，以便商量办法，回复上宪。是为至祷。所有弟十分为难情形，已托李敏斋加函奉告矣。激此布达，敬请财安。惟照不既。

愚弟程世荣顿首

兑

七月三十日与平阳镇杜大人寄去一信
玉翁军门大人阁下：
　　迩维勋华彪炳,政祉亨嘉,为祝为颂。敬专恳者,缘敝号偕协同庆,有从西安省七月廿一日起行,运祁之镖,敝号者四数,庆记者其数不确。曾蒙陕护院端午帅饬派马队一、二十名护送来祁,近闻途中甚不安靖,以致日夜万分焦灼。因特专函奉恳。俟敝号陕镖道径,尊处伏祈费神,务必关照。请派妥员十余名,持敝号信往西迎接,护送来祁。则感戴鸿恩于无既矣。至恳至祷。肃此叩求。敬请勋安。只颂（阖敝同帮亦有同此镖起者,但不确究系几家附闻。）秋祉兼请。
　　乐圃仁兄崇安均此惠照。

名正肃

　　附去致陕来马队开口信一封,至望阅毕,封固嘱交贵员带呈为荷。
　　兑

光绪二十六年八月

八月初二日收到雁平道恩大人寄来信
子庚仁兄大人阁下：
　　甫寄函间七月十七日接奉钧缄,敬悉一切,欣念事顺利,为颂为慰。夏季敝处应领之项,面托李荫庭兄代办。今承示下,已领代储,费心豫敬之收条。筱山去年入都,划拨并来往齐数花单一件,均收讫。容候胞弟瑞辑五霖前署枭篆本任广西左江道。去冬函至有人都引卓异。见之信,俟其再有函到,行止便可定局矣。前四月在省晤李荫庭兄,人极诚朴可敬。惜因彼时天旱,即想还代求雨,未能访谈,至今抱歉。且承惠锡多珍,只好酌领谢讫。当即束装午节到代略静数天,赶为斋素,设坛祈祷。夜间自啐木即祈雨经咒,不至三日已普落雨。奈有去冬,雪少地气干燥,而雨至虽小,以后五月廿六日大雨,通宵达旦,民地普开。至六月,自初二日雷雨,初四、五、七,初九、十一日雨,大小不等,青苗发生可爱,而土烟收竟加倍。六月初五日,突来义和拳民专同洋人、入洋教势不两立。前数日,闻风即未雨绸缪,计传乡地转传入教者,皆我之民,倘风不和各赴僻处一避,候凶风过,自仍安业。古云:会无好会。禁令我人,勿为煽惑。其余官设法主持传示,不久其传纸之单,街巷遍贴,拿无可拿,恶拆敲堂。时半多幼童,迅速已极。下午即报,城外拳民杀乞丐。拒称洋人使令撒药害人。同城文武会商,弟拟派妥人暗访其头目,同恶几人。夜派教习,镇挈严办。倘有敢于抗官,放空打之刀矛向皆有之选差帮设监狱为要。次日拿获倡首二名,同恶土棍七名,□办□众人向州抚拒众官役放枪击之。从此风即行息矣。若辈探试官上举动,不容其恶,便乏枝节生也。闻归化、包头初七日到有商来,彼此询及彼处已落雨。天津已停战三礼拜,各省防军多已到齐,李中堂已去津门。好在开仗惟法日两国,其余皆愿保商务,天津府失仅二百鬼兵。登时,为彼处水会人心齐打退鬼即出城收复矣。惟运库失去银百万余。运司杨宗濂不知下落,而京中闻复一警矣。真是劫数不容逊矣。想贵处尚精稳,地方当平安。念念先覆,即请勋安再闻。

弟名正肃

毓抚台七月十六日入都陛见,若能赴敌带兵杀贼,却是相宜矣。又及。

章甫、荫庭兄同此致□。

兑

八月初二日收到张蓉镜寄来一信

乐斋老伯大人阁下：

春初东上,驾已西旋,遥忆芳徽,曷胜鄙念。恭维财祺百益,履祉千祥,如颂为慰。敬启者,小侄六月十三日从济赴晋。济号为晋号写信言,小侄到省,当用银三百两之谱。小侄六月廿九日即到晋号,用市平足银一百两。昨又用银,高章甫翁言,省城银缺,以小侄回家过祈,到祈号取银甚便。今小侄意欲八月初与王佩卿同往济南,不能亲自取银,特托敝县户房张稿爷过祁来取。伏乞老伯见信即付芮城县户房张稿爷市足银二百两,带回敝舍。如费尊神,能转兑运城乾盛亨号,更为妥善。俟侄到祈之日,面为致谢可也。外带收条一纸,查收是荷。专此恭请尊安。伏维朗照不一。

舍照式又收到一信。

愚侄张蓉镜顿首

八月初五日与王静轩翁寄去一信

静轩仁兄乡大人阁下：

今早贵价来祁。据云,迄今未得覆信,骤聆之下,殊深诧异。忆自前读华翰后,随于上月初七日,曾经裁答其函,系由太谷转去。今既未蒙青睐,必系路途阻隔耳。兹仍照抄原信奉上,至祈并鉴,至所统之。上谕三悉,一系与各国决裂,二系保护洋教等情,事隔日多,故未复抄,敬启者,近日确闻都中于上月廿一日已经失守,董帅退守保府,皇太后、皇上于七月十八日出京,西巡到陕,由东口而绕山西,护驾者系端、庄、肃、庆四王爷,溥、伦、□三公爷,贝子、贝勒四位,刚、赵、英三大臣,余不甚确闻。不日即抵太原,敝县已有传单,令办皇差,刻已安置有绪矣。大局如此,可胜浩叹。惟希我省不至糜烂,则幸甚焉。所有敝号驻京、津伙友,蒙上苍默佑,俱获平安回祈。合并奉闻,近接敝伙济南来信,据称济难警报频闻,东省幸尚无甚变乱,缘赖袁尉帅不辞劳怨,极力撑持,禁拳匪以医洋人,是以幸获安靖也。余不及,肃此敬请文安,并候阃潭均吉不另。

乡愚弟高钰、吕永和同顿首　八月初五日

八月初六日收到平阳镇杜大人寄来一信

子庚仁兄大人阁下:

复者昨初二日亥刻接到手书,并陕标公函一件。展阅之下,具悉宝号标银过境,令敝处派勇护送,当于初三日辰刻拣派妥人赶赴史村一带探听消息。是日酉刻,该差回称,奉委后,打听祁标,业于初二日路过史村,初三日一早,由平易起身各词。弟欲派人谨护则相离一站,步队必追之不及。所有马队又于前日派赴省城接护新军。所领鎗械殊负重托,益增愗愧,好在敝部中旅于初四日派赴北路迎驾,相隔不远,或能虚张声势也。专此奉复,即请升安。统希蔼照。并询阃号均吉。附缴陕西公函一封。(以后如有所托,即请预先速为示知,免如此次收信之日,标已过境也。□山附书)

愚弟杜金标

兑

八月初九日收到平阳镇杜大人寄来一信

远达芝宇,岁已三秋,遥企桂堂,秋将及半。敬维荫庭、子庚、乐斋、章甫仁兄、弟大人:

厘延节素,名重陶朱,酌桂醑于良宵,偕同人而笑吟月露盼。麻封于后日,虽良贾亦际会风云,即庆鹏搏允符鹄望。兄弟自惭庸懦,忽际艰难,对旁之军书,知何时方传露布詞有壬于小推藉余暇且遞云笺,肃函恭贺节喜。并颂瀛祉统布。朗照不备。

愚弟、如兄杜金标

兑

八月初九日与陕西抚台端大人寄去一信

久逢鸿范,时切凫趋。兹当香满蟾轮,遥企庥扬麟阁。敬维午帅中丞大人:

　　寅亮天工,辰猷月朗。颂清风于玉宇,兴永南楼。荷湛露于珠囊,恩浓北阙。鼎司预卜,节后荣牶。钰等株守家乡,乏善可述,幸顽躯犒适,堪以告慰锦念耳。孰意今夏拳匪滋事,中外失和,致将敝处现银奇绌,久欲从外往家运镖,奈路逢觥险,不敢轻举。今蒙大人格外关垂,赏派妥员,护送敝号运晋之镖,于今晚得以平顺抵祁。感荷鸿恩,实无既极,知□钧念,用以奉闻。肃澂鸣谢。敬请升安。并颂节喜。诸维蔼誊兼候。

　　五大人、六大人、子才仁翁均安,恕未另致。

名正肃

兑

八月十四日与平阳镇杜大人寄去一信

桂魄初生,兰函逊奉翘詹,卿月倍切哥风。恭维玉山军门大人:

　　鸿页匡时,豹韬韫略,柳营续楸。允征克壮其猷,枫陛恩浓。洵叶在师之吉。云棻骧首露藻驰忱,钰驹隙霎抛,蟾圆复庆,蚊山仍负。莫藏鸠拙之劳,鱼牒虔呈。藉达凫趋之愫,爰修丹束。恭敬节喜。敬请升安。余维谒照。

　　荫庭、乐斋、章甫附笔致贺。

名正肃

兑

八月十四日与朔州正堂徐葆生翁寄去一信

远隔钧辉,时殷景慕,适逢桂序,遥庆团圆。敬维葆生司马大人:

　　劳谦终吉,清节为秋。挹玉宇之清光,桂庭香满。荷珠囊之宠锡,芝綍恩浓。骧首桙辉,驰忱藻颂。钰票六依然无善可述,仰瑷偻于百尺,情逸樨辉。

望银汉于三秋,思深萧咏。□修丹简。恭敬节喜。敬请升安。余维蔼照。

名正肃

兑

八月十四日与雁平道恩大人寄去一信
桂粟飘金,兰函锡玉临风,诵藻向日倾葵。恭维雨三观察大人:

绩楸防秋,勳隆抚夏。筵开醉月,厘延丹桂香中。节拥凌云,诏锡紫薇花下。霜台即晋,露颂允孚。钰鸠拙依然,蟾圆复庆,挹九鸿之气爽,藉畅疏襟。览万象之灵涵。愿呈贺简。祗颂节禧。虔请勋安。余惟荃照不宣。

荫庭、章甫附笔致贺。

名正肃

兑

八月十四日与大同府李子丹寄去一信
睽违斗范,又庆蟾圆,翘仰钩辉,弥殷鹤跂。恭维子丹公祖大人:

厘延桂序,化溥棠阴,挹蕙瑞于黄堂,祥凝琴鹤,迓芝恩于丹陛,宠渥书鸾引睇,矞云倾心祝露。钰分阴霊挪,寸善毫无,幸银汉之澄清。倾樽有愿,览瑷楼之皎洁。肃简维殷。肃此敬请升安。恭贺节禧。

章甫附笔致贺。

名正肃

兑

八月十四日与雁平道署刘筱山寄去一信
筱山仁兄大人阁下:

久仰芝标,良殷渴慕。兹际露凝仙掌月印佛心。恭维辰猷楸著,酉琯延厘,引领升华,倾心豫颂。弟昭余珠守,乏善足陈,所幸贱躯粗安,堪以告慰厘念耳。兹附去致贵东一函,至希呈递附呈。省南一带自春徂夏,雨泽愆期。幸自六月以来,甘霖叠沛,小禾亦曾安种。人心赖以义安。但不知何日复睹升平也。想我兄亦共盼之。专此恭贺节禧。敬请升安。

章甫附笔请安。

名正肃

兑

八月十五日收到王静轩翁寄来一信

子庚、乐斋仁兄大人均鉴：

　　昨奉手书敬悉。辰维履祺楙介慰如所颂。现在时势不可以常论，各处义和拳盛行。真者，固确有神气，其假冒者亦为害民间。幸老哥调度各处老班，均有胆有识。是以生意未至受制，可羡之至。弟因修理敝舍，日叨无味之忙，而秋稼被旱，终恐收成有□。现弟有骡马五头，草料甚贵，实在养不住，欲卖青骡、青马二头，原价买费京钱二百余吊，如贵处有人要买，可速来信，即伤人送至贵号。此二头牲口，德行、力程、牙口均好，毫无驳杂。弟因爱惜在东不肯卖，是以至今未免受制。倘无合适之人，即将此二头或送子庚兄，或送乐哥，或送贵东使用亦无不可。好在我等均属至交，岂无借□与共之义乎？余容再布。此请近安。

弟王制用霖顿首

　　如有人要请即赐玉音以便伤送。前次由东捎来包一个。俟后顺便持函来取为妥，先此奉谢。又及。

八月二十二日与马汉卿翁寄去一信

　　久逢雅范，恒切驰思，翘企钧晖，弥殷鹤趾，缅维汉卿贤契，勋隆日茂，景福时增，引睇升华，倾心豫颂。前接敝汴号来信。据云遵嘱商将前年通融之款仍再全数展缓一节。按彼此至交，即再展转，未为不可。第以今岁商情否极，似于号规有所限制。惟念今夏军兴以来，各处市面窒碍已极，银钱周转万分艰难。则不得勉从尊意，再周转一年。以俟明岁再作筹划，又据账房所陈来往帐，有上年秋标、今年秋标，各应付一年，利银二百七十七两一钱三分，二共祁公平实银五百五十四两二钱六分。不知此项拟付与否，至如拟付则按原数转票。如拟不付，则连原数即四千零矣。则须按四千整数转票，此亦号规应当如斯，非是斤斤计较也。至于今岁秋标之利，祁、太、平三县所开，皆系年利一百三十两，合月利每月一分。情因军兴以来，市廛之拮据，迥非常比。银两之短绌，向来未经。是以开利如此昂大，勿论殷实软弱，罔不照开利一律行之。该外者既不能不如此出，而外该者则不得不如此得也。所有贤契之款，亦只可随众按月一分注帐。其字据今日亦应重立，今抄去原立草底一纸，随函奉上。至祈查收。以便重立有傍，阅毕即可付于丙丁。其大数一层,如拟付利,则照原数,否则须以四数书之。一俟将票立便,就便交于敝汴号,以便该等看势寄祁。至于原日票据,本拟以随信寄汴,奈值路途不靖,不若稍为从缓。一俟和局有成,途中稍靖,即行从速奉上可耳。激此奉布。即候升安。并问阃潭均祉。

制愚生高钰顿首

兑

八月二十八日与王静轩翁寄去一信

静轩仁兄乡大人阁下:

初五日,曾布一函,并附前稿。谅邀钧鉴。十五日接奉华翰,敬领种切,就念文祺,迪吉为颂,承委代售骏骥一节。接信后即为遍询,奈值时难艰孔,亟愿买者甚少。又蒙惠赐,满拟号用,无如敝京伙这月初回祁,已经带回色骡三头,现下足敷需用。询访之下,骡暂无人承买。其马二匹尚有欲买之人。至请我哥斟酌,如其愿售,则祈遇暇时,派人送祁,以便买者见货作价。但望于送来时祈将价值对来人说知,以期易办。缘弟等不甚同行,不克从中酌价也。其骡子,如近日在贵处售出更好,否则敝处设有买主,再为奉信关照可耳。再陈,圣驾于十七日抵省,护驾者端、肃、庄、庆四王爷、公爷、贝子等十数位,刘中堂、赵司寇、鹿中丞、锡方伯、桂月亭、陈学荼、宋、董、马帅等皆相继来晋。庆王、荣相皆由半路折回京都。肃王近日亦由晋省带旗兵数千回京守护都城去矣。闻随扈兵丁,尚属公买公卖,并不很为搔扰。前在晋直交界时,旗兵虽稍滋事,嗣经正法数人,迩来甚为安静矣。视其来历,圣驾在晋尚许多往,西巡之举,系缓事耳。闻李傅相于这月初航海赴津,初八日已接直督之印。都门洋人,闻已退津。又闻,傅相密奏,谓各国皆请圣驾回京,以便交还都城。又闻大内库、府库藏储,洋人丝毫未动云云。似比情形,和议当许可望有成。是则日夜之所盼祷者尔。又闻洋人自进京后,未多杀戮,王公府第皆未烧毁。直境府县,亦未再占。所以彼此多日未战,惟直境逃兵实繁,有徒义和拳匪,其焰尚炽。近接敝济号八月十八日之信,据称,济省甚为安稳,海面虽有敌船游弋,而袁尉帅办理得法,是以各国毫无举动。据济伙云,只要海口无事,人心虽惶,济省则属无碍云云。似此得一聪明,大宪不特东省受福无疆,则邻省亦莫不被其泽矣。言念及此良深浩叹。敝处近来雨水又缺,人心尚安。太原府属拳匪漫散几尽,但不

悉尊处者曾否散完念念。兹附上照抄谕旨三纸。至祈并览,激此奉闻。即请
升安。并颂潭府清吉。

愚弟高制钰、吕永和同顿首

兑

补八月十九日收到高锡华翁寄来一信
子庚仁兄大人阁下：

  日前趋谒,荣阶藉谈,一切快甚。兹有恳者,寒舍应得利银本在冬标,奈刻下家有急需,前蒙惠受,府允通融。祈假祁平足银十两,掷交去价为盼。手此奉请钧安。统希垂照。

愚弟制高锡华　八月十九

兑

又八月初三日收到王静轩翁寄来一信
子庚、乐斋仁哥大人钧鉴：

  八月廿日接奉初五日手书,敬悉一切。足见关甚,关垂备至,福祉双绥,慰如所颂。前于初间,由太谷转呈寸械,未知入览否。今读来示,有贵价来祁之语。殊深诧异。弟近来并无崇差往祁之事。况既有差,必有弟之亲手书信,始可为凭。若有人而无信,皆是假冒骗手。此次到贵号者究系何人？有无撞骗银钱之事？务祈一一示知为荷。再切恳者,王金夫妻,前于七月间,已逐出,不在弟处当差。此人诡计多端,难保不潜入东省,巧词撞骗。望我哥于寄东省号信时,适即函知贵号,并传知诸至好。(如张云卿、赵和斋、陈小渠、正立当等号,恒发楼等号)莫不可受其诈骗,亦不可为其少留情面,图荐他处之事。缘王金之不可使用,非他人比。恐朋友受其连累也。至祷至祝。各处拳民闹事,独东省尚称平静,此皆袁薇帅之力。闻皇舆已抵太原省,未知果确否？现在时数促变,凡所为所言,皆属出乎意外之事,可为浩□。京津贵号友均安然旋里,可喜可贺。但祝京津以外能久不变。旧时景况方稍杞忧耳。前弟函询骡马一节,未识吾哥能为弟谋一善策否？统望便中示知为荷。附去寄韩幹臣函一封(又有家人信一封)。祈由号转达,是祷。余不尽言。此请财安。并候福音。

愚小弟王制用霖

兑

上洋分号信稿

民国八年十二月

照抄民国八年腊月大盛川都号通年总结帐

总结处

至上年底净结存祁号砝平银二万四千一百一十六两七钱二分。

共收会祁号银四千四百三十一两八钱七分。

共收会津号银六万八千一百八十四两二钱四分。

共收会城号银八千零五十九两四钱八分。

共收会包号银一千零零三两四钱三分。

共收会口号银四千一百一十九两三钱六分。

共收会庙号银三万七千七百一十五两二钱四分。

共收会镇号银一千三百三十四两八钱九分。

以上八宗共收会砝平银一十四万九千四百六十五两二钱三分。

共交会祁号银二万三千三百六十五两一钱四分。

共交会津号银五万三千一百五十五两。

共交会城号银一万三千八百零八两二钱七分。

共交会包号银一万二千零八十七两四钱六分。

共交会口号银三千八百三十九两七钱四分。

共交会庙号银一万六千二百二十两零二分。

共交会镇号银三两三钱三分。

以上七宗共交会砝平银一十二万二千四百七十九两零六分。

共入现利银七百七十四两六钱二分。

共入会利银三千四百两零零四分。

共出现利银二百八十七两八钱四分。

共出会利银一千零九十九两五分。

共出加色银一百三十八两八分。

共出盘费、铺捐房课、立店柜、辛苦水银三百二十七两九钱四分。

共出杂役缴费银一千三百七十一两一钱三分。

共出杂役缴费钱三千五百四十一吊六钱,合银一百九十五两一钱六分。

共出信电资银二十一两。

以上九宗除讫净入砝平银七百三十三两六钱五分。

总共除讫净存祁号砝平银二万七千七百一十九两八钱二分。

一宗该外借贷银四千八百四十七两五分。

一宗外该借贷银二千七百八十九两。

一宗预交公合元口票银五千零七十两。

一宗预交申票银四千六百零七两二分。

一宗会津未收票银一万四千零九十九两八分。

一宗公债票欠银二千一百三十五两四钱二分。

一宗来往帐外该银一千九百四十两零五钱九分。

一宗存现银一千七百四十五两六钱一分。

一宗存现钱五百八十四吊四钱,合银二十九两七分。

一宗存家俱作银一百五十两。

一应总共除讫净外该砝平银二万七千七百一十九两八钱二分。

至腊月底共合该外、外该未到期利五十七两二钱六分、二十六两一钱九分,除讫净该外砝平银二十九两零七分。

沈阳致总号信稿

光绪三十二年二月

照抄光绪三十二年通记沈阳分号致祁总号信稿

　　上月二十七日从营奉去第五号信，想早收览，内报沈现收现杭银会谷三月初一日交崔书麟、杨花林真银三十两、二十两。又沈照式收会谷三月初一交积记竞宝八十两，又沈照式收会谷二月半交李岁林竞宝九十两，又沈照式收会谷三月半交宋业堂竞宝银五百三十五两，又沈照式收会谷夏标交常殿卿竞宝银五百三十五两，六宗无费，无票砝，各凭信，其平同照沈平兑。又沈结去祁见信交武盛玉真银一十五两，其平照沈平兑，业经分别泐底备交银注沈帐，其余要移照抄再启，以省再渎耳。接读吉号来书，内情领悉，统来收银字据，弟等存欠银枳，前信再启，均经阅转，接来银两泐底照收，望勿锦念。

　　敬启兹报沈现收现杭银，会谷前四月初一日交乔世章、乔永旭竞宝五十一两五钱七分、一百零一两八钱六分，二宗无费，无票砝，各凭信，共平照谷平，比本平每百小一两九二兑。又沈照式收会祁见信交贺履厚真银二十两，又沈照式收会谷照式三月初一日交温增祺竞宝银三百两，又沈照式收会谷三月半交桂荣堂竞宝银一百三十两，又沈照式收会谷三月半交郭梅悬竞宝二百两，四宗均无费，无票砝，各凭信，其平同照沈平，比本平小二两八钱二分兑。又沈现交过帐银会谷夏标代德庆增向祥和福收竞宝银二千一百四十两，共贴沈结费银一十二两六钱一分。随附去庆生与德庆增立便之收银会票一张，至期持票向祥和玉收结为妥。倘有差错，速为统沈，以备追原是祷，无砝，其平照谷公平，每百小一两九二兑，至祈分别泐底，依期各为理费，银注沈帐为荷。附报沈现收现杭银会京见票三五天交复升德足纹银五百三十五两，共得费银五两。又沈照式收会京见信交吕召南等足纹银五百一十五两，共得费银二两八钱。又沈见信交现杭银会京后四月半收大德恒足纹银五千两，共得费银五十两。又沈现收现杭会济、津见票交同成永等足宝银一百四十两，两不加费；化宝银一千两，共得费银二两四钱。又沈照式收会津三月一日交成记化宝银一千零七十两，共得费银二两。又省现收现杭银二千四百两,三月一收现杭银一千零七十两,会津三月一交泰山祥化宝银三千零一十两,共得费银七两七钱六分。再沈前电会晋省交项则龄银一千两一项,今已换妥,电费伊出,共与咱加过费银二十两,已就沈入帐矣。为此奉知。现钱数一千二百九十五,现杭银加色二两一钱,净兑七钱三四,呈知。余事后报,专此奉上。

　　子庚当家台照!

弟高云汉书

第六号 丙午二月初二日沈申

照抄光绪三十二年通记三原分号致祁总号信稿

　　于初一日着天顺局寄去第七号,统去刘南渠五十两收条一纸,又安致祁、京、津、城、沈、口各一信,各附月清一枳,祁附原稿四纸,有信二封;京附会票一张,福庆祥信一封,收条三纸;津附收条一纸。又呈致祁一信,外札九件,均早收转。又前会谷夏标收中盛和银一千两,立票后报之项,与咱立来会票一张,已随前函统呈,谅早查收,照收此一百两,前函要务。十一日、二十一日第七号来函,内情已敬悉,统来各信并银等件,收帐会原,交物留底照交,至祈勿念。

　　敬启者,兹报原以七、冬月底,腊月二十五日均收足纹银,会谷秋标交益顺兴竞宝三千两,共得原结费银二十八两五钱,立票后报,无砝,其平照泾市平,比本平每百小三钱六分兑,至祈留底照交为荷。附原以本月底交会汉、申,六月底收德隆全估宝银一万两、足纹银一万两,共得费银四百两、三百九十两。又照式交会汉六月底收万庆丰估宝六千两,共得费银二百五十两。又五原以前、后四月底交银八千两、五千两,会申六、七月底收祥成永足银八千两、五千两,共得费五百零七两。又原以本月底交会汉六月底收义德厚估宝银五千两,共得费银二百两。又原以冬月底收银二千两,明二、三月底均收银二千两会汉,九、十月底,十、冬月半均交新顺福估宝银四千两,共得费银一十六两。又原以兑期收会安本底交恒泰丰、德合生足纹银一千六百两、一千两,共出费银四两、二两五钱。又照式收会安本月底交义兴泰足纹银一千六百两、一千两、三千两,共出费银九两。又照式收会本月底交公兴祥、泰昌堃足纹银一千一百两、一千两,共出费银一两六钱、二两五钱。又照式收会安本月底交天同福、永丰缎足纹银各五百两,各出费一两、一两二钱。又照式收会安本月底交长生源足纹银二千四百两,共出费银六两。近由包会原五、六月底均交德生顺银二千两,济会原七月底交德兴恒银三千两,随收复星垣银五十两。安会原本月底收蔚丰厚、丰益成银一万两、一千两,会式各详,原不冗述。闲报合盛元以得期四十天无费交天成恒、协同庆等初夏标银六万两,闻及该号系由汉、沙运来之镖,由原济家夏标之事耳。又蔚泰厚、百川通亦随咱汉、申、原之式交过烟帮汉、申票银一万两、一万两。别票无事,临笔月息未开,只といえ本无甚事,兼同帮惟存现银颇钜,以致银两疲滞,视此市情,月息恐难多开,并此呈知。钱数一千一百。兹统去安致祁、京、津、城、沈、口各一信,祁附银信一封,京附会票二张、收条二纸,津附会票二张、收条二纸。又原致城未列号一信,附月清一枳,外札一件,至祈收转为妥。余再详,专此奉上。

  子庚当家台照！

弟权天锡书
第八号 丙午四月廿三日原申

民国九年十二月

照抄大盛川民国九年阴历腊月底城铺通年总结宝帐

  总结处自上年年终提来净存祁号硴银一十八万九千二百八十二两一钱一分。

  共收会祁号银一十一万五千四百九十四两九钱三分。

  共收会都号银三千一百八十七两六钱九分。

  共收会津号银七万八千六百五十八两八钱二分。

  共收会口号银一万六千一百一十八两二钱四分。

  共收会镇号银二十一两一钱五分。

  共收会包号银一万三千七百七十八两九钱七分。

  以上七宗共收会硴平银四十一万六千五百四十一两九钱一分。

  共交会祁号银九百七十七两四钱七分。

  共交会都号银一万五千一百一十二两六钱二分。

  共交会津号银一十七万二千五百零四两七钱五分。

  共交会镇号银一十四两一钱一分。

  共交会口号银五千零七十两。

  共交会包号银六千二百一十九两九钱二分。

  以上六宗共交会硴平银一十九万九千八百九十七两八钱七分。

共入贴费银二万一千九百五十两零九钱二分。

共入现利银一万三千四百一十六两四钱一分。

共入现利钱三百四十五吊，合银五十八两七钱九分。

以上三宗共入砝平银三万五千四百二十六两一钱二分。

共出贴费银五千七百六十一两九钱八分。

共出现利银四千六百五十七两零四分。

共出加色银四十九两八分九钱。

共出捐输银三百七十九两四钱一分。

共出行礼、布施银一百二十八两二钱九分。

共出房课银一百六十六两二钱九分。

共出缴费钱三千五百二十吊三百四十四文，以五钱二五合银一千四百三十二两八钱八分。

共出信电资银二十九两七钱五分。

以上九宗共出砝平银一万四千二百七十三两二钱二分。

两抵除讫，净入余利银二万一千一百五十二两九钱。

通共除讫，净结存祁号砝平银二十三万七千七百九十六两九钱四分。

中兴和记汉口信稿

宣统元年正月

川　新正初六日从京转去第吉号信一封　业

　　国服新制,朱东拜贺,兹随函恭候新安。启者于客腊三十日从京转去第七十一号之信,想该收阅,旧叙之情勿复渎矣。是日接兄来第七十三号信一封,内情已悉。初二日下午一点半钟接汉来明码电信一封,翻出祁县中兴和收过五十,已悉勿念,其十字许是千字。令咱与天聚全会定银三千两,伊在祁春标交咱竞宝银,咱在汉后二月底、三月半、底各交伊估宝银一千两,共加咱费银三两,祁结,无票砝,各以信凭,其平照伊旧会砝,合砝每小四钱五比兑,至祈注帐依期各为交结是妥。此生意咱未能多收,安意亦不多收。咱祁号去年出利缴费,统共除入,净出银五万四千四百七十八两,布知。附呈咱邑开市,大众无甚生意,标事银两疲,满加利四两开盘,银元数一千三百一十八。咱汉号之荒账,惟无耗费,今收成好点,则东伙之万万幸也。三晋源等会过汉拉五月底交祁春标收茶帮银十来万,每千源记贴银十两。余事后叙,专此奉上。

　　古香兄青照！并候诸位兄均吉！

弟张可兴拜具

淄　新正初七日收到第七十四号信一封　去腊月二十六日申　业

　　于二十一、二十二日从京转去第七十三号之信,谅早收阅,其内之情勿复述矣。二十四日接兄来第六十六号信一封,内情均已领悉,祈兄勿念。再鹤年已于二十三日由京平吉抵汉,布知。刻下大节在迩,各行均无甚事,银利五厘息,钱价五钱四。随统去拜柬一页呈贺,余事后叙,专此奉上。

　　再,汉所用官钱局之款十万,今已定妥转办五万,布知。又批。

　　礼齐老兄台照！

制弟渠传芳拜具

　　再呈怡和兴等之事,前在各大宪署递禀,后幸蒙派委查抄追办,大员陆续回省,抄到者所值不敷甚多,大半早已寄顿,我帮屡次在关道暨夏口厅进禀摧办,堂讯数十次,毫无吐实真供,一味支吾,厅宪自觉施法几遍,别无可想。前数日禀请关道上禀督宪提省讯办,嗣批准如所请,已将该东伙一并解过江矣。闻委武昌府审办此案,刻亦尚无式样,咱帮又进禀催促两次,约年内难得办有成谱也。至怡生隆事,自该东等到后,逐日摧收外欠,副管事戴某早解到汉,堂讯供出管事杨某逃至安徽属之无为州亲朋家藏匿,夏口厅派差,我帮并该东派人偕同趋捉,未曾拿获,暂亦不知去向。据该东央中人与我等言,俟其将外欠赶紧收结下来,必有交代,以俟后首成何语言,如何办理,再为详知。晋祥庄事仍然收结外欠,约至年底尚可收三二成数也。此情奉知。又及。

藩　新正初八从京转去第二号信一封　业

　　于初六日从京转去第吉号之信,想早收阅,内叙咱与天聚全会定银三千两,伊在祁春标交咱竞宝银,咱在汉后二月底、三月半、底各交伊估宝银一千两,共加咱费银三两,祁结,无票砝,各以信凭,其平照伊旧会砝,合砝每小四钱五比兑,至祈注帐,俟期各为交结是妥,别情勿重述矣。昨日接兄来第七十四号信一封,内情已悉,统来年柬一页亦已收阅,勿念。附呈咱邑之标事,银两疲,满加利四两,银元钱数一千三百一十四。茶庄又会春标交汉三月二十日半收之票,无加费,今年茶票行市祁收主甚好,比收别路之票合算多矣。且数目成宗,能于济事,惟咱号因否帐太重,不能伸手。余事后叙,专此奉上。

　　古香兄青照!

弟张可兴拜具

　　至咱汉号之否事,能于早为下来,除顶汉该外之项,有余银趁此茶票行市甚好,由汉茶庄询问,春标期近,赶之不及,往夏标交会,比祁收同行之票加之多矣。惟与茶庄讲会,预言咱前期交他,免伊怀疑。如能交会,即行市错点亦可。假如汉无余银,即由汉与申关照,申银除抵外贷,除济京用款,有余银调汉,祈为阅照办理为妥。能行与否,来信叙明。又及。

新正初十日收到第七十五号信一封　去腊月二十九日申

　　于二十六日从京转去第七十四号之信,统去拜柬一页,想该呈览,其内之情勿重述矣。昨日接兄来第六十七号信一封,内情已悉,会来汉交之项照信注帐,俟期交结,祈兄勿念。再晋祥庄所欠咱否帐,今日又照二成分收过银一千八百九十九两一钱八分,佈知。余事后叙,专此奉上。

再，绍纯已于二十七日业已平顺抵汉，俟有妥伴即行动身，此布。又批。

礼齐老兄台照！

制弟渠传芳拜具

潘　新正十二日从京转去第三号信一封　业

于初八日从京转去第二号之信，想早收阅，内叙之情勿复述矣。初十日接兄来第七十五号信一封，内情已悉，勿念。今咱与兴隆茂会定银二千两，伊在祁春标交咱竞宝银，咱在汉五月底交伊估宝银，共贴伊费银二十两，祁结，无票砝，各以信凭，其平照伊旧会砝，合砝每小一钱比兑，至祁注帐，俟其交结是妥。附呈咱邑之标事，银两疲，满加利四两，银元钱数一千三百二十。迩日克开春标，祁交谷收者贴银一两，刻疲至五钱，平收祁交者得银五钱。余事后叙，专此奉上。

古香兄青照！

弟张可兴拜具

兴　新正十三日收到第吉号信一封　新正初六日申　业

前呈丹柬恭贺，随吾复候新祺。敬启者于客腊二十九日从京转去第七十五号之信，谅早收阅，其内之情勿再述矣。是日并正月初四日接兄来第六十八号、七十号信二封，内情均已领悉，会来汉交之项，照信注帐，所叙汉号无银收重抵补一节，则已照办。尚隔六十九号未到，俟到再覆，祈兄一并勿念。初二日早十点钟与祁打去明码电信一封，计祁县中兴和收过五千等字，谅早译明矣。附报昨日做开汉收申兑期之票得费六两，钱价五钱四，其别均未开盘。随统去汉号月清枳一个，呈览乃荷。余事后叙，专此奉上。

礼齐老兄台照！并候诸位兄均吉！

制弟渠传芳拜具

再呈谦福临之事，其不能应期情形前另信逐层奉明。客冬月到期者转至年终，一万五千两逼至再再，收过现银五千两，余者求转至今春归还。据云外帐一刻不能收齐，毫无挨靠帮助，势必如此之碍，难耶。伊恐咱不相信，去年终已将该放外帮借票四万交咱收执，以作信实，照该之行为，约无甚差错，遇此碍滞市面，只好通融转办也。此情奉知。又及。

藩　新正十八日从京转去第四号信一封　　业

于十二日从京转去第三号之信,约该收阅,内叙咱与兴隆茂会定银二千两,伊在祁春标交咱竞宝银,咱在汉五月底交伊估宝银,共贴伊费银二十两,祁结,无票砝,各以信凭,其平照伊旧会砝,合砝每小一钱比兑,至祈注帐,依期交结是妥,别情勿复述矣。十三日接兄弟来第吉号信一封,内情已悉,统来月清枳一个,亦已收阅,勿念。今咱与天成亨会定银二万五千两,伊在谷春标交咱竞宝银,咱在汉二月半交伊估宝银七千两,后二月半交伊估宝银一千两,三月半交伊估宝银九千两,三月底交伊估宝银八千两,两无加费,无票砝,各以信凭,其平照伊之砝,合砝每小三钱三比兑,至祈注帐,俟期各为交结是妥。附呈咱邑之标事,银两疲,满加利二两,银元钱数一千三百一十一。维骆已于十四日由京、绍统十五日由重平顺回祁,传淄因不相宜,已去号。余事后叙,专此奉上。

祁会去汉交之银,祈由汉早为关照收申、重之银抵补,祁号暂不再收汉之交项矣。奉知。又及。

古香兄青照!

弟张可兴拜具

藩　新正十八日收到第二号信一封　　新正初十日申　业

于初六日从京转去第吉号之信,统去汉号月清枳一个,约早收览,其内情形勿复述矣。是日接兄来第六十九号信一封,内情形皆已领悉。统来辛金枳一个,亦已收阅,祈兄勿念。兹报汉号会过重二月半交启大庄票色银二千两,同期交大昌庄票色银一千两,在汉各兑期收伊等估宝银,均无加费。再绍统已于初八日着永长栈抱送回祁去矣,佈知。附呈刻下汉收申兑期之票得费五两,收重兑交者无加费,钱价五钱三四。余事后叙,专此奉上。

再,弟家中如用银,勿可多付,每年项一百五十两支用可也。此布。又批。

礼齐老兄台照!

制弟渠传芳拜具

藩　新正二十四日从京转去第五号信一封　　业

于十八日从京转去第四号之信,约早收阅,内叙咱与天成亨会定银二万五千两,伊在谷春标交咱竞宝银,咱在汉二月半交伊估宝银七千两,后二月半交伊估宝银一千两,三月半交伊估宝银九千两,三月底交伊估宝银八千两,两无加费,无票砝,各以信凭,其平照伊之砝,合砝每小三钱三比兑,至祈注帐,俟期交结是妥。别情不复叙矣。十八日接兄来第二号信一封,其情已悉,所叙兄家中用银,以后照数结付,祈兄勿念。附呈咱邑之标事,银两疲,满加利一两五,银元钱数一千三百零四。余事后叙,专此奉上。

　　古香兄青照!

弟张可兴拜具

兴　新正二十五日收到第三号信一封　　新正十六日申　业

　　于初十日从京转去第二号之信,约该呈览,其内情形勿重述矣。是日并昨日接兄来第七十一号、吉号、二号信三封,内情均已领悉,会来汉交之项,照信注账,所叙申、汉余银往家交会一节,俟后遇机遵信照办,祈兄一并勿念。兹报汉号会过重二月半交惠怡厚票色银四千两,在汉兑期收伊估宝银,共得费银四两。又会过重二月半交大昌庄票色银一千两,二月底交恒裕、大成庄票色银各一千两,同期交晋裕、信成庄票色银各一千两,交晋大庄票色银两千两,在汉各兑期收伊等估宝银,均无加费,布知。附呈刻下汉收申兑期之票得费六七两,收重兑交者无加费。钱价五钱二。余事后叙,专此奉上。

　　礼齐老兄台照!

制弟渠传芳拜具

　　信后汉号又会过重二月底交晋昌庄票色银一千两,在汉兑期收伊估宝银,无加费,报知。又及。

藩　新正二十九日收到第四号信一封　　新正二十日申　业

　　于十六日从京转去第三号之信,想早呈览,内叙之情勿复叙矣。兹呈汉号现收过万泰公估宝银五千两,至京见信交伊足纹银,无加费。汉又会过申正月二十五日交晋康庄规银三千两,在汉正月底收伊洋例银二千九百一十九两七钱五分,共合得利费银二十四两。又会过汉正月底收百川成洋例银二千九百一十八两六钱二分,至申兑期交伊规银三千两,共合得费银一十九两四钱二分。又会过汉二月底收济康庄估宝银一千两,至重兑期交伊票色银,无加费。近接重号来信,会来汉二月底交银六千两,其会式勿述矣。附呈笔下汉收申兑期之票得费六两,收重兑交者无加费。钱价五钱三二,布知。余事后叙,专此奉上。

再汉号齐此信后,会票凭信已着曜已书写矣,此布。又及。

礼齐老兄台照!

制弟渠传芳拜具

宣统元年二月

藩　二月初一日从京转去第六号信一封　业

于上月二十四日从京转去第五号之信,约早收阅,其情勿再述矣。二十五、二十九日接兄来第三、四号信二封,内情均悉,勿念。二十五日兰已坐永长栈抱车动身赴汉住班,带去车脚盘费合砝平宝银三十两,至日与祁收帐,所带路具费并伊己身衣物等件,另开花枳详呈,希为照枳检点。至咱号事务以及其他景况,俟伊到日再面呈兄知可也。附呈咱邑之标事,银两疲,满加利一两五,银元钱数一千二百九十九。余事后叙,专此奉上。

古香兄青照!

弟张可兴拜具

秀　二月初二日从京转去第七号信一封　业

于昨日从京转去第六号之信,约早收阅,内叙兰已于二十五日坐永长栈抱车动身赴汉住号,带去车脚盘费合砝平宝银三十两,想该平顺早抵,银与祁号收帐,别情勿复叙矣。咱邑议开本标,长期利八十两,夏标月六厘,秋冬标月皆六厘一,满加利开十两,照行平和,现满加利一十五两,银元钱数一千二百九十四。余事后叙,专此奉上。

古香兄青照!

川　二月初五日收到第五号信一封　新正二十六日申　业

于二十日从京转去第四号之信,谅该呈阅,其内之情勿再叙矣。是日接兄来第三号信一封,内情已悉,勿念。会来汉交之项,照信已注会帐,祈兄勿念。兹呈汉号会过重三月半交衡源庄票色银一千两,闰二月半交鼎昌庄票色银一千两,二月底交晋元庄票色银一千两,同期交大丰庄票色银一千两,在汉各兑期收伊等估银,均无加费。附呈笔下汉收申兑期之票得费六两,收重兑交者无加费,钱价五钱二九。叙事后叙,专此奉上。

礼齐老兄台照!

制弟渠传芳拜具

藩　二月初六日从京转去第八号信一封　业

于初二日从京转去第七号之信,想早收阅,其内之情勿重述矣。昨日接兄来第五号信一封,内情已悉,勿念。平邑议开本标,长期利八十三两,夏标月六厘一,秋冬标月皆六厘二,满加利开九两;咱邑满加利长至十一两平和,银元钱数一千三百零五。叙事后叙,专奉此上。

古香兄青照!

弟张可兴拜具

藩　二月十一日收到第六号信一封　二月初二日申　业

于上月二十六日从京转去第五号之信,约早收阅,其内之情勿再述矣。是日并昨日接兄来第四、五号信二封,内情均已领悉,会来汉交之项,照信注帐,所叙祁会汉交银令汉收申、重抵补一节,则已照办,祈兄并勿在念。兹报谋煜已于今天相随合盛元着大兴栈抱送回祁去矣,带去车脚盘费合砝平估宝银五十五两,至祈与汉收帐是妥。汉号会过重闰二月底、三月半、三月底各交百川盛票色银一千两,闰二月底、三月半各交晋裕庄票色银一千两,在汉各兑期收伊等估宝银,均无加费。再国香于昨日平顺抵汉,带来路具并伊己身衣物等件,均已照枳检点,布知。附呈刻下汉收申兑期之票得费六两,收重兑三月内兑交者得银二两,银利五厘五、五厘息,无用主,钱价五钱三。余事后叙,专此奉上。

再,汉号上月之月清,因无多事,故而未抄,此布。又批。

礼齐老兄台照!

制弟渠传芳拜具

再呈,晋祥庄之否帐,逾年以来仍尚催收外欠,刻下尚无成谱。怡和兴等之事,客腊提省审讯数次,亦无式样。前天我等在事者已经在三大宪暨武昌府递禀催办,奉督宪批清尚符合,惟有待其动静而已。至怡生隆之事,外帐尚未收齐,该管事杨某仍无踪影,惟该东胡显文之子客腊因其众族伙开怡昌油行逼伊分清界限,情急吞烟毙命,今正开印后,夏口厅尚未传审,我等亦已递禀,俟后如何再为详呈。随附递过各衙禀贴底二纸,至希台览是荷。特此又及。

再,汉地同帮前天集议,为现在国家振兴商务,各省银行林立,以致我帮大受其影响,闻及咱处有意合股创设汇业银行,然而尚在犹豫之间,是以议及,将汉地情形与老号切具公函,请其定议,诚恐由此瓦解我帮,后患不堪设想矣。其公信已由大德通统寄,谅早转呈台览矣。特此奉知。又及。

兴　二月十二日从京转去第九号信一封　业

于初六日从京转去第八号之信,想早收阅,其内之情勿复述矣。昨日接兄来第六号信一封,内情已悉,统来禀贴底二纸,均已收阅。谋煜于初七日平顺抵祁,带来盘费银两已与汉号收账,勿念。至叙同帮议设银行一事,其公信已由通记转大众阅毕矣。咱号谷标收交之项,俱已完竣,大众之事亦皆平安过毕。谷邑议开本标,长短其利皆与平一样,满加利开一十二两五,刻疲至十两;咱邑满加利十两疲,银元钱数一千三百零五。余事后叙,专此奉上。咱邑满加利刻疲至九两。又批。

古香兄青照！

弟张可兴拜具

兴　二月十六日收到第七号信一封　二月初六日申　业

于初二日从京转去第六号之信,统去递过各衙禀贴底二纸,想早呈阅,内叙结去谋煜已火车盘费合砝平估宝银五十五两,谅早与汉收账,别情勿再述矣。附呈笔下汉收申兑期之票得费六两,收重三月内兑交者得银二两,银利五厘五、五厘息,无用主,钱价五钱三。余事后叙,专此奉上。

礼齐老兄台照！

制弟渠传芳拜具

兴　二月十八日从京转去第十号信一封　业

于十二日从京转去第九号之信,想该收阅,其内之情勿重述矣。十六日接兄来第七号信一封,内情已悉,勿念。咱号祁标收交之项,俱已完竣,大众之事亦皆平安过毕,咱共借过后柜长期银七万三千六百两。附呈咱邑满加利疲至八两,银元钱数一千二百九十八。余事后叙,专此奉上。

　　古香兄青照!

弟张可兴拜具

兴　二月十八日收到第八号信一封　　二月十一日申　业

　　于初六日从京转去第七号之信,谅早呈览,其内情形勿重叙矣。初九日接兄来第六、七号信二封,内情均已敬悉,结来盘费银两业已照数收祁之帐,祈兄一并勿念。兹呈汉号会过申二月半交晋康庄规银九千两,在汉三月半收伊洋例银四千九百一十七两五,共合得利费银七十三两一钱。近接重号来信,会来汉二月底交银四千两,其会式汉勿冗述。附呈笔下汉收申兑期之票得费六两,收重三月内兑交者得银三两,银利五厘息,用主稀,钱价五钱二九。余事后叙,专此奉上。

　　礼齐老兄台照!

川　二月二十四日从京转去第十一号信一封　　善

　　于十八日从京转去第十号之信,想早收阅,内叙之情勿复述矣。是日接兄来第八号信一封,内情已悉,勿念。再,咱祁号夏标之事,现下择点将外借贷均打还,约缺银五万余两,布知。附呈咱邑满加利疲至六两五,银元钱数一千三百零三。再咱汉号如无甚事,将够班之人着一二位下班可也。余事后叙,专此奉上。

　　古香兄青照!

弟张可兴拜具

川　二月二十四日收到第九号信一封　　二月十六日申　善

　　于十一日从京转去第八号之信,约早呈览,内叙之情勿再述矣。十二日接兄来第八号信一封,内情敬悉,祈兄勿念。附呈笔下汉收申兑期之票得费五两五,收重三月内兑交者得银三两,银利四厘息,钱价五钱二九。余事后叙,专此奉上。

　　礼齐老兄台照!

制弟渠传芳拜具

川　二月二十五日从京转去第十二号信一封　　善

　　于昨日从京转去第十一号之信,想早收阅,其内之情勿复述矣。是日接兄来第九号信一封，内情已悉，勿念。再，咱京号现无事件，多花缴费，定于暂为收庄，已经去信着将铺垫家俱寄存，人位回祁，至祈勿作京地收交是荷。附呈咱邑满加利六两五，银元钱数一千三百零三。余事后叙，专此奉上。

　　古香兄青照！

弟张可兴拜具

藩　二月三十日收到第一十号信一封　二月二十二申　善

　　于十六日从京转去第九号之信，想早收阅，其内之情不重渎矣。十九日接兄来第九号信一封，内情敬领，祈兄勿念。兹呈汉号会过申二月二十五日交启大庄规银五千两，在汉三月底收伊洋例银四千九百一十四两五钱，共合得利费银八十三两六钱。附呈刻下汉收申兑期之票得费四五两，收重三月内兑交者得银三两，银利五厘息，钱价五钱二七，布知。余事后叙，专此奉上。

　　礼齐老兄台照！

制弟渠传芳拜具

宣统元年闰二月

藩　闰二月初一日从京转去第十三号信一封　业

　　于上月二十五日从京转去第十二号之信，约该收览，其内之情勿复述矣。昨日接兄第十号信一封，内情已悉，勿念。附呈咱邑满加利六两，银元钱数一千二百九十九。余事后叙，专此奉上。

　　古香兄青照！

弟张可兴拜具

川　闰二月初七日收到第一十一号信一封　二月二十八日申　业

　　于二十二日从京转去第十号之信，谅该呈览，内叙情形勿复述矣。兹呈近接重号来信，会来汉闰二月半交银五千两，其会式汉不烦述。附呈笔下汉收申兑期之票得费五两，收重三月内兑交者得银三两，银利五厘息，钱价五千二七五，布知。余事后叙，专此奉上。

　　礼齐老兄台照！

制弟渠传芳拜具

川　闰二月初十日收到第一十二号信一封　闰二月初二日申　业

　　于上月二十八日从京转去第十一号之信，想早呈阅，内叙之情勿再渎矣。是日并昨连接兄来第十号、十一号信二封，内情敬领，祈兄勿念。兹呈近接重号来信，会来汉闰二月底交银二千两，其会式汉不述矣。附呈刻下汉收申兑期之票得费五两，收重兑交者得银二三两，银利五厘息，钱价五钱三二。随统去汉号月清枳一个，呈览乃荷。余事后叙，专此奉上。

　　礼齐老兄台照！

制弟渠传芳拜具

　　再呈，怡和兴等之否帐，自提省审讯数次，至今仍无端倪，我帮不时进禀催逼，据批静候办理。回忆该庄等之帐，外欠者皆有项无主，惟有挤逼该东内产，但乃该东世伐簪缨，即如何追逼，而官场难免庇护也。至怡生隆之事，前天该东央人与众债主提议，意欲按五成了结，我等均未答应，前天已与夏口厅递禀，请提该东追办矣。晋祥庄之帐，刻尚催收外欠，不日可以再分一成之数。至谦福临该咱上月底到期贷银二万，奈该号外帐尚未收回，与咱商量再推缓，咱若不允，亦属无法，是以未曾下帐。然该号之事，并无亏空，不过放出之帐花香行居多，自转年来花香生意洋行仍属裹足，不甚行消，意在该存货者急欲售卖，有心把持之故，以致一刻难望收拢。逢此时局，无可如何，惟仰地面转机，各货行销，即万幸焉。至咱汉号之银，现下择点，碍银不打，短银八万余，连申、重两处所存之银，抵汉该外之款尚属不敷三万金，至希暂勿收汉交项，俟后但有所余，务必往家交会耳。特此奉兄知之。又及。

秀　闰二月十二日从京转去第十四号信一封　业

　　于初一日从京转去第十三号之信，约该收览，其内之情勿复述矣。初七、十日接兄来第十一、十二号信二封，内情皆悉。统来月清折一个，亦已收阅，勿念。附呈咱邑满加利六两，银元钱数一千三百零三。余事后叙，专此奉上。

　　古香兄青照！

弟张可兴拜具

　　再，怡生隆之荒帐，能于多收一二成，咱号可以现收了结，其帐可济需用，恐成讼迟延无日，咱用项不能早得事也，祈兄看景酌办为荷。由祁不做汉地之交项矣。又及。

川　闰二月十八日收到第十三号信一封　闰二月初九日申　业

　　于初二日从京转去第十二号之信，统去汉号月清枳一个，想早呈阅，其内情形不重述矣。初三、八日接兄来第十二、十三号信二封，内情敬领，祈兄勿念。兹呈汉号会过重四月半交同大庄票色银一千两，共得费银三两，同期交大昌庄色银二千两，共得费银四两，在汉各兑期收伊等估宝银，布知。附呈刻下汉收申兑期之票得费银五两，收重兑交者得银二三两，银利五厘息，钱价五钱三。余事后叙，专此奉上。

　　汉又会过重四月半、底各交万泰公票色银一千两，在汉各兑期收伊估宝银共得费银六两，此布。又及。

　　礼齐老兄台照！

川　闰二月十八日收到第十四号信一封　闰二月十三日申　业

　　于初九日从京转去第一十三号之信，约早呈阅，内叙之情勿复渎矣。兹报曜已今天着永泰栈抱送下班回祁，带去车脚盘费银四十五两，结去伊支使银三十四两三钱三分。又映崑已捎布银四两二钱，三宗共结去合砝平宝银七十九两五钱三分，至祈与汉收帐，各计各帐。所带路费俱捎货，并伊己身衣物等件，另缮花枳详呈，希为照枳检点是妥。至汉号事务以及市面景况，嘱伊到日面呈兄知可也。汉号会过申闰二月半交济康、晋大庄规银各五千两，在汉兑期收伊等洋例银九千七百四十五两，共合得费银五十八两七钱四分。又会过重四月半交生裕庄票色银一千两，在汉兑期收伊估宝银，共得费银三两。附呈笔下汉收申兑期之票得费五两，收重兑交者得银三两，银利五厘息，钱价五钱四二，布知。余事后叙，专此奉上。再咱汉号自此信后，会票凭信已着鹤年己书写矣，此布。又批。

　　礼齐老兄台照！

制弟渠传芳拜具

　　再，咱汉号人位，以汉事论，似无容处，即可多回一人，无如诸荒事现仍未见就绪，不免差遣周旋，是以先着牛曜弟一人暂为下班，倘后果无占人处，再为就便抽调下班可也，此布台知。又及。

潘　闰二月十八日从京转去第十五号信一封　　业

　　于十二日从京转去第十四号之信,约早收阅,其情不再述矣。今日接兄来第十三、十四号信二封,内情均悉,结来曜己盘费、支使并捎货银两,皆与汉号收帐,勿念。附呈咱邑满加利六两,银元钱数一千三百一十四。余事后叙,专此奉上。

　　古香兄青照!

弟张可兴拜具

潘　闰二月二十三日收到第十五号信一封　　闰二月十六日申　业

　　于十三日托邮政局寄去第十四号之信,谅早呈览,内叙结去曜己盘费银四十五两,又伊在汉支使银三十四两三钱三,又映崑已捎布银四两二,三宗共结去合砝平宝银七十九两五钱三分,谅该与汉收帐,各计各帐,别情勿再述矣。兹呈汉号现会过鼎昌庄洋例银四千八百九十五两七钱五,至申闰二月二十五日交伊规银五千两,共合得费银二十二两一钱三分。汉又会过重四月半交启天、晋康庄票色银各一千两,同期交源成庄票色银二千两,四月底交伊三千两,在汉各兑期收伊等估宝银,共得费银二十一两。近接重号来信,会来汉闰二月底、三月半各交银三千两,其会式汉勿冗述。附呈刻下收申兑期之票得费四五两,收重兑交者得银三两,银利五厘息,钱价五钱四二五,布知。余事后叙,专此奉上。

　　再晋祥庄欠咱之否帐,只月半又按一成分收过银九百四十九两五钱九分,此报知之。又及。

　　礼齐老兄台照!

制弟渠传芳拜具

潘　闰二月二十四日从京转去第十六号信一封　　业

　　于十八日从京转去第十五号之信,约该收阅,其内之情勿重渎矣。昨日接兄来第十五号信一封,内情已悉,曜己于十八日平顺抵祁,带来路具、捎货并伊己身衣物等件,皆已照权检点,勿念。附呈咱邑满加利五两五,银元钱数一千三百一十一。余事后叙,专此奉上。

　　古香兄青照!

弟张可兴拜具

　　再,胡衡卿所谈王玉亭之银,原拟着咱汉号看势办理即为了消(销),今春王某又为提及，如万一不能收点，只可将票据统祁为荷。又及。

宣统元年三月

川　三月初四日收到第十六号信一封　闰二月二十二日申　业

于十六日从京转去第一十五号之信，想早呈览，内叙之情勿复渎矣。昨日接兄来第十四号信一封，内情敬领，祈兄勿念。附呈笔下汉收申兑期之票得费五两，收重兑交者得银四五两，银利五厘息，钱价五钱五，布知。余事后叙，专此奉上。

礼齐老兄台照！

制弟渠传芳拜具

三月初五日收到第十七号信一封　闰二月二十八日申　业

于二十二日从京转去第一十六号之信，谅早收阅，其内情形不重述矣。兹呈汉号会过重四月底交谦和玉票色银一千两，在汉兑期收伊估宝银，共得费银五两五钱。附呈刻下汉收申兑期之票得费四两，收重四、五月内兑交者得银五两六，银利五厘息，钱价五钱四二五，布知。余事后叙，此奉上。随统去申、重致祁信二封，至希呈阅为荷。又批。

祁齐老兄台照！

制弟渠传芳拜具

秀　三月初六日托邮政局寄去第十七号信一封　业

于上月二十四日从京转去第十六号之信，约早收阅，其内之情勿再述矣。初四、五日接兄来第十六、十七号信二封，内情均悉，统来申、重信二封亦已收阅，勿念。再咱申号无甚事件，徒增缴费，定于收庄，已经去信，诸事办毕，人位回祁，至祈勿作申地收交是荷。附呈咱邑满加利四两，银元钱数一千三百零八。随统去致儿另信一封、重信一封，阅转乃荷。余事后叙，专此奉上。

今日梦九等已由京撤庄回祁，布知。又批。

古香兄青照！

弟张可兴拜具

秀　三月初六日收到第一十八号信一封　三月初一日申　业

于上月二十八日托邮政局寄去第一十七号之信，统去申、重致祁信二封，约早呈览，内叙之情勿复述矣。兹呈汉号会过重四月底交昆昌庄票色银三千两，在汉兑期收伊估宝银，共得费银一十八两。附呈刻下汉收申兑期之票得费三两，收重四、五月内兑交者得银六两，银利五厘五息，钱价五钱四五。随统去汉号月清折一个，至希呈阅为荷。余事后叙，专此奉上。

礼齐老兄台照！

制弟渠传芳拜具

再呈，谦福临上月半有应还咱贷银一万两，到期仍无款还，该管事恳咱推缓，收帐还帐。弟阅其帐，所欠花香行居多，而现下花香滞消，一刻难以指事，照此推缓，遥遥无期。弟逼令望见东能于筹得现款，先行归结，日前该号管事已去湖南面见伊东，以俟转汉或是如何，再为详呈可也。先此奉知。又及。

秀　三月十一日收到第十九号信一封　三月初六日申　善

　　于初一日托邮政局寄去第十八号之信，统去汉号月清折一个，想早呈阅，其内情不再述矣。初二日接兄来第十五号信一封，内情敬悉，祈兄勿念。兹呈汉号会过重五月半交隆泰庄票色银一千两，共得费银六两，同期交鼎昌庄票色银二千两，共得费银一十三两，在汉各兑期收伊等估宝票银，布知。附呈刻下汉收申兑期之票得费四两，收重五月内兑交者得银六七两，银利五厘五、五厘息，钱价五钱四二。随统去申、重致祁、京信四封，至希收览为荷。余事后叙，专此奉上。

兴　三月十三日托邮政局寄去第三号信一封

　　于上月十三日托邮政局寄去第二号之信，想早收阅，内叙之情勿再渎矣。咱号讼事自央人理，虑不能办理，将提到之银，府宪要尽数与成讼者分遍，尚不能了百了。下余之债，未递禀者不与分文，照此下来，留下后患，所余之银将来不知归于何地耶。至咱得地否事，祈兄设法办理，所该官钱局之项，总以早了为妙。咱处今春雪雨不缺，青麦苗甚好，粮价平和，现钱数一千三百三十八。随统去二号原稿一纸，复泰谦致兄信一封，至希一同收阅是荷。余事后叙，专此奉上。

礼齐老兄青照！

制弟渠传芳拜具

兴　三月十三日托邮政局寄去第十八号信一封　善

　　于初六日托邮政局寄去第十七号之信,统去另信一封、重信一封,想早收阅转递,内叙之情勿复渎矣。初六、十一日接兄来第十八、十九号信二封,内情已悉,统来月清枳一个,申、重信四封,亦已收阅,勿念。至咱重号无甚事件,多花缴费,暂为定于收庄,已经去电,诸事办毕,人位回祁,至祈勿作重地收交是荷。附呈咱邑满加利四两,银元钱数一千三百一十,如不往家交银即毋须说,设若要往家交银,谨计着其立票写某记,抬头万不可写咱号之字号,免生枝节耳。随统去申、重信二封,分转是荷。余事后叙,专此奉上。

　　古香兄青照!

　　　　　　　　　　　　　　　　　　　　　　　　　　弟张可兴拜具

兴　三月十七日收到第二十号信一封　三月十二日申　善

　　于初六日托邮政局寄去第一十九号之信,统去申、重致祁、京信四封,约该均已收阅,内叙之情勿复渎矣。是日接兄来第十六号信一封,内情已悉,祈兄勿念。兹呈汉号会过重五月底交恒裕庄票色银一千两,在汉兑期收伊估宝银,共得费银七两。附呈笔下汉收申兑期之票得费三两,收重兑交者得银七两,银利五厘二五息,钱价五钱四三五。随统去申、重致祁、京信二封,至希呈览乃荷。余事后叙,专此奉上。

　　礼齐老兄台照!

　　　　　　　　　　　　　　　　　　　　　　　　　　制弟渠传芳拜具

　　后信汉号又会过重四月半、五月半、五月底各交大昌庄票色银一千两,在汉各兑期收伊估宝银,共得费银二十一两,布知。又及。

藩　三月十八日托邮政局寄去第十九号之信一封　善

　　于十三日托邮政局寄去第十八号之信,统去申、重信二封,想早收阅,内叙之情勿复述矣。昨日接兄来第二十号信一封,内情已悉,统来申、重信二封,均已收阅,勿念。附呈咱邑满加利五两,银元钱数一千三百一十六。咱号夏标之事,如荒帐银不能下来,概无指项,必得设法催收耳。随统去申、重信二封,阅转乃荷。余事后叙,专此奉上。

　　古香兄青照!

　　　　　　　　　　　　　　　　　　　　　　　　　　弟张可兴拜具

兴　三月二十四日收到第二十一号信一封　三月十九日申　业

于十二日着邮政局寄去第二十号之信，统去申、重致祁、京信二封，想早收阅，其内情形勿再述矣。十三日接兄来第十七号信一封，内情敬悉，统来致弟另信一封、祁致重信一封，均已收明转递，祈兄并勿在念。兹报前天托永泰栈捎去官政已用丝女腿带四付，共需过砝平银一两四钱，至希查收，银与汉号收账，取伊之帐是荷。附呈刻下收申兑期之票得费四两，收重兑交者得银十两，银利五厘五息，钱价五钱四六五。随统去申、重致祁信三封，至祈呈览为荷。余事后叙，专此奉上。又统去致兄另信一封，呈阅乃荷。

礼齐老兄台照！

制弟渠传芳拜具

刻接兄来第十八号信一封，内情已悉，统来祁至申、重信二封，亦已收明分转，祈兄勿念。此复。又及。再呈谦福临之事，该管事人上月初去湖南见伊东家，迄今尚未转汉，以俟回来，或是如何，再奉兄知。至怡生隆之事，前者中人说合，缄咱等未允，仍是递禀催办，上月念间经新任夏口厅冯宪堂讯一次，两边对执，官断限期半月着该股东照诚了结。日前限期已到，该东又求商会转移厅宪再宽限期。据官所批再限半月，决不姑容，如此只好缓待数日，再看伊如何办理也。至三怡之事，因伊东黄家产业皆在江西，前经关道禀请，督宪移文江西，着将赣产归汉办理，刻下两相尚在磋商，将来如果能将赣产归汉，约有三四成帐，不然尚不足三二成之谱也。现在尚无式样，俟有端倪再为详报。此情一并奉兄知之，又及。

兴　三月二十五日托邮政局寄去第二十号信一封　业

于十八日托邮政局寄去第十九号之信，统去申、重信二封，想早收阅转递，内叙之情勿复渎矣。昨日接兄来第二十一号信一封，内情已悉，统来另信一封，申、重信三封，均已收阅。至托永泰栈与官政已捎之腿带，刻未收到，俟收再覆，结来之银与汉收帐，勿念。附呈咱邑满加利三两，银元钱数一千三百一十八，濬已于十八日由申平顺回祁。余事后叙，专此奉上。随统去申、重信二封，阅转乃荷。

古香兄青照！

弟张可兴拜具

宣统元年四月

川　四月初二日收到第二十二号信一封　三月二十六日申　业

　　于十九日托邮政局寄去第二十一号之信,统去致兄另信一封,申、重致祁信三封,谅早呈览,内叙结去官政已捎丝带,用过合砝平银一两四钱,想该照汉收账取伊之帐,别情不复渎矣。二十四日接兄来第十九号信一封,内情敬领,统来祁致申、重信二封,皆已收明转递,祈兄勿念。兹呈汉号会过重五月半、底各交大昌庄票色银三千两,共得费六十六两,五月半交启大庄票色银一千两,共得费银一十二两,在汉各兑期收伊等估宝银,布知。附呈刻下汉收申兑期之票得费三两,收重兑交者得银一十二两,银利五厘五、六厘息,钱价五钱四七五。随统去申、重致祁信二封,至希收阅乃荷。余事后叙,专此奉上。

　　礼齐老兄台照!

弟渠传芳拜具

川　四月初三日托邮政局寄去第二十一号信一封　业

　　于上月二十五日托邮政局寄去第二十号之信,统去申、重信二封,想早收阅转递,内叙之情勿复述矣。昨日接兄来第二十二号信一封,内情已悉,统来申、重信二封,已均收阅。前托永泰栈与官政己捎之腿带业已收到,勿念。随呈咱邑满加利三两,银元钱数一千三百二十三。随统去致兄另信一封,申、重信二封,阅转乃荷。余事后叙,专此奉上。

　　古香兄青照!

弟张可兴拜具

　　再,汉号之缺项只可以缓,帐银抵补补短以外,如有余银,速为交家,近期收银以济急需为要,但盼荒帐早了则幸耳。又批。

秀　四月初六日收到第二十三号信一封　四月初一日申　业

　　于上月二十六日托邮政局寄去第二十二号之信,统去申、重致祁信二封,想早收阅,内叙之情勿再述矣。兹报焕己于二十八日着永长栈抱送下班回祁去矣,带去火车盘费银六十两,又伊在汉支使银五十四两三钱六分,二宗共结去合砝平宝银一百一十四两三钱六分,至祈照数与汉收帐,分计伊帐,所带路具、捎货并伊己身衣物等件，另缮花折详呈，希为照折检点是妥。至汉号事务以及市面景况，嘱伊到日面呈兄知可也。附呈刻下汉收申兑期之票得费三两，收重兑交者得银一十二两，银利四厘息，钱价五钱四七。随统去汉号月清折一个，呈览乃荷。余事后叙，专此奉上。

　　礼齐老兄台照！

制弟渠传芳拜具

　　再，祁会来五月底交兴隆茂银二千两，上月底已经交讫矣，齐比统祁会汉所交之项，如数交毕矣，此布。又及。

秀　四月十二日收到第二十四号信一封　四月初七日申　业

　　于初一日托邮政局寄去第二十三号之信，统去汉号月清折一个，约早呈阅，内叙结去焕己火车盘费银六十两，又伊在汉支使银五十四两三钱六分，二宗共结去合砝平宝银一百一十四两三钱六分，谅该与汉收帐，分计伊帐，别情勿赘。初二日接兄来第二十号信一封，内情敬悉，统来致申、重信二封，亦已收明转寄，祈兄勿念。附呈刻下汉收申兑期之票得费三四两，收重兑交者得银一十八两九钱，银利六厘息，钱价五钱四五。随统去重致祁信一封，至希收览乃荷。余事后叙，专此奉上。

　　礼齐老兄台照！

制弟渠传芳拜具

秀　四月十五日托邮政局寄去第二十二号信一封　业

　　于初三日托邮政局寄去第二十一号之信，统去另信一封，申、重信二封，想早收阅转递，内叙之情勿复述矣。初六、十二日接兄来第二十三、二十四号信二封，内情皆悉，统来月清折一个，重信一封，均已收阅，结来车盘费支使银两皆与汉号收帐，焕己于初五日平顺抵祁，带来路具捎货并伊己身衣物等件，俱已照折检点，勿念。附呈咱邑满加利三两，银元钱数一千三百四十四。余事后叙，专此奉上。

　　古香兄青照！

弟张可兴拜具

　　再兄托焕己带来贴着交申凤山祁公宝银三百两，已经交讫。今春令弟传智手用过银五十两,布知。倘如由汉往家交银,即交秋标收亦可,惟立某记抬头票,将票速为统祁,祁好指票办事耳。又及。

兴　四月十九日收到第二十五号信一封　四月十四日申　业

于初七日托邮政局寄去第二十四号之信,统去重致祁信一封,谅早收览,其内情形不复渎矣。初九日接兄来第二十一号信一封,内情均已领明,统来致弟另信一封,致申、重信二封,亦经收阅分寄,祈兄并勿在念。附呈笔下汉收申兑期之票得费三两,收重兑交者得银三十八两,银利六厘息,钱价五钱四七。随统去重致祁信一封,呈阅乃荷。余事后叙,专此奉上。

再,汉号之否帐,至今仍无头绪,俟后办理有式样,再为奉报可也。此复。又及。

礼齐老兄台照!

制弟渠传芳拜具

川　四月二十七日收到第二十六号信一封　四月二十二日申　业

于十四日托邮政局寄去第二十五号之信,统去重致祁信一封,想该呈览,内叙之情勿复述矣。附呈笔下汉收申兑期之票得费三两,收重兑交者得银四十一两二钱,银利五厘五息,钱价五钱五四五,佈知。余事后叙,专此奉上。刻接兄来第二十二号信一封,内情皆已敬悉,祈兄勿庸计念。此复。又及。

礼齐老兄台照!

川　四月二十九日着邮政局寄去第二十三号信一封　业

于十五日托邮政局寄去第二十二号之信,想早收阅,其内之情勿复述矣。十九、二十七日接兄来第二十五、二十六信二封,内情皆悉,统来重信一封,亦已收阅,勿念。咱邑议开本标,长期利七十二两,秋、冬标月皆六厘,明春标月六厘一,满加利开一十五两,刻疲至十两;平、谷皆开长期利七十五两,短期俱比祁各大一点,谷满加利开一十二两,平开一十四两五钱,咱邑银元钱数一千三百三十。余事后叙,专此奉上。

古香兄青照!

弟张可兴拜具

再,咱祁号夏标该外之项无银抵付,于标前已经告缓,即指咱号各路之荒帐抵还外债。至咱汉号之否帐,祈兄设法理处,总以早了为妙。若拖延日久,一则外债勒逼紧急,不能早了;二且加各路缴费,亏项更深。咱汉号待收荒帐,毫无事件,可将所占房院宜早退讫,移住栈房,庶免浩费,一概神堂社会摊费亦好推却,至于家具,将应用者暂为留存,无用者早为售出,祈兄酌办为荷。

宣统元年五月

兴　五月初七日收到第二十七号信一封　　业

于上月二十二日托邮政局寄去第二十六号之信,谅早收阅,内叙情勿复述矣。附呈刻下汉收申兑期之票得费三两,收重兑交者得银三十两,银利五厘五息,钱价五钱六。随统去汉号月清枳一个,重致祁信二封,至希呈览为荷。余事后叙,专此奉上。

礼齐老兄台照!

制弟渠传芳拜具

兴　五月十七日收到第二十八号信一封　五月初十日申　业

于初一日着邮政局寄去第二十七号之信,统去汉号月清枳一个,重致祁信二封,想早呈览,内叙之情勿再述矣。初五日接兄来第二十三号信一封,内情敬悉,祈兄勿念。兹报汉号现收过温德成估宝银三十两,会至祁,见信着讨保交伊足真银,无加费,无票据,其平照祁公平合砝,共小一钱七足兑,至希注帐依数交给是妥。近接重号来信,会来汉上月底收银一千两,其会式汉勿烦述。附呈刻下汉收申兑期之票得费三两,收重兑交者得银一十六七两,银利五厘息,钱价五钱七八,布知。余事后叙,专此奉上。

礼齐老兄台照!

制弟渠传芳拜具

再,兄来信所叙,汉号除收荒帐而外别无事件,可将占之房院退讫,以免耗费一切,所论甚是。无如汉地住之房院规矩,原本先付租而后往,下半季租金出月尤当给付,弟已见过房东,该执意不肯作退,即使要退,亦得出全租。弟思既属如斯,只好暂为将就,况汉现在诸荒事仍未就绪,人位住之亦多,俟到秋冬季,若事早办成谱,留一二人守候收银,即住栈房亦觉诸多捷便。兼之汉有欠外者,别无筹还,必得待否帐下来抵还,似乎亦好转说。至于否事,成讼者不时递禀摧办,终无成议,惟有紧逼紧催而已,但不放松,约该了之快也。此情奉知。又及。

川　五月二七日收到第二十九号信一封　五月二十二日申　业

于初十日托邮政局寄去第二十八号之信,谅该呈阅,内叙汉号现收过温德成估宝银三十两,会至祁,见信着讨保交伊足真银,无加费,无票据,其平照祁公合砝,共小一钱七足兑,谅早注帐依数交给,别情不复渎矣。附呈笔下汉收申兑期之票得费一二两,收重兑交者得银二十六七两,银利五厘息,银价五钱七七九。随统去重致祁信二封,至希收览为荷。余事后叙,专此奉上。

礼齐老兄台照！

制弟渠传芳拜具

宣统元年六月

兴　六月初一日托邮政局寄去第二十四号信一封　业

于四月二十九日托邮政局寄去第二十三号信,想早收阅,其内之情勿重渎矣。上月初七、十七、二十七日接兄来第二十七、二十八、二十九号信三封,内情皆悉,统来月清枳一个、重信四封,均已收阅,会来之交项,照信注帐,依数交结,勿念。附呈咱邑满加利五两,银元钱数一千三百三十六。咱处麦秋正值收割,水旱均拉有五六分收成。刻下雨水足用,秋禾畅茂,粮价疲落,麦子每斗五钱上下,荬子三钱几,谷米五钱五。余事后叙,专此奉上。

古香兄青照！

弟张可兴拜具

兴　六月初六日收到第三十号信一封　六月初一申　业

于上月二十二日着邮政局寄去第二十九号之信,统去重致祁信二封,想早收阅,内叙之情勿再述矣。附呈刻下汉收申兑期之票得费二两,收重兑交者得银三十两,银利五厘息,钱价五钱七六九。随统去汉号月清折一个,至希呈览乃荷。余事后叙,专此奉上。

礼齐老兄台照！

制弟渠传芳拜具

兴　六月初九日托邮政局寄去第二十五号信一封　善

于初一日托邮政局寄去第二十四号之信,约该收览,内叙之情勿复述矣。初六日接兄来第三十号信一封,内情已悉,统来月清枳一个,亦已收阅,勿念。

附呈咱邑满加利四两，银元钱数一千三百三十四。余事后叙，专此奉上。

　　古香兄青照！

弟张可兴拜具

　　再者，咱号之事，荒帐不能收结，外债迫切，无款交付，拖延日久，而缴费力所不支，债项实难抵抗。惟生意既已歇业，咱汉号花费，一切皆得裁减节省，望兄留意为盼为要。如后首荒帐银下来，往家交银时，总择点与咱号无事之家，交银立票写某记，抬头不可露咱之字号，交标上勿交闲期。即后事情完毕，所有不了之事，托人代办亦不可托与咱有事之家，免生枝节，切切。此计。又及。

藩　六月十六日收到第三十一号信一封　六月十一日申　善

　　于初一日着邮政局寄去第三十号之信，统去汉号清枳一个，谅该呈览，其内情形不重渎矣。初八日接兄来第二十四号信一封，内情敬悉，祈兄勿念。附呈刻下汉收申兑期之票得费二三两，收重兑交者得银二十八九两，银利五厘五息，钱价五钱六六。随统去重致祁信一封，至希收阅为荷。余事后叙，专此奉上。

　　礼齐老兄台照！

制弟渠传芳拜具

臣　六月十八日收到第三十二号信一封　六月二十二日申　善

　　于十一日托邮政局寄去第三十一号之信，统去重致祁信一封，想早呈览，内叙之情勿再述矣。十六日接兄来第二十五号信一封，内情均已敬领，祈兄勿念。兹呈近接重号来信，会来汉六月底收银三千两，其会式汉不烦述。附呈刻下汉收申兑期之票得费二两，收重兑交者得银三十六七两，银利五厘五息，钱价五钱五五。随统去重致祁信一封，至希收阅乃荷。余事后叙，专此奉上。

　　礼齐老兄台照！

制弟渠传芳拜具

宣统元年七月

兴　七月初九日收到第三十三号信一封　七月初二日申　善

　　于上月二十二日着邮政局寄去三十二号之信，统去重致祁信一封，谅该呈览，其内情形勿复渎矣。附呈刻下汉收申兑期之票得费银一二两，收重兑交者得银七十两，银利五厘五、六厘息，钱价五钱五八。随统去汉号月清枳一个，重致祁信二封，至希收阅乃荷。余事后叙，专此奉上。

　　礼齐老兄台照！

制弟渠传芳拜具

七月初十日托邮政局寄去第二十六号信一封　善

　　于上月初九日托邮政局寄去第二十五号之信，约该收阅，其内之情勿复述矣。十六、二十八、昨日接兄来第三十一、三十二、三十三号信三封，内情均悉，统来月清枳一个，重信四封，均已收阅，勿念。咱号之事，毫无生利之路，尽是日加亏短，生意既已闲市辞行，街面花费、应酬花费均宜辞退裁去。咱号处之景况，已将东家累害不堪，弟亦未定落于何地，朋友难对，市井讥耻，实为悽惨。我伙在号多年，仰恳极力收帐，加心节省，以尽义务，以表自诚，是为切祝。附呈咱邑满加利三两五，银元钱数一千三百三十七。咱处雨水调匀，禾苗茂盛。余事后叙，专此奉上。

　　古香兄青照！

弟张可兴拜具

臣　七月二十一日收到第三十四号信一封　七月十六日申　善

　　于初二日托邮政局寄去第三十三号之信，统去汉号月清枳一个，重致祁信二封，已知收阅，其情不再述矣。昨日接兄来第二十六号信一封，内情均已敬领，祈兄勿念。附呈笔下汉收申兑期之票得费一两，收重兑交者得银六十两，银利五厘五、六厘息，钱价五钱五七。余事后叙，专此奉上。

　　再，汉晋祥庄欠咱之否帐，六月半照半成之数分收过银四百七十四两七钱九分，此布知。又及。

　　礼齐老兄台照！

制弟渠传芳拜具

兴　七月二十七日收到第三十五号信一封　七月二十二日申　善

　　于十六日着邮政局寄去第三十四号之信，谅早呈览，其内之情勿复渎矣。附呈刻下汉收申兑期之票得费一两，收重兑交得银五十两，银利六厘息，钱价五钱五七。　再，咱重伙于前天业已平顺抵汉，定于一二日动身回祁，布知。

余事后叙，专此奉上。

　　礼齐老兄台照！

制弟渠传芳拜具

　　再启谦福临之事，自该管事胡作章三月间见伊东冯某回汉，据云该东仍嘱其赶紧催收外欠清还欠外至筹现银先为归结一层，无从可筹，惟有田产，暂下亦不能如此变售也。然以该东所云，谅必系管事交代外欠足抵该外，若照该号外欠，本无亏空，无如均不称善主。弟等屡屡催逼，一味以花香行外欠货不行消搪塞，兼以二万两房屋产业作抵，咱等未及答应。不料该管事胡作章触怒成疾，又加时令瘟症，于六月十八日已亡故矣。至房契执据，在中人手中，所该外者咱与协成乾已合在商会递过节略，当促该东去矣。似此变迁，又不悉将来如何，诚恐吃亏难虑耳。至怡生隆事，中人正在办理，现尚未曾讲妥，约五成帐，我帮愿了者多，咱未答应。怡生和等事，商会筹措开彩，亦无成法，俟后办理如何，再为奉知。又及。

宣统元年八月

兴　八月初二日托邮政局寄去第二十七号信一封　　善

　　于上月初十日托邮政局寄去第二十六号之信，既已收阅，其内之情勿复述矣。二十一、二十七日接兄来第三十四、三十五号信二封，内情皆悉。咱重伙于二十八日平顺抵祁，带来晋隆长票纸箱一个，亦已收到，勿念。至日将存义公结到汉号，与长记淹票纸，需过银两并脚银结祁为荷。咱邑议开本标，长期利七十五两；冬标月六厘二，明春夏标月皆六厘三，满加利开一十五两；平、谷长期利皆比祁大三点，短期利大一点，平满加与祁一样，谷满加利开一十六两。刻下咱邑满加利一十三两疲，银元钱数一千三百一十七。余事后叙，专此奉上。

　　古香兄青照！

秀　八月初四日收到第三十六号信一封　七月二十七日申　善

　　于二十二日着邮政局寄去第三十五号之信，想早收阅，内叙之情不再述矣。兹报重伙秀恺等于二十三日动身回祁，带去思靖东由申印之票纸箱一只，随物结去合砝平宝银二十七两三钱，至日与汉收帐。其物系存义公由申寄汉转咱汉号，据云咱申伙临行未及赶便，是以托伊代寄，申号亦未与汉来信题过，汉已与公说记明,不差则已,倘若有错,仍属归伊是问。附呈刻下收申兑期之票得费一二两,收重兑交者得银五十一二两,银利六厘息,钱价五钱五六,布知。余事后叙,专此奉上。

礼齐老兄台照!

制弟渠传芳拜具

兴　八月初九日收到第三十七号信一封　八月初三日申　善

　　于上月二十七日托邮政局寄去第三十六号之信,谅早呈览,内叙结去思靖东由申捎票纸,合砝平宝银二十七两三钱,约该早收汉帐取伊之帐,别情勿赘述矣。附呈笔下汉收申兑期之票得费一二两,收重兑交者得银四十六七两,银利六厘、六厘二五息,钱价五钱五四一。再汉号上月之月清,因无事件,故而未抄,佈知。余事后叙,专此奉上。

礼齐老兄台照!

制弟渠传芳拜具

兴　八月十六日托邮政局寄去第二十八号信一封　善

　　于初二日托邮政局寄去第二十七号之信,约该收阅,内叙之情勿复述矣。初四、初九日接兄来第三十六、三十七号信二封,内情皆悉。结来思靖东捎票纸银两,已与汉号收帐,勿念。附呈咱邑满加利八两五钱,银元钱数一千三百二十一。余事后叙,专此奉上。

　　古香兄青照!

　　再者,咱号之景况,日紧一日,汉欠官钱局之银,日日出利,祁号该外之债,债主逼迫甚急,将弟百般辱詈,拖扯欺凌,实有日不聊生之势。至咱汉号外欠甚巨,望祈兄等极力设法婉转催索,能于收些以救眉急。即如怡生隆之帐,如万一不能多收成头,照前言五成之帐可以收结,其银下来可还官钱局大半之数,以省出利,望祈兄等酌量办理,早收为要,切切。特此又及。

兴　八月二十八日收到第三十八号信一封　八月二十三日申　善

　　于初三日着邮政局寄去第三十七号之信,想该收阅,内叙情形不再述矣。初八日并昨日接兄来第二十七、二十八号信二封,内情皆悉,祈兄勿念。所谕咱号之事,日紧一日,致使老兄受辱,弟等深抱不安,至着设法催索否帐以济眉急等语，即兄不言，弟等岂敢坐视不理。汉该官钱局之款，该局知咱号事停歇，时行挤逼，弟等十分着急，无奈逐宗否事，诸多棘手，任尔着急，亦是枉然，只得徐徐调办，才能就绪耳。附呈刻下汉收申兑期之票得费一二两，收重兑交者得银三十六七两，银利六厘息，钱价五钱四八，布知。余事后叙，专此奉上。

礼齐老兄台照！

制弟渠传芳拜具

再呈，前报谦福临之管事故后，诸伙皆已散讫，咱等在商会递略，仰商会与该东冯莘垞去电，催伊来汉料理一节，前数日冯某业已来电，云伊不日即派人来理处等云，照此情形，既伊派有人来，外帐即好收给矣。俟伊人到如何办理，再奉知之。至怡生隆欠咱之款，咱等在江汉关道并夏口厅屡递催禀，而官仍批仰商会调处，嗣经商会集议数次，总无式样，近日复经原中说合，颇有成议，据云将该股东再三挤逼，认共赔银一十四万五千两，连收之外帐地皮，统共约有五成之数，尚系年内分期归结，现银四成，地皮一成，再多实无力办矣。大众当面虽未应允，私下计议，皆愿从权，惟咱未允收伊地皮，如能尽收现银，只好迁就了事。至三怡之事，因伊汉地无多抵款，该东产业江西居多，意欲将伊江西之产归汉摊分，而江西债主不肯。咱等在三大宪屡次递禀，又在两江制台递禀，已蒙两省制台批准，江西所有之产并该外之债，均归汉口一律摊办，目下江西已派委员并商会董事来汉与汉商会合办此事，近日正在筹办，尚无式样。大势度之，汉地逐宗否帐，年内可望办有端倪。至咱汉号之事，仅等收结否帐，了还外事，即宜少住人位，亦可节省缴费，将来留住一二人足矣。弟意数日内先着国香下班，首因该弟在汉无甚经手之事，且伊现尚失家，是以着其先回，以待出月移住栈房之后，再着毓芝已下班也。弟意如是，将来可留何人在此守候，尚祈老兄尊裁示知是荷。预此布知。又及。

宣统元年九月

川　九月初一日托邮政局寄去第二十九号信一封　善

于上月十六日托邮政局寄去第二十八号之信，既已收阅，内叙之情勿复述矣。二十八日接兄来第三十八号信一封，内情已悉，所叙移占栈房可留何人一节，或毓芝或鹤年，留一位与兄屈住数月，不过鹤年在汉年浅，不如毓芝熟习，祈兄定兑可也。附呈咱邑满加利五两五，银元数一千三百一十九。余事后叙，专此奉上。

古香兄青照！

弟张可兴拜具

再，咱处年景，秋禾正值收割，即算丰年，惟夏秋雨水过大，山水、河水淹坏禾苗之处不少，粮价疲落，米每斗六钱上下，荄子二钱五，白豆面每斤二钱四五，布知。又及。

川　九月初七日收到第三十九号信一封　九月初一日申　善

于上月二十三日着邮政局寄去第三十八号之信，谅该呈览，内叙情形勿再述矣。兹报兰己于二十七日着永泰栈抱送回祁去矣，带去火车盘费银四十五两，又伊在汉支使银一十二两五钱九分，二宗共结去合砝平宝银五十七两五钱九分，至祈照数与汉收帐，分计伊帐，所带路具并伊己身衣物等件，另开花枳详呈，希为照枳检点是妥。至汉号事务以及地面景况，该弟到日面呈兄知可也。附呈笔下汉收申兑期之票无加费，收重兑交者得银六十五六两，银利六厘二五息，钱价五钱四一，布知。余事后叙，专此奉上。

礼齐老兄台照！

制弟渠传芳拜具

兴　九月十九日托邮政局寄去第三十号信一封　善

于初一日托邮政局寄去第二十九号之信，约该收览，内叙之情勿复述矣。初七日接兄来第三十九号信一封，内情已悉，结来盘费支使银两，皆与汉号收帐，兰己于初三日亦已平顺抵祁，带来路具并伊己身衣物等件，俱已照枳检点，勿念。再胡衡卿所该王玉亭之银，王家催要票据，至日将票据寄祁为荷。附呈咱邑满加利七两，银元钱数一千三百一十九。余事后叙，专此奉上。

古香兄青照！

弟张可兴拜具

兴　九月二十一日收到第四十号信一封　九月十五日申　善

于初一日着邮政局寄去第三十九号之信，想早收阅，内叙结去兰己火车盘费银四十五两，又伊在汉支使银一十二两五钱九分，二宗共结去合砝平宝银五十七两五钱九分,谅早与汉收帐,分计伊帐,别情勿重述矣。初六日接兄来第二十九号信一封,内情均已敬悉,祈兄勿念。附呈笔下汉收申兑期之票得费一二两,收重兑交者得银九十两,银利六厘七五、六厘五息,钱价五钱三九,布知。余事后叙,专此奉上。

礼齐老兄台照!

制弟渠传芳拜具

宣统元年十月

兴　十月初三日托邮政局寄去第三十一号信一封　骆

于上月十九日托邮政局寄去第三十号之信,想早收阅,内叙之情勿复述矣。二十一日接兄来第四十号信一封,内情已悉,祈兄勿念。世和于上月二十五日由营回祁,布知。附呈咱邑满加利七厘,银元钱数一千三百二十三。余事后叙,专此奉上。

古香兄青照!

弟张可兴拜具

再,咱祁号该外之债,自夏标告缓,迄今分两未付,债主逼讨甚紧,咱欲冬标多少付点以安众心,奈银不凑手,徒增嗟叹。至日咱汉号荒帐如能下来,将整数还官钱铺之项,如有零数,往谷冬标会收项三四千两,如不足数,即少点亦可,祁再设法凑办。如期近难会,即会年底,春标皆可指票借银,可以济事,会银时谨躲咱号有事之家,托人暗会,不可露咱立某记抬头,将票统祁,祈兄颠兑为要。特此又及。

兴　十月初九日收到第四十一号信一封　十月初四日申　骆

于上月十五日托邮政局寄去第四十号之信,想早收阅,内叙之情勿再述矣。二十四日接兄来第三十号信一封,内情均已敬悉,祈兄勿念。附呈刻下汉收申兑期之票得费一二两,收重兑交者得银七十两,银利六厘七五息,钱价五钱二八。随统去王玉亭银票一张,至希查收为荷。余事后叙,专此奉上。

礼齐老兄台照!

制弟渠传芳拜具

兴　十月二十六日收到第四十二号信一封　十月二十一日申　骆

于初四日托邮政局寄去第四十一号之信，统去王玉亭银票一张，谅早收阅转递，其情不再述矣。初八日接兄来第三十一号信一封，内情均已领明，祈兄勿念。附呈刻下汉收申兑之票得费二两，收重兑交者得银六十两，银利六厘七五息，钱价五钱二九，布知。余事后叙，专此奉上。

礼齐老兄台照！

制弟渠传芳拜具

川　十月二十九日托邮政局寄去第三十二号信一封　骆

于初三日托邮政局寄去第三十一号之信，已知收阅，其内之情勿重述矣。初九、二十六日接兄来第四十一、四十二号信二封，内情皆悉，统来王玉亭银票一纸，亦已检收，勿念。咱邑议开本标，长期利七十九两，明春标月六厘六，夏、秋标月皆六厘五，满加利开二十八两，刻疲至二十四两；平开长期利八十二两，春标月六厘八，满加利开二十九两；谷开长期利八十三两，春标月六厘七，满加利开二十五两；平、谷夏、秋标月皆六厘六。

再，汉号令年结帐，齐年终结祁为荷。理堂于二十八日赴营办理否事去矣。咱邑银元钱数一千三百二十一。随统去庚戌标期单一纸。余事后叙，专此奉上。

古香兄青照！

弟张可兴拜具

宣统元年十一月

冬月十一日收到第四十三号信一封　冬月初六日申　骆

于上月二十一日着邮政局寄去第四十二号之信，谅早收阅，内叙之情勿复渎矣。附呈笔下汉收申兑期之票无加费，收重兑交者得银四十六两七，银利六厘七五息，钱价五钱二六七，布知。余事后叙，专此奉上。

再，怡生隆凭中私下许多交咱等半成之数，祈勿外扬，以待收到再作计较，诚恐未多得者风闻与在中难焉也。又及。

礼齐老兄台照！

制弟渠传芳拜具

再，前者来信谕及汉收否帐还官钱局整数而外零数兑祁等语，但有余款，遵信办理。惟是逐宗否帐尚无定章,年内能收多寡实难预料。至怡生隆之事,前信所报同中说合年内交四成,地皮一成,统归五成了事,彼时大众皆愿从权。不料该东及覆不遵中议,因而我等会议,该东照此居心,显系得步进步,实属可恨,复在夏口厅递禀追办,而官堂讯数次,仍谕商会董事赶紧办理。日前经会董王芝称、叶东川等磋商数次,已经说妥,现还一成,冬、腊月底各还一成,明二月底还半成,地皮一成半,仍以五成了事,大众无法,皆已从允。惟咱与大德通、世义信、大盛川未允,后中人婉言开导,私许年内多交咱祁帮四家半成,咱等才为随众应允,其现收一成之数,日前已照数收到,咱号分收银四千六百五十八两六钱六分,其后期之款,归中人当保,约无更变耳。至三怡之事,日前制台委武昌府夏口厅在商会传集债主开导,云及筹办一年之久,毫无式样,伊等实难开口,东家已穷,外帐难收,现在所收现银外帐并追得该东伙之银,共一十一万二千两,外有抄家所得之珍宝,冬月略开彩票,得银七万八千,统共赶年约还一成半之数。而外有产业值银二十七万八千,粗估将来售出又有一成半成之,共有三成之数,愿了与否,伊亦不便深劝,尽听债主酌量耳。我等回言照此了结实难交代老号,且产业未知何日售出,只好先将所有现银赶年尽数分收,下余仍求追迫该东可也。至谦福临之事,前者该东派来二人催收外帐,尚无式样耳,闻冯某不日可到,俟伊到日或何办理,再信奉知。又及。

兴　冬月二十九日收到第四十四号信一封　冬月二十四日申　骆

　　于初六日着邮政局寄去第四十三号之信,谅该呈览,其内情形勿复渎矣。是日接兄来第三十二号信一封,内情皆悉,统来庚戌标期单一纸,亦已收明,祈兄一并勿念。附呈刻下汉收申兑期之票无加费,收重兑交者得银五十两,银利六厘七五息,钱价五钱二七六,布知。余事后叙,专此奉上。

　　礼齐老兄台照!

制弟渠传芳拜具

　　再呈,晋祥庄所议我等之款,除前陆续收过七五成,下余者仍俟讨收外帐偿还,不料外该之户文倒数家,漫无头绪,事经齐年,大众会议,若仍竟候竟收,不知了在何期。挤逼多次,该管事晏玉堂始为邀原中出面,与大众讲说再交我等一成即算了结,倘后外帐再能多收,亦与众债主公摊,择计伊之外该并无确实可靠者,且该东亦无指望,大众是以慨然应允,若竟不了,又不悉落于何地。至一成之数,现已交过半成,年底交半成,咱亦随众办给耳,此情奉知。又及。

宣统元年十二月

兴　腊月初一日托邮政局寄去第三十三号信一封　骆

　　于十月二十九日托邮政局寄去第三十二号信,统去庚戌标期单一纸,已知收阅,其内之情勿重述矣。上月十一日并昨日接兄来第四十三、四十四号信二封,内情皆悉,勿念。再,咱祁号该外之债,冬标分两未付,债主逼讨甚紧,咱推年终多少付些,至祈兄设法往家会收项三四千两,能指多寡来信题明,会银时即会年底收银更好,或会明春标亦可。会妥将票统祁,以好指票济咱年终之用项耳。附呈咱邑满加利一十六两,银元钱数一千三百三十四。余事后叙,专此奉上。

　　古香兄青照!

弟张可兴拜具

兴　腊月十四日收到第四十五号信一封　腊月初九日申　臣

　　于上月二十四日托邮政局寄去第四十四号之信,已知收阅,其内情形勿再述矣。初六日接兄来第三十三号信一封,内情皆已领明,祈兄勿念。至着会春标银三二千等情,按数无几,本应遵命,无奈汉该官钱局之款未清,焉能往祁交会,诚恐该局闻听力逼,与咱为难,且数目无多,亦无济祁号之事,只好候将该局之款还清,下余再往祁会可也,以免多生事非耳。附呈刻下汉收申兑期之票得费二三两,收重兑交者得银四十一两二钱,银利六厘息,钱价五钱三八。余事后叙,专此奉上。再前者怡生隆私下许多交咱半成之数,上月底已经收到银二千三百两,报知。又及。

　　礼齐老兄台照!

制弟渠传芳拜具

　　再,弟家中来信,云及年关在迩,外债甚迫,至祈将弟帐上所存之银赶年先送复泰谦一二百金,因家中开消皆从谦记过局也,此奉知之。又及。

川　腊月二十八日托邮政局寄去第三十四号信一封　臣

　　于初一日托邮政局寄去第三十三号之信,已知收阅,其内之情勿复渎矣。

十四日接兄来第四十五号信一封,内情已悉。至叙兄帐上所存之银,已送交复泰谦一百两,勿念。附呈咱邑满加利五两,银元钱数一千三百四十。随统去辛金枳一个,呈阅。余事后叙,专此奉上。

　　古香兄青照!

弟张可兴拜具

　　再,咱祁号该外之债,按每千两先付银七十两,债主不让,咱又应承明春标再付些,才为答应,均已付过,尚短银数百两,至日祈将汉号之外欠上紧设法催收,咱号之事非比别号,收回还官钱局之项,亦可住家交会几千,春标必得付些,暂免是非。处此时光,万分无法,惟有恳兄竭力催收帐务,亦祈往祁接济,是所盼切。又及。

川　十二月二十九日收到第四十六号信一封　腊月二十四日申　桐

　　于初九日着邮政局寄去第四十五号之信,谅早呈览,内叙之情不复渎矣。附呈笔下汉收申兑期之票得费二三两,收重电会者得银八十一两二钱,银利五厘七五息、六厘息,钱价五钱四零五。随统去拜柬一页,呈贺乃荷。余事后叙,专此奉上。

　　礼齐老兄台照!

制弟渠传芳拜具

宣统二年正月

新正初十日收到第吉号信一封　新正初五日申　桐

　　前曾具柬恭贺,随音复候新禖。

　　敬启者,于客腊二十四日托邮政局寄去第四十六号之信,统去拜柬一页,约早呈贺,其情勿再述矣。初三日接兄来第三十四号信一封,内情均已敬领,统来辛金枳一个,亦已收明,祈兄勿念。刻下大节将逾,各行均未开盘,随统去汉号总结、月清枳各一个,至希呈览核兑乃荷。余事后叙,专此奉上。

　　礼齐老兄台照!并候诸位兄咸吉!

制弟渠传芳拜具

　　再启汉号诸否事。晋祥庄同中办结三成半了结,除收而外,所有年底应收半成,业已照数收讫,下该吃亏者齐年已撤出矣。怡生隆事自定议后,冬、腊月底各一成亦已照数收到,惟地皮股票尚未印妥分收,刻闻时有人问,欲买者不过想得便宜耳，以此揣度，将欠不至难售也。其三怡事经商会暨夏口厅先议，抄家珍宝冬月开彩后可得银七万八千，年内许分一成半，不料该彩票滞销，赶期未售清利，业经商会禀鄂制台改期，俟将票如数销后才开。除去此项，仅能分一成，已照该咱数收过一成，余者仍无样法。至谦福临事，前信所云该东冯某冬月间来汉，直候至腊初，询该来汉代表，云该东有电，因病不能动身，开春准定来汉料理，所有该代表在汉催收外帐，事经隔手，且有牵扯者多，实属不易，非待该东不可，遭遇此事，亦属无法。惟有催该代表勤信伊东，以早来汉理处，不过外欠者花香行占多数，然花香生意闻来年终稍有转机，不至似前者无人闻问。惟望此行生意活动，早为售出，临记该咱之款即不难立时而交给耳。俟后该东究竟如何到汉办理，再信奉台知之可也。此情奉知。又及。

兴　新正十一日托邮政局寄去第吉号信一封　桐

客腊二十八日托邮政局寄去第三十四号之信，统去辛金枳一个，已知收阅，内叙之情勿再述矣。去腊二十九日、今正初十日接兄来第四十六号、吉号信二封，内情均悉，统来拜柬一页，月清、总结枳各一个，均已收阅，其总结与祁帐相兑无错，祈兄一并勿念。附呈咱邑开市，大众无甚生意，满加利三两开盘，银元数一千三百三十。余事后叙，专此奉上。

古香兄青照！并候诸位兄均吉！

制弟张可兴拜具

再，咱号之事，弟本实无才，经理不善，俯心自问，惭愧无地，弟身受羞辱，即死于刑杖毫不足愧，乃自作自受，所愧者害得朋友之项不能交付，害得东家活不成，日夜筹思"天理良心"四字，一生不能自表也。所恳者咱汉号祈兄极力节省，移住栈房，极力催收债项，咱号处此苦况，实与别号不同，如照此花费，不但还债花费无地措办，祈兄裁之为荷。又及。

川　新正二十三日收到第二号信一封　新正十八日申　桐

于初五日着邮政局寄去第吉号之信，统去汉号总结、月清枳各一个，已知收阅，其内情形不再渎矣。十六日接兄来第吉号信一封，内情敬悉，祈兄勿念。兹报咱与世义信会妥银一千两，咱在汉二月半交伊估宝银，伊在祁春标交咱竞宝银，无加费，与咱立来晋记抬头会票一张，随信统呈，无砝，其平照祁公平合砝，每百小五钱六足兑，俟期照票收结，与汉收帐是妥。附呈刻下汉收申兑期之票得费二三两，收重兑交者得银六十五两，银利五厘五息，钱价五钱三七，布知。余事后叙，专此奉上。

　　礼齐老兄台照！

制弟渠传芳拜具

　　再，阅老兄来信所述汉号花费节省一层，老兄不说弟亦知，若照汉号去年之缴费，实在皆存，天理良心，举手即行打算，无奈去年湖北水旱成灾，百物昂贵，即如小菜，每斤百八十文，其他不问可知。且年前又属年终结账，又有闰月，较昔年尚俭七八百金，亦不算不俭也。然住栈房能省者，无非房租，亦不过百数十金而已。弟非无意不省此数，无如汉该外款不清，陡行移住栈房，债主逼迫必要加紧，藉此铺占，似觉推缓，俟否帐徐徐下来再还，面上如此亦尚肯允，不至于受其硬逼，名誉再不至丢尽矣。催收债项，节省缴费，老兄仅管放心，弟等各有天良，未尝存昧于心耶。弟若藉此告假，尤觉于心不安，惟望托人佑保，诸帐多收早了，即幸甚矣。再信内会去春标收银一笔，乃属怡生隆二月底款，意在能早收下来，多交一点，又恐官钱局风闻，可恨事不遂愿，是以此仅会此数，希兄指用可也。此情布兄知之。又及。

兴　新正二十五日托邮政局寄去第二号信一封　桐

　　于十一日托邮政局寄去第吉次之信，已知收阅，其内之情勿复述矣。二十三日接兄来第二号信一封，内情已悉，统来会票一张，亦已验收，会来之收项，照信注帐，俟期收结，勿念。附呈咱邑满加利二两，银元钱数一千三百三十三。余事后叙，专此奉上。

　　古香兄青照！

弟张可兴拜具

宣统二年二月

川　二月初四日收到第三号信一封　新正二十八日申　桐

　　于十八日托邮政局寄去第二号之信，想该呈览，内叙咱与世义信会妥银一千两，咱在汉二月半交伊估宝银，伊在祁春标交咱镜宝银，无加费，与咱立来晋记抬头会票一张，随前信统去，无砝，其平照祁公平合砝每百小九钱六分足兑，俟期照票收结与汉收账，别情勿复述矣。附呈笔下汉收申兑期之票无加费，收重兑交者得银五十四两，银利五厘五息，钱价五钱三六五，布知。余事后叙，专此奉上。

　　礼齐老兄台鉴！

制弟渠传芳拜具

兴　二月十四日托邮政局寄去第三号信一封　川

　　于上月二十五日托邮政局寄去第二号之信，谅早呈览，内叙之情勿重渎矣。初四日收接兄来第三号信一封，内情均悉，勿念。附呈咱邑议开本标，长期利七十二两，夏、秋标月皆五厘九，冬标月六厘，满加利开一十一两；平、谷议开长期利皆七十五两，平夏标月六厘，谷夏标月五厘九，秋、冬标月皆六厘，满加利皆开一十二两。咱邑满加利刻疲至九两，银元钱数一千三百四十。余事后叙，专此奉上。

　　古香兄青照！

弟张可兴拜具

兴　二月十八日收到第四号信一封　二月十三日申　川

　　于上月二十八日托邮政局寄去第三号之信，谅该呈览，其内之情不再述矣。初一日接兄来第二号信一封，内情已悉，祈兄并勿在念。附呈刻下汉收申兑期之票得费一二两，收重兑交者得银六十两，银利五厘五息，钱价五钱四一，布知。余事后叙，专此奉上。

　　礼齐老兄台照！

制弟渠传芳拜具

宣统二年三月

三月初十日收到第五号信一封　三月初五日申　桐

　　于上月十三日着邮政局寄去第四号之信，谅早呈览，内叙之情勿复渎矣。十九日接兄来第三号信一封，内情敬领，祈兄勿念。附呈刻下汉收申兑期之票得费二三两，收重兑交者得银九十两，银利五厘五、六厘，钱价五钱七三。再，怡生隆上月底交咱半成之数，照数已经收到，分收过银二千三百二十九两三钱三分,布知。余事后叙,专此奉上。

礼齐老兄台照!

制弟渠传芳拜具

宣统二年四月

兴　四月十一日收到第六号信一封　四月初六日申　善

于上月初五日托邮政局寄去第五号之信,想早收阅,内叙情形不再渎矣。兹报毓芝已于今天着永泰栈抱送回祁去矣,带去火车盘费银六十两,又伊在汉支使银五十二两四钱六分,二宗共结去合砝平宝银一百一十二两四千六分,至祈照数与汉收账,分计伊帐。所带捎货并己身衣物等件,另缮花枳详呈,照枳检点是荷。至汉号事务以及地面景况,该弟到日面呈兄知可也。附呈刻下汉收申兑期之票得费二三两,收重兑交者得银五十八两九钱,银利七厘、七厘二五息,钱价五钱五一,布知。余事后叙,专此奉上。

礼齐老兄台照!

制弟渠传芳拜具

再呈茂隆钱庄上月半陡起风潮,一时周转不灵,业已倒闭,共该外债一百余万两,均在银行票帮。该东系汉阳万家,素称殷实之户,闻来现银甚为缺乏,只有房产作抵,现下正在变产还债之际,照此依来,汉地产业以致更无人置,所有咱号分收怡生隆之地皮,一刻难望出售,处此景况,令人着急无法,以弟之意,倘后遇机只好减折出售也。俟后如何,再为奉知可也。特此又及。

兴　四月十二日托邮政局寄去第四号信一封　善

于二月十四日托邮政局寄去第三号之信,已知收阅,内叙之情勿复叙矣。二月十八日、三月初十日、四月十一日续接兄来第四、五、六号信三封,内情均悉,结来盘费、支使银两已与汉号收账。毓芝已于十一日平顺抵祁,所带来路具、捎货、衣物等件,俱已照枳检收,祈兄一并勿念。家模于二月十三日由营回祁,布知。附呈咱邑满加利三两五,银元钱数一千三百四十三。余事后叙,专此奉上。

古香兄青照!

弟张可兴拜具

四月二十五日收到第七号信一封　本月十九日申　善

　　于初六日托邮政局寄去第六号之信，已知收阅，内叙结去毓芝已火车盘费银六十两，伊在汉支使银五十二两四钱六分，二宗共结去合砝平宝银一百一十二两四钱六分，已悉与汉收账，分计伊帐，别情不再渎矣。昨日接兄来第四号信一封，内情敬领，祈兄勿念。再，咱号于此月半已经移住升基巷上首新泰站，至傢俱铺垫，一切皆已卖出，共售银二百五十两，业已就汉入账。再来信祈寄该站可也。附呈刻下汉收申兑期之票得费一二两，收重兑交者得银六十三两四钱，银利七厘、七厘二五息，钱价五钱四三，布知。余事后叙，专此奉上。

　　礼齐老兄台照！

制弟渠传芳拜具

宣统元年五月

兴　五月初二日托邮政局寄去第五号信一封　善

　　于上月十二日托邮政局寄去第四号之信，既已收阅，其内之情勿复叙矣。二十五日接兄来第七号信一封，内情已悉，勿念。咱邑议开本标，长期利七十三两，秋标月六厘，冬标、明春标月皆六厘一，满加利开一十四两，刻疲至一十三两；平邑长期利七十六两，短期比祁各大一点，满加利开一十三两五钱；咱邑银元钱数一千三百五十。余事后叙，专此奉上。

　　古香兄青照！

弟张可兴拜具

　　再者，闻毓芝言及咱汉号欠官钱局银尽短一万八千两，后首账款下来，陆续归还，往祁陆续题报，以俟还清，有余再为速行交家，以还祁、谷之债可也。所收怡生隆之地皮，早为出售，乾盛长之帐，亦祈催收，三怡之帐，大众数巨，能望早了为幸。早下一宗，可能早付外债，是所切盼也。又及。

兴　五月十二日收到第八号信一封　五月十五日申　善

　　于上月十九日托邮政局寄去第七号之信，已知收阅，其情勿再叙矣。初七日接兄来第五号信一封，内情以悉，祈兄勿念。至闻毓芝言及短官钱局之银一万八千两矣，以后续交，续信报祁等语，至汉号收账还帐，本系挨次奉报，并非不提，惟该官钱局之款，实系二万三千两，想是该弟计错矣。况咱原该该局四万，去冬月底还过一万二千两，年底又还五千两，齐年总结，净短伊二万三千两,以后迄今,只收过怡生隆应还二月底半成银二千三百两,除兑祁春标银一千两,再除房租缴费一切,下余有数百金,别家分毫未收,焉能有还官钱局之项耳。至谦福临之事,该东冯莘垞自去冬因伊有病,派来代表二人收账还帐,迄今半年有奇,外该伊帐硬抗不交,务要等伊冯东到汉才能了结。自与协成乾屡往商会递呈节略,请移文速催冯某来汉。而冯某与商会复电,云伊并非有意拖延,实因病体未愈,不能动身,待抚养两旬即行来汉。照此情形,只好缓待,至迟候伊一二月,如伊仍再不到,势逼与伊成讼耳。附呈笔下汉收申兑期之票得费一两,收重兑交者得银四十六两七钱,银利六厘息,钱价五钱四四五,布知。余事后叙,专此奉上。

礼齐老兄台照!

制弟渠传芳拜具

再启,至谦福临之事,非候该东到汉不能办理,照伊病体未愈,诚恐一刻难望来汉。弟想乘此空见告假半月二十天,连身便衣不带行李赶先父六月初十日三周年回家一行,惟因弟之胞弟们俱已出门,无一在家者,且号中否帐,暂不能办,故敢请假,可否之处,尚望速示为荷,以便遵行可也。特此布知。又及。

兴　五月二十日托邮政局寄去第六号信一封　善

　　于初二日托邮政局寄去第五号之信,已知收阅,其内之情勿再渎矣。昨日接兄来第八号信一封,内情以悉,勿念。谷邑议开夏标,长期利七十一两,秋标月六厘一,冬标月六厘二,明春标月六厘三,满加利开一十三两五钱;咱邑满加利六两五钱,银元钱数一千三百五十一。随统去致兄另信一封,收阅乃荷。余事后叙,专此奉上。

古香兄青照!

弟张可兴拜具

宣统二年六月

兴　六月初六日收到第九号信一封　六月初一日申　善

　　于上月十五日着邮政局寄去第八号之信,已知收阅,其情勿再叙矣。二十六日接兄来第六号信一封,内情已悉,统来致弟另信一封,亦已收明,祈兄勿念。附呈刻下汉收申兑期之票无加费,收重兑交者得银三十一两二钱,银利六厘息，钱价五钱四，布知。余事后叙，专此奉上。

　　礼齐老兄台鉴！

弟渠传芳拜具

　　再，阅兄另信，其情敬领，至弟回家往返一层，如恐债主生疑，即作罢论，望祈勿念。至先父三周之期，既承维骆兄之情，代为经管，甚感之至，即祈该兄受劳是荷。此布，又及。

兴　六月二十六日托邮政局寄去第七号信一封　善

　　于上月二十一日托邮政局寄去第六号之信，统去另信一封，已知收阅，其内之情勿复叙矣。初六日接兄来第九号信一封，内情已悉，勿念。附呈咱邑满加利四两，银元钱数一千三百五十。余事后叙，专此奉上。

　　古香兄青照！

弟张可兴拜具

　　再，咱号之事，自上月抄办上，自今未办式样，皆因无银之故，债主平、谷皆到，逐日勒逼嚇吵，咱一味良言央求，诚恐势逼成讼，无法可施。至营口裕号之事，公收产业变卖无期，咱因拖延等待，缴费实所不支，托合盛元后日代咱收银会祁，咱伙已收庄回祁矣。咱号祁、谷外债，将来不能全数交还，必得打扣了事，所汉号欠官钱局之银，恳求止利，望兄婉转裁办为妥。咱处麦子收完，有五六分收成，秋禾大旱，若今日无雨，秋成难望也。至兄先尊三周之期，维骆弟经手办毕，银钱由咱号用过，细情花费该弟必去信报明。又及。

宣统二年七月

兴　七月初六日收到第一十号信一封　七月初一日申　兴

　　于上月初一日托邮政局寄去第九号之信，想早收览，其内情形不复渎矣。附呈刻下汉收申兑期之票得费二三两，收重兑交者得银一十七两，银利五厘五息，钱价五钱五八，布知。余事后叙，专此奉上。

　　礼齐老兄台鉴！

弟渠传芳拜具

兴　七月二十九日托邮政局寄去第八号信一封　兴

　　于上月二十六日托邮政局寄去第七号之信，想早收览，其内之情勿复叙矣。初八日接兄来第十号信一封，内情已悉。咱邑议开本标，长期利七十两，冬标月六厘一，明春、夏标月皆六厘二，满加利开一十一两，现满加利无市，银元钱数一千三百四十四。余事后叙，专此奉上。

古香兄青照！

弟张可兴拜具

再，咱号欠外之债，外帐不回，无银归付，央人求情宽缓，或以债项抵还，债主不容，已经衙内呈控，批出究追，暂未过堂。惟志成信因与咱契交，不在讼内，布知。又批。

宣统二年八月

兴　八月初六日收到第一十一号信一封　八月初一日申　兴

于上月初一日着邮局寄去第一十号之信，想早呈览，其内情形勿复述矣。初二日接兄来第七号信一封，内情均已领明，祈兄勿念。附呈刻下汉收申兑期之票得费三四两，收重兑交者得银二十二两三钱，银利五厘七五、六厘息，钱价五钱五七，布知。余事后叙，专此奉上。

礼齐老兄台鉴！

弟渠传芳拜具

兴　八月初七日托邮政局寄去第九号信一封　兴

于上月二十九日托邮政局寄去第八号之信，想该收览，其内之情勿复述矣。昨日接兄来第十一号信一封，内情已悉，勿念。平、谷开长期利皆八十三两，冬标月六厘一，明春标月六厘三，平夏标月六厘三，满加利开一十二两；谷夏标月六厘二，满加利开八两；咱邑满加利疲至八两，银元钱数一千三百四十四。余事后叙，专此奉上。

古香兄青照！

弟张可兴拜具

再，债主在祁呈控咱号一节，刻未堂讯。兹因咱号汉欠官钱局之银，外帐如此，迟延不能交还，此款实为紧要，至日祈兄设法催讨债项。所收过怡生隆之产业，按原价减点亦可卖出，其乾盛长之欠项，亦祈上紧催收，勿论何项，收来先尽官钱局之项交还，以俟还完再往家交会，切切为要。或将外欠之款能于酌量打点扣头，卜付官钱局了事更好也。望兄酌办为荷。又及。

兴　八月二十二日收到第一十二号信一封　八月十七日申　兴

　　于初一日着邮政局寄去第一十一号之信，业知呈览，其内之情不再渎矣。初四、十四日连接兄来第八、九号信各一封，内叙种种情形，皆已敬悉，祈兄一并勿念。附呈笔下汉收申兑期之票得费三四两，收重兑交者得银二十二两三钱，银利五厘七五、六厘息，钱价五钱五六，布知。余事后叙，专此奉上。

　　礼齐老兄台鉴！

弟渠传芳拜具

　　再呈，谦福临之东冯莘垞迄今仍未到汉，咱与协成乾日前已在商会又递节略，请伊速移夏口厅追办。刻下商会批出，业已两次移交湖南沅陵县催冯某赶速来汉，一边又移夏口出差押追，现下尚无式样，俟后如何，续信奉报。其三怡之事，咱帮数重者惟三晋源、合盛元，是以归元记经理累在上宪递禀催办，所好元记与新督瑞帅交好，然督宪累批饬武昌府严讯无比，亦只闻该管事等受刑，未见问过东家一次，足见官官相为耳。刻尚仍无式样，据言虽有三成之谱，尚不知何日才能了结也。先此布知。又及。

　　再，前阅来谕，所嘱向官钱局恳求止利一层，弟与伊婉言相商数次，奈伊未肯允从，只看将来外帐收之如何，再为商酌耳。特此覆知。又及。

　　再启者鹤年弟在外住班业已三年有余，若非号事收歇，约已早调下班，所好该弟义重如山，毫无怨言，姿意帮弟将帐收毕相伴回祁，无奈伊累接家信，伊上人催伊与弟商酌早点回去。该弟婉言禀覆数次，伊又仍然来信催促，想伊离家日久，父母念子情深，理所必然，以揣该弟之意，一要遵号令，二不违父命，实在两难，允其先回与否，弟亦不敢专主，故特修函请老兄裁处，如着该弟下班，则来信示知。如愿留伊多住数月，即可着伙向伊父说明，亦无不可，望祈酌裁示知为荷。此情奉知。又及。

兴　八月二十四日托邮政局寄去第十号信一封　兴

　　于初七日托邮政局寄去第九号之信，已知收阅，其内之情勿复渎矣。昨日接兄来第十二号信一封，内情已悉，勿念。附呈咱邑满加利四两疲，银元钱数一千三百三十四。余事后叙，专此奉上。

　　古香兄青照！

弟张可兴拜具

再，鹤年下班一节，如兄一人可以兼顾，即着该弟回祁；如难以兼顾，仰该弟屈住数月，祈兄酌量为荷。至债主在祁控咱号一事，二十一日过堂，令速还债，限期八天，又要管押，恳求讨铺保才为出祠。又及。

宣统二年九月

九月十三日托邮政局寄去第十一号信一封　　兴

　　于上月二十四日托邮政局寄去第十号之信，想早收阅，内叙之情勿复述矣。至咱号之讼事，于九月初四、初七日堂讯二次，逼令戴东偿债，兰、李短欠号中之银一字不题，债主恃其权势，托官追逼，势力甚大，难遵公理，将弟并戴东管押在祠，节节受其凌辱，无可如何，照此情形，将来不知归于何地耶。咱邑满加利三两五，现钱数一千三百二十九。余事后叙，专此奉上。

　　古香兄青照！

弟张可兴拜具

九月十四日收到第十三号信一封　　九月初八日申　兴

　　于上月十九日托邮政局寄去第十二号之信，既知收阅，其情勿再叙矣。初一日接兄来第十号信一封，内情敬悉，勿介念。至叙鹤年下班，如弟能于兼顾即着该弟下班，否则留伊屈住数月等语，此亦非是一人不能兼顾，诚恐收账之事一人办理别有闲言，且一人不如二意耳。奈伊归心如箭，不便留联，是以今日着永泰栈抱送鹤年坐火车与长裕川相伴动身回祁，带去盘费银六十两，结去伊支使银四十六两三钱八分，二宗共结去合砝平银一百零六两三钱八分，至祈与汉收帐是荷。所带衣物等件，另有花枳详呈，希为照枳检点为妥。至咱号事务，一切嘱伊至日面呈兄知可也。附呈汉地银利六厘，钱价五钱五。余事后叙，专此奉上。

　　礼齐老兄台照！

弟渠传芳拜具

宣统二年十月

十月初三日收到第十四号信一封　　九月二十八日申　骆

　　于初八日着邮政局寄去第十三号之信，谅早收阅，内叙鹤年回祁带去盘费银六十两，结去伊支使银四十六两三钱八分，二宗共结去合砝平足银一百零六两三钱八分，与汉收帐，别情勿再叙矣。十一日接兄来第十一号信一封,内情领悉,祈勿计念。兹报谦福临之事,咱等屡请商会移文湖南沅陵县催该东冯莘垞赶紧来汉,奈伊自去冬以来指推有病,病好速来。咱等无法,只好等候,不料日前湖南沅陵与汉口商会来文,内报冯某病故耳。再催伊子冯次垞速来为妥,咱等已托商会与沅陵县打电速催伊子去矣。如此一来,又得拖延时日耳。俟后或何,续信奉报,先此布知。附呈汉地银利六厘,钱价五钱七。余事后叙,专此奉上。

礼齐老兄台照!

弟渠传芳拜具

再启,耳闻咱祁该外之事,前者央人调解,着戴东佃银一万五千两,下短仅候外前所否帐,即可了结,并闻戴东已凑之款,所错三二千两矣。既错无多,即祈力劝戴东凑齐,暂了其事,以免在衙受累耳。特此奉知。又及。

十月初五日托邮政局寄去第十二号信一封　骆

于上月十三日托邮政局寄去第十一号之信,已知收阅,内叙之情勿再渎矣。鹤年已于十三日平顺抵祁,带来盘费、支使银两,已与汉号收帐,所有衣物等件俱已照枳检点,祈勿计念。十四日并只月初三日接兄来第十三、十四号信二封,内情均悉。至咱汉地之否帐,祈兄经心办理,别无异言。咱邑满加利二两五钱,银元钱数一千三百二十七。余事后叙,专此奉上。

古香兄青照!

弟张可兴拜具

再者,咱号讼事初一日又过第五堂,初二日上商会公论,均无式样,商会、债主同通一气,势力甚大,咱万难抵抗,弟与代东仍然管押,已受尺责,县上未能了结,有省控之势,未定何日可了,不定落于何地,听天由命而已。债主恃势得寸进尺,不以公理,代东在号不说帐庄本银,独存贷银一十五万,别东无存项,兰东欠银七万多,号欠外债十万零五千两,何以会令代东独认,显然债主以势欺人,商会官长皆附之,受死已也。又及。

宣统二年十一月

冬月初三日收到第十五号信一封　十月二十八日申　骆

于上月二十六日着邮政局寄去第十四号之信,已知收阅矣。初九日接兄来第十二号信一封,内情敬悉,祈勿在念。兹呈汉号逐宗否事仍无式样,至于谦福临之东故后，咱等又托商会与湖南沅陵县打电，催该少东冯次垞速来料理，刻未见到。日前咱等又在夏口厅递禀控告，尚未为批出，俟后或何续信奉报。伏思咱号之事，外该者未能速收，该外者难以抵抗，诚令人万分焦灼耳。附呈汉地市面清淡，钱价五钱零五，月息六厘，布知。余事后叙，耑此奉上。

　　礼齐老兄台照！

弟渠传芳拜具

冬月初三日托邮政局寄去第十三号信一封　骆

　　于上月初五日托邮政局寄去第十二号之信，已知收阅，内叙之情勿再渎矣。只月初三日接兄第十三号信一封，内情已悉，祈兄勿念。附呈咱邑议开本标，长期利八十二两，明春标月六厘四，夏、秋标月皆六厘三，满加利开二十两，到疲至一十二两五钱；平、谷开长期利皆八十四两，春、夏、秋标月皆六厘四，满加利俱开一十八两，咱邑现钱数一千三百四十八。随统去辛亥标期单一纸。余事后叙，耑此奉上。

　　古香兄青照！

弟张可兴拜具

　　再，咱号之讼事，众债主已经在省控在知府衙内，仍批祁县，刻下尚未堂讯，讼则终凶，又是上控之案，将来不知归于何地耶。至谦福临之事，在汉递禀数次，该东仍未到汉，事无头绪，不知何日能了。至祈与协成乾商酌，可否去湖南沅陵县催讨一回，抑或在该县递禀催案，著该东到汉速了，此事祈兄斟酌乃荷。特此又及。

冬月二十八日托邮政局寄去第十四号信一封　骆

　　于初三日托邮政局寄去第十三号之信，统去辛亥标期单一纸，想早收到，内叙之情勿再渎矣。咱号之讼事，至由省批回，于只月二十五日过堂，亦未断有式样，弟仍管押，无日了结。咱邑满加利一十四两，现钱数一千三百一。余事后叙，耑此奉上。

　　古香兄青照！

弟张可兴拜具

　　再者，至兄家中今年陆续已使过银九十五两，前天又经令弟传智手使银五十两，特此报知。又及。

冬月三十日收到第十六号信一封　冬月二十四日申　骆

　　于上月二十八日着邮政局寄去第十五号之信,已知收阅,其内之情勿再叙矣。初九日收接兄来第十三号信一封,内情敬聆,统来标期单一纸,亦已收明,祈勿计念。所谕谦福临之事,在汉递禀数次,毫无头绪,着向协成乾商酌可去湖南催讨等语,弟已与该号商议,按伊如此拖延,本不成事,是应到彼讨要一回。无奈刻下天寒日短,冬季水小难以行船,往返非月四十天不可,且转眼封印之期,只好暂为在汉递禀催办可也。俟看赶年能于办有式样更好,否则明正再定行止耳。日前已见沅陵县与汉商会来文,内云已遵汉电速催该少东来汉料理而已,现下仍无式样,俟后式何,再信奉报。附呈刻下汉地市面清淡,月息五厘,钱价五钱六七,布知。余事后叙,崇此奉上。

　　礼齐老兄台照!

弟渠传芳拜具

　　再,弟前者与祁柜留底,每年将弟之应支春冬两季共送复泰谦银八十两,以备家中度用。日前据弟家信内云,今年尚未与谦记送银,比信至日,祈暂送谦记四五十两,下余祈骆兄经手转弟家中零用可也。特此奉知。又批。

宣统三年正月

新正初八日收到第十七号信一封　腊月二十八日申　德

　　于上月二十四日托邮政局寄去第十六号之信,谅早收阅,其内之情勿再叙矣。初二日接兄来第十四号信一封,内情领悉,祈勿计念。兹呈近日陆续分收过谦福临银三千六百一十九两七钱三分,此系商会代交所收伊之外欠之款,至该少东仍未到汉,至咱等在各厅控伊之案,地方新立审判,两厢移交,以致久延未曾过堂。咱又至审判厅控告矣,日前批出候查案核云云,俟后如何,再信奉报。至三怡之事,武昌府许年内多少交点,刻下尚未定准,俟收若干再报可也。附呈汉地银利五厘,钱价五钱七。刻下已近年节,各行无事,随统红柬一纸呈贺。余情再叙,专此奉上。

　　再,舍弟等以后如再到号用银,祈勿再付是荷。奉知。又批。

　　礼齐老兄台照!

弟渠传芳拜具

新正初九日托邮政局寄去第吉号信一封　德

　　敬启者于去年冬月二十八日托邮政局寄去第十四号之信,已知收阅,内叙之情勿再渎矣。冬月三十日、今正初八日接兄来第十六、十七号信二封，内情均悉，统来拜柬一页亦已收阅，祈兄勿念。咱号之讼事，祁县难以断结，众债主于腊月间在府宪又递覆禀，将案已提省究断。弟于只月初八日移解省城候讯处，此苦况空叹奈何。咱邑开市，大众生意清淡，满加利四两开盘，现钱数一千三百五十，随统去拜柬一纸呈贺。余事后叙，专此奉上。

至兄家中用银一节，腊月闻经申凤山先生手使银三十两，系家中开消帐项取用。此又及。

古香兄青照！

弟张可兴拜具

宣统三年二月

二月初九日收到第吉号信一封　新正二十八日申

前曾具柬恭贺，随音再候春祺。敬启者于客腊二十八日着邮政局寄去第十七号之信，内统贺柬，想早呈阅矣，其情勿再冗渎。前呈逐宗否帐，至三怡之事，去腊由商会以三厘与各债主摊分，咱号共收过银九百二十八两。至谦福临，赶年又收到银一千九百六十两，系商会代交所收伊之外款，察其外帐尚多，皆系否帐，一刻难望收结。至伊前所收到汪同元之房屋，原抵作银二万，刻下减半亦无要主。至该少东冯次垞，迄今仍延未到，弟已与协成乾议定，初十日前后到湖南找伊东家一回，以后来信祈捎协成乾收转是何（荷）。至汉逐宗否事，亦托该号代为办理，因该号老板系胡国香，咱号之事伊一目了然也。至乾盛长之事，前者收之地皮，近日有一下家谈叙，刻下尚未定妥，俟后成妥再信呈报。所有咱该官钱局之款二万三千两，年终还过五千，其止利一层，婉商数次，伊不肯允，咱又托人说合，欲将谦福临之房屋并怡生隆之地皮、股票作抵伊之贷款，该局经手者坚不承应。据云候咱由湖南见谦福临东家之后转汉再为相商可也。至于谦福临之东冯家，人人知伊有钱，惟恐官场中人为富不仁者多，以俟到彼如何办理，再为呈知。附呈刻下汉地转年以来，甫经诸行开市，生意清淡，银利五厘一，钱价五钱二五。随统去通年月清枳一个，呈阅是荷。余事后叙，专此奉上。

再，前因弟之身体欠矣，以致奉信迟迟也，刻已照常，望祈勿念。又批。

礼齐老兄台照！并候诸位兄均吉！

弟渠传芳拜具

再，前接兄来第吉号信一封，统来年柬亦已收明，祈勿在念。

二月十三日托邮政局寄去第二号信一春（封）

于上月初九日托邮政局寄去第吉号之信，并统去拜柬一页，已知收阅，内叙之情勿再渎矣。初九日接兄来第吉号信一封，内情已悉，统来月清枳一个，亦已收阅，祈兄勿念。所谈官钱局之项如何了结，甚为妥善，祈兄看势办理是何（荷）。附呈咱邑议开本标，长期利七十五两，夏标月五厘七，秋、冬标皆五厘八，满加利开八两，刻下疲至六两；平开长期利七十八两，短期比祁各大一点，满加利开七两；谷开长期利七十八两，夏标月五厘七，秋、冬标月五厘九，满加利开六两五钱，咱邑现钱数一千三百四十九。余事后叙，专此奉上。

古香兄青照！

弟张可兴拜具

再，咱号之讼事于上月十七日首府堂讯，将代东与弟一同管押，当堂谕令将前查封存义公所存代姓之款全数提省，以备抵还外债，号中所存之产不能抵事，如此硬来，不由分诉，无法可施，俟后专门求情，已应央人理处，刻下正在操办之际，尚无式样，俟后如何办理，再为奉知。又及。

宣统三年三月

三月十三日托邮政局寄去第三号信一封

于上月十三日托邮政局寄去第二号之信，想早收阅，内叙之情勿再渎矣。咱号讼事自央人理处不能办理，将提到之银，府宪要尽数与成讼者分还，尚不能一了百了，下余之债未递禀者不与分文，如此下来，留下后害，无了之日，将来不知归于何地耶。至咱汉地否事，祈兄设法办理，所该官钱局之项，总以早了为妙。咱处今春雪雨不缺，麦苗甚好，粮价平和，现钱数一千三百三十八。随统去二号原稿一纸、复泰谦致兄信一封，至希一同收阅是何（荷）。余事后叙，专此奉上。

古香兄青照！

弟张可兴拜具

三月二十一日托邮政局寄去四号信一封

于十三日托邮政局寄去第十三号之信，统去二号原稿一纸、复泰谦致兄信一封，想早一同收阅，内叙之情勿再渎矣。附呈咱邑满加利四两，现钱数一千三百三十。余事后叙，耑此奉上。

古香兄青照！

再，咱号之讼事，知府堂讯，债主势大，不允分诉，全同债主说语，已硬断结，将代东别号之存银，如数提省四万八千两，与众债主均分，所可恨者东银净尽，未曾了结完局，剩五家债项一万余两，银已无余，今以号中产业抵还，暂未以结，银产所了之债，系了代东七股之事，下余兰、李东三股之债未了，仍许债主讨要，一切号中收下之产业抵还代家，日后收回帐银抵还帐庄，代东苦不可言，日费艰缺矣。代东如此之苦，而咱号汉地债项，祈兄不可放松，鼎力催收是望为知，至盼收之。又及。

三月二十一日收到第二号信一封　三月初三日由常申

于新正月二十八日托邮政局寄去第吉号之信，统去通年月清总枳一个，想早呈阅，其内之情勿再渎矣。兹报弟于上月初九日与协成乾戴兄相伴登轮动身，十一日顺抵长沙，因臬台与乾记交好多年，是以次日拜见臬宪周大人，弟等将谦福临之事禀呈求伊作主，承该翁美意相劝，不可成讼，只好托人调停，尚许与事有济。据云伊坐常德府时，知本地绅士高辉廷翁与冯莘垞系儿女亲家，与此人致信，托伊调籍甚妥。因而在省等候数天，候臬宪将信写就，弟等于上月二十四日由省动身，二十七日顺抵常德，次日执信拜会高翁。承该翁之情，恺兄从中调停，惟现下冯少东次垞尚在洪江交结盐务之事去矣。伊及打电相催，着伊从速回常，俟伊来常再为计议可也。数日以来，弟等询问，友人皆言冯家本是巨富，惟恐不肯还帐，足见狡名素著也。候伊到日，只好看市而行可耳。先此布知。俟后如何，再为奉报。专此布上。

顷接兄来信第二号信一奉（封），内情敬聆，祈勿计念。此又批。

礼齐老兄台照！

弟渠传芳拜具

宣统三年四月

四月十二日收到第三号信一封　四月初二日由常申

于上月初三日由常托邮政局寄去第二号之信，谅早收览，其内之情勿再叙矣。昨接兄来第三号信一奉（封），并统二号原稿等件，皆已收明领悉，祈勿计念。所叙咱号讼事，府宪将提到之银尽数与成讼号，未递票者不与予交等云。如此一来，后害非浅，即可与姚、锡两家致信，请伊絮禀照数摊收，不然将来恐该两家不能干休，此乃弟之愚见，可否致信，想老兄自有成见耳。兹报冯次垞昨天已到，业经会面，暂将大概情形谈叙一次，因初见面不便深言，且与伊直接，无人婉转情因，原说调籍之人高辉廷翁前天因有学堂要事，退省去矣，约赶次月三日间返常，静候该翁回来再为商籍耳。先此佈知。俟后或何，再信呈报。附呈常地市面亦不见佳，闻听大势亦因前年倒塌钱铺所致也。月息四厘七，钱价五钱三五。余事后叙，专此奉上。

礼齐老兄台照！

弟渠传芳拜具

宣统三年闰六月

闰六月十四日收到第四号信一封　　闰六月初六日由常申

　　于四月初二日托邮政局寄去第三号之信，谅早收阅，其情勿再渎矣。二十八日并昨日连接兄来第四号信并未列号信各一奉（封），内情均经领悉，所嘱上紧收帐不可放松等语，谨遵来命而行，祈兄勿念。首因戴东吃苦甚重，更念老兄受累非轻，且汉该官钱局之款未清，弟岂敢放松，惟有竭力讨索而矣。无奈近来汉地否事过多，加之南人狡猾，每逢否事，勿论官断私籍，即认吃亏，亦不能痛快了结，真令人十分焦灼耳。即至谦福临之事，咱等来常数月，因中调籍之人高公因公进省，耽搁两月有余，上月回常，近日始经调籍，与冯次垞面见数次，伊乃亦昧狡言推辞，一言非其独东，次言伊在临庄尚有存款二万两，又言外帐甚极，能以帐抵帐等语。咱即问些朋东之人是谁，伊又无言可兑，只言是伊父手之事，刻已死无照兑，足见此人狡诈无比，安意不肯出银了事。咱又请咱帮执事比并本他绅董数位与伊理论，冯姓总不吐口出银，咱等伸言照此非与他成讼不可，而高公从中相劝，担乘着冯姓出银三二千，下余所该，候收汉口外帐抵补，咱等未允，暂说之，此少东因有要公进省去矣。据中人所云，系进省借款，以备了结此事。俟伊返常，如能多交数千，只好从权了结，倘若分毫不加，势逼与伊成讼耳。俟后或何，再为奉报。余情后叙，专此奉上。

礼齐老兄台照！

弟渠传芳拜具

闰六月二十七日收到第五号信一封　　又六月十九日由常申

　　于初六日托邮政局寄去第四号信，谅早收阅，内情勿再渎矣。兹呈咱等与谦福临之事，凭中磋商数次，今已勉强了结，议定在常现交咱等银五千，下短之数仅候收伊汉之外事抵补，大谱估计汉有先收五千，汪同元房屋原抵作银二万，刻下急于出售，不过值银七八千，此外能收之帐均有五六千，统共连前收九千之数，将来约计不足六成之谱。如若不肯从权，即便成讼，就不知拖延何年何月能望结局耳。左思右想，只好忍气吞声，勉强应允，如此了结，亦多亏有臬台周大人与高辉廷公有信，是以高公从中为力，不然即照此式，亦恐难得也。至弟等至月底月初将银到手即行起身返汉，先奉兄知之。余情后叙，专此布上。

礼齐老兄台照！

弟渠传芳拜具

宣统三年七月

七月二十五日收到第六号信　七月十三日由常申

于上月十九日托邮政局寄去第五号之信，谅早收阅，其情勿再叙矣。昨日接兄来谕，内情领悉，祈勿在念。兹报谦福临之事，与该东了结之情，前信已经奉明，至伊许交五千之数，刻已收到，候伊与汉口商会所致之信写就，弟等即行返汉，报知。余情再叙，专此奉上。

随统去第五号原稿一纸，呈阅是荷。

礼齐老兄台照！

弟渠传芳拜具

北京往信稿

宣统二年十月

十月初六日由沙邮局寄去第七十七次信

启者于前月二十六日由邮局寄去第七十六次信,内报一切,谅早收照矣。附报接常信,会重冬月半交同兴行银五百两,冬月底交泰记银一千两,呈封。再渝城人心惶惑,情形历次随时报闻。上月又招募防军一千五百人,通城二十四坊各招团丁三十人,防备甚为周密。而革命早已潜伏,城内各营兵丁一律说通,初一日又到逃兵一千余人,扎住城外之浮图关,亦与城内之革军应合。初二日两点半钟,道、府、县警皆行交印,各街遍插白色汉字旗帜,办理尚属文明,并未暴动,街市一切照旧。昨、前两(日)招兵二万余名,大约预备战事。江北亦与今日改革,当晚土匪大肆抢掠,本城前两夜亦有抢劫之事,究竟以后能保安靖与否,未可料也。上月底此期仍然评兑当局,率月半之事,现今大清银行、浚川源统归军政府。如重在街洒收银两,必有不能支收之势也。今统去重号之九月底结存银单,抄呈汉、平信各一封,收阅。

十月十六日由沙转去第七十八次信

启者于初六日由沙转去第七十七次信,内呈渝城人心惶惑,历次随时报闻。上月又招募防军一千五百人,通城二十四坊各招团丁三十人,防备甚为周密。而革命早已潜伏,城内各营兵丁一律说通,初一日到逃兵一千余人,扎住城外之浮图关,亦与城内之革军应合。初二日两点半钟,道、府、县警皆行交印,各街遍插白色汉字旗帜,办理尚属文明,并未暴动,街市一切照旧。昨、前两日招兵二万余名,大约预备战事,江北亦于今日政革,当晚土匪大肆抢掠,本城前两夜亦有抢劫之事,究竟以后能保安靖与否,未可料也。统去重号至九月底结存银单,汉、平信各一纸,及报一切,谅早收照矣。初十日收接第十二次信,内统来再启一纸,京寄成信一封,及云各情,均领勿念。附报接汉信,会重九月底交发记银一千两,呈封。再重半月来城内尚属安靖,军政府亦加意防范,惟城外常有抢杀,又有大股逃兵奔来之论,人心亦甚不安。闻成都初十日改革，推蒲殿俊、朱庆澜为正副都督，季帅仍督师驻藏，每年川省拨兵费一巨，端午帅在资州遇害，弟亦殉于难也。至重街市，生意滞塞如故，昨日仍是敷弄当局，转票月息一分。再重庆大清银行改为大汉银行，以及浚川源均归军政府执掌，派人监理。前在街市出放之银，收济军需，有不能比，亦评兑转票。兹结去京、重通年往来，净存京号库平足银一百四十二两五钱一分，附呈花单一纸，查对。至祈务注会帐，俟后再有，定注明年往来之帐为荷。

宣统二年十一月

冬月初一日由沙转去第七十九次信

启者于前月十六日由沙转去第七十八次信，内结去京、重通年结算，净存京号库平足银一百四十二两五钱一分，附去花单一纸，查对。至祈务注会帐，俟后再有，定注明年往来之帐，及报一切，谅早收照矣。兹呈重庆自呈以来，人心本不安稳，省城十八日兵变，自流井十二日兵变，皆大肆焚掠，银行、票号皆罹重祸，又有遭受西安之乱，亦系票号受害最烈，照听之下无不惊心吊胆。弟等居此愁城危境，竟无良法可施。十二日军政府枪毙前水巡提调吴以刚、前卫委员陶卿侯，二十八日枪毙于法舒，约测等四人皆因急匆外逃，图谋二次革命，若非预先败露，全城涂炭，不堪设想。然将此能保无事可否，亦未可料，大势人心仍甚惶惧也。渝埠月上底此乱，虽复正常，当正局满意矣。压迫之下，只可转原些忧远，比我号转反，彼亦不肯好多，得存犹拒，继而皆栖甙耳。再收接成号来信原信折等，又统去重号至十月底结存银单一纸，一并收阅。

冬月十六日由沙转去第八十次信

启者于初一日由沙转去第七十九次信，内统去重号至十月底总结存银单、成号来信各一纸，及报一切，谅早收照矣。兹呈渝城自月初以来，人款杂项，有转号不伦之辈游走街市，与成垣十月十八日情形一样。初九之夕，风声吃紧，军政府通夜接巡，以免起事，闻及仍传巡防军赶意效仿成都之举动，日常露出革命迹象以致败露，次日通被缴械解散，惟人心仍是慌恐，各街绅商加紧办理城防，以防不测也。成伙巨川兄等初七日避难去渝，授来信是所急盼，能方电示更妙。

宣统二年十二月

腊月初六日由沙转去第八十二次信

启者于前月二十一日由沙转去第八十一次信,内报一切,谅早收照矣。初三日收接第十五次信,内统来京号至十月底结存银单一纸,京寄成信一封,及云各情,均领勿念。附报交会沙腊月半收集成生荆沙现银一万两,重见收与回电后共报费银九两,接上信会重与咱信交清生裕银五十两,沙会重见电二天交发昌裕银五十两。冬月底收到银一万两,呈封。再按平号命令,早已停止收交,而所报上沙票项,因现存十分危险过期有票,概票来取,不如另想法腾出,以为脱祸之计。至重地面,人心仍在惶懼,即如有银一万存钞,铺京号皆不肯要,其危安情形,兄等可想而知矣。今统去重号至冬月结存银单一纸,收阅。

腊月二十一日由沙转去第八十三次信

时届新春,另东恭贺。启者于初六日由沙转去第八十二次信,统去重号至冬月底结存银单一纸,及报一切,谅早收照矣。附报交会上明正月半收集盛生银一万两,重现交明,扣会抄印费,此系前会腊月收集盛生之项,因沙屡次来电收,是以会上。收接上信,会重与咱信,交德生裕银一万五千两,呈封。

宣统三年正月

壬子新正月十一日由上转去第八十四次信

启者于前月二十一日由沙转去第八十三次信,内报一切,谅早收照矣。附报现收会中与咱信,交广顺合等足银一千九百九十九两四钱,利费归申结算,此系该号归还申号之项。交会上正月底收永兴禄规银三千两,以九二五扣,合扣伊费银六两三钱三分,此系震成青欠咱号货例会之项。按上信电会信交法生福等银四万两,腊月底交同发等银三千四百五十两,呈封。今统去重号至腊月底银单一纸,一并收阅。

新正月二十一日由上转去第八十五次信

启者于十一日由上转去第八十四次信,内统去重号至腊月底清存银单一纸,及报一切,谅早收照矣。十六日收接第十六次信,内统来再启京号至冬月底结存银单各一纸，京寄成信一封，及云各情，均领勿念。附报接上信会重与咱信交顺泰永银五千两，呈封。

宣统三年二月

二月初一日由上转去第八十六次信

　　启者于前月二十一日由上转去第八十五次信，内报一切，谅早收照矣。前月二十四日收接未列次信，并统来上谕一纸，及云各情，均领勿念。附报接上信会重正月底交谦益庄银五千两，二月底交兴记银三千两，呈封。再于上月抄接上海转来平号电示，云接平电速电成、重伙各自教将成、重帐簿要件交接，随身速呈沙号，重银即吃亏交申号，随重号定着电荫记，谷教记成号定着九江。记情得记，三二日内携带帐簿等件赴沙以后，如无要事，重号可免少号信息，希祈原谅。今统去重号至正月底结存银单一纸，收阅。

二月二十八日交邮政局寄去第八十七次信

　　启者于初一日由上转去第八十六次信，内统去重号至正月底结存银单一纸，及报一切，谅早收阅矣。昨晚收接第十七次信，统来再启一纸，京号正月底结存银单一纸，京寄成信一封，及云一切，均领勿念。附报成会重交韩甬庵等银一千九百零九两，上会重二月半交同发源银一千三百两，二月底、三月交增益号银一千两、三千两，呈知。至京十六日与重所发电报，并未收到，祈向该局追费为是。

　　再重地自去冬以来，屡次危险，难以数计，皆属实有匪徒谋乱起事，军政府防范得力，未曾起事，总之无十分之平风静浪，终恐省有不了之局，街市外场，尚在整齐，逐此仍然过局。惟是我等办借到期之余，好字号之能还者，不肯转票，其不能还者，追之无益。现今叛势系露疲之象，平号来重电，教将重银吃亏交申，其如概能使兑预拜共和之明文，欲贪货物，交上合贴四十余两，交汉贴三十两，皆无收主，我重既不能交，已经电报上号，报知。多日无复，大约亦难办理，重号现除去交项以及过期之票，净有四万余金，平号既皆上，只有陆续设法交上可也。过期之票二万余，高低不来，无脸招呼，自去秋以来，代其冷看字耳。

宣统三年四月

四月初五日交邮局寄去第八十八次信

　　启者于上月二十八日交邮局寄去第八十七次信，内报一切，谅早收照矣。三月二十四日收接第十八次信，内统来三晋源五百两收条一纸，及云一切，均领勿念。附报交会上正月底收永盛号才记银一万六千两，在重三月底交九千三百三十七两二钱，扣合贴伊费银一百三十四两四钱四分。前奉平号电重银吃亏交申，彼时须贴五十两，宗项尚缺，上月艰难历至十来两。又及申收银化算，惜申宗项亦缺耳。接上信会来三月底交杜盛兴银二千两，四月底交陈禄安等银三千九百两，另会来见对票交王大老爷银七百五十两，呈知。近日渝城地面颇觉安靖，为似冬春之危险，然谣言常有，无非遇有之事人所造，四乡劫案甚多，城内亦有藉闹，多名银行掳掠，捕获即予死刑。自十月半，几于无日不杀，以示严压耳。至京号正月十六发重之电报，三月初二日送来矣。今统去重号至三月底结存银单一纸。

宣统三年五月

五月二十四日交邮局寄去第八十九次信

　　启者于前月初五日交邮局寄去第八十八次信，内统去重号至三月底结存银单一纸，及报一切，谅早收阅矣。十九日收接第十九次信，统来再启京号至二月底结存银单各一纸，以及一切，均领勿念。附报接上信会来四月底交周泰昌银七百两，今统去重号至四月底结存银单一纸，收阅。再四川省城自去冬发行平常钞票，准完地丁厘税，商代人亦不得但持不同。前接成号信，报省垣现银缺乏耳。需寄去现银十几至二十两不等。自一月以来，渝城发见此物亦多，今由商会议决呈准府街市银局一律搭用三九色银。又经官府发出示晓谕矣。

宣统三年六月

六月十六日由汉转去第九十次信

　　启者于前月初四日由邮局寄去第八十九次信，内统去重号至四月底结存银单一纸，及报一切，谅早收照矣。初五日、二十六、二十九日收接第二十次并二十一、二十二次信，内统来京号至三、四月底结存银单又京师市政维持会议决普通开市办法单各一纸,京寄成信一封,并云各情,均领勿念。附报汉会来五月半交同和号银一千两,六、七月底、半各交昌记银一千两,常会来五月底交泰昌祥银一千两,上会来照信条交同发源等银三千两、二千两,五月二十日交杜盛兴银二千两,呈知。今统去重号至五月底结存银单一纸,收阅。刻重(银势甚疲,月息五厘、五厘五不等)街市仍然滞碍之势,松紧不一,按我帮所转借贷,月息七厘、七厘半不等,至于地面情形,城内非常安静,四乡盗匪充斥,抢劫接于无之。

宣统三年七月

七月初五日邮局寄去第九十一次信

启者于六月十六日由汉转去第九十次信,内统去重号至五月底结存银单一纸,及报一切,谅早收阅矣。附报按上信会来照信交泰昌祥银二千八百六十两,呈知。今统去重号至六月底结存银单一纸,收阅。至于重号之事,已奉平令收庄,一并附知。六月二十四日收接第三十三次信,内云一切,均领勿念。再有救国捐银十万,除由上兑六万,所余四万重转饬商会与家帮商量会京,我帮不敢应承,相持多日,尚未解决,看其光景,将来恐难推脱。先此告知。

宣统三年八月

八月初四日邮局寄去第九十二次信

启者于前月初五日交邮局寄去第九十一次信,内统去重号至六月底结存银单一纸,谅早收照矣。七月初六、十日收接第二十四、二十五次信,本月初一日收接第二十六次信,统来京号至五、六月底结存银单二纸,京寄成信二封,及云一切,均已领悉勿念。附报接上信会来照信交泰顺祥银一千五百两,七月半交杜盛兴银三千两,呈知。今统去重号至七月底结存银单一纸,收阅。

宣统三年九月

九月初六日交邮局寄去第九十三次信

启者于前月初四日交邮局寄去第九十二次信,内统去重号至七月底结存银单一纸,及报一切,谅早收照矣。十二日、二十二日收第二十七、二十八次信,内统来京号至六月底结存银单一纸,京寄成信三封,另启三纸,及云一切,均领勿念。附报现收会上照咱信交史向臣足纹银二百两，见对条交崇裕堂现银二千，八月底对期交积义号现银五千两，共得伊费银四百四十九两三钱二分，接上信会来照信交同发源银一千五百两，呈封。至重号之事，至上月底净剩借钱立本五千，同乡在家之欠三千，二三日均归平号，其外借之项，剩结现银一千二百两，已随众说应缓期，再后信报。

伊之事小帐，碍不能一刻清还，均托蔚长厚代催，过期票、剩复专票各五百两，亦托蔚泰厚代为候交。本守准于初十后搭轮在下适宜、汉回里，余事再呈。再重号所借景禧重渝平银二千两一项，今已在重清秩。所会上票二千，即系上项列会。

九月十八日晚酉刻接陕专邑公信原底照留

重庆票帮诸位执事台览：

敬启者，武汉不守，谅早洞鉴，毋须细赘。兹缘刻接我帮由平寄来加急公电，据云汉口同帮均到申暂躲，议定汉做重、成对期及逐收票项，自八月底以后一律止付。因平、川电不通，故电陕转达，如陕至川电亦停，不得已专脚函阅前来。至乞兄等会同公阅，照信办理，并请由重专函送成，一体遵照，不胜盼切，拜祷之至。余言另陈，此请公安。

附来原电底一纸，祈并阅。

再专差天顺轿铺雇脚送信，言定限十四天到重，早到一天赏银一两，迟到一天罚银一两，至日请带回信注明收信日期，返陕请重给付该脚银五两，由重公摊出帐为是。天德通、日昇昌、百川通、宝丰隆、大德恒、协同庆、蔚丰厚、蔚厚、天成亨、蔚泰厚

祁太平同帮西安

公具

辛亥九月初一日早申

照抄西安八月三十日晚七点钟接平来电底一纸

西安：蔚泰厚同帮公鉴，汉同帮均到申，来电议定汉做重、成对期及迟收票，自八月底以后一律止付，因平、川电不通，故电陕请陕转脚函达成、重同帮照办。

祁太平同帮公具

祁、谷、平各总号列位执事诸公大人炯鉴：

　　咱接由西安专脚送来一信，内统照一抄平来电底一纸，祁、太、平重庆票帮公鉴，汉同帮均到申、京，电议定汉做重、成对期及迟收票，自八月底以后一律止付。因平、川电不通，故电陕请陕召专脚函达重、成同帮照办，祁、太、平同邦公具，均已聆悉。但重未接此信之前，已闻武汉不守之说，同帮遂集公议，以为此事关系匪轻，若不权其轻重，深恐弄巧反拙，大众择计。我帮在重佔不下百万，而重号交各处票项不过数十万。夫重市面自起铁路风潮，而于商家业已大受影响，及闻武汉军务，人心更为恐慌，察阅街市情景，于是议决舍轻就重，如其不然，大有不堪设想之势，如月半比期，街市反覆，情形已是岌岌可危，外帮心怀不测，早欲一律停止，若非我帮筹思补救，则我帮数百万之收款，诚恐将来吃亏无底。兹凡九月半已过后期交项，同帮共计不足二十万，是以接信之下，同帮公议，公等所示止付之信，因为至稳，然以重地而论，外该该外之大局，势难遵命办理，是以具信前来，敢请收回成命，以后交项仍然照常交付。纵舍二十万之失，而我等百年之信，行尚在也，有违命令之处，尚乞诸公鉴其不得已之苦衷是幸。即请台安！

　　再呈，本月半有执天顺祥会票向重收取，该号即以汉埠情形一概止付，及至后来，依然受辱交银。若我帮所立会票甚多，此票不定属于何人之手，倘一止付，亦恐受辱交银。弟等以为，与其受辱交银，不若照常不理之为愈也。

在渝祁、平同帮十四家公具

照抄辛亥九月十九日寄过祁、谷、平同帮公候原底

兹由咱号经理箸天顺轿铺之夥彭兴裕专送呈重祁、太、平同帮公信一封，至日会同公阅安为照苏是即此。

本号台照！

陕本号拜具
辛亥九月初一日早刻由陕泐

耕泰丝厂信稿留底（民国二十四年）

七月

初二日立抵借据人黄启华

　　立抵借据人黄启华今因正用向吴蓉记处抵借到大洋二千元正，其洋当口收足无误，议定利息按月照庄起息，以每千元十元计算，订明至旧历十一月底本利一并归还，决不迟延。（并将抵押品开明于下：计中西药房黄启华户第06211至06230号股票二十股，计二十张，每股票面洋五十元，计洋一千元。又洽茂冷汽公司黄聘生户第204号股票二十股，计一张，每股票面洋念五元，计洋五百元。又惠中银行聘生户第117号股票五股，每股票面洋一百元，计洋五百元）立此抵借据存照中华民国二十二年公历八月十一日（即阴历七月初二日）。

立抵借据人黄启华、聘生
代笔潘文渊

致吕文祥询问新丝情形函

文祥先生台鉴：

　　许久未面，思慕益深，时拟驰函诣候，因感无善可陈，思以蹉讳，殊深歉仄。弟前来贵地，得仰宏范，尊承不鄙，情如故交，更蒙厚爱，公私并惠，拳拳指教，得益良多。高情诚意，常铭心中。逗启者，兹想多变之秋丝行情登场，未知其产量如何，品质如何，市情如何，及别处厂家有否前来定收，为此专函询问，请烦请兄将一切详情拟函见示，俾明实况，不资道循，来日方长，劳驾之处，实当道谢。

　　专此奉问，并请暑安！

弟吴全耕拜
七月二十二日

复斜桥吕文祥函（浙江斜桥沙渚高桥）

敬启者：

　　久别甚念，正在筹备下乡收办三蚕，适接大札，藉悉种切，承蒙慨允相助办

理秋收事务,深为歉忪,届时定当叨扰。至于详情如何,容俟先生来沪面洽。知阅锦念,特先奉闻。专此。

即颂文祥先生暑安!

弟吴全耕敬启

二十八日致上海电话局请装机函

敬启者:

敝厂现欲装设乙种电话机一架,即请派员查看,赶速装置。兹将名称地址等开列如下,至希查照。

此致!

上海电话局

耕泰丝厂
七月二十八日

名称:耕泰丝厂

地址:闸北共和新路新营盘二十号

致上海电话局催询装机函

敬启者:

敝厂前于七月二十八日致函贵局,声请装置话机,迄今多日,未蒙有贵局派员调查,深引为憾。兹特再函,恳祈迅予派员调查,是所至盼,专此。即上海电话局。

耕泰丝厂
八月一日

名称:耕泰丝厂

地址:闸北共和新路新营盘二十号

致丰泰终止租赁函

敬启者:

敝厂兹因扩充范围,已另行觅厂经营,前与朱柏祥先生所订承租源丰盛丝厂合同,租至本月二十止,应即作废,不再继续。并定即日将全部生财移交,务希指派妥员,并转致朱柏祥先生来厂验收为荷。专此布知,即请察照。

此致!

丰泰宝号

耕泰丝厂启订

致潘国良函

国良仁兄惠鉴:

多日未晤,深以为念,此维兴居康胜,诸事纳福为颂。前启华兄借用款项,已经过期,未蒙归还,适因厂中事忙,不能分身。至希致意启华,催其速还,不胜盼感之至。专此。

即颂近佳!

吴全畊敬启

再,黄仲其经办普渡匾额,公份每人十六元六钱五分。

八月

十三日复朱耀庭函

耀庭先生台鉴:

久违甚念,辱承赐书,敬悉种切。昨与全畊兄谈及足下之薪水问题,据云前已与乾大接洽向乾大支取,倘或不能照付,请示知奉上可也。

专此奉复,顺颂刻安!

蔡文学启

八月十三日

十五日致吴雨苍查询自来水函

雨苍先生台鉴:

前烦先生向自来水公司查询主腐内无水及其余龙头水少情形,迄今多日,未获回音,甚感不便。请足下再催公司急速派人验看修理为荷。专此,候复音。

并颂近佳!

吴全畊启

八月十五日

致朱新猷

新猷先生台鉴：

　　前蒙惠莅草舍，藉光蓬荜，招待疏慢，未能尽意，时切歉疚。安东一面，不及畅谈，尤所怅怅。别后悠已逾月，仰望云天，不胜悬念，正拟裁笺问候，适奉尊阃夫人手翰，展诵之余，良慰下怀。小女彩娣略已痊可，猥蒙锦注殷勤垂询，愧感无似，俟其康复即当挈领前来造府拜谒，藉谢注切深情。足下倘有雅兴再度来沪，先请示知，谨扫揭以待，聊尽地主之宜。

　　近日起居如何？令堂太太健饭否？时萦梦寐，谨祈加餐，并乞赐言是幸。厨子阿荣准二十，边来桐，请烦转告。余不尽言，顺颂秋祺！

　　令堂老太太及令昆仲以下均祈代候，不另。令兄借银袋皮，正托人带奉，俟有确期容再奉告。又及。

二十七日致潘国良函

国良先生台鉴：

　　大札敬悉一切，致王君函已代寄出，俟晤面时当再详细转达。黄君款项，承允月底归还，良慰。适因厂中需款孔逐，极为焦灼，千祈致意黄君及早理算，藉济眉急，不胜盼祷之至。专此。

　　祗颂秋祺！

吴全畊敬启
八月二十七日

二十七日致蒋伯雄（无锡西门外棚下鸿泰祥酱园转北桥）

伯雄先生台鉴：

　　迳启者自返沪后，适因星期及孔诞休沐假期，以致应汇之款无法寄奉，实不得已，尚希原谅，约明后日准可奉上，知注特达，此致。即请刻安。

吴全畊敬启
八月二十七日

致朱新猷函

新猷先生台鉴：

　　久违念念！阿荣来沪，承嘱垂问小女，幸讬福佑，日见进步，良堪告慰，来风送凉,溽暑尽消,至希伴同尊夫人来沪小作勾留,聊尽数日之欢。倘小女届时有兴,即可随返谭府叩谒太夫人面领教诲,想先生定表同情也。专此祗颂秋祺! 令堂太太及令昆仲以下均祈代候,不另。

吴全畊敬启
蔡文学君嘱代致候
畊附笔

致吕文祥函

文祥先生惠鉴:

前日握别,迄今多日,近况如何,深以为念。何日开秤及可否收办,即希示知,俾便预备一切。临书匆匆,不胜盼念之至。专此。

顺颂秋祺!

九月

致吕文祥函

文祥先生惠鉴:

接诵大札,敬悉种切,兹持嘱处黄君持函前来领取国币一千一百元,并将包烘合同一纸呈上缴销,临书忽忽不尽欲言,草此,上读即希。

鉴察并颂秋祺!

两件统交黄君带去为荷。

弟蔡文学启
九月十日

致吴全畊函（漂扬戴埠镇公兴茧行）

全畊襟兄台鉴:

回沪后丝市尚佳,厂中一切照常,府上均安,恐劳厪念。特此奉阅。

前兄奉上洋八百元,适因事忙暂缓一二日当即寄上,或由弟亲自带奉。样茧业来已诚出,因烘力过强,丝头不长成数,从因穿印头甚多,大打折扣,只扯八弋。上车光折四百零一斤,毛折四百六十一斤,车数二十一部,七五尚希察照。

蔡文学
九月二十一日

致贾希文函 （益大宝号）
希文先生惠鉴：

别后念念，适因事忙，未能践约，甚歉，尚祈鉴谅是幸。弟拟明后即行前来助理一切，带沪样茧毛折需四百六十余斤，光折四百斤零，烘工似欠妥善，尚祈督察为荷。余俟面叙，不尽一二。即颂秋祺！

蔡文学敬启
九月二十一日

由上海北站乘火车至常州，改乘人力车至西门外漂武，汽车站（车资二），乘汽车至朱林站，乘轿子至朱林桥北东沟村便是。

通讯处金坛朱林镇转苏步沄溧阳公兴茧行相识。

十月

十二日本厂经理启
启者：

兹据袁云龙君报告，本厂识字学校学生定额六十名，现在只有二十名左右，缺额超过半数。对于将来结果颇堪忧虑，务请朱桂林先生转致各管车先生，督促各学生认真上课，不得随意缺席，倘有特殊关系应课法，补足是为至要，此布。

本厂经理启
十月十二日

二十四日复苏步沄函
步沄先生惠鉴：

别后念念，比维兴居，康胜为颂。为祷正思裁牋问候，适奉大札，籍悉种切，弟前收秋茧因过于谨慎，早已抛售一空，略无余利，颇属可惜。

尊示种场问题，弟固有意，惟未识详细计划如何，拟再面洽后定夺。倘蒙惠颂，请至上海法租界裕兴街乾大水果行问潘国良君转致弟处。当来接洽，专此。即颂秋祺！

吴全畊敬启
十月二十四日

二十八日致蔡文学条

文学襟弟：

　　启者日前在喜购进干丝茧价值甚大，缫成厂丝每担约需成本七百元有另，照目前市价，万不可随意抛售，切记为要。惟家头庙干丝茧一百十五担，一庄如有相当吃户，尚可让出。又二十五日买进干茧五十担，价一百万十二元，缫折四百二十斤，已于当日以七百零五元之价抛售十担。现在盈亏如何，无从计算，俟将来做出后方能决算，诚恐有损无益，颇堪忧虑。此后凡有进出，务宜审慎开诚熟商，千万即请台察。

吴全畊
十月二十八日

十一月

十六日谢警局维持秩序函

迳启者：

　　日昨敝厂偶因工友方面偶因生误会，旋经孙君荣昌先生及双方友辈调处，已经和平解决矣。所有劳动局极力保护各节，实深感戴费神之处，权且笔谢，藉此并颂公祺。

耕泰丝厂具
十一月十六日

十二月

二十二日苏步瀛先生台电

步瀛先生台电：

　　久未奉候，念甚，近祝诸事顺遂为颂。

　　日前先生驾临舍下，未曾晤面，实因俗务霸身，即是从前面谈合股创办蚕种一事，当时甚为欣慰。近因敝厂结束统记，营业略有亏本，故因手中银钱难调，不能如愿，种种抱歉，勿罪为幸。

十二月二十二日
小沙渡路喜和纱厂第三工房三〇九十八号郑银庚先生请转

二十一日复浙江斜桥沙渚高桥吕文祥

文祥先生台鉴：

　　久少函候，念甚。近维新岁迪吉，阖府如意，诸事顺遂为颂。启者今接足下发于盛世璜先生一函,弟已知悉。但去年所办耕泰厂,至结束时计算,略有亏本,故而今岁无意经营。今持奉函费神,关切大成宝行请彼接洽他户,以免误事,种种劳驾。专此。

顺请春安！

弟吴全明

十二月二十一日

附纸一张

一、行中营业尚称不恶,照理应有余利,但每月各项开支浩大,以致成积欠佳,以后希望节省,议决整理办法列后。

一、本行各级职员所有宕空银钱等情,应即归清,或在存项下付转清讫。

一、本行各存户所存款项应各维持现状,不论何人不可私相提出,按月息得照付,以昭信实。

一、本行列年红帐上所付酬费,得二百六十元,以后取消。

一、本行以后如陈永春君垫款或吴全畊垫款,各照款额支息金外,再起薪俸。

一、红帐上注明有银之滚存,现款应即理出,以备万一各存户提现。否则均归费启华君负责理涉,与去行无涉,请讨论之。

二十五日步瀛先生台电

步瀛先生台电：

会干接得大札,一切欣悉。日前先生驾临微舍,因事在郊,未得晤面,抱歉之至。二十三号弟已发信到小沙渡路喜和纱厂郑君处转交,想必先生未曾接着。所谈合股创办蚕种一事,因种种关系,不能如愿,即是今春开办丝厂,结束之期计算略有亏本,现今将届年底银钱结束之期,手中无有余款,当向友人移借,总言银根紧急,不能应我,故斜函覆,以免悬念,勿责为荷。此请送杨树浦路三元坊浦江学校苏步瀛先生收。

十二月二十五日

中俄议界通商条约

中俄尼布楚议界条约

　　中国大皇帝钦差分界大臣领侍卫内大臣议政大臣索额图,内大臣一等公都统舅舅佟国纲,都统朗谈,都统班达尔善,镇守黑龙江等处将军萨布素,护军统领玛喇,理藩院侍郎温达;俄罗斯国统治大俄、小俄、白俄暨东、西、北各方疆土世袭独裁天佑君主约翰·阿列克歇耶维赤及彼得·阿列克歇耶维赤钦差勃良斯克总督御前大臣费岳多·阿列克歇耶维赤·柯罗文,伊拉脱穆斯克总督约翰·鄂斯塔斐耶维赤·乌拉索夫,总主教谢门·克尔尼次克,于康熙二十八年七月二十四日,两国使臣会于尼布楚城附近,为约束两国猎者越境纵猎、互杀、劫夺,滋生事端,并明定中俄两国边界,以期永久和好起见,特协定条款如下:

　　一、以流入黑龙江之绰尔纳河,即鞑靼语所称乌伦穆河附近之格尔必齐河为两国之界。格尔必齐河发源处为大兴安岭,此岭直达于海,亦为两国之界:凡岭南一带土地及流入黑龙江大小诸川,应归中国管辖;其岭北一带土地及川流,应归俄国管辖。惟界于兴安岭与乌第河之间诸川流及土地应如何分划,今尚未决,此事须待两国使臣各归本国,详细查明之后,或遣专使,或用文牍,始能定之。又流入黑龙江之额尔古纳河亦为两国之界:河以南诸地尽属中国,河以北诸地尽属俄国。凡在额尔古纳河南岸之墨里勒克河口诸房舍,应悉迁移于北岸。

　　二、俄人在雅克萨所建城障,应即尽行除毁。俄民之居此者,应悉带其物用,尽数迁入俄境。

　　两国猎户等人,不论因何事故,不得擅越已定边界。若有一、二下贱之人,或因捕猎,或因盗窃,擅自越界者,立即械系,遣送各该国境内官吏,审知案情,当即依法处罚。若十数人越境相聚,或持械捕猎,或杀人劫略,并须报闻两国皇帝,依罪处以死刑。既不以少数人民犯禁而备战,更不以是而至流血。

　　三、此约订定以前所有一切事情,永作罢论。自两国永好已定之日起,嗣后有逃亡者,各不收纳,并应械系遣还。

四、现在俄民之在中国或华民之在俄国者,悉听如旧。

五、自和约已定之日起,凡两国人民持有护照者,俱得过界来往,并许其贸易互市。

六、和好已定,两国永敦睦谊,自来边境一切争执永予废除,倘各严守约章,争端无自而起。

两国钦使各将缮定约文签押盖章,并各存正副二本。

此约将以华、俄、拉丁诸文刊之于石,而置于两国边界,以作永久界碑。

公元 1689 年 9 月 8 日

康熙二十八年七月二十四日

俄历 1689 年 8 月 27 日

订于尼布楚

中俄布连斯奇界约

中国政府为划定疆界事，特遣多罗郡王和硕，额驸策凌伯四格，兵部侍郎图理琛等会同俄国特遣全权大臣内廷大臣伯爵萨瓦·务拉的思拉维赤，商订如下：

北自恰克图河流之俄国卡伦房屋，南迄鄂尔怀图山顶之中国卡伦鄂博（此卡伦房屋暨鄂博适中平分）设立鄂博，作为两国通商地方。至如何划定疆界，由两国各派廓米萨尔（"廓米萨尔"，为俄文"KOMNCCAP"之音译，此处意为"界务官"）前往。由此地起往左段一面，至布尔古特依山，顺此山梁至奇兰卡伦；由奇兰卡伦起至阿鲁哈当苏，中间有齐克太、阿鲁奇都呼二处，此四卡伦鄂博以一段楚库河为界。由阿鲁哈当苏至额波尔哈当苏卡伦鄂博，由额波尔哈当苏至察罕鄂拉蒙古卡伦鄂博而为俄国所属者，暨中国之蒙古卡伦鄂博，将此两边以及中间空地酌中均分，比照划定恰克图疆界办理，以示公允。如俄国人所占地方之附近处遇有山、或山顶、或河，应即以此为界。如附近蒙古卡伦鄂博处遇有山、或山顶、或河，亦即以此为界。凡无山、河荒野之地，两国应适中平分，设立鄂博，以清疆界。自察罕鄂拉之卡伦鄂博至额尔古纳河岸蒙古卡伦鄂博之外，两国于附近一带，各派人员前往妥商，设立鄂博，以清疆界。

恰克图、鄂尔怀图山之间，应即作为两国疆界。由第一鄂博起往右段一面，应经鄂尔怀图山、特们库朱浑、毕齐克图、胡什古、卑勒苏图山、库克齐老图、黄果尔鄂博、永霍尔山、博斯口、贡赞山、胡塔海图山、蒯梁、布尔胡图岭、额古德恩昭梁、多什图岭、克色讷克图岭、固尔毕岭、努克图岭、额尔寄克塔尔噶克台干（"台干"为满文音译，即山顶）、托罗斯岭、柯讷满达、霍尼音岭、柯木柯本查克博木、沙毕纳依岭等处。按以上各山岭，均须择其最高之处，适中平分，以为疆界。其间如横有山、河，此等山、河两国应适中平分，各得一半。

按照以上划定疆界，由沙毕纳依岭起至额尔古纳河为止，其间在迤北一带者，归俄国；在迤南一带者，归中国。所有山、河、鄂博，何者为俄属，何者为中国属,各自写明,绘成图说,由此次两国派往划界各员即互换文件,各送全权大臣查阅。疆界既定之后,如两国有无知之徒,偷入游牧、占踞地方、建屋居住,一经查明,应即饬令迁回。本处两国人民,如有互相出入杂居者,一经查明,应即各自取回,以安边疆。两边乌梁海人之取五貂者,准仍在原处居住,惟取一貂者,自划定疆界之日起,应永远禁止。两国大臣各将以上办法认为确当,议定了结。

此约经两国批准,于一千七百二十七年八月二十日在波尔河边互换。伯爵务拉的思拉维赤押,驻北京参赞格拉什诺甫押,译员罗什诺甫诵读一过。

公元 1727 年 9 月 1 日
雍正五年七月十三日
俄历一七二七年八月二十日

中俄恰克图界约

雍正五年九月初七日，理藩院尚书图礼善，会同俄官伊立礼在恰克图议定界约十一条。尚书图礼善会同俄国哈屯汗所差俄使伊立礼，议定两国在尼布楚所定永坚和好之道。

一、自议定之日起，两国各自严管所属之人。

二、嗣后逃犯，两边皆不容隐，必须严行查拿，各自送交驻扎疆界之人。

三、中国大臣会同俄国所遣使臣所定两国边界在恰克图河溪之俄国卡伦房屋，在鄂尔怀图山顶之中国卡伦鄂博，此卡伦房屋鄂博适中平分，设立鄂博，作为两国贸易疆界地方后，两边疆界立定，遣喀密萨尔（"喀密萨尔"为俄文"KOMHCCAP"之音译，即"界务官"）等前往。自此地起，东顺至布尔古特依山梁，至奇兰卡伦。奇兰卡伦、齐克太、阿鲁奇都呼、阿鲁哈当苏，此四卡伦鄂博，以一段楚库河为界。由阿鲁哈当苏至额波尔哈当苏卡伦鄂博，由额波尔哈当苏至察罕鄂拉蒙古卡伦鄂博，俄国所属之人所占之地，中国蒙古卡伦鄂博，将在此两边中间空地，照分恰克图地方，划开平分。俄罗斯所属之人所占地方附近如有山、台干（"台干"为满文音译，即山顶）、河，以山、台干、河为界；蒙古卡伦鄂博附近如有山、台干、河，以山、台干、河为界；无山、河空旷之地，从中平分，设立鄂博为界；察罕鄂拉之卡伦鄂博至额尔古纳河岸蒙古卡伦鄂博以外，就近前往两国之人，妥商设立鄂博为界。恰克图、鄂尔怀图两中间立为疆界：自鄂博向西，鄂尔怀图山、特们库朱浑、毕齐克图、胡什古、俾勒苏图山、库克齐老图、黄果尔鄂博、永霍尔山、博斯口、贡赞山、胡塔海图山、蒯梁、布尔胡图岭、额古德恩昭梁、多什图岭、克色讷克图岭、固尔毕岭、努克图岭、额尔寄克塔尔噶克台干、托罗斯岭、柯讷满达、霍尼音岭、柯木柯本查克博木、沙毕纳依岭，以此梁从中平分为界。其间如横有山、河，即横断山、河，平分为界。由沙毕纳依岭至额尔古纳河岸，阳面作为中国，阴面作为俄国。将所分地方，写明绘图，两国所差之人互换文书，各给大臣等。此界已定，两国如有属下不肖之人，偷入游牧，占踞地方，盖房居住，查明各自迁回本处。两国之人如有互相出入杂居者，查明各自收回居住，以静疆界。两边各取五貂之乌梁海，各本主仍旧存留；彼此越取一貂之乌梁海，自定疆界之日起，以后永禁各取一貂。照此议定完结，互换证据。

四、按照所议，准其两国通商。既已通商，其人数仍照原定，不得过二百人，每间三年进京一次。除两国通商外，有因在两国交界处所零星贸易者，在色楞额之恰克图、尼布楚之本地方，择好地建盖房屋情愿前往贸易者，准其贸易。周围墙垣栅子酌量建造，亦毋庸取税。均指令由正道行走，倘或绕道，或有往他处贸易者，将其货物入官。

五、在京之俄馆，嗣后仅止来京之俄人居住。俄使请造庙宇，中国办理俄事大臣等帮助于俄馆盖庙。现在住京喇嘛一人，复议补遣三人，于此庙居住，俄人照伊规矩，礼佛念经，不得阻止。

六、送文之人俱令由恰克图一路行走，如果实有紧要事件，准其酌量抄道行走。倘有意因恰克图道路弯远，特意抄道行走者，边界之汗王等、俄国之头人等，彼此咨明，各自治罪。

七、乌带河等处，前经内大臣松（即索额图）会议，将此地暂置为两间之地，嗣后或遣使，或行文定议等语在案。今定议：你返回时，务将你们人严禁，倘越境前来，被我们人拿获，必加惩处；倘我们人有越境前去者，你们亦加惩处。此乌带河等处地方，既不能议，仍照前暂置为两间之地，你们人亦不可占据此等地方。

八、两国头人，凡事秉公，迅速完结，倘有怀私诿卸贪婪者，各按国法治罪。

九、两国所遣送文之人既因事务紧要，则不得稍有耽延推诿。嗣后如彼此咨行文件，有勒揹差人，并无回咨，耽延迟久，回信不到者，既与两国和好之道不符，则使臣难以行商，暂为止住，俟事明之后，照旧通行。

十、两国嗣后于所属之人，如有逃走者，于拿获地方，即行正法。如有持械越境杀人、行窃者，亦照此正法。如无文据而持械越境，虽未杀人、行窃，亦酌量治罪。军人逃走或携主人之物逃走者，于拿获地方，中国之人，斩；俄国之人，绞；其物仍给原主。如越境偷窃驼只、牲畜者，一经拿获，交该头人治罪；其罪初犯者，估其所盗之物价值，罚取十倍；再犯者，罚取二十倍；三次犯者，斩。凡边界附近打猎，因图便宜，在他人之处偷打，除将其物入官外，亦治其罪，均照俄使所议。

十一、两国相和益坚之事既已新定,与互给文据,照此刊刻,晓示在边界诸人。雍正五年九月初七日定界时所给萨瓦文书,亦照此缮。

公元 1727 年 11 月 2 日
雍正五年九月七日
俄历 1727 年 10 月 21 日

中俄天津条约

大清国大皇帝，大俄罗斯国大皇帝依本丕业拉托尔（"依本丕业拉托尔"为俄文"NMTEPATOP"的音译，即"皇帝"之意），明定两国和好之道及两国利益之事，另立章程十二条。

大清国大皇帝钦差

东阁大学士总理刑部事务　桂　良

吏部尚书镶蓝旗汉军都统　花沙纳　　　为全权大臣

大俄罗斯国大皇帝特简

承宣管带东海官兵战船副将军、御前大臣公普提雅廷为全权大臣

两国大臣各承君命，详细会议，酌定十二条，永遵勿替。

第一条　大清国大皇帝、大俄罗斯国大皇帝今将从前和好之道复立和约，嗣后，两国臣民不相残害，不相侵夺，永远保护，以固和好。

第二条　议将从前使臣进京之例，酌要更正。嗣后，两国不必由萨拉特（"萨拉特"为俄文"CEHAT"之音译，为俄国之"元老院"）衙门及理藩院行文；由俄国总理各国事务大臣或径行大清之军机大臣或特派之大学士，往来照会，俱按平等。设有紧要公文遣使臣亲送到京，交礼部转达军机处。至俄国之全权大臣与大清之大学士及沿海督抚往来照会，均按平等。两国封疆大臣及驻扎官员往来照会，亦按平等。俄国酌定驻扎中华海口之全权大臣与中国地方大员及京师大臣往来照会，均照从前各外国总例办理。遇有要事，俄国使臣或由恰克图进京故道，或由就近海口，预日行文，以便进京商办。使臣及随从人等迅速顺路行走，沿途及京师公馆派人妥为预备。以上费用均由俄国经理。中国毋庸预备。

第三条　此后，除两国旱路于从前所定边疆通商外，今议准由海路之上海、宁波、福州府、厦门、广州府、台湾、琼州府等七处海口通商。若别国再有在沿海增添口岸，准俄国一律照办。

第四条　嗣后,陆路前定通商处所、商人数目及所带货物并本银多寡,不必示以限制。海路通商章程,将所带货物呈单备查,抛锚寄椗一律给价,照定例上纳税课等事,俄国商船均照外国与中华通商总例办理。如带有违禁货物,即将该商船所有货物,概行查抄入官。

第五条　俄国在中国通商海口设立领事官。为查各海口驻扎商船、居住规矩,再派兵船在彼停泊,以资护持。领事官与地方官有事相会并行文之例,盖天主堂、住房并收存货物房间,俄国与中国会议置买地亩及领事官责任应办之事,皆照中国与外国所立通商总例办理。

第六条　俄国兵、商船只,如有在中国沿海地方损坏者,地方官立将被难之人及载物船只救护,所救护之人及所有物件,尽力设法送至附近俄国通商海口,或与俄国素好国之领事官所驻扎海口,或顺便咨送到边,其救护之公费,均由俄国赔还。俄国兵、货船只,在中国沿海地方,遇有修理损坏及取甜水、买食物者,准进中国附近未开之海口,按市价公平买取,该地方官不可拦阻。

第七条　通商处所,俄国与中国所属之人若有事故,中国官员须与俄国领事官员,或与代办俄国事务之人会同办理。

第八条　天主教原为行善,嗣后,中国于安分传教之人,当一体矜恤保护,不可欺侮凌虐,亦不可于安分之人禁其传习。若俄国人有由通商处所进内地传教者,领事官与内地沿边地方官按照定额查验执照,果系良民,即行画押放行,以便稽查。

第九条　中国与俄国将从前未经定明边界,由两国派出信任大员秉公查勘,务将边界清理补入此次和约之内。边界既定之后,登入地册,绘为地图,立定凭据,俾两国永无此疆彼界之争。

第十条　俄国人习学中国满、汉文义居住京城者,酌改先时定限,不拘年分。如有事故,立即呈明行文本国核准后,随办事官员径回本国,再派人来京接替。所有驻京俄国之人一切费用,统由俄国付给,中国毋庸出此项费用。驻京之人及恰克图或各海口往来京城,送递公文各项人等路费,亦由俄国付给。中国地方官于伊等往来之时,程途一切事务,务宜妥速办理。

第十一条　为整理俄国与中国往来行文及京城驻居俄国人之事宜,京城、恰克图二处遇有往来公文,均由台站迅速行走,除途中有故不计外,以半月为限,不得迟延耽误,信函一并附寄。再运送应用物件,每届三个月一次,一年之间分为四次,照指明地方投递,勿致舛错。所有驿站费用,由俄国同中国各出一半,以免偏枯。

  第十二条 日后,大清国若有重待外国通商等事,凡有利益之处,毋庸再议,即与俄国一律办理施行。

  以上十二条,自此次议定后,将所定和约缮写二份,大清国圣主皇帝裁定,大俄罗斯国圣主皇帝裁定之后,将谕旨定立和书,限一年之内两国换交于京,永远遵守两无违背。今将两国和书用俄罗斯并清、汉字体抄写,专以清文为主。由二国钦差大臣手书画押,钤用印信换交可也。所议条款俱照中国清文办理。

大清国
钦差全权大臣大学士 桂 良
钦差全权大臣尚书   花沙纳

大俄罗斯国
钦差全权大臣   普提雅廷

公元 1858 年 6 月 13 日
俄历 1858 年伊云月(伊云月,俄文 ИЮИБ 音译,即 6 月)1 日
咸丰八年五月初三日

中俄续增条约

（即《中俄北京条约》节选部分条款）

大清国大皇帝与大俄罗斯国大皇帝详细检阅早年所立和约，现在议定数条，以固两国和好、贸易相助及预防疑忌争端，所以，大清国钦派内大臣全权和硕恭亲王奕䜣；大罗俄斯国派出钦差内大臣伊格那替业福，付与全权，该大臣等各将本国钦派谕旨互阅后，会议酌定数条如下：

第一条　议定详明一千八百五十八年玛乙月十六日（即咸丰八年四月二十一日）在瑷珲城所立和约之第一条，遵照是年伊云月初一日（即五月初三日）在天津地方所立和约之第九条，此后两国东界，定为由什勒喀、额尔古纳两河会处，即顺黑龙江下流至该江、乌苏里河会处，其北边地属俄罗斯国；其南边地至乌苏里河口，所有地方属中国。自乌苏里河口而南，上至兴凯湖，两国以乌苏里及松阿察二河作为交界。其二河东之地，属俄罗斯国；二河西属中国。自松阿察河之源，两国交界逾兴凯湖直至白棱河，自白棱河口顺山岭至瑚布图河口，再由瑚布图河口顺珲春河及海中间之岭至图们江口，其东皆属俄罗斯国；其西皆属中国。两国交界与图们江之会处及该江口相距不过二十里。且遵《天津条约》第九条议定绘画地图，内以红色分为交界之地，上写俄罗斯国"阿"、"巴"、"瓦"、"噶"、"达"、"耶"、"热"、"皆"、"伊"、"亦"、"喀"、"啦"、"玛"、"那"、"倭"、"怕"、"啦"、"萨"、"土"、"乌"等字头，以便易详阅。其地图上必须两国大臣画押钤印为据。

上所言者，乃空旷之地。遇有中国人住之处及中国人所占渔猎之地，俄国均不得占，仍准由中国人照常渔猎。

从立界碑之后，永无更改，并不侵占附近及他处之地。

第二条　西疆尚在未定之交界，此后应顺山岭、大河之流及现在中国常驻卡伦等处，及一千七百二十八年（即雍正六年）所立沙宾达巴哈之界碑末处起，往西直至斋桑淖尔湖，自此往西南顺天山之特穆尔图淖尔，南至浩罕边界为界。

第三条　嗣后交界遇有含混相疑之处，以上两条所定之界作为解证。至东边自兴凯湖至图们江中间之地，西边自沙宾达巴哈至浩瀚中间之地，设立界碑之事，应如何定立交界，由两国派出信任大员秉公查勘。东界查勘，在乌苏里河口会齐，于咸丰十一年三月内办理。西界查勘，在塔尔巴哈台会齐商办，不必限定日期。所派大员等遵此约第一、第二条将所指各交界作记、绘图，各书写俄罗斯字二份、或满洲字、或汉字二份，共四份。所做图记，该大员等画押用印后，将俄罗斯字一份、或满或汉字一份，共二份，送俄罗斯收存；将俄罗斯字一份，或满或汉字一份，送中国收存。互换此记文、地图，仍会同具文，画押用印，当为补续此约之条。

第四条　此约第一条所定交界各处，准许两国所属之人随便交易，并不纳税。各处边界官员护助商人，按理贸易。其瑷珲和约第二条之事，此次重复申明。

第五条　俄国商人，除在恰克图贸易外，其由恰克图照旧到京，经过库伦、张家口地方，如有零星货物，亦准行销。库伦准设领事官一员，酌带数人，自行盖房一所，在彼照料。其地基及房间若干，并喂养牲畜之地，应由库伦办事大臣酌核办理。中国商人愿往俄罗斯国内地行商亦可。俄罗斯国商人，不拘年限，往中国通商之区，一处往来人数通共不得过二百人，但须本国边界官员给与路引，内写明商人头目名字、带领人多少、前往某处贸易、并买卖所需及食物、牲口等项。所有路费由该商人自备。

第六条　试行贸易，喀什噶尔与伊犁、塔尔巴哈台一律办理。在喀什噶尔中国给与可盖房屋，建造堆房、圣堂等地，以便俄罗斯国商人居住，并给与设立坟茔之地。并照伊犁、塔尔巴哈台给与空旷之地一块，以便牧放牲畜。

以上应给各地数目，应行文喀什噶尔大臣酌核办理。其俄国商人在喀什噶尔贸易物件，如被卡外之人进卡抢夺，中国一概不管。

第七条　俄罗斯国商人及中国商人至通商之处，准其随便买卖，该处官员不必拦阻。两国商人亦准其随意往市肆铺商，零发买卖，互换货物，或交现钱，或因相信赊账俱可。

居住、两国通商日期，亦随该商人之便，不必定限。

第八条　俄罗斯国商人在中国，中国商人在俄罗斯国，俱仗两国扶持。俄罗斯可以在通商之处设立领事官等，以便管理商人，并预防含混争端；

除伊犁、塔尔巴哈台二处外,即在喀什噶尔、库伦设立领事官。中国若欲在俄罗斯京城或别处设立领事官,亦听中国之便。两国领事官各居本国所盖房屋,如愿租、典通商处居人之房,亦任从其便,不必拦阻。

两国领事官及该地方官相交行文,俱照《天津条约》第二条平行。凡两国商人遇有一切事件,两国官员商办。倘有犯罪之人,照《天津条约》第七条,各按本国法律治罪。

两国商人遇有发卖及赊欠含混相争大小事故,听其自行择人调处,俄国领事官与中国地方官止可帮同和解,其赊欠帐目不能代赔。

两国商人在通商之处,准其预定货物、代典铺房等事,写立字据,报知领事官处及该地方官署。遇有不按字据办理之人,领事官及该地方官令其照依字据办理。

其不关买卖,若系争讼之小事,领事官及该地方官会同查办,各治所属之人之罪。

俄罗斯国人私住中国人家或逃往中国内地,中国官员照依领事官行文查找送回。中国人在俄罗斯国内地,或私住,或逃往,该地方官亦当照此办理。

若有杀人、抢夺、重伤、谋杀、故烧房屋等重案,查明系俄罗斯国人犯者,将该犯送交本国,按律治罪;系中国人犯者,或在犯事地方或在别处,俱听中国按律治罪。遇有大小案件,领事官与地方官各办各国之人,不可彼此妄拿、存留查治。

公元 1860 年 11 月 14 日

咸丰十年十月二日

俄历 1860 年 11 月 2 日

《中俄陆路通商章程》
的重要条款

同治元年二月初四日,两国政府于北京签署了《中俄陆路通商章程》。这在当时的中俄关系上是极重要的事件,这个章程是对由此以后数十年的中俄边境贸易繁荣的奠基。因此,照录重要条款如下:

第一款:两国边界贸易,在百里内均不纳税,其稽查章程,任便两国各按本国边界限制办理。

第二款:俄商小本营生准许前往中国所属设官之蒙古各处及该官所属之各盟贸易亦不纳税,其不设官之蒙古地方如该商欲前往贸易,中国亦断不拦阻。惟该商应有本国边界官执照内用俄字、汉字、蒙古字钤印并商人姓名、货色、包件、驼牛马匹数目若干。如无执照前往,查明除货入官外,将该商按照《北京条约》第十条被逃获送之法办理,该领事官严查不准未领执照商民前往贸易。

第三款:俄商运俄国货物前往天津,应有俄国边界官并恰克图部员盖印执照,内用两国文字,注商目及随人姓名货色包件数目。此项货帮,止准由张家口、东坝、通州直抵天津。任凭沿途各关口中国官员迅速点数,抽查验照,盖戳放行……

第四款:俄商路经张家口按照运津之货总数,酌留十分之二,于口销售。限三日内禀明监督官,于原照内注明验发准单,方准销售。该口不得设立行栈。

第五款:俄商运俄国货物至天津,应纳进口正税,按照各国税则,三分减一,在津交纳。其留张家口二成之货,亦按税则三分减一,在张家口交纳。

第六款:如在张家口二成货物已在该口纳税领有税单,而货物有未经销售者,准该商运赴通州或天津销售,不再纳税。

第七款:(略)。

第八款:俄商如由天津运俄国货物由水路赴议定南北各口,则应按照各国税则,在津补足原免三分之一税银。俟抵他口,不再纳税,如由天津及他口运入内地,均应按照各国税则纳一子税。

第九款:俄商在议定南北各口贩买土货,由水路出口进口,及由俄国贩洋货由水路进口出口,仍照各国总例一律办理。

第十款:俄商在他口贩买土货运津回国,除在他口按照各国总例交纳税饷外,其赴天津应纳一复进口税,即正税之半……方准起运恰克图,不再重征,并饬令遵照第三款之路而行,沿途不准售卖。……

第十一款:俄商在天津通州贩买土货,照第三款之路由陆路回国,均按照各国税则完一正税,领取执照,不再重征,沿途不得销卖。……

第十二款:俄商在张家口一处贩买土货,应交出口税银,按照各国税则,交一子税,即正税之半,在张家口交纳。该口发给执照以后不再重征,沿途不得销卖。

第十三款:(略)。

第十四款:俄商在天津或他口贩买别国洋货由陆路回国,如别国已交正税子税有单可凭,不再重征。如别国只交正税,未交子税,该商应按照各国总例,在该关补交子税。

……

第十八款:凡有洋货土货为各国税则未载者,应照各国值百抽五总例一律办理。惟值百抽五总例定税数目,以后俄商与中国各关恐有争端,即将所有俄国货物于各国税则未载者,或几处不符者,及中国砖茶等货,现应于天津定议续则,补于此款以及各国税则之内。

后　　记

　　山西省社会科学院历史研究所晋商研究团队是一支甘于寂寞,坐得住冷板凳,能吃苦钻研的科研队伍。三十多年来在晋商研究领域以甘做铺路基石、不断钻研奉献的精神,推出一系列晋商研究成果。先后出版了张海鹏、张海瀛《明清十大商帮》,张海瀛、张正明、高春平、黄鉴辉《金融集团·山西商帮》,张正明《晋商兴衰史》,高春平《晋商学》,李留澜、高春平《晋商案例研究》(3卷),孙宏波、高春平《潞商文化探究》,李中元、高春平《新晋商案例研究》(一、二),高春平《晋商劲旅泽潞帮》,孙丽萍、高春平《晋商研究新论》,张正明、高春平《中国历史文化名城平遥》,高春平、李三谋《山西通史·明清卷》,张正明《明清晋商及民风》、《晋商与经营文化》,张正明、葛贤惠《明清山西商人研究》,张正明、邓泉《平遥票号》,董继斌、景占魁、高春平等《晋商与中国近代金融》,张正明、孙丽萍、白雪《中国晋商》,孙丽萍《天下晋商》,高增德《晋商巨擘》,张国祥《河东盐三千年》等专著20余部,发表有关明清晋商论文300余篇,在国内外学术界产生了很大影响,为山西省文化强省建设作出了贡献。因此,2005年,历史所荣获山西省"五一"劳动奖状。2009年,高春平研究员荣获山西省"五一"劳动奖章。

　　世纪之交,面对市场经济的冲击,历史所仍秉持重视基础研究,不断地挖掘和整理晋商史料的传统。早在20世纪80年代,就翻译出版了日本学者寺田隆信先生的《山西商人研究》。此后张正明、高春平、王勇红等又陆续整理出版了《明清晋商资料选编》、《明清山西碑刻资料选》(一)(二)《明清山西碑刻资料续编》。

　　本书由历史研究所负责人高春平研究员牵头组织主编,全书体例框架、篇章结构、原始照片和文献资料均由其提供、审核。《山西票号书简资料》(一)由团队骨干赵俊明副研究员整理点校;《山西票号书简资料》(二)由赵俊明副研究员(共承担18万字)和王勇红助理研究员(承担5万字)整理点校。俄文晋商资料翻译和通商界约由山西大学外语系教授杨继舜教授和山西大学商务学院卫永红副教授(4万字)承担。《蒙古及蒙古人》书中有关晋商资料(2万字)由李冰博士承担。

经过三年多的努力,课题组终于把《国外珍藏的晋商资料汇编》(第一辑)奉献给大家。但我们深知学海无涯、学无止境。我们的知识水平毕竟有限,缺漏和不妥之处,敬请同行方家批评斧正。

本书在编译过程中,得到了山西省人民政府有关领导,山西省财政厅教科文处任冻处长、裴海燕副处长,山西省社会科学院李中元院长、各位副院长,商务印书馆丁波先生,山西大学外语系纪墨芳副院长,山西大学历史文化学院李书吉、郝平院长等部门同志们的大力支持和热情鼓励,在此一并致谢。

编者

2013 年 4 月